Gemeinsame elterliche Sorge in scheidungssoziologischer Perspektive

Europäische Hochschulschriften

Publications Universitaires Européennes
European University Studies

Reihe II
Rechtswissenschaft

Série II Series II
Droit
Law

Bd./Vol. 4042

PETER LANG
Frankfurt am Main · Berlin · Bern · Bruxelles · New York · Oxford · Wien

Stephanie Matthiessen

Gemeinsame elterliche Sorge in scheidungssoziologischer Perspektive

PETER LANG
Europäischer Verlag der Wissenschaften

Bibliografische Information Der Deutschen Bibliothek
Die Deutsche Bibliothek verzeichnet diese Publikation in der Deutschen Nationalbibliografie; detaillierte bibliografische Daten sind im Internet über <http://dnb.ddb.de> abrufbar.

Zugl.: Hamburg, Univ., Diss., 2004

D 18
ISSN 0531-7312
ISBN 3-631-53060-9

www.peterlang.de

Meinen Eltern

Vorwort

Die vorliegende Arbeit wurde im Juli 2003 als Dissertation von der Juristischen Fakultät der Universität Hamburg angenommen.

Berücksichtigung und Einarbeitung von Rechtsprechung und Schrifttum erfolgte bis März 2003.

Mein Dank gilt Herrn Prof. Dr. Fritz Haag für die Annahme des Themas, für seine Unterstützung und wissenschaftliche Betreuung der Arbeit, sowie Herrn Prof. Dr. Ronald Randzio für die Ausfertigung des Zweitgutachtens.

Besonders danken möchte ich auch meinen Eltern und meinem Bruder Philipp, die mich auf meinem Weg stets unterstützt haben und mir immer mit Rat und Verständnis zur Seite standen, sowie meiner Freundin Rechtsanwältin Franziska Siemonsen für ihre wertvolle Mithilfe beim Korrekturlesen.

Hamburg, Juli 2004

Stephanie Matthiessen

Inhaltsverzeichnis

1. Kapitel: Einleitung und Problemstellung

Das am 1. Juli 1998 in Kraft getretene Kindschaftsrechtsreformgesetz sieht in der Regelung der elterlichen Sorge kein obligatorisches Thema des Scheidungsprozesses mehr. Die elterliche Sorge ist somit aus dem Zwangsverbund der Scheidung herausgenommen und ist folglich im Rahmen der gerichtlichen Scheidungsauseinandersetzung keine notwenige Folgesache mehr. Eine gerichtliche Sorgerechtsregelung aus Anlass der Trennung der Eltern setzt also nach der Konzeption des neuen § 1671 BGB stets einen Antrag zumindest eines Elternteils voraus. Diesem Antrag stehen erhebliche Hindernisse im Weg, denn er ist nach § 1671 Abs.2 Satz 2 BGB nur begründet, wenn "zu erwarten ist, dass die Aufhebung der gemeinsamen Sorge und die Übertragung auf den Antragsteller dem Wohl des Kindes am besten entspricht." Dabei kommt die Aufhebung der gemeinsamen elterlichen Sorge im Interesse des Kindeswohls nur dann in Betracht, wenn zwischen den Eltern erhebliche Streitigkeiten bestehen und aufgrund der fehlenden Kooperationsbereitschaft zu erwarten ist, dass sich die Konflikte zum Nachteil des Kindes auswirken werden. Hegt das Gericht im konkreten Fall diese Erwartungen nicht, so muss es den Antrag ablehnen und es bleibt bei der gemeinsamen Sorge. Mangelnde Kooperationsbereitschaft bzw. Kooperationsfähigkeit stellt insoweit zwar ein Indiz dafür dar, dass die Alleinsorge eines Elternteils dem Wohl des Kindes am besten entspricht, diese Indizwirkung entfällt jedoch, wenn die fehlende Kommunikation zwischen den Eltern auf einer Verweigerungshaltung eines Elternteils beruht und schädliche Aufwirkungen durch diese Verweigerungshaltung, nach Ansicht des Gerichts, auf das Kind ausgeschlossen werden können. Es gibt also nach neuem Recht im Gegensatz zum bisherigen Recht die gemeinsame elterliche Sorge auch ohne übereinstimmenden Willen der Eltern.

Mit dieser gesetzlichen Konstruktion geht das neue Recht weit über die grundlegende Entscheidung des Bundesverfassungsgerichts vom 3. November 1982 hinaus, das den übereinstimmenden Elternvorschlag als eine der Voraussetzungen genannt hat, unter denen den Eltern nach der Scheidung das gemeinsame Sorgerecht zu belassen ist. Vielmehr sind seit der Kindschaftsrechtsreform allein trennungs- und scheidungsbedingte Streitigkeiten zwischen den sorgeberechtigten Eltern kein ausreichender Grund, um die gemeinsame elterliche Sorge nach Scheidung aufzuheben. Der Gesetzgeber geht indes im Rahmen einer langfristig angelegten Prognose davon aus, dass sich diese Schwierigkeiten mit zunehmenden Abstand von der Trennungs- und Scheidungssituation verringern werden, und hält Eltern auch im Interesse ihrer Kinder für verpflichtet, ihre eigenen Streitigkeiten hintanzustellen und die Kinder zumindest aus diesen Konflikten herauszuhalten.

Ziel dieser Arbeit ist es darzustellen, ob es mit dem Kindeswohl vereinbar ist, dass über eine andere Sorgerechtsform als die des gemeinsamen Sorgerechts nur auf Antrag hin zu befinden ist.

In der Bundestagsdrucksache 13/4899 vom 13. Juni 1996 auf Seite 73 wird klargestellt, dass mit der Neuregelung kein Vorzug des gemeinsamen Sorgerechts geschiedener Eltern vor der Alleinsorge besteht. Es wird darauf hingewiesen, dass es Absicht der Regelung sei, keine gesetzliche Vermutung für das gemeinsame Sorgerecht festzuschreiben. Es kann dennoch nicht ernsthaft bestritten werden, dass die neue Regelung eine gemeinsame elterliche Sorge nach Trennung und Scheidung der Eltern stark begünstigt. Die Regelung impliziert, dass es in den überwiegenden Fällen das Beste für ein Kind sei, wenn seine Eltern auch nach Trennung und Scheidung weiterhin gemeinsam das Sorgerecht innehaben. Nur in Ausnahmefällen muss das Gericht, auf Antrag hin, eine abweichende Regelung treffen. Das gemeinsame Sorgerecht wird somit zunehmend als das geeignete Mittel propagiert, den Kindern bei der Bewältigung der Scheidung ihrer Eltern zu helfen. Es erscheint allerdings äußerst fraglich, ob die neue Regelung tatsächlich dem Kind die Folgen einer Scheidung seiner Eltern erleichtert. Können Kinder sich an die Scheidungsfolgen tatsächlich besser anpassen, wenn Eltern nach der Trennung auch weiterhin die gemeinsame Sorge ausüben? Kann die gemeinschaftliche Ausübung des Sorgerechts der Eltern nach der Scheidung den Kindern wirklich helfen, besser mit der Trennung der Eltern und den damit verbundenen Lebensumstellungen fertig zu werden? Erleben Kinder, deren Eltern nach ihrer Scheidung das gemeinsame Sorgerecht ausüben, die Scheidung ihrer Eltern weniger traumatisch und weisen sie weniger Störungen auf als Kinder, die mit dem alleinigen Sorgerechts eines Elternteils aufwachsen? Oder wird den Kinder mit dieser Sorgerechtsform nur ein Fortbestand der Familie vorgespiegelt?

Infolge der Kindschaftsrechtsreform wird von den Eltern erwartet, dass sie auch nach Trennung und Scheidung in bezug auf ihr Kind kooperieren, d.h. die Paarebene von der Elternebene strikt trennen. Eine nach meiner Ansicht nicht ganz einfache Angelegenheit, denn die meisten Scheidungen sind geprägt von Kränkungen und verletzten Gefühlen, so dass die ehemaligen Partner oft nach der Scheidung nichts mehr miteinander zu tun haben wollen. Oft sind den Eltern die Anforderungen an ein gemeinsames Sorgerecht nach Scheidung, ihr Konfliktpotential oder auch die psychische Situation ihres Kindes aber gar nicht bewusst oder sie schätzen die Situation falsch ein. Trotz der stetig ansteigenden Scheidungszahl und der daraus resultierenden „Normalität" sich nicht mehr lebenslang zu binden, ist eine Scheidung aber nach wie vor in vielen Fällen für die Betroffenen eine Lebenskrise, d.h. das endgültige Scheitern eines Lebenskonzepts und der Verlust des Lebenspartners. Intensiver Streit charakterisiert die meisten Scheidungsszenarios, was vor allem auch für die betroffenen Kinder sehr belastend sein kann. Diese müssen infolge der Scheidung ihrer Eltern zusätzliche psychische Aufgaben zu denen ihrer normalen Entwicklung bewältigen. Die Elternteile machen dabei oft ihren ehemaligen Partner vor den Kindern schlecht, um die Trennung und Scheidung selbst besser verarbeiten zu können und ziehen die Kinder somit unweigerlich in den Scheidungskonflikt mit hinein.

In einigen Fällen kann es für einen Elternteil aber auch über bloße Kränkungen und verletzte Gefühle hinausgegangen sein, was dann ausschlaggebend für die Entscheidung sein kann, das alleinige Sorgerecht zu beantragen. Die Eheleute trennen sich, weil sie sich nicht fähig sehen, ihre Konflikte konstruktiv zu lösen, d.h. zwischen ihnen besteht eine extreme Dialogstörung. Im Extremfall kann das Verhältnis der Eltern auch schon vor der Trennung –mit nachteiligen Auswirkungen auf das Kind- durch Gewaltanwendung gekennzeichnet und beeinträchtigt gewesen sein. Es bestehen erhebliche Zweifel, ob die gemeinsame elterliche Sorge nach Scheidung dem Wohl der Kinder und deren positiver Entwicklung künftig förderlich ist, wenn die Eltern, die eine Kommunikation beiderseits untereinander vollständig ablehnen, aufgrund der Entscheidung eines Gerichts hierzu gezwungen werden.

Durch das gemeinsame Sorgerecht als vermeintlicher „Regelfall“ wird der Elternteil, der die Alleinsorge beantragt, aber sehr schnell zum "Störenfried" diskreditiert, denn ihm wird automatisch unterstellt, dass er erstens nicht zum Wohl des Kindes handele und zweitens nicht mit dem anderen Elternteil zusammen arbeiten wolle. Außerdem setzt die Kindschaftsrechtsreform diesen Elternteil unter einen großen Begründungszwang und Rechtsfertigungsdruck. Auch wenn in den letzen Jahrzehnten ein Wandel von Ehe und Familie eingesetzt hat, d.h. die Frau und Mutter als nahezu gleichberechtigte Partnerin neben ihren Ehemann gerückt ist, ist es infolge dieser Veränderung der Geschlechterrollen aber auch immer mehr zu Problemen in ihrem Zusammenleben gekommen. Die Konflikte sind offensichtlich vorgezeichnet, wenn die Frau ihre Rolle als Hausfrau und Mutter nicht mehr akzeptiert und die Entwicklung ihrer eigenen Persönlichkeit und Selbständigkeit einklagt. Obwohl bereits viele emanzipatorische Hürden, gerade in den letzten Jahren, genommen worden sind, hat es dennoch bisher keine grundlegende Änderung oder Annäherung des Mannes und der Frau bezogen auf die in der traditionellen Familie üblichen und vorgesehenen Rollen gegeben. Angesichts des Familienalltags ist immer noch überwiegend die Mutter zuständig für die Versorgung, Betreuung und das alltägliche Wohlergehen ihres Kindes rund um die Uhr, und meistens richtet sie auch ihre Berufstätigkeiten nach den Zeiten der Kinder. Daher ist und wird es häufig, wenn nicht sogar überwiegend, die Frau sein, die einen Antrag auf das alleinige Sorgerecht stellt.

Herausgestellt werden soll im Folgenden, ob eine Mutter zu Unrecht diskriminiert wird, wenn sie einen solchen Antrag stellt, denn sie hat in den meisten Fällen bis zur Scheidung die Hauptverantwortung für die Erziehung und Betreuung der Kinder getragen. Wenn ein Elternteil glaubt, mit dem Ex-Partner die Verantwortung nicht gemeinsam wahrnehmen zu können, so kann dies viele und keinesfalls nur missbilligenswerte Gründe in der Dynamik und Entwicklung der Paarbeziehung haben. Sollen und müssen in Zukunft diese Entwicklungen dargelegt werden, um zur Alleinsorge kommen zu können? Könnte dieses nicht zu einer Streitverschärfung führen? Dieses stünde auch im Widerspruch zur Leitidee der Eherechtsreform von 1976, welche vom Verschuldensprinzip zum Zerrüttungsprinzip überging. Diese Regelung sollte gerade verhindern, dass vor dem Familiengericht Scheidungsgründe und deren Ursachen vorgetragen werden müssen und somit „schmutzige Wäsche“ gewaschen wird.

2. Kapitel: Aufbau der Arbeit

Die Untersuchung dieses Problemkreises umfasst fünfzehn Kapitel.

Nach einer Einleitung und Problemstellung im ersten Kapiteln wird im zweiten Kapitel nunmehr der Aufbau der Arbeit erläutert, d.h. die Themenbereiche der Kapitel drei bis fünfzehn sollen kurz vorgestellt und zusammengefasst werden.

Im dritten Kapitel wird der historische Hintergrund und die Entwicklung des Sorgerechts aufgezeigt. Noch bis weit ins 20. Jahrhundert war das Verhältnis von Eltern und Kindern ausgesprochen elternzentriert. Angefangen vom biblischen fünften Gebot „Du sollst Vater und Mutter ehren, auf dass es Dir wohl ergehe und Du lange lebst auf Erden“ über die „patria potestas“ des römischen Zwölf-Tafel-Gesetzes, das dem „pater familias“ sogar ein Recht zur Tötung seiner Kinder einräumte, bis hin zur Familientheologie des Puritanismus und Pietismus war das Leben eines Kindes ganz und gar von seinen Eltern, vor allem vom Vater her geprägt, also fremdbestimmt. Demgegenüber hat sich in unserem Kulturkreis das Eltern-Kind-Verhältnis aus der Sicht dieser Typologie immer weiter kinderzentriert entwickelt. Sämtliche Detailfragen sorgerechtlicher Regelungen werden heute ausschließlich nach dem Kindeswohl getroffen. Dieser zentrale Begriff des Kindeswohls ist in seiner Allgemeinheit und in seiner Funktion als übergeordnetes Rechtsprinzip den Begriffen des "Gemeinwohls" oder der "Menschenwürde" vergleichbar. Der Rechtsbegriff des Kindeswohls beinhaltet die soziale und psychische Bestandsaufnahme. Bei allen Entscheidungen spielen nicht nur rechtliche, sondern auch soziologische und psychologische Erwägungen eine Rolle.

Im vierten Kapitel wird die Tendenz zum gemeinsamen elterlichen Sorgerecht nach einer Scheidung dargestellt. Erst in den sechziger Jahren des 20. Jahrhunderts fingen Wissenschaft und Gesetzgebung an sich mit dem Modell der gemeinsamen elterlichen Sorge zu beschäftigen. Dieses hatte vor allem zwei Gründe. Die Scheidungsrate stieg drastisch an, so dass die Anzahl der zu treffenden Sorgerechtsentscheidungen beständig wuchs. Weiterhin fielen die alten Zuweisungskriterien des BGB aus dem Jahr 1900 weg, denn weder Vater noch Mutter durften allein aufgrund ihres Geschlechts bei der Zuordnung der elterlichen Sorge bevorzugt werden. Darüber hinaus war auch die Schuld an einer Scheidung mit dem 1. Eherefomgesetz vom 01. Juli 1977 nicht mehr erheblich. Die lebenslange Dauer war somit nicht länger Bestandteil der rechtlichen Definition einer Ehe. Vielmehr kann diese aufgelöst werden, wenn die Beziehung gescheitert ist. Zudem traten auch immer mehr soziologische Erwägungen neben die juristischen. Man ging immer stärker davon aus, dass eine rein nach juristischen Maßstäben zu erfolgende Prüfung der Sachverhaltsforschung bzgl. des Scheiterns der Ehe nicht mehr ausreiche, um den vielschichtigen Problemen gerecht zu werden. Die Dauerhaftigkeit familiärer Sozialbeziehungen wurde als entscheidende Grundlage für eine stabile und gesunde psychosoziale Entwicklung eines Kindes gesehen. Mit dieser Leitidee sollen somit die bestehenden gefühlsmäßigen Bindungen des Kindes an Mutter und Vater aufrechterhalten werden. Folglich lag auch der Gedanke an ein gemeinsames Sorgerecht nach Scheidung damit nahe.

Mit der Entscheidung des Bundesverfassungsgerichts vom 03. November 1982 wurde den Familiengerichten die Möglichkeit eröffnet, beiden Elternteilen nach der Scheidung das Sorgerecht zu belassen. Diese Entscheidung löste eine Diskussion aus, die noch bis heute andauert. Nicht mehr fraglich erschien, ob es überhaupt ein gemeinsames Sorgerecht nach der Scheidung geben sollte, denn diese Frage hatte das Bundesverfassungsgericht mit seiner Entscheidung eindeutig beantwortet. Vielmehr ging es darum, ob das gemeinsame Sorgerecht nach Scheidung als Ausnahme, Regel oder als gleichberechtigte Entscheidungsalternative gesetzlich normiert werden solle. In diesem Zusammenhang wurden sowohl psychologische wie auch juristische Argumente für und wider das gemeinsame Sorgerecht vorgebracht.

Im fünften Kapitel wird die Reformdiskussion vor dem Inkrafttreten des Kindschaftsrechtsreformgesetzes am 1. Juli 1998 dargestellt. Im Vordergrund dieser Diskussion stand die Auseinandersetzung um die Fragen, ob und gegebenenfalls in welchem Maße, die Beibehaltung der gemeinsamen Sorge einer gerichtlichen Befassung oder gar Überprüfung unterzogen werden sollte und ob die Beibehaltung der gemeinsamen Sorge oder der Übergang zur Alleinsorge eines Elternteils als Regelfall auszugestalten sei.

Das sechste Kapitel erläutert die Auswirkungen nach Inkrafttreten des Kindschaftsrechtsreformgesetzes, nämlich das modifizierte Antragsmodell. Problematisch erscheint in diesem Zusammenhang, dass sich die Reform für einen überwiegend verfahrensrechtlichen Lösungsansatz entschieden hat. Sie verzichtet bei Trennung und Scheidung auf eine gerichtliche Entscheidung über die elterliche Sorge von Amts wegen und sieht davon ab, materielle Voraussetzungen für die Beibehaltung einer gemeinsamen elterlichen Sorge nach Trennung und Scheidung im Gesetz festzulegen. Es erscheint widersprüchlich, wenn der BGH mit seinem Beschluss vom 29. September 1999 klarzustellen versucht, dass die jetzige Regelung des „Rechts der elterlichen Sorge durch das Kindschaftsrechtsreformgesetz kein Regel-Ausnahmeverhältnis im dem Sinne ist, dass eine Priorität zugunsten der gemeinsamen elterlichen Sorge bestehen und die Alleinsorge eines Elternteils nur in Ausnahmefällen als ultima ratio in Betracht kommen sollte". Wie kann von einer Gleichwertigkeit der Sorgerechtsalternativen gesprochen werden, wenn es bei Trennung und Scheidung nur noch dann zu einer gerichtlichen Entscheidung über die elterliche Sorge kommt, wenn ein Antrag auf Übertragung der Alleinsorge gestellt wird?

Im siebten Kapitel wird die Fortdauer des gemeinsamen Sorgerechts kraft Gesetzes aufgezeigt. Beleuchtet werden soll schwerpunktmäßig die nunmehr geschaffene Schwierigkeit der gemeinsamen elterlichen Sorge ohne übereinstimmenden Willen der Eltern. Diese gemeinsame elterliche Sorge nach Scheidung kann fortbestehen, auch wenn die Eltern im Rahmen des Scheidungsverfahrens nicht explizit den Wunsch äußern, weiterhin gemeinsam die Verantwortung für ihr Kind zu tragen. Dies bedeutet eine „verordnete Harmonie". Die Eltern sind vielmehr verpflichtet, im Rahmen der elterlichen Sorge einen Konsens zu suchen und zu finden. Ob dieses immer zum Wohle des Kindes geschieht, erscheint allerdings zweifelhaft. Mögliche Risiken dieser „verordneten Harmonie" liegen auf der Hand, denn gerade bei hoch streitigen, von Kränkungsgefühlen bestimmten Trennungs- und Scheidungsvorgängen verheißt ein mittelbarer Zwang für die Eltern, das Sorgerecht gemeinsam auszuüben, nichts Gutes für das Kind.

Der Wechsel von einer zwingenden Gerichtsbefassung im Falle nicht nur vorübergehender Trennung oder Scheidung zu einem Antragsverfahren stellt zunächst die beantragende Partei unter einen Begründungszwang und besonderen Rechtfertigungsdruck. Dem Antragsteller wird nunmehr die Darlegungs- und Beweislast für eine Gefährdung des Kindeswohls auferlegt, wenn er die gemeinsame elterliche Sorge nach Scheidung ablehnt. Der Gesetzgeber weist das gemeinsame Sorgerecht als die kindeswohlförderlichste Form auf, von daher widerspricht der Antrag auf alleinige elterliche Sorge der Leitidee die Bindungen an beide Elternteile auch nach Trennung und Scheidung der Eltern aufrechtzuerhalten. Der Alleinsorge sind somit große Hindernisse in den Weg gelegt worden. Dargestellt werden soll in diesem Zusammenhang vor allem der Begründungs- und Rechtsfertigungsdruck einer Mutter, die eine Alleinsorge beantragt.

Um sich den Hinter- und Beweggründen der Beantragung der alleinigen elterlichen Sorge seitens der Mutter näheren zu können, soll im achten Kapitel der Wandel von Ehe und Familie in den vergangenen Jahrhunderten verbunden mit einer völlig veränderten Stellung der Frau und Mutter dargestellt werden. Früher agierte die traditionelle Kernfamilie als Wirtschaftsgemeinschaft, deren oberstes Gebot die tägliche Existenzsicherung und der Erhalt der Generationenfolge war. Unter diesen Bedingungen blieb kaum Raum für persönliche Neigungen, Gefühle oder Motive. Vielmehr waren Partnerwahl und Ehe ein vorwiegend ökonomisches Arrangement, denn nach dem individuellen Zusammenpassen der künftigen Eheleute wurde wenig gefragt. Auch die Rollen von Mann und Frau in der Ehe waren vorgeschrieben und unveränderlich. Mit der Entstehung der bürgerlichen Familie - auch Gefühlsgemeinschaft genannt - und der Normalisierung einer Scheidung, hat sich im Laufe der Jahre auch die Rolle der Frau immer stärker verändert. Dieser Wandel der Rolle der Frau lässt sich beschreiben als Gewinn an Autonomie, an Selbständigkeit sowohl innerhalb der Familie als auch in den Beziehungen zur außerfamiliären Umwelt, verbunden mit dem Verlust an Autorität des Ehemannes und Vaters. Allerdings sind durch diese Autonomie auch Konflikte offensichtlich vorgezeichnet. Wenn die Frau die abhängige und untergeordnete Position nicht mehr akzeptiert, die Entwicklung ihrer eigenen Persönlichkeit einklagt und der Partner unfähig oder nicht bereit ist, die Notwendigkeit des Aushandelns gleichwertiger Bedürfnisse zwischen der Frau und sich zu erkennen und dementsprechend zu handeln, sind dringend neue Rollenvorschriften erforderlich, die sich an der Gleichwertigkeit und Gleichrangigkeit der Geschlechter und unterschiedlicher Arbeitsbereiche orientieren müssen. Daher stehen die Geschlechterrollen und der Gedanke der Gleichheit und gerechten Behandlung von Mann und Frau seit einer Generation im Mittelpunkt familienrechtlicher Reformbestrebungen.

Einhergehend mit dem Wandel der Geschlechterrollen, kamen auch unausweichlich eine Fülle von neuen „Lebens- und Familienformen" auf. Im neuten Kapitel soll daher die Pluralisierung von Lebensformen der letzten Jahrzehnte aufgeführt. Während noch etwa zu Beginn des 20. Jahrhunderts die Ehe Voraussetzung für eine gesellschaftlich akzeptierte dauerhafte Partnerschaft und Sexualbeziehung war, aus der sich aufgrund unsicherer Methoden zur Verhütung von Schwangerschaften zwangsläufig regelmäßig Kinder einstellten, steht für ein partnerschaftliches Zusammenleben heutzutage die Verbindung ohne Ehe als eine weitere Alternative zur Verfügung, ohne dass daraus gesellschaftliche Sanktionen zu erwarten sind. Vor allem die Zahl der nichtehelichen Lebensgemeinschaften steigt stetig an, aber auch alternative Formen des Zusammenlebens, wie insbesondere gleichgeschlechtliche Partnerschaften, gewinnen zunehmend an Akzeptanz. Signifikant für den Wandel gesellschaftlicher Ansichten sind ein zu verzeichnender Rückgang an Eheschließungen, ein späteres Heiratsalter sowie ein Anstieg der Scheidungsrate. Diese Dynamik der Familienformen steht aber auch in einem engen Zusammenhang mit den Geschlechterrollen. Die Bereitschaft zu einer partnerschaftlichen Lebensgemeinschaft, und mehr noch zur Elternschaft, hängt aus Sicht der Frau immer mehr davon ab, inwieweit der Partner eine egalitäre Rollenverteilung in der Haushaltsorganisation mitzutragen bereit ist. Die Existenz der typischen Vater- oder Mutterrollen mit fest zugewiesenen Zuständigkeitsbereichen tritt mehr und mehr in den Hintergrund.

Diese Pluralität von Lebensformen und Möglichkeiten, gerade für Frauen und Mütter, auch außerhalb einer Ehe leben zu können, führte unweigerlich auch zur schnelleren Bereitschaft, sich aus alten Rollenmustern zu befreien, d.h. sich scheiden zu lassen. Das zehnte Kapitel beschäftigt sich daher mit der Problematik der Scheidung als individuelles und gesellschaftliches Problem. Die Ehescheidung wird als Auseinandersetzungsprozess mit einer Lebenskrise beschrieben. Die Bewältigung dieser Krise ist ein Prozess, der sich über Jahre erstrecken kann. Eine der schwierigsten Aufgaben nach der Scheidung ist die Bewältigung der Elternrolle. Während und unmittelbar nach der Scheidung sind die meisten Eltern aufgrund ihrer Belastung nicht in der Lage, ein kompetentes Elternverhalten zum Wohle des Kindes zu zeigen. In ihrem eigenen Kampf um ihr eigenes Wohlergehen und die Gestaltung der persönlichen Zukunft ist es selbst sehr besorgten Eltern oft nicht klar, dass ihr Tun auch bei den Kindern Wirkungen zeigt. Es ist daher unerlässlich, den Kinder zu helfen und sie in der schweren Zeit der Trennung und Scheidung umfassend zu unterstützen.

Im elften Kapitel wird das Problem des Einbeziehens der Kinder in den Scheidungskonflikt der Eltern näher dargestellt. Die Beeinflussbarkeit des Kindes durch die Eltern im familiären Bezugssystem bewirkt beim Kind Identifizierung, Gegenidentifizierung, Loyalitätskonflikte und Parteinahme. Als Antrieb der Beeinflussung wird gewöhnlich Hass, Missgunst oder zumindest tiefe Abneigung des einen Elternteils gegenüber dem anderen angenommen. Kinder werden dabei zum Ventil persönlicher Enttäuschungen, sie werden zu Kampfgefährten gemacht und oft genug ermuntert, den anderen Elternteil zu bespitzeln, zu demütigen, zu quälen oder zu verletzen. Viele Kinder erhalten je nach psychischer Verfassung und Bedürfnissen der Eltern oft die Funktion eines Bündnispartners, eines Ersatzpartners, eines Vermittlers, aber unter Umständen auch die eines Ersatzelternteils, der sich in einer Art Rollenumkehr um seinen unglücklichen Elternteil kümmern muss, was zu einer Überforderung der Kinder führt.

Das zwölfte Kapitel befasst sich mit den Reaktionen der Kinder auf die Scheidung ihrer Eltern. Diese spezifischen kindlichen Reaktionen stehen innerhalb eines multifaktoriellen Bedingungsgefüges. Sie sind äußerst vielfältig und stellen sich in einer weitgespannten Palette psychosozialer und psychosomatischer Auffälligkeiten und veränderter Entwicklungsabläufe dar. Die Reaktionen der Kinder auf die Scheidung der Eltern sind je nach Alter und Geschlecht des Kindes, nach seiner Persönlichkeit, und vieler anderer Faktoren sehr unterschiedlich. Diese sollen in diesem Kapitel näher dargestellt werden. Neben diesen kurzfristigen Reaktionen der Kinder auf die Scheidung werden auch oft langfristige Scheidungsfolgen sichtbar, die erst viele Jahre später, sogar noch im Erwachsenenalter, auftreten können. Die Tatsache, dass ein Kind die Scheidung gut oder schlecht zu verkraften scheint, bedeutet noch nicht, dass dies auch nach einigen Jahren ebenso sein wird. Auch diese langfristigen Probleme werden in diesem Kapitel erörtert.

Anschließend soll auf die Problematik der Scheidungsreaktionen im Verhältnis zu den verschiedenen Sorgerechtsformen eingegangen werden. Dabei stellt sich die entscheidende Frage, ob Kinder sich an die Folgen einer Ehescheidung tatsächlich besser anpassen können, wenn ihre Eltern nach der Trennung auch weiterhin die gemeinsame Sorge ausüben. Es ist fraglich, ob die gemeinschaftliche Ausübung des Sorgerechts der Eltern nach der Scheidung für das Kind wirklich vorteilhaft ist, um besser mit der Trennung der Eltern und den damit verbundenen Lebensumstellungen fertig zu werden. Zu diesem Problemkreis sind einige amerikanische und deutsche Studien durchgeführt worden. Die Ergebnisse werden dargestellt und ausgewertet im Hinblick auf die Kindschaftsrechtsreform.

Das dreizehnte Kapitel umfasst eine Würdigung der Kindschaftsrechtsreform mit dem Ergebnis, dass es nicht überzeugen kann Eltern „in der Regel" das gemeinsame Sorgerecht zu belassen. Das Kindschaftsrechtsreformgesetz sieht eine automatische Prüfung der Sorgerechtsregelung auf die Kindeswohlverträglichkeit hin und deren Beurteilung unter dem Gesichtspunkt der im Kindeswohl besten Alternative nicht vor, mit der Folge, dass Ehegatten mit minderjährigen Kindern geschieden werden, ohne dass irgendein Gericht mit der Sorgerechtsangelegenheit befasst war. Das von Gesetzgeber zur Verfügung gestellte Antragsverfahren lässt das Kindeswohl als oberste Richtschnur völlig außer acht. Eine angeordnete gemeinsame elterliche Sorge gegen den Willen eines Elternteils kann nur Nachteile für das Kind bedeuten und ist daher in jedem Fall auszuschließen. Gleiches gilt, wenn die Eltern trotz erheblicher Probleme und Konflikte einen Antrag auf Zuweisung der Alleinsorge nicht stellen.

Im vierzehnten Kapitel geht es um Mediation als notwendige Alternative zur gegnerschaftlichen Streitentscheidung. Mit Hilfe der Mediation besteht die Chance, dass Eltern über faire und selbstverantwortliche Vertragsverhandlungen schrittweise auch innerlich eine Trennung voneinander vollziehen lernen. Anders als im traditionellen Streitverfahren wird die Verantwortung, eigenständige Entscheidungen zu treffen, bei den Eltern belassen, wobei der Mediator als sog. dritte und neutrale Partei den Eltern in diesem Prozess assistiert, indem er die Kommunikation fördert, Streifragen herausarbeitet und diese definiert, um schließlich kontroverse Standpunkte gemeinsam mit den Eltern zu schlichten.

Mediation erhöht die Chancen, positive Erfahrungen mit regulierter Selbstregulierung machen zu können. In einer Konfliktsituation soll aus einem vielfältigen Angebot der Behandlungsweg gefunden werden, der dem Konflikt zu einer Lösung verhelfen kann, die nicht nur selbst unter Mithilfe des Mediators gestaltet, sondern am Ende auch noch als fair akzeptiert wird. Allerdings ist hierfür erforderlich, dass die Beteiligten, vor allem die zuständigen Richter, den nötigen Überblick über die vorhandenen Hilfsangebote haben. Das Signal, welches der Gesetzgeber mit der Verabschiedung des neuen Kindschaftsrechts in Richtung auf eine außergerichtliche Konfliktbeteiligung gesetzt hat, kann nur dann richtig umgesetzt werden, wenn Aus- und Weiterbildungsmöglichkeiten in ausreichender Zahl angeboten und entsprechend genutzt werden. Von der Rechtsordnung eine umfassende Berücksichtigung aller persönlichen Merkmale bei der Gestaltung eines Konflikts zu verlangen, geht weit über das hinaus, was Gesetze zu leisten vermögen. Daher ist es sehr wichtig, keinem standardisierten Verfahren unterworfen zu sein, sondern eine umfassende Beratung und Betreuung in nicht nur juristischer Weise für die an einer Scheidung Beteiligten zu erreichen.

Das fünfzehnte Kapitel beinhaltet ein Resümee.

3. Kapitel: Historischer Hintergrund und Entwicklung des Sorgerechts

Die geltenden Eltern-Kind-Beziehungen sind als Teilbereich des Familienrechts das Ergebnis einer Jahrhunderte langen Fortbildung. In dieser haben verschiedene Rechtsordnungen, insbesondere aber die römische, einen starken Einfluss auf den deutschen Rechtskreis ausgeübt. Deshalb setzt das Verständnis des jetzigen Normengefüges voraus, es im Licht der gesellschaftlichen und sozialen Veränderungen zu betrachten. Die Verteilungs- und Ausübungsmöglichkeiten des Sorgerechts können auch nicht isoliert vom Wesen des vom jetzigen Zeitgeist geprägten Verständnisses der Eltern-Kind-Beziehung und der Stellung des Mannes bzw. der Frau in der Gesellschaft gesehen werden.

Im folgenden Abschnitt soll daher einführend der historische Hintergrund und die Entwicklung des Sorgerechts aufgezeigt werden. In diesem Zusammenhang sind auch einige Ausführungen zum Scheidungsrecht notwendig, da die Entwicklung der Sorgerechtsverteilung eng mit der Entwicklung der Ehescheidung zusammenhängt.

3.1 Die Entwicklung des Sorgerechts bis zum BGB

Die Geschichte des elterlichen Sorgerechts ist vor allem die Geschichte der Ausübung väterlicher Macht über Kinder und Frauen. Daher ist das Beiwort „elterlich“ auch eher irreführend, denn das Recht für die Person und das Vermögen des Kindes zu sorgen, stand lange Zeit ausschließlich dem Vater zu.

3.1.1 Das römische Recht

Das römische Recht war in seinen Grundzügen patriarchalisch und in den Beziehungen der Eltern zu ihren Kindern vom Verständnis eines durchaus eigennützigen Herrschaftsverhältnisses geprägt. Die Familie war ähnlich wie die Sippe ein in sich geschlossener Rechtsverband, aber anders als die mit einer monokratischen Spitze.[1] Der junge Mensch war weitgehend eingebunden in die Familie, der er angehörte.[2] Unter „familia“ fasste man ursprünglich wohl alle Mitglieder des Hausverbandes („domus“) zusammen, Freie („Liberi“) wie

[1] Dulckeit/Schwarz/Waldstein, S. 52.

[2] Grosse, Diss., S. 76.

Sklaven („Servi").[3] Die Rechtsordnung behandelte die Sklaven als Menschen, nicht als Sachen. Sie nahmen auch am Gemeinschaftsleben teil, saßen mit der ganzen Familie an einem Tisch und bestellten mit dem Bauern und seinen Söhnen das Feld.[4]

Im römischen Recht war das Sorgerecht nicht ausdrücklich geregelt, da es als selbstverständlicher Teil der allumfassenden „patria potestas" betrachtet wurde. Die „patria potestas" war ursprünglich eine nahezu uneingeschränkte Vollgewalt des Hausvaters.[5] Sie erstreckte sich nicht nur auf die familienangehörigen Personen, sondern auch auf den gesamten Sachbesitz.[6] Im Unterschied zum modernen Recht dauerte sie solange, wie der Vater lebte, d.h. sie endete nicht mit der Volljährigkeit des Kindes.[7] Auch erwachsene Kinder waren demnach eigener Vermögensrechte unfähig, denn ihr Erwerb fiel rechtsnotwendig dem Hausvater zu. Es war allerdings üblich, dass der Gewalthaber einen Teil seines Vermögens einem Gewaltunterworfenen als „peculium" zur Verwaltung überließ, doch auch dieser Teil blieb Vermögen des Gewalthabers und konnte jederzeit wieder eingezogen werden.[8] Ging der gewaltunterworfene Sohn oder Sklave mit dem überlassenen „peculium" Rechtsgeschäfte ein, haftete der Hausvater bis zur rechnerischen Höhe dieses Sonderguts, ansonsten haftete der Gewaltunterworfene selbst.[9] Erst beim Tod des Vaters erstarkte das ruhende Gemeinschaftsrecht der dem Hausverband angehörenden „Liberi" zum wirklichen Recht. Die Kinder traten als Erben („Heredes") an die Stelle des Hausvaters. Die Söhne folgten ihm zugleich in der Hausgewalt, die sich nunmehr in ebensoviel selbständige Gewalten aufgliederte.[10]

Als das Kernstück der Hausgewalt des Vaters empfand man das Recht über Leben und Tod der Hauskinder („ius vitae necisque") und auch das Recht, Familienangehörige durch „mancipatio" in die Gewalt eines anderen „pater familias" zu übertragen.[11] Die Befugnis, ein pflichtvergessenes Kind äußerstenfalls zu töten, schloss auch die Rechtsmacht ein, Kinder auszusetzen, zu verkaufen, zu verstoßen, zu verheiraten und deren Ehe zu scheiden. Wegen deliktischer Vergehen (z.B. Diebstahl) konnte der „pater familias" in Ausübung seiner Haus-

---

[3] Hausmaninger/Selb, S. 143.
[4] Dulckeit/Schwarz/Waldstein, S. 54.
[5] Wacke in: FamRZ 1980, 205, 206.
[6] Dulckeit/Schwarz/Waldstein, S. 52.
[7] Beitzke/Lüderitz, Rn. 795; Belchaus, S. 21.
[8] Söllner, S. 87.
[9] Liebs, S. 122.
[10] Dulckeit/Schwarz/Waldstein, S. 55.
[11] Kaser, S. 60.

zucht ohne weiteres strafend einschreiten und deshalb nicht die staatliche Gerichtsbarkeit in Anspruch nehmen.[12]

Auch die Ehefrau und Mutter unterstand der „manus" ihres Ehemannes.[13] Wie alle römische Hausgewalt ist auch die Ehegewalt des „pater familias" eine Vollgewalt.[14] Sie schließt das Recht über Leben und Tod ein, und auch das Recht, die Frau zu züchtigen und zu verstoßen. Als Gewaltunterworfene ist sie daher ebenso wie die Hauskinder vermögensunfähig, d.h. alles was sie erwirbt, fällt sofort dem Hausvater zu.[15] Sie stand auch im übrigen den Kindern und Sklaven gleich.

Im Laufe der Zeit, insbesondere unter den christlichen Kaisern der Spätantike, schwächte sich die „patria potestas" zunehmend ab.[16] Sie wurde ihrem Umfang nach eingeschränkt, was vor allem die Abschaffung des Tötungsrechts bedeutete, und zeitlich begrenzt.[17] Es blieb jedoch dabei, dass die elterliche Gewalt grundsätzlich dem Vater zustand.

Ein Problem entstand hier im Fall der Scheidung („divortium"). Beim Streit der Eltern über das Recht zur persönlichen Sorge und die Erziehung ihrer Kinder musste der Richter nach seinem Ermessen entscheiden. Ein Kriterium für die Ermessenentscheidung war interessanterweise die Regel, dass Mädchen stets und Jungen bis zum Eintritt in die Pubertätsjahre der Mutter zugewiesen wurden. Die Juristen ließen sich dabei von der Lebenserfahrung leiten, dass die Erziehung jüngerer Kinder und vor allem der Mädchen im römischen Hauswesen bei intakter Ehe der Ehefrau und Mutter überlassen wurde. Allerdings wurde ihr auch hier das Sorgerecht nur unbeschadet der fortwährenden „patria potestas" des Vaters gewährt. Die elterliche Gewalt konnte die Mutter in keinem Fall erlangen.[18]

Bemerkenswert ist, dass im antiken römischen Recht das Verschulden an der Scheidung keinen Einfluss auf die Sorgerechtsentscheidung hatte. Das lag daran, dass das klassische Scheidungsrecht keine Verschuldenstatbestände kannte. Die durch ehelichen Konsens begründete Lebensgemeinschaft bildete die Grundlage der Ehe, so dass die Scheidung als Konträrakt durch Auflösung der Hausgemeinschaft unter Aufkündigung des Ehekonsenses grundsätzlich ohne weitere

[12] Wacke in: Fam RZ 1980, 205, 206.
[13] Grosse, Diss., S. 77; Körner, Diss., S. 4.
[14] Bürge, S. 167.
[15] Kaser, Römisches Privatrecht, S. 218.
[16] Kaser, S. 50; Honsell, S. 122.
[17] Beitzke/Lüderitz, Rn. 795; Belchaus, S. 21.
[18] Wacke in: FamRZ 1980, 205, 209.

juristisch verbindliche Förmlichkeiten erfolgte.[19] Es galt ausschließlich das Zerrüttungsprinzip. Dies wurde erst durch die spätantiken Kaiser des 4. und 5. Jahrhunderts geändert, die unter dem Einfluss des christlichen Dogmas von der Unauflöslichkeit der Ehe die Scheidung an eng umgrenzte Tatbestände knüpften.[20] Das damals entstandene Verschuldensprinzip hat sich durch sämtliche Gesetzgebungen hindurch gehalten, bis das 1. EheRG (in Kraft seit 01.07.1977) es durch das Zerrüttungsprinzip ersetzte. Dadurch wurde die Schuldfrage dann auch bei der Sorgerechtsentscheidung außer acht gelassen.

Wie alle Ehen vor dem Beginn des Zeitalters der Industrialisierung, so ist auch die römische Ehe durch eine ziemlich genaue Aufteilung der Partnerfunktionen gekennzeichnet. Da den Frauen öffentliche Ämter verschlossen waren und auch ihren Karrieren im Berufsleben Grenzen gesetzt waren, ist das römische Eherecht geradezu zwangsläufig auf den einen Typ der Hausfrauenehe zugeschnitten. Wenn ein Kind nach dem Tod seines Vaters einen Vormund erhielt, stand das Erziehungsrecht zweifelsfrei der Witwe zu, jedenfalls solange sie nicht wieder heiratete. Die Mutter durfte allerdings keinen schlechten Leumund haben, denn der Ehrentitel einer „mater familias“ gebührte nur einer Frau von völlig untadeligem Ruf.

Die Stellung der Frau hat somit schon im römischen Recht der Antike eine stürmische Entwicklung durchlaufen. Die römischen Juristen erkannten klar, dass die Stellung der Frau häufig schlechter, nicht selten aber auch besser war als diejenige des Mannes. Sie rechtfertigten die unterschiedliche Rechtslage der Frauen mit dem oft begegneten Topos der Schwäche des weiblichen Geschlechts und ihrer sich daraus resultierenden Hilfsbedürftigkeit. Nicht auszuschließen ist, dass sich dahinter bisweilen nur die ideologisch verbrämte Verteidigung männlicher Vorherrschaft in einer von Männern gestalteten Rechtsordnung verbarg. Für den Regelfall ist jedoch davon auszugehen, dass die Rechtsgestaltung den Gerechtigkeitsüberzeugungen der jeweiligen Epoche angemessen war. Gegen den Willen der Bevölkerung hätte sich ein so verbreiteter Topos wie der von der Unterordnung des weiblichen Geschlechts schwerlich so langlebig behaupten können.

3.1.2 Das frühe deutsche Recht vor 1900

Nach dem deutschen Recht vor 1900 stand die väterliche Gewalt dem Mann ebenfalls als Hausherrn zu. Dessen sog. „Munt“ erstreckte sich nicht nur auf die

---

[19] Henrich, S. 140.
[20] Wacke in: FamRZ 1980, 205, 209.

Kinder, sondern auch die Ehefrau, die keinerlei Rechte inne hatte. Von daher erklärte sich, dass die Mutter (selbst als Gewaltunterworfene) ihrerseits keine Gewalt ausüben konnte. Sie war als Geschlechtsschwache und infolgedessen Muntunterworfene vom öffentlichen Leben ausgeschlossen.[21] Ihr blieb nur die Personensorge für das Kind.[22] Allein diese Pflicht die Kinder zu versorgen, kettete sie an den Haushalt.[23]

In der Munt oder der väterlichen Gewalt flossen Elemente personenrechtlicher wie vermögensrechtlicher Natur zusammen. Ihr Wesen war das eines Schutz- und Gewaltverhältnisses. Dennoch waren der väterlichen Gewalt durch Sitte und Recht scharfe Grenzen gezogen. Es gab kein Tötungsrecht, kein Notverkaufsrecht sowie kein willkürliches Verlobungsrecht (Heiratszwang) des Vaters mehr. Das Gewaltmoment zeigte sich vielmehr darin, dass der Vater das Kindesvermögen nutzen bzw. darüber disponieren durfte und, dass er die Kinder zu Dienstleistungen in der eigenen Wirtschaft zwingen konnte.[24]

Die Muntunterworfenheit endete mit der Erlangung der wirtschaftlichen Selbständigkeit („seperatio oeconomica"), regelmäßig mit der Heirat (beim Sohn durch Gründung eines eigenen Hausstandes, bei der Tochter dadurch, dass die nunmehr der Muntgewalt ihres Ehemannes unterstand, d.h. selbstmündig wurde eine Frau nie[25]). Die Volljährigkeit war in diesem Zusammenhang nur eine mittelbare Voraussetzung der Selbständigkeit, denn nur der Volljährige war legitimiert, sich einen eigenen Hausstand zu schaffen, einen Hausstand, dessen regelmäßige Voraussetzung die Verheiratung war.[26] Die vermögensrechtliche Loslösung aus der väterlichen Gewalt war die deutsche „Emanzipation", d.h. die Absonderung in vermögensrechtlicher Hinsicht.[27] Hierbei konnte der Vater entweder das Vermögen des Sohnes abteilen, so dass der Sohn dann mit dieser Hingabe von Vermögen aus der väterlichen Gewalt ausschied, oder, wenn der Vater dieses nicht wollte bzw. nicht konnte, war es auch möglich das Vermögen des Sohnes nicht abzuteilen, auch in diesem Fall wurde der Sohn selbständig. Die Gründung eines eigenen Haushaltes beinhaltete auch nicht unbedingt das Verlassen des väterlichen Hauses und Hofes. Es war sehr wohl möglich, dass in einem Haus mehrere selbständige Haushaltungen bestanden.[28] In jedem Fall haftete der Vater nicht mehr für die Handlungen des abgesonderten Sohnes. Starb

---

[21] Fehr, S. 53.
[22] Belchaus, S. 21.
[23] Fehr, S. 10.
[24] Brunner, S. 102.
[25] Fehr, S. 133.
[26] Fehr, S. 124.
[27] Brunner, S. 102.
[28] Fehr, S. 128.

der Vater vor der wirtschaftlichen Selbständigkeit des Kindes, trat für das Kind die Vormundschaft der Vatersippe ein, die ein Mitglied der Sippe mit der treuhänderischen Wahrnehmung der Vormundschaft betraute.[29] Allerdings wurde in einigen Fällen auch nach dem Tod des Vaters kein Vormund bestellt. In diesen Fällen lebte die bis dahin zurückgedrängte mütterliche Gewalt auf, d.h. die Mutter übernahm grundsätzlich Rechte und Pflichten des Vaters bis zur Absonderung der Kinder.[30]

3.2 Das BGB vom 01.01.1900

Die wichtigste gesetzliche Quelle des deutschen bürgerlichen Rechts entstand im Zeichen des neu begründeten Kaiserreiches in den Jahren 1874 bis 1896 und trat am 01. Januar 1900 in Kraft. Bei der Ausarbeitung des BGB ging es noch im Wesentlichen um die Vereinheitlichung des deutschen Privatrechts, nicht etwa um seine Modernisierung.[31] Der Gesetzgeber erstrebte eine Kodifikation im Sinne einer abschließenden und erschöpfenden Ordnung. Er folgte bei seinem Werk den positivistischen Idealen der Lückenlosigkeit und strenger richterlicher Bindung an das Gesetz.[32] Mit dem Entwurf des Familienrechts wurde Planck betraut, der dabei vor dem Problem stand, die zum Teil sehr unterschiedlichen im deutschen Reichsgebiet geltenden Rechte, so z.B. die Vielzahl der ehelichen Güterstände, mit zu berücksichtigen.[33]

Das deutsche bürgerliche Gesetzbuch ging von der elterlichen Gewalt gegenüber ehelichen Kindern aus. Kinder, deren Eltern miteinander verheiratet waren, standen, solange sie minderjährig waren, unter der elterlichen Gewalt.[34] Die elterliche Gewalt (ein absolutes Recht) berechtigt und verpflichtet den Gewaltinhaber, für die Person und das Vermögen des Kindes zu sorgen (§ 1627 BGB), und beruft ihn darin zugleich zur gesetzlichen Vertretung des Kindes (§ 1630 I BGB).[35] Planck schlug als wichtige Neuerung im Kindschaftsrecht die elterliche Gewalt der Mutter vor, die bei bestehender Ehe hinter der des Vaters zurücktreten, aber sowohl nach seinem Tod als auch für den Fall, dass ihr nach der Scheidung die Personensorge für die Kinder zuzusprechen wäre, mit geringen Einschränkungen zum Vollrecht erstarken sollte. Er war von dem natürlichen Übergewicht des Vaters überzeugt: so sollte der Vater für seine Gewissensruhe (die

[29] Belchaus, S. 21.
[30] Fehr, S. 103.
[31] Dopffel in: ZfRV 1978, 1.
[32] Laufs, S. 303.
[33] Zitscher, S. 196.
[34] § 1626 BGB a.F.; Diederichsen, Festschrift für Rolland, S. 87.
[35] Körner, Diss., S. 6.

Mutter hatte offenbar kein Gewissen in dieser Hinsicht) die religiöse Kindererziehung anordnen können, und insbesondere sollte die verwitwete Mutter aus Gründen der Pietät verpflichtet sein, die Anordnungen des Vaters in bezug auf Erziehung und Vermögensverwaltung zu befolgen.[36]

Im Falle der Scheidung verblieb die elterliche Gewalt grundsätzlich beim Vater, sowie die Vermögenssorge, Nutznießung, Vertretung und Eheschließungseinwilligung. Die Personensorge wurde dagegen dem schuldlosen Elternteil zugesprochen, denn eine förmliche Einigung über den Verbleib der Kinder als Grundlage der Sorgerechtsverteilung hatte man abgelehnt mit der Begründung, dass so ein wichtiges Recht nicht zur Disposition der Parteien stehen dürfte. Hatten beide Elternteile Schuld an der Scheidung, so wurden die Kinder den Eltern nach ihrem Geschlecht zugeteilt: die Töchter wurden der Mutter zugesprochen, die Söhne bis zum Alter von 6 Jahren der Mutter, danach dem Vater.[37] Das Vormundschaftsgericht konnte aber im Interesse der Kinder auch abweichende Regelungen treffen. Dem Elternteil, der nicht die Personensorge ausübte, stand, unter dem Vorbehalt näherer Regelung durch das Vormundschaftsgericht, ein Recht zum persönlichen Umgang mit dem Kind zu.[38] In jedem Fall blieb jedoch das prinzipielle Recht des Vaters zur Vertretung des Kindes unberührt.

Für das nichteheliche Kind war der Vater bis zum Jahr 1970 nur „Zahlvater“. Nach dem Gesetz galten somit Vater und nichteheliches Kind als nicht miteinander verwandt (§ 1589 II BGB a.F.). Das Selbstversorgungsrecht des Vaters gab es nicht mehr, und selbst wenn der Vater das Kind anerkannt hatte, hatte dieses kein gesetzliches Erbrecht. Nur sein Unterhaltsanspruch bestand gegenüber den Erben des Vaters weiter und konnte von diesen mit einer dem Pflichtteil entsprechenden Summe abgefunden werden (§ 1712 II BGB a.F.). Das uneheliche Kind hatte aber im Verhältnis zu seiner Mutter die rechtliche Stellung eines ehelichen Kindes. Dennoch stand der Mutter nicht die elterliche Gewalt für ihr Kind ungeschmälert zu; vielmehr war sie auf das Recht und die Pflicht beschränkt, für die Person des Kindes zu sorgen. Im übrigen, insbesondere zur Vertretung des Kindes, bekam dieses einen Vormund.[39]

---

[36] Zitscher, S. 243.

[37] § 1635 BGB a.F.; Henrich, S. 235.

[38] § 1636 BGB a.F.; Zitscher, S. 246.

[39] § 1707 BGB a.F.; Beitzke/Lüderitz, Rn. 796.

3.3 Gesetzesreformen

Die Regelung der elterlichen Sorge nach Scheidung hat seit der Entstehung des BGB mehrfach Änderungen erfahren. Diese Änderungen spiegeln den sozialen und weltanschaulichen Wandel besonders deutlich. Hierbei bilden die Rechte der Frau das herausragende Thema. In ständiger Wechselwirkung mit der gesellschaftlichen Umstrukturierung und dem sich wandelnden Familienverständnis stand die Diskussion um die rechtliche Verankerung der Gleichberechtigung der Geschlechter.

3.3.1 Das Ehegesetz (EheG 1938) vom 06.07.1938

Unter nationalsozialistischem Einfluss brachte das Ehegesetz aus dem Jahr 1938 verschiedene Neuerungen. Der Nationalsozialismus lehnte das BGB als Frucht des bekämpften Liberalismus und Fortentwicklung des römischen, nicht des „deutschen“ Rechts, insgesamt ab.[40] Aus der „Rassengesetzgebung“ des Jahres 1935 wurde das Eheverbot zwischen Juden und Trägern „deutschen und erbverwandten Bluts“ in das EheG 1938 übernommen. Ehescheidung wurde auch bei „beharrlicher Weigerung“ Nachkommenschaft zu erzeigen oder zu empfangen, sowie bei „vorzeitiger Unfruchtbarkeit“ zugelassen (§§ 48, 53 EheG 1938). § 81 EheG 1938 verlagerte die Regelung der elterlichen Gewalt bei Scheidung in das EheG und führte in Abkehr von dem in § 1635 BGB a.F. bestimmten Schematismus eine völlig neue Systematik ein. Nach § 81 EheG 1938 hatte das Vormundschaftsgericht in jedem Scheidungsfall von Amts wegen eine Anordnung über die Personensorge einschließlich der gesetzlichen Vertretung des Kindes auf diesem Gebiet zu treffen. Seit 1938 bildet damit die rechtsgestaltende Entscheidung des Gerichts die Quelle des nachehelichen Sorgerechts. Es hatte die Erkenntnis an Boden gewonnen, dass die Individualität des Kindes und die Vielfalt der familiären Lebensverhältnisse eine Einzelfallprüfung erfordern.[41]

Erstmals sah § 81 EheG 1938 als maßgebliches Kriterium das vom Richter zu ermittelnde Kindeswohl vor. Er stellte nicht mehr die Interessen der Eltern, sondern die der betroffenen Minderjährigen in den Vordergrund. So sollten auch nach § 81 EheG 1938 Geschwister nicht mehr getrennt werden.

Trotz dieser Ansätze und obgleich bereits ein völliger Verzicht auf das Verschuldenskriterium befürwortet wurde, hielt der Gesetzgeber an der Verbindung von Scheidungsschuld und Sorgerechtszuteilung fest. Der allein oder überwie-

[40] Beitzke/Lüderitz, Rn. 40.
[41] Coester-Waltjens in: Gernhuber/Coester-Waltjens, S. 1030.

gend für schuldig erklärte Ehegatte sollte nur aus besonderen Kindeswohlgründen das Sorgerecht erhalten (§ 81 III EheG 1938). Die Schuldfrage hatte ihre Bedeutung daher noch nicht verloren.[42]

3.3.2 Das Ehegesetz (EheG 1946) vom 20.02.1946

Das Ehegesetz von 1946 gründet sich mit nur wenigen Abweichungen auf das Ehegesetz von 1938, das seinerseits in vielfacher Beziehung auf das zuvor im BGB geregelte Eherecht zurückgeht. Befreit wurde das Eherecht nur von typisch nationalsozialistischem Gedankengut, so etwa von allen Bezugnahmen auf den Rassegedanken.[43] Auch die nationalsozialistisch gefärbten Scheidungsgründe der vorzeitigen Unfruchtbarkeit und der Verweigerung der Fortpflanzung wurden durch das Kontrollratgesetz von 1946 beseitigt.[44] § 74 EheG 1946 sah bei der Scheidung der Elternehe wie seine Vorgänger nur die Übertragung der Personensorge vor, ließ aber erstmals eine Vereinbarung darüber zu. Wollten die Eltern Einfluss auf die Sorgerechtsgestaltung nehmen, mussten sie innerhalb einer Frist von zwei Wochen nach Rechtskraft des Scheidungsurteils dem Vormundschaftsgericht ihren gemeinsamen Vorschlag zur Genehmigung vorlegen (§ 74 II EheG 1946). Diesem hatte das Gericht in der Regel zu folgen (§ 74 I EheG 1946). Nur wenn die Frist versäumt wurde oder der Vorschlag nicht die Billigung des Gerichts fand, war diejenige Regelung zu treffen, „die dem wohlverstandenen Interesse der Kinder am besten entsprach“ (§ 74 II EheG 1946).Gegenstand der Regelung war nur die „Sorge für die Person“, also nicht die Vermögenssorge, denn diese stand allein dem Vater zu. Allerdings wurde die gesamte Personensorge erfasst, d.h. auch das Vertretungsrecht. Damit entfiel die bis dahin bestehende Kontrollbefugnis des anderen Elternteils über alle Rechtsgeschäfte oder geschäftsähnliche Maßnahmen.[45]

Hinsichtlich der Bedeutung der Scheidungsschuld verblieb es bei der Bestimmung des § 81 IV EheG 1938. Dieser wurde unverändert übernommen. Die Scheidung der Ehe konnte grundsätzlich nur wegen eines Verschuldens des anderen Ehegatten begehrt werden.[46] Das alleinige oder überwiegende Verschulden eines Ehegatten hatte zur Folge, dass ihm die Sorge nicht zu übertragen war. Es bedurfte wirklich besonderer Gründe, um das Sorgerecht dem schuldigen Elternteil zu übertragen[47], das Kind musste beim Unschuldigen gefährdet sein.[48] Der

---

[42] Henrich, S. 235.
[43] Zitscher, S. 207.
[44] Beitzke/Lüderitz, Rn. 484.
[45] Beitzke/Lüderitz, Rn. 910.
[46] Hoffmann/Stephan, § 42, Rn. 2.
[47] BGHZ 3, 52.

BGH begründete seine diesbezügliche Rechtsprechung, indem er den Gesetzeswortlaut klarstellend wie folgt auslegte: Erstens sollte die Regelung den Unschuldigen schützen und ihm sein Recht auf die Kinder erhalten, und zweitens, selbst wenn er auf diesen Schutz in einer vergleichbaren Vereinbarung verzichtete, so enthielt die Regelung eine widerlegliche Vermutung, dass der an der Scheidung unschuldige oder weniger schuldige Teil zur Erziehung der Kinder besser geeignet sei.[49] Zugleich entfiel die für das Vorhandensein mehrer Kinder in § 81 II EheG 1938 aufgestellte Regel, dass diese nicht getrennt werden sollten, denn § 74 II, 2 EheG 1946 sah erstmals eine persönliche „Fühlungnahme" mit den betroffenen Kindern vor.

Großzügiger war die Rechtsprechung zu der Frage, wie weit das Personensorgerecht reichte, wenn es der Mutter übertragen war. So entschied der BGH, dass eine Abspaltung von Einzelteilen der Personensorge (und Übertragung auf den Vater) nur unter den Voraussetzungen des § 1666 BGB möglich war[50], dass das Recht zur Personensorge die Wohnbesitzbestimmung für das Kind[51] und die Geltendmachung von Unterhaltsansprüchen gegen den Vater[52] umfasste und dass die sorgeberechtigte Mutter das Recht zur Vertretung des Kindes in persönlichen Angelegenheiten nicht mehr durch Wiederheirat verlieren konnte.[53]

Bezüglich der elterlichen Gewalt wurde in den Jahren nach dem zweiten Weltkrieg noch einheitlich von einer absoluten Dominanz des Elternrechts ausgegangen, hinter dem eigene Kindespositionen weitgehend zurücktraten.[54] Darauf aufbauend ist dieses Recht trotz seines Pflichtgehalts bis in das SorgeRG 1980 überwiegend als Herrschaftsrecht begriffen worden. Das Kind wurde als Objekt eines subjektiven Rechts der Eltern gesehen.[55]

3.3.3 Änderungen aufgrund des Gleichberechtigungsgrundsatzes vom 01.04.1953

Wie schon die Weimarer Reichsverfassung (WRV), verankerte auch das Bonner Grundgesetz die Gleichheit von Mann und Frau in seinem Text (Art. 3 II GG).

[48] BGH in: NJW 1952, 1254.
[49] BGHZ 24, 181.
[50] BGHZ 3, 220; BGH in: NJW 1952, 1254.
[51] BGHZ 7, 104.
[52] BGH in: NJW 1953, 1547.
[53] BGH in: NJW 1952, 1254.
[54] LG Hannover in: NJW 1949, 625.
[55] Coester-Waltjens in: Gernhuber/Coester-Waltjens, S. 861.

Allerdings gab es verschiedene, nicht unbedeutsame Unterschiede zwischen beiden Verfassungen. Hatte Art. 119 I, 2 WRV sich noch darauf beschränkt festzustellen, dass die Ehe auf der Gleichberechtigung der Geschlechter beruht, und Art. 109 II WRV, dass Mann und Frau die gleichen staatsbürgerlichen Rechte und Pflichten haben, so fasste Art. 3 II GG den Grundsatz der Gleichberechtigung zwischen Mann und Frau allgemein.[56] Deshalb stand ab dem 01.04.1953 erstmals die elterliche Gewalt beiden Elternteilen gemeinsam zu[57], darüber herrschte Einigkeit.[58] Meinungsverschiedenheiten bestanden aber darüber, wieweit dieser Grundgedanke durch die Ordnung der Familie begrenzt und wieweit er in seiner Durchführung aus praktischen Gründen abzuwandeln war.[59]

3.3.3.1 Das Gleichberechtigungsgesetz vom 18.06.1957 (GleichberG)

Mit dem GleichberG vom 18.06.1957 wurde die nach Art. 3 GG erforderliche Umsetzung und Anpassung des einfachen Rechts vollzogen. Die Frau und Mutter trat formal gleichberechtigt neben den Vater und Ehemann.[60] Das patriarchalische Bestimmungsrecht des Vaters war nunmehr mit dem Grundsatz der Gleichberechtigung nicht mehr vereinbar und trat daher außer Kraft.[61] Die Erziehung war nach dem Gesetz (§1626 BGB i.d.F. von 1957) Aufgabe beider Elternteile.[62] Somit war die Zuordnung der elterlichen Gewalt an den Vater beendet. Weiterhin gab es eine Neuordnung des ehelichen Güterrechts. Neuer gesetzlicher Güterstand war nunmehr die Zugewinngemeinschaft. Ihr Hauptmerkmal besteht darin, dass während des Güterstandes jeder Ehegatte sein Vermögen selbst verwaltet und nutzt, dass aber am Ende des Güterstandes der von den Ehegatten erzielte Gewinn unter ihnen ausgeglichen wird.[63]
Strittig war allerdings weiterhin, ob die gesetzliche Vertretung (in persönlichen und Vermögensangelegenheiten) dem Vater allein[64], beiden Elternteilen gemeinschaftlich[65] oder doch wenigstens jedem Elternteil nebeneinander zufällt.[66] Die

[56] Zitscher, S. 208.
[57] BVerfG in: NJW 1954, 65.
[58] Firsching in: FamRZ 1956, 136.
[59] Siebert in: NJW 1955, 1, 2.
[60] Boehmer, S. 45.
[61] Körner, Diss., S. 21.
[62] Kamnitzer/Bohnenberg, § 1626, S. 92.
[63] Maßfeller/Reinicke, Einführung, Nr. II.
[64] Finke in:NJW 1953, 606, 608/BB 1953, 271, 273;Esser in: JZ 1953, 521, 524;Bosch in: FamRZ 1956, 89.
[65] Dölle in: JZ 1953, 352, 361; Siebert in: NJW 1955, 1; Haasen in: FamRZ 1956, 89, 90; Krüger in: DRiZ 1953, 82, 84; Arnold in: MDR 1953, 326, 334; Kropholler, S. 54.
[66] Beitzke, S. 114.

Rechtsprechung neigte überwiegend zur mittleren Meinung und trat für eine Gesamtvertretung der Eltern ein. Soll die Frau und Mutter gleichberechtigt sein, so kann sie verlangen, an allem, was die Sorge für ihr Kind angeht, gleichermaßen beteiligt zu werden wie der Mann und Vater. Dies ist angebracht, um klarzustellen, dass das Recht und die Pflicht, das Kind zu vertreten, Inhalt der elterlichen Gewalt sind und nicht etwa selbständig neben der elterlichen Gewalt stehen; ein Elternteil, dem die Personen- oder Vermögenssorge nicht mehr zusteht, ist insoweit auch nicht mehr zur Vertretung des Kindes befugt.[67]

3.3.3.2 Problem: Entscheidung bei Meinungsverschiedenheit der Eltern

Nachdem die elterliche Gewalt nunmehr, zumindest nach der vorherrschenden Meinung der Rechtsprechung, beiden Eltern zustand, stellte sich folglich die Frage, was geschehen sollte, wenn sich die Eltern nicht auf eine bestimmte Maßnahme einigen konnten. In diesem Zusammenhang wurden mehrere Entscheidungswege in Erwägung gezogen: (1) ein Elternteil entscheidet allein, (2) eine dritte Instanz (das Vormundschaftsgericht) übernimmt die Entscheidung, (3) auf eine Entscheidungsmöglichkeit wird ganz verzichtet. Letzteres wurde aber im Hinblick auf das Kind als bedenklich angesehen. Ein Verzicht auf eine Entscheidung ist jedenfalls dann nicht mehr erträglich, wenn das Wohl des Kindes dadurch gefährdet wird, dass wegen der Meinungsverschiedenheit unter den Eltern erforderliche Sorgemaßnahmen nicht getroffen werden.[68] Folglich waren zwei Hauptrichtungen bei der Streitigkeit bzgl. des Stichentscheides erkennbar. Die einen befürworteten den Stichentscheid eines Elternteils, grundsätzlich des Vaters[69], die anderen das Eingreifen des Vormundschaftsgerichts bei Meinungsverschiedenheiten der Eltern.[70]

Das Hauptargument für den Stichentscheid des Vaters war, dass der Staat möglichst wenig in das Familienleben eingreifen sollte (dies verlange das Wohl der Familie, die durch Art. 6 GG unter den besonderen Schutz des Staates gestellt ist) und es daher besser wäre, einem der Ehegatten (und traditionell sei der Ehemann dazu prädestiniert) das Letztentscheidungsrecht zu übertragen. Dieser Vorrang des Mannes beruhe auf seiner natürlichen Stellung in der Familie sowie dem Gedanken einer Funktionsteilung zwischen Mann und Frau, und zwar zwi-

---

[67] Kamnitzer/Bohnenberg, §. 1626, S. 92.

[68] Siebert in: NJW 1955, 1, 3.

[69] Befürworter des väterlichen Stichentscheids: Beitzke/Hübner, S. 30; Maßfeller, S. 226; Strauß in: JZ 1952, 449, 456; Bosch in: SJZ 1950, 625, 637; Ziegler, S. 404.

[70] Befürworter des generellen Eingreifens des Vormundschaftsgerichts bei Meinungsverschiedenheiten der Eltern: Keidel in: FamRZ 1955, 121, 122; Rüdel in: JR 1952, 49, 50; Hagemeyer, Denkschrift III, S. 5.

schen dem berufstätigen Mann und der im Haushalt tätigen Frau. Diesen ungleichen Funktionen entsprach die Ressortteilung, dass der Frau die Leitung des Hauswesens, dem Mann das Bestimmungsrecht im übrigen zustand.[71] Problematisch erschien diese Regelung allerdings in den Fällen, in denen es sich nicht um eine Hausfrauenehe handelte, sondern um eine andere Eheform, in der auch die Frau einem Beruf außerhalb des Haushaltes nachging. Bei Berufstätigkeit beider Ehegatten konnte daher unter Umständen keine Entscheidung getroffen werden, wenn beide Partner verschiedener Meinung waren. Daher fiel nach dieser Ansicht dem Mann das Bestimmungsrecht zu, das vor allem darauf beruhte, dass in einer Genossenschaft von zwei Partnern Einstimmigkeit nicht zu erreichen wäre, Mehrentscheidungen aber nicht möglich waren.[72] Im übrigen führe die Entscheidung des Vormundschaftsgerichts oft zu unerfreulichen Ergebnissen und komme vielfach zu spät. Ein väterliches Bestimmungsrecht widerspreche daher nicht Art. 3 II GG, sofern der Ehemann die Meinung seiner Frau berücksichtigte. Der Vater hatte folglich bei der Ausübung des Stichentscheids die Meinung seiner Frau und das Wohl des Kindes zu beachten. Dagegen argumentierten die Gerichte, dass es ein Entscheidungsrecht ja vor allem im Kindesinteressen geben müsste (das ehemännliche Entscheidungsrecht nach § 1354 sollte ersatzlos wegfallen), dass sich in einer intakten Ehe die Eltern üblicherweise im Kindesinteresse einigen würden. Gleichberechtigung und Entscheidungsmöglichkeit ließen sich nur dadurch vereinigen, wenn eine außerhalb der Familie stehende Instanz eingeschaltet werde.[73] Sollte es zu unüberwindlichen Gegensätzen kommen, sind die familiären Bande schon soweit gelockert, dass eine staatliche Entscheidung kaum einen zusätzlichen Eingriff bedeutet. Dann könne auf Antrag eines Elternteils das Vormundschaftsgericht tätig werden. Bei Anrufung des Gerichts kann daher unterstellt werden, dass bereits so viele Auseinandersetzungen innerhalb der Familie vorausgegangen sind, dass das Wohl des Kindes gefährdet ist. Ob das Vormundschaftsgericht dann die Entscheidung an einen Elternteil überträgt oder in der Sache selbst entscheidet, wird davon abhängig sein müssen, was dem Wohl des Kindes besser gerecht wird. Sicherlich wird es oft ausreichend sein, wenn der Vormundschaftsrichter sich darauf beschränkt, einem Elternteil die Entscheidungsbefugnis zu übertragen und zwar dem Elternteil, dessen Maßnahmen dem Wohl des Kindes am besten entsprechen.[74] Entscheidend dabei ist, dass die Durchführung des Grundsatzes der Gleichberechtigung aus Art. 3 II GG die völlige Gleichstellung in der Ausübung der elterlichen Gewalt verlangt. Aus der biologischen Verschiedenheit der Geschlechter ist nach dieser Ansicht keine Vorrangstellung des Vaters herzuleiten.

---

71 Beitzke/Hübner, S. 29.

72 Beitzke/Hübner, S. 30.

73 Arnold in: MDR 1953, 326, 333; Dölle in: JZ 1953, 353, 361.

74 Körner, Diss., S. 29; Siebert in: NJW 1955, 1, 4.

3.3.3.3 Entscheidung des Bundesverfassungsgerichts

Das Bundesverfassungsgericht erklärte mit seinem Urteil vom 29. Juli 1959 das Recht zum Stichentscheid des Vaters bei der Ausübung der elterlichen Gewalt nach kurzer Zeit für nichtig[75] und die Zivilgerichte entwickelten im Sinne der schon in den Jahren 1953 bis 1957 erkennbaren Tendenzen den Grundsatz, dass bei Meinungsverschiedenheiten über schwerwiegende Fragen der Ausübung der elterlichen Gewalt, die das Wohl des Kindes berührten, das Vormundschaftsgericht einem Elternteil die Entscheidungsbefugnis zuweisen (nicht etwa die Entscheidung selbst treffen) konnte.[76]

3.3.3.4 Sorgerecht nach Scheidung infolge des Gleichberechtigungsgesetzes

In diesem Rahmen erfolgte auch eine Neuregelung der Vorschrift der elterlichen Sorge für den Fall der Scheidung. Diese wurde mit dem § 1671 wieder in das BGB aufgenommen. Danach war erstmals nicht nur über die Personensorge zu entscheiden, sondern die Kompetenz des Vormundschaftsgerichts auf die Vermögenssorge erweitert.[77] Es wurde dadurch die aus dem Gleichberechtigungsgrundsatz von Literatur und Rechtsprechung gezogene Folgerung umgesetzt, dass die nacheheliche Vereinigung der Rechte erstrebenswert sei.[78] Maßgeblich für die Entscheidung war ein gemeinsamer Elternvorschlag (§ 1671 II BGB a.F.). Missbilligte das Gericht diesen oder hatten die Eltern versäumt, einen solchen vorzulegen, so war diejenige Regelung zu treffen, die dem Kindeswohl am ehesten entsprach (§ 1671 II und III, 1, 2.HS BGB a.F.). Diese Bestimmung enthält den Kern der Regelung, wobei das Wohl des Kindes der entscheidende Gesichtspunkt ist.[79]

Entsprechend der Sollvorschrift des § 1671 V, 1 BGB a.F. war die elterliche Gewalt nur einem Elternteil zuzusprechen. Damit war die Trennung von elterlicher Gewalt und Personensorge beendet mit der Konsequenz, dass die Mutter nach der Scheidung auch die gesamte elterliche Sorge erhalten konnte.[80] Jedoch war es in Ausnahmefällen aus Gründen des Kindeswohls möglich, die elterliche Gewalt aufzuteilen und dem einen Teil Personen-, dem anderen hingegen die Vermögenssorge, zu übertragen (§ 1671 V, 2 BGB a.F.).

---

[75] BVerfG 10, 59, 60.
[76] Dopffel in: ZfRV 1978, 1, 14; Tschiporikov, Diss., S. 185.
[77] BGHZ 66, 334, 337 = BGH in: NJW 1976, 1540.
[78] Schwoerer in: FamRZ 1958, 433, 434.
[79] Reinicke/Schwarzhaupt, S. 98.
[80] Henrich, S. 235.

Die Bedeutung der Scheidungsschuld wurde zusätzlich immer weiter zurückgedrängt. Nur bei einer Alleinschuld eines Ehegatten sollte das Sorgerecht auf den schuldlosen Teil übertragen werden, wenn keine schwerwiegenden Gründe für eine Übertragung auf den schuldigen Teil sprachen.[81] Ob derartige Gründe vorlagen, war Sache des Einzelfalls. Waren beide Ehegatten für schuldig erklärt worden, so war die Schuldfrage für die Entscheidung des Vormundschaftsgerichts unerheblich.

Unter dem GleichberG begann auch die Diskussion um die gemeinsame Elternverantwortung nach der Scheidung. Nachdem bisher ein gemeinsames Sorgerecht der Eltern nach Scheidung noch völlig abwegig erschienen war, gab es nun erste vereinzelte Meinungen, die hieraus eine Möglichkeit für das gemeinsame Sorgerecht herauslasen.[82] Dieser sporadischen Gegenmeinung wurden aber mehrere Gründe entgegengehalten: Die Bindung der Eltern zueinander werde im Laufe der Zeit immer lockerer, dies erschwere eine Einigung.[83] Bei Spannungen, die in der Regel zwischen getrenntlebenden Ehegatten besteht, ist es zu erwarten, dass die gemeinsame Ausübung der elterlichen Gewalt zu Reibungen und Streitigkeiten führt, die sich zum Nachteil der Kinder auswirken.[84] Im Satz 1 des § 1671 IV BGB a.F. hieß es zwar, dass „in der Regel" das Sorgerecht auf einen Elternteil zu übertragen sei. Ausnahmsweise, wenn es nämlich dem Wohl des Kindes erfordert, kann davon abgewichen werden, wie Satz 2 dieses Absatzes bestimmt, aber nur, wie Satz 2 weiterhin klarstellt, dahingehend, dass dem einen Elternteil die Sorge für die Person, dem anderen die Sorge für das Vermögen des Kindes übertragen wird. Eine andere Art der Übertragung, insbesondere eine solche des Personensorgerechts auf beide Eheleute, gibt es nicht.[85] Der Meinungsstreit zeigte jedoch, dass die Diskussion über das gemeinsame Sorgerecht bereits Ende der fünfziger Jahre begonnen hatte. Der Gesetzgeber war daher schon wegen dieser unterschiedlichen Auffassungen gehalten die Frage zu klären.

---

[81] § 1671 III BGB a.F.: Zitscher, S. 264; Dopffel in: ZfRV 1978, 1, 15.

[82] Schwoerer in: FamRZ 1958, 434, 435; Schwoerer in: FamRZ 1960, 122, 123.

[83] OLG Bremen in: FamRZ 1961, 534, 535.

[84] Reinicke/Schwarzhaupt, S. 99.

[85] Knöpfel in: NJW 1983, 905, 906; OLG Stuttgart in: FamRZ 1960, 365; OLG Celle in: NJW 1960, 151, 152.

3.3.4 Erstes Gesetz zur Reform des Ehe- und Familienrechts vom 01.07.1977

Das Erste Gesetz zur Reform des Ehe- und Familienrechts (1. EheRG) vom 14.06.1976, das am 01.07.1977 in Kraft trat, ersetzte das bei einer Scheidung geltende Verschuldensprinzip durch das Zerrüttungsprinzip. Das Schuldprinzip hatte seine Bedeutung insofern schon verloren, als dass es die Auflösung von Ehebeziehungen nicht verhindern konnte. Im Übrigen ist eine gerichtliche Feststellung auch äußerst schwierig und darüber hinaus eine unangemessene Grundlage für die Regelung der Scheidungsfolgen.[86] Es gab nunmehr nur noch einen Scheidungsgrund, nämlich das Scheitern der Ehe. Die Ehe ist gescheitert, wenn die Lebensgemeinschaft der Ehegatten nicht mehr besteht und nicht erwartet werden kann, dass die Ehegatten sie wiederherstellen. Eine Klärung der Frage, was Scheitern konkret bedeutet, bringt die Definition nicht. Der einzige neue Aspekt ist (im Rahmen der Prognose) der Verzicht auf die Anknüpfung an die dem Wesen der Ehe entsprechenden Lebensgemeinschaft.[87] Hierunter wird der Verlust der ehelichen Gesinnung verstanden, also eine innere Entfremdung, die es den Ehegatten unmöglich macht, die eheliche Gemeinschaft fortzusetzen[88], bzw. die nach dem Wesen der Ehe geschuldete Liebe und Achtung weiter entgegen zu bringen.[89] Deshalb besteht die Lebensgemeinschaft erst dann nicht mehr, wenn beide Eheleute die Fähigkeit und Bereitschaft verloren haben, das die Ehe so lange tragende Minimum an Gemeinsamkeiten zu erhalten oder wieder zu beleben, sich über Art und Form ihres Zusammenlebens einigen zu können und eben deshalb keine Gemeinsamkeit mehr zustande kommen kann.[90] Der subjektive Charakter des Scheiterns tritt somit noch stärker hervor, seine Deutung als vorgegebener psychologischer Tatbestand[91] bestätigt sich.[92]

Infolge der Änderungen durch das 1. EheRG, musste nun auch bei der Sorgerechtsentscheidung die Schuldfrage außer Acht gelassen werden.[93] Das Sorgerecht sollte gem. § 1671 III, Satz 1 BGB aufgrund eines gemeinsamen elterlichen Vorschlags, der vom Gericht gebilligt werden musste, vergeben werden, andernfalls unter Berücksichtigung des Kindeswohls. Der übereinstimmende Vorschlag der Eltern sollte jedoch nicht die konstitutive Entscheidung des Ge-

---

[86] Willenbacher/Eidmann/Caesar-Wolf in: Loccumer-Protokolle 8/1983, S. 60.
[87] Rolland, § 1565, Rn. 10.
[88] BGHZ 4, 186.
[89] RG 163, 342.
[90] Roth-Stielow in: Bastian/Roth-Stielow/Schmeiduch, § 1565, Rn. 10.
[91] BGHZ 12, 111.
[92] Schwab in: FamRZ 1976, 491, 496.
[93] Henrich, S. 235; Luthin, S. 20.

richts ersetzen. Es tritt lediglich eine Ermessensbindung ein, die im Ergebnis einer Umkehr der „Ermittlungslast“ gleichkommt.[94] Während das Gericht bei einer Entscheidung nach § 1671 II BGB positiv festzustellen hat, welche der möglichen Lösungen dem Wohl des Kindes besser entspricht, kann es sich im Fall einer Entscheidung nach § 1671 III BGB darauf beschränken zu ermitteln, ob Umstände vorliegen, die dem Wohl des Kindes abträglich sind. Denn nur dann wird eine andere als die vorgeschlagene Entscheidung zum Wohl des Kindes erforderlich sein.[95] Eine Gefährdung des Kindeswohls braucht allerdings nicht vorzuliegen, um ein Abweichen vom Vorschlag der Eltern zu rechtfertigen.[96]

Zugleich entsprach der Gesetzgeber der Forderung von Seiten der Lehre, bei der Sorgerechtsentscheidung dem Willen des Kindes eine entsprechende Berücksichtigung einzuräumen. Vorausgesetzt wird allerdings hierbei, dass das Kind über 14 Jahre alt ist. Der vom Elternvorschlag abweichende Vorschlag des Kindes macht den der Eltern nicht obsolet, sondern verändert nur die Entscheidungsgrundlagen des Gerichts.[97] Aus kinder- und jugendpsychologischer Sicht erschien es geboten, eine am Kindeswohl orientierte Entscheidung nicht ohne Mitsprachemöglichkeit des betroffenen Kindes durchzuführen. Nicht nur bessere Verhältnisse, Betreuung und Versorgung seien ausschlaggebend, sondern eine im Kindeswunsch zum Ausdruck kommende, auf Zuneigung beruhende Bindung.[98]

Eine weitere Neuerung war die Einführung der Zuständigkeit des Familiengerichts gem. § 621 I, Nr. 1 ZPO, d.h. derselbe Richter regelt für eine Familie alle mit der Ehe und der Scheidung zusammenhängenden Streitigkeiten. Auf der Basis der einheitlichen Zuständigkeit des Familiengerichts für die Scheidungssachen und ihre Folgeregelungen wurde durch besondere verfahrensrechtliche Maßnahmen die gleichzeitige Erledigung der Scheidungssache und der wichtigen Folgesachen sichergestellt (Verbundverfahren gem. § 623 I ZPO).[99] Somit wurde auch die Entscheidung über das Sorgerecht als Folgesache nicht vor Rechtskraft des Scheidungsurteils wirksam (§ 629 d ZPO), denn diese war von Amts wegen mit der Scheidungssache verbunden. Dahinter stand die Überlegung, dass der Staat kraft seines Wächteramtes dafür sorgen muss, dass das endgültige Zerbrechen der Ehe nicht zu einer Gefährdung des Kindeswohls führt.[100]

---

[94] BayOLG in: FamRZ 1976, 36, 37.
[95] Rolland, § 1671, Rn. 51.
[96] BayOLG in: FamRZ 1976, 36, 38.
[97] Rolland, § 1671, Rn. 50.
[98] Happe in: ZBlJugR 1980, 542, 544.
[99] Bastian in: Bastian/Roth-Stielow/Schmeiduch, § 623 ZPO, Rn. 4.
[100] Schwab, Rn. 662.

Probleme dieses Verbundverfahrens waren in erster Linie, dass derjenige, der aus wirtschaftlichen oder anderen Gründen keine Scheidung wünscht, nunmehr mannigfaltige Möglichkeiten der Verzögerung hatte, entweder indem er auf Regelung mehrerer Scheidungsfolgen drängte, die erst aufgeklärt werden mussten, weil beide Seiten unterschiedliche Behauptungen aufstellten, oder indem er sich der von dem anderen Teil gewünschten Regelung und der dazu erforderlichen Aufklärung des Sachverhalts widersetzte.[101]

Das Familiengericht hatte aufgrund des Verbundverfahrens bei der Scheidung ohne elterlichen Antrag eine Regelung über eheliche Kinder zu treffen. Dabei blieb die rechtliche Möglichkeit einer gemeinsamen Sorge geschiedener Eltern umstrittene Ausnahme.[102] Argumentiert wurde diesbezüglich damit, dass schon während des Bestehens der Ehe niemand danach fragt, ob tatsächlich beide Eltern die Entscheidung über das Kind gemeinsam treffen oder nur ein Elternteil allein. Auch der psychologische Faktor, „dass die Aufrechterhaltung echter Vater- bzw. Mutter-Kind-Beziehungen letztlich nur dann möglich ist, wenn der rechtliche Hintergrund damit in Einklang steht“[103], ist in Wirklichkeit nichts anderes als die Aufrechterhaltung einer Fiktion, die nur solange gilt, wie die geschiedenen Eltern sich nicht neu verheiratet haben und räumlich nahe beieinander wohnen. Ändert sich nur eine dieser Voraussetzungen, so wird dem Kind die Trennung der Eltern, die ohnehin durch die Scheidung schon dokumentiert ist, so handgreiflich bewusst, dass sich seine Beziehung zu einem Elternteil ohnehin völlig verändert.[104] Gleichwohl schlossen sich in der Folgezeit einige Gerichte[105] der zunehmend vertretenen Gegenauffassung[106] an und beließen in verfassungskonformer Auslegung des § 1671 BGB a.F. die Sorgeberechtigung beiden Elternteilen. Hierin zeigte sich wieder eine Stärkung der Familienautonomie. Begründet wurde dieses damit, dass nach einer Scheidung beiden Elternteilen dann gemeinsam die elterliche Gewalt übertragen werden kann, wenn beide Eltern dies aus besonderen Gründen zum Wohl des Kindes wollen.[107] Besteht infolge friedlicher Gesinnung der Eltern Aussicht darauf, dass sie in allen wichtigen Fragen eine gemeinsame Entscheidung über das Kind herbeiführen, so sollte

---

[101] Reinecke in: Loccumer Protokolle 8/1983, S. 84.

[102] Gegen die Zulässigkeit der gemeinsamen elterlichen Sorge nach Scheidung: LG München in: FamRZ 1972, 378, 379; LG Köln in: FamRZ 1974, 99, 100; Weber in: FamRZ 1975, 401, 402; Dieckmann in: AcP 178, 298, 304.

[103] Evans-von Krebek in: FamRZ 1975, 20, 21.

[104] Weber in: FamRZ 1975, 401, 402.

[105] LG Wiesbaden in: FamRZ 1977, 60; AG Tübingen in: DAV 1976, 424.

[106] Lüderitz/Lenzen in: FamRZ 1971, 625; Schwoerer in: FamRZ 1958, 433, 434; Strätz in: FamRZ 1975, 541, 544; Fehmel in: FamRZ 1979, 380, 381; Diederichsen in: FamRZ 1978, 461, 473.

[107] Rolland, § 1671, Rn. 16.

dem auch von Rechts wegen Ausdruck gegeben werden.[108] Die Rechtsprechung zeigt Fälle, in denen die beiderseitige Verantwortung für das Kind auch in geschiedenen Ehen ohne Schwierigkeiten von beiden Elternteilen bewältigt wurde.[109] Sollten sich dennoch in der Folgezeit Divergenzen ergeben, die eine anderweitige Regelung der elterlichen Gewalt angezeigt erscheinen lassen, so ist das Vormundschaftsgericht hierzu jederzeit befugt.[110]

3.4 Zusammenfassung

Über Jahrtausende war das Verhältnis von Eltern und Kindern ausgesprochen elternzentriert. Demgegenüber hat sich in unserem Kulturkreis das Eltern-Kind-Verhältnis immer weiter kinderzentriert entwickelt. Ging das BGB von 1900 im Falle einer Scheidung noch von dem grundsätzlichen Verbleib der elterlichen Sorge beim Vater aus, wobei die geschiedene Ehefrau allerhöchstens die Personensorge übertragen werden konnte, trat die Mutter erst durch das Gleichberechtigungsgesetz aus dem Jahr 1957 neben den Vater. Die Erziehung war nunmehr Aufgabe beider Elternteile und auch im Falle einer Scheidung konnte die Mutter das Sorgerecht erhalten. Mit dem ersten Gesetz zur Reform des Ehe- und Familienrechts vom 1.7.1977 wurde schließlich das geltende Verschuldensprinzip durch das Zerrüttungsprinzip ersetzt. Dabei konnten die Eltern einen übereinstimmenden Vorschlag dem Gericht bzgl. der elterlichen Sorge unterbreiten oder, wenn dieser nicht vorlag, hatte das Familiengericht aufgrund des Verbundverfahrens bei der Scheidung ohne elterlichen Antrag eine Regelung über die elterliche Sorge zu treffen. Die rechtliche Möglichkeit einer gemeinsamen Sorge geschiedener Eltern blieb aber die umstrittene Ausnahme.

---

[108] Schwoerer in: FamRZ 1960, 121, 123.
[109] Diederichsen in: FamRZ 1978, 461, 474.
[110] LG Mannheim in: FamRZ 1971, 185, 186.

4. Kapitel: Die Tendenz zum gemeinsamen Sorgerecht

So unterschiedlich die Gesetzesänderungen auch waren, keine hatte bis dahin eine gemeinsame elterliche Sorge nach Scheidung zugelassen. Erst in den sechziger Jahren des 20. Jahrhunderts begannen sich zunehmend Wissenschaft und Gesetzgebung mit dem Modell des gemeinsamen Sorgerechts zu beschäftigen. Dies hatte mehrere Gründe. Zum einen stieg die Scheidungsrate, so dass die Anzahl der zu treffenden Sorgerechtsentscheidungen beständig wuchs.[111] Zum anderen fielen die alten Zuweisungskriterien weg, denn weder Vater noch Mutter durften allein aufgrund ihres Geschlechts bei der Zuordnung bevorzugt werden. Weiterhin war auch die Scheidungsschuld, wie bereits oben dargestellt, kein Kriterium mehr.

Nachdem der Gesetzgeber die einverständliche Scheidung eingeführt hatte und die Ehegatten, um diese zu erreichen, nunmehr nicht in die Rollen von Kläger und Beklagtem gezwungen wurden, weil sie insbesondere auch im Interesse der gemeinsamen Kinder friedlich auseinander gehen sollten, war es dennoch nicht verständlich, warum sie nach der Scheidung nicht das elterliche Sorgerecht gemeinsamen behalten durften.[112] Darüber hinaus zeigten entwicklungspsychologische Untersuchungen auf, welche Gefahren eine Scheidung für betroffene Kinder birgt. Das Kriterium des Kindeswohls wurde nun in den Mittelpunkt der Diskussion gestellt.[113] In diesem Zusammenhang wurde betont, dass negative Scheidungsfolgen für Kinder am ehesten vermeiden werden können, wenn die Kinder auch nach der Scheidung weiterhin positiven Kontakt zu beiden Elternteilen behalten.[114] Die Dauerhaftigkeit familiärer Sozialbeziehungen wurde als entscheidende Grundlage für eine stabile und gesunde psychosoziale Entwicklung eines Kindes gesehen. Infolgedessen wurde zunehmend gefordert die bestehenden gefühlsmäßigen Bindungen des Kindes an Mutter und Vater auch nach Scheidung der Eltern aufrechtzuerhalten. Der Gedanke an ein gemeinsames Sorgerecht nach Scheidung lag folglich nahe.

---

[111] Im Jahr 1961 waren 49.271 Scheidungen zu verzeichnen, im Jahr 1971 schon 80.444.

[112] Diederichsen in: FamRZ 1978, 461, 474.

[113] Coester-Waltjen in: Gernhuber/Coester-Waltjen, S. 1049; Coester, S. 135.

[114] Coester-Waltjen in: Gernhuber/Coester-Waltjen, S. 1049.

4.1 Das Gesetz zur Neuregelung des Rechts der elterlichen Sorge vom 18.07.1979[115]

Durch das Gesetz zur Neuregelung des Rechts der elterlichen Sorge (Sorgerechtsgesetz) vom 18.07.1979, das zum 01.01.1980 in Kraft trat, schaffte der Gesetzgeber erstmalig Klarheit. Er bestimmte in § 1671 IV,1 BGB eindeutig, dass die elterliche Sorge einem Elternteil allein zu übertragen ist.[116] Aus dieser Regelung folgte, wegen der sonst angeblich auftretenden Schwierigkeiten, einer klaren Abgrenzung,[117] der Grundsatz der Unteilbarkeit der Personensorge.[118] Daher war es nunmehr unzulässig, beiden Eltern nach der Scheidung das gemeinsame Sorgerecht zu belassen. Der Rechtsausschuss begründete seine Entscheidung damit, dass die Zuweisung an einen Elternteil ohnehin später erfolgen müsse, nämlich sobald ein Elternteil einen neuen Partner habe. Das Kind aber solle nicht unnötig lange in unklaren Verhältnissen leben.[119] Im übrigen wurde angeführt, dass das Kind üblicherweise zu einem Elternteil, meist zu der Mutter, eine stärkere Bindung als zu dem anderen Elternteil entwickelt habe.[120] Der Weg zu einem gemeinsamen Sorgerecht war damit zunächst abgeschnitten.

Allerdings sahen einige Kritiker die Neuregelung des § 1671 IV, 1 BGB als verfassungswidrig an, und zwar aufgrund eines Verstoßes gegen Art. 6 II GG.[121] Die Eltern haben hiernach das Recht und die Pflicht, die Pflege und Erziehung ihrer Kinder nach eigenen Vorstellungen frei und mit Vorrang vor anderen Erziehungsträgern zu gestalten. Die freie Entscheidung der Eltern darüber, wie sie dieser Elternverantwortung gerecht werden wollen, ist durch ein Grundrecht gegen staatliche Eingriffe geschützt, soweit solche Eingriffe nicht durch das Wächteramt der staatlichen Gemeinschaft im Sinne des Art. 6 II, 2 GG gedeckt sind.[122] Das so unbegrenzte Elternrecht steht „den Eltern", d.h. beiden Eltern gemeinsam zu. Die Verfassungsnorm geht von dem Regelfall aus, dass das Kind mit den durch die Ehe verbundenen Eltern in einer Familiengemeinschaft zusammenlebt und Vater und Mutter das Kind gemeinsam pflegen und erziehen. Sie besagt nichts darüber, wie die Elternrechte und –pflichten zu verteilen sind, wenn die Ehe durch Scheidung aufgelöst wird und eine gemeinsame Wahrneh-

[115] BGBl I, S. 1061.
[116] BT-Drucksache 8/2788, S. 61.
[117] BT-Drucksache 7/2060, S. 32.
[118] Diederichsen in: Palandt, 40. Aufl., § 1671, Nr. 2 b.
[119] BT-Drucksache 8/2788, S. 41, 63.
[120] Schwab, Rn. 662.
[121] Diederichsen in: NJW 1980, 1, 9; Fehmel in: FamRZ 1980, 758, 760; AG Königsstein in: FamRZ 1980, 483, 484.
[122] BVerfG in: NJW 1971, 1447.

mung der Elternverantwortung durch beide Eltern in der bisherigen Weise nicht mehr möglich ist. Sicherlich kann der übereinstimmende Vorschlag der Eltern, das gemeinsame Sorgerecht auch nach Scheidung beizubehalten, eine Gefährdung des Kindeswohls darstellen, und zwar immer dann, wenn offenbar ist, dass das gemeinsame Sorgerecht fortan nicht funktionieren wird. Das kann, muss aber nicht der Fall sein, wenn ein Ehegatte sich einem neuen Partner zugewandt hat oder wenn ein Elternteil an einen entfernten Ort verzieht. In vielen anderen Fällen aber, in denen Eltern das gemeinsame Sorgerecht nach Scheidung behalten wollen, sind die Voraussetzungen durchaus günstig. Daher verstößt der Gesetzgeber nach Ansicht der Kritiker gegen den Grundsatz der Verhältnismäßigkeit, wenn er das gemeinsame Sorgerecht nach Scheidung generell verbietet, obwohl nur in einem Teil der Fälle eine Gefährdung des Kindeswohls erkennbar ist. Auch das Argument des Rechtsausschusses, dass ohnehin eine Zuweisung später an einen Elternteil erfolgen müsste, nämlich, wenn ein Elternteil einen neuen Partner hat, wurde nach dieser Ansicht dadurch entkräftet, dass die Neuorientierung nicht unbedingt das Scheitern der gemeinsamen elterlichen Sorge zur Folge haben muss. Vielmehr kann diese Sorgerechtsform auch dann gut weiterfunktionieren, wenn die geschiedenen Eltern mit einem neuen Partner zusammen leben oder sogar einen neuen Partner heiraten.[123]

4.2 Die Entscheidung des Bundesverfassungsgerichts vom 03.11.1982

Das Sorgerechtsgesetz vom 18.07.1979 behielt nicht mal zwei Jahre an Gültigkeit. § 1671 IV, 1 BGB wurde bereits im Jahr 1982 vom Bundesverfassungsgericht für nichtig erklärt.[124] Mit seiner Entscheidung vom 03.11.1982 eröffnete das Bundesverfassungsgericht somit den Familiengerichten die Möglichkeit, beiden Elternteilen nach der Scheidung das Sorgerecht zu belassen. Allerdings kommt diese Sorgerechtsform nur in Betracht, wenn beide Eltern gewillt sind, die gemeinsame Verantwortung für ihre Kinder auch nach der Scheidung weiter zu tragen (daran fehlt es, wenn ein Elternteil dem Antrag des anderen Elternteils entgegen tritt), sie darüber hinaus voll erziehungsfähig sind, auch im übrigen keine Gründe vorliegen, die im Interesse des Kindeswohls die Übertragung des Sorgerechts auf einen Elternteil angezeigt erscheinen lassen und der Richter die Überzeugung gewinnt, dass die Eltern in der Lage sein werden, ihre Elternverantwortung auch nach der Scheidung, wenn auch in einer modifizierten Form,

[123] Fehmel in: FamRZ 1980, 758, 760: verweist auf eine in den USA mit 127 Vätern durchgeführte Studie.

[124] BVerfGE 61, 358 ff. = BVerfG in: FamRZ 1982, 1179 = NJW 1983, 101.

gemeinsam auszuüben,[125] was vornehmlich durch eine schon geübte Praxis nachgewiesen werden kann.[126] Liegen diese Voraussetzungen vor, steht selbst eine weite Entfernung dem gemeinsamen Sorgerecht nicht entgegen, wenn der eine Elternteil sich auf Ferienbesuche beschränkt und die aktuellen Regelungen dem anderen Elternteil überlässt.[127]

Ausgehend von dieser Entscheidung des BVerfG wurde die Scheidung nunmehr nicht als Ende der Familie, sondern als deren Veränderung gesehen. An die Stelle des „Desorganisationsmodells" rückte das „Reorganisationsmodell", bei dem die Scheidung lediglich als eine Neuordnung partnerschaftlicher Beziehungen, nicht aber als das krisenbeladene Ende der gemeinsamen Elternschaft angesehen wurde.[128] Es sollte nicht mehr darum gehen die Hauptbezugspersonen des Kindes herauszufinden, sondern die möglichen neuen Beziehungen in dem sich verändernden Familienprozess sollten analysiert werden.[129] Für das Kind und auch für die Erwachsenen existieren demnach nach der Trennung und Scheidung der Eltern zwei Familien, die sich je nach Lebensplanung der Eltern auch zur Stieffamilie im Sinne einer unehelichen Lebensgemeinschaft oder durch Wiederverheiratung zur ehelichen Lebensgemeinschaft erweitern können.[130]

Die Entscheidungsgründe des Bundesverfassungsgerichts stützten sich in erster Linie auf Art. 6 II, 1 GG, wonach der vollständige und typisierende Ausschluss des gemeinsamen Sorgerechts zu einer intensiven Grundrechtsbeeinträchtigung führt. Art. 6 II, 1 GG geht von dem Regelfall aus, dass das Kind mit den durch die Ehe verbundenen Eltern in einer Familiengemeinschaft zusammenlebt und Vater und Mutter das Kind gemeinsam pflegen und erziehen.[131] Der Ausschluss der Möglichkeit des Fortbestehens einer gemeinsamen Elternverantwortung stellt einen Eingriff in die durch Art. 6 II, 1 GG geschützte Rechtsposition der Eltern dar, der einer besonderen Rechtfertigung bedarf. Eine solche ist hier aber nicht erkennbar.[132] Daher muss auch die möglicherweise nur kleine Gruppe von Eltern, die das gemeinsame Sorgerecht in einer durch die Scheidung modifizierenden Form weiterhin zum Wohle des Kindes ausüben können, bei der gesetzlichen Ausgestaltung der Sorgerechtsentscheidung gem. § 1671 IV, 1 BGB be-

---

[125] OLG Frankf.a.M. in: FamRZ 1983, 758, 759.

[126] Schmidt-Räntsch in: FamRZ 1983, 17; Kropholler in: NJW 1984, 271, 274; Finger in: DRiZ 1988, 12; Knöpfel in: NJW 1983, 905, 907; Kaltenborn in: FamRZ 1983, 964.

[127] OLG Celle in: NJW 1985, 923.

[128] Schimke, S. 31.

[129] Bauer/Schimke/Dohmel, S. 336.

[130] Balloff, Kinder vor Gericht, S. 20.

[131] BVerfGE 31, 194, 205.

[132] BVerfG in: FamRZ 1982, 1179, 1182; NJW 1983, 101, 102.

rücksichtigt werden.[133] Sind die Eltern tatsächlich in der Lage, ihren Partnerkonflikt aus ihren Beziehungen zu dem Kind herauszuhalten, ist der Staat nicht berufen, einen Elternteil von der Pflege und Erziehung des Kindes auszuschalten und ihn auf ein Umgangsrecht zu beschränken. Die gemeinsame Wahrnehmung der elterlichen Sorge nach der Scheidung wirkt sich auf die Entwicklung des Kindes positiv aus, denn ihm bleibt trotz der scheidungsbedingten Veränderungen seiner gesamten Lebensumstände ein Höchstmaß an Erziehungs- und Bindungskontinuität.[134]

4.3 Gemeinsame Sorge in sozialwissenschaftlicher und juristischer Diskussion

Die Entscheidung des Bundesverfassungsgerichts vom 03.11.1982 löste eine Diskussion aus, die noch bis heute andauert, an der sich neben Befürwortern der gemeinsamen elterlichen Sorge als gleichberechtigter Möglichkeit neben den bestehenden Regelungsmöglichkeiten die Vertreter beteiligt haben, die eine solche Möglichkeit schon von Grundsatz her ablehnen sowie Autoren und Parteien mit einer die jeweilige Gegenmeinung modifizierenden Stellungnahme.
Nicht mehr fraglich erscheint, ob es überhaupt ein gemeinsames Sorgerecht nach der Scheidung geben sollte, denn diese Frage hat das Bundesverfassungsgericht mit seiner Entscheidung eindeutig beantwortet. Vielmehr geht es um die Frage, ob das gemeinsame Sorgerecht nach Scheidung als Ausnahme, Regel oder als gleichberechtigte Entscheidungsalternative gesetzlich normiert werden soll.

Die Tatsache, dass in der Begründung des Gerichts insbesondere sozialwissenschaftlich begründbare Erwägungen eine große Rolle spielen, ist nur ein Beleg dafür, dass gerade im Familienrecht ausschließlich juristisch-methodische Ansätze zu keinem akzeptablen Ergebnis mehr führen. Noch gut zehn Jahren vor der Entscheidung des Bundesverfassungsgerichts herrschten Zweifel in Rechtswissenschaft und Rechtsprechung an den Erkenntnissen der Psychologie und der einschlägigen biologischen Wissenschaft.[135] Im Verlauf der Diskussion um die Arbeiten von Goldstein, Freud und Solnit[136] und das sog. Kindeswohl änderte sich diese Auffassung. Eine rein juristische Prüfung der Sachverhaltsforschung reicht nicht mehr aus, um den vielschichtigen Problemen gerecht zu werden. Es

133 BVerfG in: FamRZ 1982, 1179, 1183; Kaltenborn in: FamRZ 1983, 964.
134 BVerfG in: FamRZ 1982, 1179, 1182.
135 Klußmann/Stötzel, S. 15.
136 Spiros in: Goldstein/Freud/Solnit/Goldstein, S. 195.

ist daher erforderlich außerjuristische Disziplinen anzurufen, die als selbstverständliche Grundlage für den Erkenntnisprozess dienen. Gerade in den biologischen Naturwissenschaften sind inzwischen solche Fortschritte gemacht worden, dass die einschlägigen Erkenntnisse vom Kind, auf deren Grundlage gehandelt werden sollte und auch rechtlich gehandelt werden kann, längst zum gesicherten Erkenntnisgut der Wissenschaften vom Kind insgesamt gehören.[137] Die Wissenschaft von der kindlichen Seele und der kindlichen Entwicklung, wie die Psychologie, die Kinder- und Jugendpsychiatrie, die Pädiatrie (Kinderheilkunde) und vor allen Dingen neuerdings die Verhaltens- und die Erbbiologie sowie die Anthropologie, sind es, die uns die richtigen Erklärungen und verbindlichen Maßstäbe geben.[138] Das Kind ist Mensch von Anbeginn ein unverwechselbares Subjekt des Rechts und deshalb wie jeder andere Mensch mit denselben Grundrechten aus den Art. 1 und 2 des Grundgesetzes zum Schutze seiner Würde und der freien Entwicklung seiner Persönlichkeit ausgestattet. Eltern haben Rechte und Grundrechte ebenso wie ihre Kinder. Es kann daher der besondere Fall eintreten, dass die Belange und Rechte beider einander erheblich zuwiderlaufen. Hier stellt sich die Frage, wessen Rechte im Einzelfall zurücktreten sollten.

4.3.1 Psychologische Argumente für und wider das gemeinsame Sorgerecht

4.3.1.1 Argumente gegen das gemeinsame Sorgerecht

Die psychologischen Argumente gegen das gemeinsame Sorgerecht nach Scheidung stützen sich schwerpunktmäßig auf die natürliche Bindung des Kindes an einen Elternteil als Hauptbezugsperson. Weiterhin werden das Auseinanderleben der Eltern, die gegensätzlichen Erziehungsmethoden, die entstehenden Konflikte aufgrund neuer Lebenspartner und die Loyalitätskonflikte des Kindes angeführt. Diese Argumente sollen nunmehr im folgenden genauer erläutert werden.

4.3.1.1.1 Bindungstheorie

Die Vertreter der Bindungstheorie[139] sprechen sich vehement gegen eine fortbestehende Sorgeberechtigung beider Elternteile aus. Sie nehmen an, dass jedes Kind von Geburt an ein existenzielles Bedürfnis nach Betreuung durch eine be-

---

[137] Klußmann/Stötzel, S. 15.

[138] Klußmann/Stötzel, S. 18.

[139] Dittmann in: ZBlJugR 1977, 187, 191;Klußmann in: FamRZ 1982, 118, 122;Arnzten, S. 18; Lempp in: FamRZ 1984, 741, 742; Suess/Schwabe-Höllein/Scheuerer in: Praxis der Kinderpsychologie und Kinderpsychiatrie 1987, 22, 25;Luthin, S. 55; Kaltenborn in: FamRZ 1987, 990, 999.

stimmte Person hat.[140] Dabei existieren Bindungsverhaltensweisen als Teil des evolutionären Erbes von Geburt an und werden im Verlauf des ersten halben Jahres immer spezifischer auf eine Hauptbezugsperson gerichtet.[141] Gerade diese benötigt der unfertige Mensch als Garant für eine emotional stabile und belastbare Entwicklung. Das Kind muss wissen, wohin es gehört. Als Folge daraus ergibt sich sicheres Urvertrauen des Kindes zu seiner Hauptbezugsperson (bereits in der oralen Phase) und damit zu sich selbst.[142] Das ist die entscheidende Grundlage günstiger, d.h. belastbarer emotionaler Entwicklung des Kindes als Träger seiner sozialen Fähigkeiten gegenüber Eltern, anderen Personen im Kindesalter, später weiteren Menschen in der Berufswelt und vor allem auch gegenüber der zukünftigen eigenen Familie.[143] Die Nichtbeachtung der inneren Bindungen bzw. der Wünsche des Kindes bei der Aufenthaltsfestlegung im Scheidungsfall muss daher als der größte Risikofaktor für die weitere Entwicklung des Kindes angesehen werden.[144]

Die Erkenntnis von der Bedeutung der emotionalen Bindungen, die das Kind von klein auf zu seinen nächsten Bezugspersonen für seine psychische Entwicklung aufbaut, entspricht den wissenschaftlichen Erkenntnissen, welche die Kinder- und Jugendpsychiatrie seit den bahnbrechenden Untersuchungen von René A. Spitz[145], John Bowlby[146] und Mary D. Salter Ainsworth[147] initiiert hat.[148] Das Bindungssystem ist relativ unabhängig von sexuellen und aggressiven Triebbedürfnissen, es stellt vielmehr ein eigenständiges Motivationssystem dar, das mit anderen Motivationssystemen interagiert, nicht aber aus ihnen abgeleitet werden kann.[149] Vor allem steckt in der Bindungsgebotsklausel das Gebot, dem durch die Elterntrennung ohnehin beeinträchtigten Kind sein bisheriges Beziehungsnetz soweit wie möglich zu erhalten. Der Bindungsbegriff ist durch die Aufnahme ins Gesetz zum juristischen Begriff geworden, der mangels gesetzlicher Definition einer eigenständigen, am Kindeswohl als Normzweck ausgerichteten Interpretation bedarf. Diese Interpretation muss unterschiedliche sozialwissenschaftliche

---

140 Klußmann in: FamRZ 1982, 118, 120 – hält dies für eine naturgesetzliche-kausale Gegebenheit.

141 Dornes, S. 44.

142 Erikson, S. 267.

143 Klußmann in: FamRZ 1982, 118, 120.

144 Kaltenborn in: FamRZ 1987, 990, 999.

145 René A. Spitz: „Vom Säugling zum Kleinkind: Zur Naturgeschichte der Mutter-Kind-Bindung im 1. Lebensjahr."

146 John Bowlby: „Mutterliebe und kindliche Entwicklung" sowie „Bindung. Eine Analyse der Mutter-Kind-Bindung."

147 Bowlby/Ainsworth: "Frühe Bindung und kindliche Entwicklung."

148 Lempp in: FamRZ 1984, 741, 742.

149 Dornes, S. 44.

Erkenntnisansätze miteinander verbinden, soweit ihre Beachtung einer kindeswohlgerechten Sorgerechtsregelung förderlich ist.

Gegner der Bindungstheorie halten bereits die Feststellung des entsprechenden Elternteils für problematisch. Gerade Kinder, die beide Elternteile lieben, sind regelmäßig blockiert, wenn sie einem Elternteil erklärtermaßen den Vorrang geben sollen.[150] Die Entscheidung bedingt regelmäßig einen Konflikt des Kindes, weil die Begünstigung des einen Elternteils zugleich die Zurückweisung des anderen bedeutet. Dieser Konflikt führt dann zu weiteren, noch über die Scheidung hinausgehenden Belastungen, die dem Kind erspart blieben, wenn es sich nicht zwischen den Eltern entscheiden müsste.[151] Außerdem können Beziehungen meistens nicht mit ausreichender Sicherheit ermittelt werden.[152] Selbst wenn die Bindungen des Kindes im Einzelfall exakt feststellbar sind, handelt es sich um keine absoluten und dauerhaften Werte. Vielmehr liegt darin eine Zukunftsprognose. Diese kann aber aufgrund der sich stetig verändernden familiären Situation kaum oder nur unter größten Unsicherheiten vorgenommen werden.

4.3.1.1.2 Auseinanderleben der Eltern

Als Problem der gemeinsamen Sorge wird weiterhin angeführt, dass sich die Eltern nach der Scheidung auseinander leben, wodurch der eine oder andere Teil das Interesse am Kind sehr schnell verlieren kann. Mit der Scheidung entfallen in aller Regel die Voraussetzungen, die erforderlich sind, um eine Erziehung unter der Verantwortung beider Eltern zu ermöglichen, ohne das Kind durch Streit der Eltern zu verunsichern.[153] Ehepartner, die sich scheiden lassen, weil sie miteinander nicht mehr auskommen, können wohl kaum über Jahre hinweg vernünftig miteinander für das Kind handeln.[154] Finden die Kontakte zur Ausübung der gemeinsamen Sorge nicht regelmäßig statt, so ist der Elternteil, bei dem das Kind nicht wohnt, zu wenig über die Entwicklung des Kindes unterrichtet, um Entscheidungen fundiert mittragen zu können.[155] Infolge dieser „Unwissenheit“ des außerhalb der „Familie“ lebenden Elternteils in Bezug auf das Kind ist das Funktionieren dieser Sorgerechtsform nicht gewährleistet. Aufgrund der gemeinsamen Zuständigkeit ergeben sich bei späterem Elternstreit eher Gefahren für das Wohl des Kindes.

---

[150] Michalski in: FamRZ 1992, 128, 132.
[151] AG Arnsberg in: FamRZ 1986, 1145,1148.
[152] Fthenakis, Väter, Bd.1, S. 210.
[153] Dittmann in: ZBlJugR 1977, 187, 191.
[154] Lempp in: FamRZ 1984, 741, 742.
[155] AG Arnsberg in: FamRZ 1986, 1145, 1146.

Widersprochen wird diesem Argument damit, dass ein anlässlich der Scheidung bestehender Elternstreit nicht grundsätzlich das zur Sorgerechtsausübung erforderliche Einvernehmen ausschließt. Selbst wenn die Ehepartner über diverse Probleme zerstritten sind, bedeutet dies nicht zwangsläufig eine „Perpetuierung der elterlichen Auseinandersetzung.“[156] Dieses gilt insbesondere in Bezug auf die Kinder. Diese bilden nur in ca. einem Drittel aller Scheidungen das Streitthema und damit noch wesentlich seltener den Scheidungsgrund.[157] Der die Trennung des Paares geleitete Konfliktzustand wird nach einiger Zeit der Umgewöhnung und Anpassung an die neuen tatsächlichen Verhältnisse übergeleitet, wobei die Eltern fähig werden in sachlicher und emotionsloser Weise miteinander umzugehen. Die emotionalen Ansprüche der Erwachsenen sind reduziert und richten sich nicht mehr ausschließlich aufeinander.[158]

4.3.1.1.3 Gegensätzliche Erziehungsmethoden

Es wird weiterhin vorgebracht, dass sich die geschiedenen Eltern regelmäßig in jeder Hinsicht von ihrem Ex-Partner lösen wollen. Eine derartige Trennung ist aber meistens beim gemeinsamen Sorgerecht dem Kindeswohl abträglich, weil stets Absprachen zu erfolgen haben.[159] Eltern, die sich scheiden lassen, weisen in der Regel in mehrerer Hinsicht Unverträglichkeiten auf. Es erscheint sehr schwierig, Einigkeiten in Erziehungsfragen herzustellen, die schon während der Ehe strittig waren.[160] Unterbleiben diese Absprachen, können gegensätzliche Erziehungsmethoden dazu führen, dass sich der Minderjährige zwischen den Eltern hin und her gerissen fühlt.[161]

Durch die gemeinsame elterliche Sorge wird das Kind folglich mehr oder weniger oft und heftig verschiedenen Lebensstilen und Erziehungsvorstellungen ausgesetzt, d.h. es muss sich unter Umständen häufig umstellen.[162] Gerade bei kleineren Kindern können unterschiedliche Zielvorstellungen der Eltern, noch dazu wenn sie jeweils abrupt einwirken, negative Nah- und Spätfolgen haben, wie beispielsweise Orientierungslosigkeit, Schwierigkeiten bei der Lebensbewältigung, u.ä.[163]

---

156 Dickmies in: ZBlJugR 1989, 57, 58; Finger in: DRiZ 1985, 91, 92; für die Perpetuierung aber Lempp in: FamRZ 1984, 741, 743.

157 Balloff/Walter in: FamRZ 1990, 445, 450 (Abb. 3).

158 Dickmies in: ZBlJugR 1989, 57, 58.

159 Oelkers in: FamRZ 1993, 18, 19.

160 Balloff in: Psychologie Heute 1988 (15), 44.

161 Wallerstein/Blakeslee, S. 319.

162 Luthin, S. 55.

163 Luthin, S. 56.

Dagegen wird argumentiert, dass diese Folge nicht zwangsläufig eintreten muss. Wenn die Abstimmung der Erziehungsmethoden gelingt, kann das Kind in vielfältiger Weise davon profitieren. Je stärker die Eltern an der Pflege und Erziehung des Kindes Teil haben, desto eher vermag das Kind die traumatischen Erfahrungen der Scheidung zu verarbeiten. Außerdem wird ein größeres Repertoire an Erfahrungen, unterschiedlichen Verhaltensweisen, Fertigkeiten, Meinungen und ein Höchstmaß an elterlicher Erziehungskontinuität vermittelt. Gerade die elterliche Verschiedenheit, sowohl geschlechtlich wie hinsichtlich ihrer Persönlichkeit, machen den Reichtum für das Hineinwachsen des Kindes in eine eigene Individualität und Identität aus. Insofern kann jede Verkürzung der Elternschaft auf lediglich eine Person immer nur eine Beschneidung seiner psychosozialen Wachstumsprämisse zur Folge haben. Diese Kindeswohlfaktoren könnten eventuelle Irritationen aufwiegen.[164]

4.3.1.1.4 Konflikte aufgrund neuer Partner

Ein eher unmittelbar die Eltern berührendes Problem, das sich aber mittelbar auf das Kindeswohl auswirkt, entsteht, wenn ein Elternteil oder sogar beide einen neuen Partner finden oder eine neue Ehe eingehen.[165] Zum einen können in der neuen Beziehung Spannungen auftreten, weil ein Partner mit seinem früheren Ehegatten häufiger Kontakt hat, um Fragen der Erziehung des gemeinsamen Kindes zu regeln. Andererseits können aber auch dadurch Erziehungskonflikte entstehen, dass drei bzw. vier Personen auf das Kind einwirken.[166] Jeder dieser verschiedenen „Bezugspersonen" können gegensätzliche Erziehungsmethoden und –vorstellungen haben, was bei dem Kind Gleichgewichtsstörungen auslösen kann, denn es weiß im Zweifel nicht wie es sich verhalten soll oder darf.

Die Gegenauffassung bestreitet die Stichhaltigkeit dieser Argumentation, da die sich aus einer neuen Partnerschaft ergebende Problematik nicht auf die gemeinsame Sorge begrenzt ist. Die gleiche Situation kann entstehen, wen ein Alleinsorgeberechtigter eine neue Beziehung eingeht und es zu fortdauernden Kontakten mit dem ehemaligen Partner kommt, z.B. im Rahmen des Umgangsrechts.[167] Für das Kind dagegen besteht ein Vorteil bei gemeinsamer elterlicher Sorge immerhin darin, dass es im Falle einer Wiederheirat eines Elternteils nicht zwangsläufig den anderen verliert. Dem Kind bleiben eine Reihe von Problemen im Zusammenhang mit einer familiären Neuorganisation durch Heirat (Namens-

---

[164] Jopt in: ZBlJugR 1990, 285, 293; Jopt in: FamRZ 1987, 875, 879.
[165] Michalski in: FamRZ 1992, 128, 131.
[166] AG Arnsberg in: FamRZ 1986, 1145, 1146.
[167] Luthin, S. 61.

änderung, Aussetzung des Umgangs, Adoption durch den Stiefelternteil) erspart.[168]

4.3.1.1.5 Loyalitätskonflikte

Ebenfalls durch den häufigen Wechsel bedingt, soll die gemeinsame elterliche Sorge in dem Kind einen Loyalitätskonflikt hervorrufen können, weil es weder beide Elternteile zusammen noch einen Elternteil uneingeschränkt für sich haben kann.[169] Es hat vielmehr in seiner Erlebniswelt beim gemeinsamen Sorgerecht keinen Elternteil mehr ungeschmälert. Seine seelische Zerrissenheit im Loyalitätskonflikt kann dabei zum Dauerzustand werden, der aber hinter der kindlichen Reaktion der Resignation umso gefährlicher werden kann.[170] Kinder, besonders bis zum 12. Lebensjahr, also solche ohne rational differenzierte Erlebniswelt, können zudem im Bindungs- und Besitzstreben den „Schäferhundeffekt" entwickeln.[171] Diese Kinder jagen seelisch in ihren Träumen wie auch tatsächlich von einem zum anderen, ähnlich Schäferhunden, die ihre Herde beisammenhalten wollen. Dabei will das Kind mehr „besuchen" als es seelisch verträgt. Es möchte also selbst mit viel Aufenthalt hier und dort bewirken, dass es wieder so ist wie früher.[172]

Auftreten kann außerdem das Problem der „Hyperloyalität", was beinhaltet, dass das Kind bei Fehlen elterlicher Konflikte die Kontakte zu den Eltern gerecht aufzuteilen versucht, um ja keinen der beiden unfair zu behandeln.[173] Sie fühlen sich verantwortlich dafür, dass sie wirklich genau zu gleichen Teilen zwischen den Eltern aufgeteilt werden. Somit besteht auch für diese Kinder ein Loyalitätskonflikt, dem sie mit einem extremen Gerechtigkeitsempfinden begegnen.

Darüber hinaus entstehen oft die für die Kinder schmerzhaften Wiederversöhnungswünsche, vor allem bei häufigem Wechsel zwischen den Eltern. Gerade in der Ideologie vom Weiterbestehen der Familie nach Trennung und Scheidung wird ein das Wohl des Kindes gefährdendes Element gesehen, da hierdurch das Kind sich noch schwererer als schon zuvor mit der Trennung seiner Eltern und der Auflösung der Familie abfinden kann.[174] Vor allem kleinere Kinder können nicht zwischen seiner ursprünglichen Familie und der „Neukalibrierung" der Familienform unterscheiden.

---

[168] AG Arnsberg in: FamRZ 1986, 1145, 1146; Fthenakis in: FamRZ 1988, 578, 579.
[169] Klußmann in: FamRZ 1982, 118, 120.
[170] Lempp, S. 37.
[171] Klußmann/Stötzel, S. 211.
[172] Klußmann in: FamRZ 1982, 118, 121.
[173] Balloff/Walter in: FamRZ 1990, 445, 452.
[174] Balloff/Walter in: FamRZ 1990, 445, 447.

Befürworter der gemeinsamen elterlichen Sorge argumentieren an dieser Stelle damit, dass der häufige Wechsel zeigt, wie diese Sorgerechtsform durch das Kind angenommen wird. Wenn gerade erst der häufige Umgang mit beiden Elternteilen das Verlangen nach Wiederversöhnung weckt, so ist dieser Wunsch der Preis dafür, dass der Erhalt beider Eltern in einer Familie als beste Möglichkeit nicht offen steht. Im übrigen erspart die Anordnung der gemeinsamen elterlichen Sorge dem Kind den Loyalitätskonflikt insoweit, dass es sich nicht zwischen den Eltern entscheiden muss.[175] Das aber müsste von dem Kind gerade nach Ansicht der Vertreter der Bindungstheorie verlangt werden, um die Hauptbezugsperson zu ermitteln.

4.3.1.2 Argumente für das gemeinsame Sorgerecht

Befürworter des gemeinsamen Sorgerechts nach Scheidung argumentieren hauptsächlich mit dem Kontinuitätsgrundsatz, d.h. das weitere Vorhandensein und die dauernde Verfügbarkeit beider Elternteile. Zudem meinen sie, dass die gemeinsame elterliche Sorge nach Scheidung das Scheidungsverfahren entschärfen könnte und sie geben der gemeinsamen Aufgabenwahrnehmung durch die nunmehr geschiedenen Eltern eine positive Prognose.

4.3.1.2.1 Kontinuitätsgrundsatz

Das Hauptargument für das gemeinsame Sorgerecht bildet der Erhalt der Beziehungen zu beiden Eltern, d.h. die Wahrung der Kontinuitätsinteressen des Kindes (Kontinuitätsgrundsatz). Die Kapazität des Kindes für Urvertrauen ist im wesentlichen bestimmt von Kontinuität, Verfügbarkeit und Unerlässlichkeit in den Beziehungen zu bedeutsamen Mitgliedern seiner Familie.[176] Da die Erziehung eines Kindes auch das Aufbauen von Verhaltenskonstanten bedeutet, empfiehlt sich in Hinblick auf den Kontinuitätsgrundsatz eine Sorgerechtsregelung, welche die Stetigkeit der Lebens- und Erziehungsverhältnisse ermöglicht und das Kind vor jähen, schwer zu verkraftenden Veränderungen bewahrt.[177] Unter allen bekannten Sorgerechtsformen stellt die der gemeinsamen elterlichen Sorge die weitestgehende Annäherung an die zuvor bestehende Kernfamilie dar, d.h. sie erlaubt also Kontinuität in einem Höchstmaß.[178] Es kommt zu keinem abrupten Bruch mit einem Elternteil, und das Kind braucht auf keinen Elternteil zu verzichten, denn beide Elternteile werden in ihrer bisherigen Rolle belassen und

---

[175] Fthenakis in: Remschmidt, S. 42.
[176] Cotroneo/Krasner in: Familiendynamik 1979, 355, 358.
[177] Bastian, S. 28.
[178] Fthenakis in: Remschmidt, S. 40.

stehen dem Kind in ihrer jeweils spezifischen Weise zur Verfügung.[179] Die Eltern bleiben im psychologischen Sinn ihren Kindern gegenüber gleichwertig.[180] In Rechtsprechung und Rechtswissenschaft hat sich die Anerkennung des Kontinuitätsprinzips immer stärker durchgesetzt.[181] Nach diesem systemischen Ansatz besteht die Familie nach der Scheidung zwar nicht als Verband, gleichwohl aber als „psychologische Familie" fort.[182] Die Trennung der Gatten berührt nur das System Ehe, nicht aber das gesamte zwischen den Beteiligten bestehende Beziehungsnetzwerk als System Familie. Die Eltern lassen sich zwar voneinander scheiden, nicht jedoch vom Kind. Scheidung wird in diesem Zusammenhang als eine mögliche Entwicklungsform der Familie gesehen, als ein Moment in einem ständigen Entwicklungs- und Veränderungsprozess, der die Familie nicht auflöst, sondern sie verändert. Dafür müssen alle Beteiligten zu einem Gesinnungsverbund zusammengefasst werden, sich demselben Ziel verpflichten und auf die Restaurierung der elterlichen Liebes-, Erziehungs- und Verantwortungsgemeinschaft hinwirken.[183]

Das gemeinsame Sorgerecht wird zunehmend als das geeignete Mittel propagiert, Kindern bei der Bewältigung der Scheidung ihrer Eltern zu helfen. Ziel ist es, die familiären Beziehungen im Umstrukturieungsprozess der Scheidungs- sowie der Nachscheidungssituation zu berücksichtigen und dem Kind soviel wie möglich von seinen Beziehungen zu erhalten.[184] Nach dieser Ansicht können nur durch den vollständigen Bindungserhalt an beide Elternteile Entwicklungsschäden des Minderjährigen vermieden werden. Ein Kind braucht personale Bindungspartner, aber es braucht keine Hauptbezugsperson. Zwei und mehr Menschen können gleichgewichtige emotionale Beziehungspartner sein.[185] Jede Verkürzung der Elternschaft auf lediglich eine Person hat immer eine Beschneidung der psychischen Wachstumsmöglichkeiten des Kindes zur Folge.[186] Gerade der Umstand, dass beide Eltern weiterhin für das Kind zuständig sind, bietet diesem eine wichtige Hilfe bei der Bewältigung der Scheidungskrise.[187]

---

179 Jopt in: Psychologie Heute 1986 (7), 43, 44.

180 Fthenakis/Kunze/Niesel in: Psychologie Heute 1982 (10), 54, 55.

181 Z.B. BVerfG in: FamRZ 1982, 1179, 1182; OLG Celle in: FamRZ 1984, 1035, 1036; OLG Bamberg in: FamRZ 1987, 509, 510; Ell in: ZBlJugR 1982, 76, 82; Fthenakis in: FamRZ 1985, 662, 672; Wallerstein/ Blakeslee, S. 303; Fthenakis/Kunze/Niesel in: Psychologie Heute 1982 (10), 54, 55.

182 Fthenakis in: FamRZ 1988, 578, 580; Jopt in: FamRZ 1987, 875, 879.

183 Jopt in: Psychologie Heute 1986 (7), 43, 44.

184 Fthenakis in: FamRZ 1985, 662, 672.

185 Ell in: ZBlJugR 1982, 76, 82.

186 Jopt in: FamRZ 1987, 875, 879.

187 Michalski in: FamRZ 1992, 128, 133.

Systemtheoretischen Vorstellungen folgend sind individuelle Entwicklungen in enger Wechselwirkung mit dem unmittelbaren und weiteren Umfeld zu sehen. Ohne dessen Einbeziehung sind alle Erklärungsansätze nach systemischer Auffassung unvollkommen und reduktionistisch.[188] Die Natur ist nach linearer Vorstellung eine Kette von Ursachen und Wirkungen, die notwendig miteinander verknüpft ist. Bronfenbrenner[189] geht von einer wechselseitigen Interaktion des Menschen mit der Umwelt aus, bei der beide aufeinander einwirken. Entwicklung wird so weniger als individueller Prozess, im Sinne einer intrapsychischen Persönlichkeitsdimension und –leistung betrachtet, sondern ist vielmehr nur ein Teil des wechselseitigen Prozesses, in dessen Mittelpunkt die Beziehung zwischen Individuum und Umwelt selbst steht. Die ökologischen Übergänge sind Folge und Anstoß von Veränderungen, die sich aus biologischen und umweltbedingten Faktoren zusammensetzen und in Wechselbeziehung zu allen Systemebenen zu sehen sind.[190]

Da die Erziehung eines Kindes auch das Aufbauen von Verhaltenskonstanten bedeutet, empfiehlt sich in Hinblick auf den Kontinuitätsgrundsatz eine Sorgerechtsregelung, welche die Stetigkeit der Lebens- und Erziehungsverhältnisse ermöglicht und das Kind vor jähen, schwer zu verkraftenden Veränderungen bewahrt.[191] Der Kontinuitätsaspekt beinhaltet, dass es sich vor allem bei ausgeglichenen Verhältnissen beider Eltern anbietet, das Kind dort zu lassen, wo es bereits seit längerem lebt, nämlich in der ihm vertrauten Umgebung.[192] Außerdem werden die Veränderungen der Entwicklungsbedingungen in angemessener Weise berücksichtigt. So ist unbezweifelt, dass ein Kleinkind gerade in den ersten zwei Lebensjahren stabile Lebensverhältnisse und dauerhafte Bezugspersonen braucht, um sich gesund entwickeln zu können.[193] Im Laufe der Entwicklung wendet sich das Kind jedoch außerfamiliären Bezugspersonen zu, kann seine eigenen Bedürfnisse verbalisieren, und etwa vom zwölften Lebensjahr an kann ein Betreuungswechsel einem Bedürfnis eines Kindes entsprechen.[194]

Diesem Modell wird von den Gegnern der gemeinsamen elterlichen Sorge vorgeworfen, dass es die Konflikt- und Kompromissfähigkeit der meisten Paare überschätzt und die Nachscheidungsfamilie idealisiert darstellt. Das Weiterbestehen der Familie nach der Scheidung wird für pure Ideologie gehalten, da dadurch den Kindern der Fortbestand einer Familie vorgespiegelt wird, die sie real

---

[188] Walter, S. 10.
[189] Bronfenbrenner, S. 37.
[190] Bronfenbrenner, S. 41.
[191] Schwab, Rn. 546.
[192] OLG Frankfurt in: FamRZ 1990, 550; OLG Bamberg in: FamRZ 1988, 750, 751.
[193] Salzgeber, S. 243.
[194] Hinz in: Münch.-Komm. § 1671, Rn. 37.

nicht mehr erleben.[195] Dies weckt einerseits Hoffnungen auf eine Restitution der Familie in der Form, wie sie die Kinder kennen, und erschwert andererseits die Realitätsanpassung der Kinder an die veränderten Lebensumstände. Es liegt nahe, dass viele Eltern die Belassung gemeinschaftlicher Sorge die für das Kind beste Lösung halten, um es die Folgen der Scheidung möglichst wenig spüren zu lassen, um seine Bindungen zu beiden Eltern nicht zu beeinträchtigen, um nicht das Verantwortungsbewusstsein eines Elternteils zu schwächen. Aber Elternkonflikte, die bereits zur Trennung geführt hatten, verhindern in aller Regel eine gedeihliche Zusammenarbeit in Fragen des Sorgerechts.[196] Diese Sorgerechtsform stellt sehr hohe Anforderungen an die Kooperations- und Einigungsbereitschaft der geschiedenen Eltern. Viele geschiedene Paare sind dazu nicht in der Lage. Ein Kind, dessen Eltern geschieden sind, hat zwar noch einen Vater und eine Mutter, aber keine Eltern mehr.[197]

Dieses Argument versuchen die Vertreter der systemischen Ansicht zu entkräften, indem sie darauf hinweisen, dass der Erhalt beider Eltern dem Kind in jedem Fall ein größeres Spektrum an Verhaltensweisen und dadurch eine gesunde psycho-soziale Entwicklung gewährleistet. Dieser Effekt tritt unabhängig davon ein, ob die Erziehungsberechtigten stets einer Meinung sind oder nicht.[198] Auch wenn kleinere oder größere Streitigkeiten zwischen den Eltern herrschen, ist es dennoch besser für das Kind, wenn beide Elternteile auch nach der Scheidung für das Kind entscheiden. Nach dieser Ansicht ist folglich das Kindeswohl nach einer Scheidung nur dann gewährleistet, wenn die Eltern gemeinsam das Sorgerecht ausüben, und zwar auch gegen den Willen eines Elternteils.[199]

4.3.1.2.2 Positive Auswirkungen auf das Scheidungsverfahren

In der Sorgerechtsalternative der gemeinsamen elterlichen Sorge nach Scheidung wird zudem die Chance gesehen, den „Kampf um das Kind“ in dem auf Konfrontation angelegten Scheidungsverfahren zu entschärfen.[200] Dass er im Einzelfall gleichwohl geführt wird, kann durch das Vorhandensein der Institution „gemeinsames Sorgerecht nach Scheidung“ allerdings nicht verhindert werden. Die gemeinsame Sorge kann insgesamt zur Entkrampfung des Rechtstreits

---

[195] Balloff/Walter in: FamRZ 1990, 445, 454.
[196] Knöpfel in: NJW 1983, 905, 907.
[197] Lempp, S. 10.
[198] Fehmel in: FamRZ 1980, 758, 761; Finger in: DRiZ 1985, 91, 92; Jopt in: FamRZ 1987, 875, 882.
[199] Jopt, S. 24.
[200] Coester in: FuR 1991, 70, 72; Jopt in: FamRZ 1987, 875, 884; Oelkers in: FamRZ 1993, 18, 19; Luthin, S.49.

beitragen, weil sie die Entrechtung und Entpflichtung eines Elternteils vermeidet. Keiner der beiden Elternteile ist Gewinner oder Verlierer.

4.3.1.2.3 Gemeinsame Aufgabenwahrnehmung durch die Eltern

Durch das Fortbestehen der gemeinsamen elterlichen Verantwortung wird es beiden Elternteilen ermöglicht, sich gleichberechtigt um die körperliche und geistige Entwicklung des Minderjährigen zu kümmern. Sie können viel Zeit mit diesem verbringen, ohne an ein starres Umgangsrecht gebunden zu sein. Die Aufgabenteilung bietet eine Arbeitsentlastung, was dem Kind eine erhöhte Aufmerksamkeit gewährleistet. Es können Autoritätsverhältnisse zwischen den Eltern ausgeglichen und eventuell Verlust- und Schuldgefühle vermieden werden. Letztlich können sich zudem kindliche Präferenzen für den einen oder anderen Teil altergemäß entfalten.[201]

4.3.2 Juristische Argumente für und wider das gemeinsame Sorgerecht

4.3.2.1 Argumente gegen das gemeinsame Sorgerecht

Juristisch wurde anfänglich gegen die gemeinsame elterliche Sorge nach Scheidung mit dem Institutionsschutz von Ehe und Familie aus Art. 6 I GG argumentiert. Des weiteren wurden zur Begründung Argumente der Entfremdung, des Bildungsprivilegs, der Ausgestaltung durch Alleinsorge und Umgangsrecht sowie Prozesstaktik und Missbrauchsfälle angeführt.

4.3.2.1.1 Institutionsschutz von Ehe und Familie

Argumente gegen das gemeinsame Sorgerecht stützten sich vornehmlich auf die verfassungsgemäßen Garantien von Ehe und Familie aus Art. 6 GG. So wurde die Auffassung vertreten, dass das „Privileg“ gemeinsamer Sorgeberechtigung ausschließlich verheirateten Eltern vorbehalten sein muss. Der besondere Schutz für die Ehe rechtfertigt es, dass das Verhältnis nichtehelicher Eltern zum Kind nicht das gleiche ist, wie das ehelicher Eltern.[202] Die Familie ist darauf angelegt, im Gegensatz zu anderen Partnerschaften, dass Kinder geboren werden. Sie ist die einzige auf Dauer angelegte Basisgliederung von Staat und Gesellschaft.[203] Alle anderen „freien“ Partnerschaften eben gerade nicht. Eine Belassung der gemeinsamen elterlichen Sorge nach Scheidung fügt den Institutionen von Ehe

[201] Oelkers in: FamRZ 1993, 18, 19.
[202] Holzhauer in: FamRZ 1982, 109, 114.
[203] Bruns in: FamRZ 1979, 279.

und Familie Schaden zu. Daher muss bei ehelichen Eltern einem von beiden Teilen die elterliche Sorge nicht mehr zukommen, wenn die zwischen ihnen bestehende Ehe aufgelöst ist. Ansonsten könnte bei den Betroffenen der Eindruck entstehen, dass es gar keiner Ehe bedarf, um eine Familie zu werden und zu bleiben.[204]

Gegen dieses Argument wurde angeführt, dass Art. 6 II, 1 GG von dem Regelfall des Elternrechts ausgeht, dass das Kind mit den durch Ehe verbundenen Eltern in einer Familiengemeinschaft zusammenlebt und Vater und Mutter das Kind gemeinsam pflegen und erziehen. Die Erziehung und Betreuung eines minderjährigen Kindes durch Mutter und Vater innerhalb einer harmonischen Gemeinschaft gewährleistet am ehesten, dass das Kind zu einer eigenverantwortlichen Persönlichkeit heranwächst und fähig ist in einer Gemeinschaft zu leben.[205] Nach systemischen Auffassungen richtet die alleinige Sorge in dieser Weise mehr Schaden an. Erkenntnisse aller kindeskundlichen Wissenschaften bestätigen, dass die Dauerhaftigkeit familiärer Beziehungen zwischen dem Minderjährigen und beiden Eltern die entscheidende Grundlage für eine stabile und gesunde Entwicklung bildet.[206] Die Anordnung der alleinigen Sorgerechtszuständigkeit zerstört durch Unterbindung der Beziehungen zu einem Elternteil die Bindungsfähigkeit des Kindes. Erst die Schaffung von Scheidungswaisen beinhaltet somit eine Schädigung der Institutionen von Ehe und Familie.[207]

4.3.2.1.2 Entfremdung

Ein weiteres Argument für die Ablehnung der gemeinsamen elterlichen Sorge ist der Umstand, dass der Elternteil, bei dem das Kind weniger häufig ist, einen schlechteren Überblick über die Wünsche, Bedürfnisse und Probleme des Kindes hat als der andere Elternteil.[208] Insofern kann auch bei gemeinsamer elterlicher Sorge in der praktischen Ausgestaltung trotz des bestehenden Elternrechts eine ähnlich problematische Lage entstehen, wie bei der alleinigen elterlichen Sorge eines Elternteils mit einem Umgangsrecht des nicht sorgeberechtigten Elternteils.

Dagegen wird eingewendet, dass dieses Problem auch im Rahmen der Alleinsorge auftreten kann. Sollte der mit dem Kind weniger bewanderte Umgangsberechtigte Maßnahmen ergreifen müssen, so wird er so wenig über Bedürfnisse

---

[204] Holzahauer in: FamRZ 1982, 109, 114.
[205] BVerfG in: FamRZ 1968, 578, 584.
[206] Pechstein bei BVerfG in: FamRZ 1982, 1179, 1182.
[207] Jopt in: FamRZ 1987, 875, 885.
[208] Luthin, S. 59.

des Kindes informiert sein, wie derjenige, der im Rahmen der gemeinsamen Sorge nur den Besuchselternteil darstellt. Daher ist faktisch die gleiche Situation gegeben. Einer Entfremdung ist nach diesen Argumenten wohl mit keiner Sorgerechtsform entgegenzuwirken.

4.3.2.1.3 Bildungsprivileg

Als weiteres Gegenargument wird vereinzelt die Privilegierung gebildeter Schichten genannt.[209] Die erforderliche Anstrengung, Bereitschaft und Fähigkeit, um die gemeinsame elterliche Sorge nach Scheidung im Kindeswohl durchzuführen, ist nicht zu unterschätzen. Dieses setzt ein gehobenes intellektuelles Niveau der Eltern,[210] mit einer positiven Steuerung ihres Verhaltens durch Vernunft, voraus.[211] Befürchtet wird hier, dass das gemeinsame Sorgerecht zumeist auf Berufstätige und höher Gebildete zur Anwendung kommen wird, nicht aber auf Arbeiter.

4.3.2.1.4 Ausgestaltungsmöglichkeit durch Alleinsorge und Umgangsrecht

Des weiteren wurde die Notwendigkeit der gemeinsamen Sorge überhaupt in Frage gestellt.[212] Eine der gemeinsamen Sorge vergleichbare Situation können die Eltern durch Genehmigung bzw. Übertragung der Sorge zur Ausübung unter Zubilligung eines umfassenden Umgangsrechts herstellen. Dieses erscheint allerdings als das schwächste Argument gegen die gemeinsame elterliche Sorge, denn wenn diese „faktische gemeinsame Sorge" dem Kindeswohl dient, kann die gemeinsame elterliche Sorge nicht generell ausgeschlossen sein, weil sie dem Kindeswohl widerspricht.[213]

4.3.2.1.5 Prozesstaktik und Missbrauchsfälle

Befürchtet werden weiterhin im Rahmen der gemeinsamen elterlichen Sorge nach Scheidung Fälle der Prozesstaktik und Missbrauchsfälle.

Zum einen können die Ehegatten den Vorschlag zur Anordnung der gemeinsamen elterlichen Sorge nur zwecks rascherer Abwicklung des Scheidungsverfah-

---

[209] Luthin, S. 56.

[210] Andererseits ist natürlich ein gehobenes intellektuelles Niveau der Eltern keine Garantie für ein Funktionieren des gemeinsamen Sorgerechts nach Scheidung.

[211] Luthin, S. 56.

[212] Coester-Waltjens in: Gernhuber/Coester-Waltjens, S. 852; BVerfGE 61, 358, 360 = FamRZ 1982, 1179, 1181.

[213] Im Ergebnis ebenso: BVerfGE 61, 358 ff.= FamRZ 1982, 1179, 1181.

rens machen.[214] Sie können den Gerichten die Belassung der gemeinsamen elterlichen Sorge nur deshalb vorschlagen, weil sie eine Auseinandersetzung scheuen, letztlich also nur Streit vermeiden wollen und ihre Entscheidung insofern nicht am Wohle des Kindes orientiert ist. Soweit eher elternbezogene als kindbezogene Motive befürchtet werden müssen, besteht ein dem Kindeswohl abträgliches Risiko. Der Vermutung, dass der übereinstimmende Elternvorschlag die für das Kind günstigste Lösung darstellt, fehlt bei einem Gebilde so hoher Labilität und Störanfälligkeit, wie es die gemeinsame elterliche Sorge nach der Scheidung darstellt, eine ausreichende Grundlage.[215] Selbst wenn das Gericht dem Elternvorschlag nicht stattgeben muss, und eine abweichende Regelung zum Wohle des Kindes treffen kann, ist eine Überprüfung äußerst schwierig. Dem Richter ist es angesichts der Komplexität des Bindungsgefüges zwischen Eltern und Kind nicht möglich, das Motiv für den Vorschlag der gemeinsamen Sorge zu erforschen.[216]

Zum anderen wird eine Gefahr darin gesehen, dass es Einigungen der Eltern über ein gemeinsames Sorgerecht zu Lasten der Kinder dann geben kann, wenn das angebliche Einverständnis der Eltern im Ergebnis auf einer Erpressung des wirtschaftlich, geistig oder seelisch unterlegenen Elternteils beruht.[217] Die Missbrauchsfälle, in denen früher ein Elternteil den anderen (meist den wirtschaftlich schwächeren) aus sachfremden Motiven bedrängt hat, dem gemeinsamen Sorgerecht zuzustimmen, lassen sich künftig praktisch nicht mehr aufklären. In den meisten Fällen ist der Vater der wirtschaftlich stärkere Elternteil, da er es ist, der seine Frau und seine Kinder mit finanziellen Mitteln unterstützt, während die Mutter in der Regel die Kinder zu Hause versorgt. Das gemeinsame Sorgerecht erlaubt einem solchen Vater maximale Kontrolle über seine frühere Ehefrau bei minimaler Verantwortung. Ähnlich verhält es sich, wenn ein egozentrischer Elternteil dem anderen als der Hauptbezugsperson das gemeinsame Sorgerecht zwar zugesteht, damit der andere das Kind schön versorgen darf, während er sich selbst das Dirigieren und Erziehen vorbehält. Bei allen Fragen, die über die tägliche Versorgung hinausgehen, muss der „Wohnelternteil" sich mit dem „Umgangselternteil" abstimmen, d.h. sie müssen sich in allen Angelegenheiten von erheblicher Bedeutung für das Kind einigen. Somit hat der „Umgangselternteil" in jedem Fall ein Mitspracherecht und kann dem „Wohnelternteil" damit unter Umständen das Leben sehr schwer machen.

---

214 Balloff in: Psychologie Heute 1988 (15), 44.
215 Knöpfel in: NJW 1983, 905, 908.
216 Magnus/Dietrich in: FamRZ 1986, 416, 419.
217 Klußmann in: FamRZ 1982, 118, 122; Michalski in: FamRZ 1992, 128, 130.

Des weiteren kann die gemeinsame elterliche Sorge nach Scheidung auch ein geeignetes Drohmittel für Väter darstellen, um Mütter von finanziellen Ansprüchen abzubringen. Aufgrund seiner wirtschaftlichen Überlegenheit kann er die Mutter seiner Kinder erpressen. Ein noch ernsteres Problem betrifft die zunehmenden Forderungen nach gemeinsamem Sorgerecht von Seiten prügelnder Ehemänner und inzestuöser Väter.[218] Auch hierbei handelt es sich nicht um Einzelfälle. Derart erpresste Einigungen sind kein Horrorbild. Vom einseitigen Sorgerecht her sind die jedem erfahrenen, wachen Richter geläufig, anderen schwer durchschaubar und insgesamt ungemein schwierig korrigierbar.[219] Alle diese Feinheiten aufzudecken, ist mit einem hohen Risiko des Übersehens zum Nachteil von Kindern behaftet. Derart belastende Einigungen (erst recht die der erpressten Form, ob bemerkt oder nicht) tragen für das Kind den Kern des Scheiterns elterlicher Zielvorstellungen in sich.

4.3.2.2 Argumente für das gemeinsame Sorgerecht

Befürworter der gemeinsamen elterlichen Sorge nach Scheidung sehen in dieser eine höhere Akzeptanz der Eltern, da diese im Leben des Kindes auch weiterhin gleichgestellt sind. Aus dieser Gleichstellung resultiert nach dieser Ansicht auch eine bessere Zahlungsmoral des Unterhaltspflichtigen.

4.3.2.2.1 Höhere Akzeptanz bei gleichwertiger Alternative

Die Befürworter der gemeinsamen elterlichen Sorge gehen davon aus, dass sich die mit der Sorgerechtsalternative verbundene Stellung beider Elternteile über den Bindungserhalt hinaus positiv auf die kindliche Entwicklung auswirkt. Eltern haben in der Regel ein ganz urtümliches und existenzielles Bedürfnis nach Nähe zu und Partizipation an der Entwicklung ihres eigenen Kindes.[220] Dieses gewährleistet die gemeinsame elterliche Sorge nach Scheidung weiterhin. Bei der Alleinsorge führt dagegen die rechtliche Unterlegenheit des vom Sorgerecht ausgeschlossenen und auf ein Umgangsrecht beschränkten Teils häufig zu dessen Interesselosigkeit. Nicht selten endet diese in einem völligen Kontaktabbruch zum Kind. Wenn beide Eltern sich das gemeinsame Sorgerecht wünschen, kann diesem Kontaktabbruch somit entgegengewirkt werden. Die rechtliche Gleichberechtigung kommt deren grundsätzlichem Bedürfnis nach, dem Kind nah zu sein und an seinem Leben teilzuhaben.[221] Deshalb muss die rechtliche

---

[218] Woods in: Chesler (Mothers on trial) auszugsweise übersetzt in: Frauen und Schule 20/88, S. 24.
[219] Klußmann in: FamRZ 1982, 118, 122.
[220] Dieckmann in: AcP 1978, 299, 301.
[221] Jopt in: FamRZ 1987, 875, 879.

Möglichkeit der gemeinsamen Sorge zumindest als Alternative offen gehalten werden.

4.3.2.2.2 Bessere Zahlungsmoral des Unterhaltspflichtigen

Des weiteren wird damit argumentiert, dass die Zahlungsmoral desjenigen, der Unterhaltsleistungen zu erbringen hat, bei Anordnung der gemeinsamen elterlichen Sorge wesentlich besser sein wird als bei demjenigen, der sein Elternrecht auf ein Mehr oder minder großzügig ausgestattetes Umgangsrecht reduziert sieht.[222] Dabei dürfte vor allem der Unterhalt für denjenigen, der das Kind überwiegend betreut, williger gezahlt werden, weil sich die Mitverantwortung des Unterhaltspflichtigen nicht auf die bloße Unterhaltsleistung in Geld beschränkt.[223] Zudem kann der Verpflichtete den tatsächlichen Unterhaltsbedarf aufgrund des stetigen Kontakts und der nötigen Einbindung in Entscheidungsprozesse realistischer einschätzen.[224] Voraussetzung hierbei ist natürlich, dass auch ein Interesse an einem regelmäßigen Kontakt besteht. Zusätzlich gewährleisten regelmäßige Unterhaltszahlungen an den überwiegend betreuenden Elternteil auch mittelbar das Kindeswohl, denn sie zwingen den betreuenden Elternteil nicht zu einer Erwerbstätigkeit, welche die Betreuung des Kindes mindern könnte.[225] Nur in den Fällen, in denen der unterhaltspflichtige Elternteil nicht oder nicht rechtzeitig oder regelmäßig bezahlt, ist der betreuende Elternteil gezwungen zu arbeiten, d.h. er muss den nötigen Unterhalt selbst verdienen. Dieses geht zu Lasten des Kindes, da der betreuende Elternteil infolgedessen weniger Zeit für das Kind hat. Dabei kann eine regelmäßige und zeitintensive Betreuung durch zumindest einen Elternteil gerade in den ersten Lebensjahren des Kindes von erheblicher Bedeutung für das Kind sein.

4.4 Zusammenfassung

Mit der Entscheidung des Bundesverfassungsgericht vom 3.11.1982 wurde den Familiengerichten erstmalig ermöglicht, beiden Elternteilen nach der Scheidung das Sorgerecht zu belassen. Eine Scheidung wurde nunmehr nicht mehr als Ende der Familie gesehen, sondern als deren Veränderung. Es sollte nicht mehr darum gehen, die Hauptbezugspersonen des Kindes herauszufinden, sondern die möglichen neuen Beziehungen in dem sich verändernden Familienprozess sollten analysiert werden.

---

[222] Hinz in: MüKo § 1671, Rn. 66; Fehmel in: FamRZ 1980, 758, 761.

[223] Kropholler in: JR 1984, 89, 97.

[224] Oelkers in: FamRZ 1993, 18, 19.

[225] Michalski in: FamRZ 1992, 128, 131.

5. Kapitel: Reformdiskussion vor dem KindRG

Nachdem, aufgrund der Entscheidung des Bundesverfassungsgerichts vom 07.05.1991, die gemeinsame elterliche Sorge auch für Kinder nicht miteinander verheirateter Eltern eingeführt worden war,[226] galt es nunmehr die Fortführung der gemeinsamen elterlichen Sorge nach Scheidung bzw. Trennung oder den Übergang zur Alleinsorge eines Elternteils in Erfüllung des Gleichstellungsgebotes (Art. 6 II GG) so einheitlich wie nur möglich auszugestalten. Dieses Ziel stellte sich als Hauptstreitpunkt in der Reformdiskussion im Vorwege des Kindschaftsrechtsreformgesetztes (KindRG) heraus. Im Vordergrund stand die Auseinandersetzung um die Fragen, ob und gegebenenfalls in welchem Maße die Beibehaltung der gemeinsamen Sorge einer gerichtlichen Befassung oder gar Überprüfung unterzogen werden sollte, und ob die Beibehaltung der gemeinsamen Sorge oder der Übergang zur Alleinsorge eines Elternteils als Regelfall auszugestalten ist. Die Vorschläge reichten von der Abschaffung des Zwangsverbundes und Einführung eines reinen Antragsmodells bis hin zur Beibehaltung des Zwangsverbundes sowie vom Vorschlag eines gerichtlich zu überprüfenden Sorgeplans bzw. einer Elternvereinbarung über die Aspekte wie Aufenthalt, Umgang, Schulform, Unterhalt, religiöses Bekenntnis bis hin zu dem angloamerikanischen Modell einer Teilung des Sorgerechts in ein gemeinsames Sorgerecht für die das Kind und seine Lebenssituation betreffenden rechtlichen Angelegenheiten und in ein alleiniges Sorgerecht des gerade betreuenden Elternteils hinsichtlich der täglichen Erziehung.

5.1 59. Deutsche Juristentag und der Deutsche Juristinnenbund

Der 59. Deutsche Juristentag[227] und der Deutsche Juristinnenbund sprachen sich für die Abschaffung des Zwangverbundes und für die Einführung eines reinen Antragsmodells aus. Danach sollte es bei Trennung und Scheidung der Eltern bei dem gemeinsamen Sorgerecht bleiben, sofern nicht ein Elternteil ein Sorgerechtsverfahren beantragt oder die Voraussetzungen des § 1666 BGB vorliegen (Aufhebung des Amtsverfahrens bzgl. des Sorgerechts).

---

[226] BVerfGE 84, 168 = FamRZ 1991, 913 = NJW 1991, 1944.

[227] Beschlüsse des 59. DJT in: FamRZ 1992, 1275, 1277.

5.2 SPD-Fraktion

Die SPD-Fraktion sprach sich auch für die Einführung eines Antragsmodells aus, allerdings nur mit Vorlage einer Elternvereinbarung, deren Inhalt im Scheidungsurteil festgehalten werden sollte.[228] Somit sah der SPD-Antrag einen Verzicht auf eine gerichtliche Entscheidung vor, wenn die Eltern die gemeinsame Sorge ausdrücklich vereinbart haben und keine Gefährdung des Kindeswohls erkennbar ist. Dabei muss die Elternvereinbarung aber die tatsächlichen Lebensbedingungen des Kindes, d.h. Aufenthalt, Umgang, Pflege und Erziehung sowie Unterhalt, nach der Trennung umfassend regeln (sog. Sorgeplan).

5.3 Bündnis 90/Die Grünen

Der Antrag der Fraktion Bündnis 90/Die Grünen forderte eine uneingeschränkte Beibehaltung des Verbundverfahrens.[229] Wollen Eltern sich scheiden lassen, muss im Verbundverfahren auch über Sorgerecht entschieden werden. Dabei muss die Bereitschaft, trotz Scheidung die gemeinsame Sorge fortzuführen, ihren Ausdruck in einer aktiven Entscheidung im Rahmen eines Verfahrensantrags finden. Reine Passivität der Eltern wurde nach Ansicht von Bündnis 90/Die Grünen hierbei nicht als ausreichende Grundlage gesehen.

5.4 Der Bundesrat

Der Bundesrat ging ebenfalls davon aus, dass die Unterlassung von Anträgen zum Sorgerecht noch nicht sicherstellt, dass sich die Eltern über die Tragweite dieses Verhaltens im klaren sind.[230] Die Eltern sollten vielmehr sich bewusst und in Kenntnis der rechtlichen Gestaltungsmöglichkeiten entscheiden, ob sie von einem Antrag auf Sorgerechtsregelung absehen. Daher muss dem Familiengericht aufgegeben werden, die Frage des Sorgerechts mit den Parteien zu erörtern, sie insbesondere über die rechtlichen Folgen ihrer Entscheidung aufzuklären und sie auf weitere Beratungsmöglichkeiten durch öffentliche oder freie Träger der Jugendhilfe hinzuweisen.

---

[228] BT-Drucksache 13/1752, 15.
[229] BT-Drucksache 13/3341, 9.
[230] BR-Drucksache 180/96 (Beschluß) Nr. 39.

6. Kapitel: Ergebnis: Modifiziertes Antragsmodell der Reform

Der Regierungsentwurf vom 13.06.1996 zum Kindschaftsrechtsreformgesetz[231] ist von einem reinen Antragsmodell, verbunden mit der Abschaffung des Zwangsverbundes, ausgegangen. Der Gesetzgeber hat in den Abschlussberatungen[232] dieses Antragsmodell für den Fall der Scheidung miteinander verheirateter Eltern modifiziert. Soll die gemeinsame Sorge fortgeführt werden, dann bedarf es dazu, genau wie bei nicht miteinander verheirateten Eltern, zwar keiner gerichtlichen Entscheidung, da die elterliche Primärverantwortung unangetastet bleibt. Anders als bei nicht miteinander verheirateten Eltern wird das Gericht aber zum Schutze der Kinder und in Ausübung des staatlichen Wächteramtes mit der elterlichen Sorge doch wenigstens befasst. So muss die Antragsschrift im Scheidungsverfahren weiterhin Auskunft über das Vorhandensein minderjähriger Kinder erteilen gem. § 622 II, 2, Nr.1 ZPO. Soll eine Ehescheidung nach den Vorschriften der §§ 1565, 1566 I BGB (einvernehmliche Scheidung nach einem Trennungsjahr) erfolgen, müssen darüber hinaus Angaben zur weiteren Handhabung des Sorgerechts gemacht werden.[233] Liegen diese Angaben im Zeitpunkt der letzten mündlichen Verhandlung nicht vor, ist der Scheidungsantrag als unzulässig abzuweisen.[234]

Die Reform hat damit einen überwiegend verfahrensrechtlichen Lösungsansatz gewählt. Sie verzichtet bei Trennung und Scheidung auf eine gerichtliche Entscheidung über die elterliche Sorge von Amts wegen und sieht davon ab, materielle Voraussetzungen für die Beibehaltung einer gemeinsamen elterlichen Sorge nach Trennung und Scheidung im Gesetz festzulegen. Sie stellt materielle und formelle Regeln nur für den Übergang von der gemeinsamen Sorge zur Alleinsorge eines Elternteils auf. Sorgerechtsverfahren (vor oder nach) der Ehescheidung sind damit als isolierte Familienrechtsverfahren möglich und durchzuführen.[235] Wollen also die Eltern oder auch nur ein Elternteil von der gemeinsamen Sorge zur Alleinsorge eines Elternteils übergehen, dann hat das Gericht, das mit der elterlichen Sorge bereits über die Antragsschrift im Scheidungsverfahren befasst ist, wie bei nicht miteinander verheirateten Eltern gem. § 1671 BGB nach Kindeswohlprüfung zu entscheiden, hier allerdings grundsätzlich als Folgesache im Verbund gem. § 623 II, 2, Nr. 1 ZPO. In allen anderen Fällen hört das Familiengericht im Rahmen eines Ehescheidungsverfahrens die Eltern (nur noch) „zur elterlichen Sorge an" und weist auf Beratungsmöglichkeiten

---

[231] BT-Drucksache 13/4899.

[232] BT-Drucksache 13/8511, S. 66.

[233] Lipp/Wagenitz, § 1671, Rn. 12.

[234] Maurer in: Schwab/Borth, Rn. 284.

[235] Lipp/Wagenitz, § 1671, Rn. 10.

durch die Träger der Jugendhilfe hin (§ 613 I, Satz 2 ZPO). Ihnen wird durch das Gericht Mitteilung über die Rechtshängigkeit einer Scheidungssache gegeben, sofern minderjährige gemeinsame Kinder der Ehegatten vorhanden sind (§ 17 III SGB VIII). Die Frage, was mit den Kinder werden soll, wird im Scheidungsverfahren auf diese Weise angesprochen, aber nicht mit dem Ziel einer Entscheidung über das Sorgerecht.[236]

6.1 Regel-Ausnahme-Verhältnis

Schon während des Gesetzgebungsverfahrens ist über die praktischen Auswirkungen der Neufassung von § 1671 BGB heftig diskutiert worden, wobei für die jetzige Regelung meist ein „praktischer Vorrang"[237] in Anspruch genommen wurde. Ob dabei die Änderungen tatsächlich zu einem bestimmten, festgelegten Verhältnis von „Regel" und „Ausnahme" führen sollten, war allerdings schon im Vorfeld umstritten. Zum Teil[238] wurde von einer „Vermutung" zugunsten des gemeinsamen Sorgerechts gesprochen und davon, dass es sich bei der Alleinsorge um eine begründungsbedürftige Ausnahme handelt. In diese Richtung zielt auch die Faustregel „soviel gemeinsame Sorge wie möglich, soviel Alleinsorge wie nötig".

Inzwischen hat der BGH mit seinem Beschluss vom 29. September 1999 eigene Schwerpunkte gesetzt,[239] und die Streitfrage damit für die Anwendungspraxis im Wesentlichen geklärt.[240] Nach seiner Auffassung bringt auch die jetzige Regelung des „Rechts der elterlichen Sorge durch das Kindschaftsrechtsreformgesetz kein Regel-Ausnahmeverhältnis im dem Sinne (mit sich), dass eine Priorität zugunsten der gemeinsamen elterlichen Sorge bestehe und die Alleinsorge eines Elternteils nur in Ausnahmefällen als ultima ratio in Betracht kommen sollte".[241] Die Gleichwertigkeit wird vom BGH nachhaltig unterstrichen. Nach dieser Entscheidung bleibt es bei dem Grundsatz, dass jeder Einzelfall eine genaue Prüfung durch den Tatrichter erforderlich macht: Welche Sorgerechtsform ist für die jeweils zerbrechende Familie die Beste?[242] Nicht einmal „eine gesetzliche Vermutung (bestehe) dafür, dass die gemeinsame elterliche Sorge im Zweifel

236 Schwab, Rn. 664.
237 BT-Drucks. 13/4899, S. 61.
238 OLG Hamm in: FamRZ 1999, 38, 39; OLG Stuttgart in: FamRZ 1999, 39, 40; AG Chemnitz in: FamRZ 1999, 321, 322; Schwab in: FamRZ 1998, 457, 462; Salgo in: FamRZ 1996, 449, 451.
239 BGH in: NJW 2000, 203, 204=FamRZ 1999, 1646, 1647.
240 Finger in: Münch.-Komm. § 1671, Rn. 13.
241 BGH in: NJW 2000, 203, 204=FamRZ 1999, 1646, 1647.
242 Oelkers in: MDR 2000, 32, 33.

die für das Kind beste Form der Wahrnehmung elterlicher Verantwortung ist.[243] Auch wenn sich die Eltern in Teilbereichen einig sind, z.B. in bezug auf das Aufenthaltsbestimmungsrecht, steht das der begehrten Alleinsorge bei bestehenden elterlichen Konflikten in anderen wesentlichen Bereichen (z.B. Umgangsrecht, Vermögenssorge, Erziehung) nicht entgegen.[244]

6.2 Gleichbehandlung von ehelichen und nichtehelichen Kinder

§ 1671 BGB resultiert aus der durch das Verfassungsgericht vorgegebenen Notwendigkeit einer rechtlichen Gleichbehandlung von Kindern aus nichtehelichen und ehelichen Partnerschaften.[245] Dementsprechend wurden die bisherigen §§ 1705 bis 1711 BGB ersatzlos gestrichen. Folglich lautet die Überschrift des 5. Titels vor § 1626 BGB nunmehr statt „elterliche Sorge für eheliche Kinder" lediglich noch „elterliche Sorge", was zeigt, dass die bisher für eheliche Kinder geltenden Sorgerechtsvorschriften auf alle Kinder ausgedehnt worden sind.[246] Kinder rechtfertigen sich aus sich selbst und werden nicht erst durch die Eheschließung ihrer Eltern legitimiert.[247] Die Nichtehelichkeit ist somit kein besondere Merkmal einer Person mehr, das Stigma „nichtehelich" ist folglich abgeschafft. Daher sind auch möglichst gleiche Bedingungen und Chancen für alle Kinder geschaffen worden. Unverheirateten Eltern ist nunmehr die Möglichkeit eröffnet worden gemeinsam die elterliche Sorge zu tragen, wenn diese eine sog. Sorgeerklärung gem. § 1626 a I, Nr. 1 BGB abgeben. Durch diese Sorgeerklärung bringen die nicht miteinander verheirateten Eltern ihren Willen zum Ausdruck die elterliche Sorge künftig gemeinsam auszuüben. Dabei sind die öffentliche Beurkundung gem. § 1626 d I BGB der Sorgeerklärung und die erforderlichen Zustimmungen konstitutiv für die Wirksamkeit der Erklärung.[248] Leben Vater und Mutter mit dem Kind zusammen und sind beide bereit und in der Lage, die Elternverantwortung zu übernehmen, entspricht es regelmäßig dem Kindeswohl, wenn beide Eltern das Sorgerecht zuerkannt wird, werden hiermit doch die emotionalen Bindungen des Kindes an seine beiden Eltern rechtliche abgesichert.[249] Den nicht miteinander verheirateten Eltern wird dadurch zugetraut, dass sie bei der Trennung in eigener Verantwortung die für das Kindeswohl richtige Entscheidung treffen.[250] Eine gerichtliche Überprüfung gibt es in diesen Fällen

[243] BGH in: NJW 2000, 203, 204=FamRZ 1999, 1646, 1647.
[244] BGH in: NJW 2000, 203, 204=FamRZ 1999, 1646, 1647.
[245] Jopt in: ZBlJugR 1996, 203, 206.
[246] Zimmermann in: DNotZ 1998, 404, 415.
[247] Wagenitz/Barth in: FamRZ 1996, 577, 585.
[248] Diederichsen in: Palandt § 1626d, Rn. 2.
[249] BVerfG in: NJW 2003, 955, 957.
[250] Wichmann in: FuR 1996, 161, 162.

nicht. Somit kann auch eine nicht im Kindeswohl erfolgte Regelung kaum verhindert werden. Unter der Annahme, dass mögliche Gründe des Scheiterns übereinstimmender Sorgeerklärungen so schwerwiegend sind, dass auch nicht zu erwarten ist, dass die Gerichte eine gemeinsame Sorge der Eltern als sachdienlich für das Kindeswohl erachten würden, ist es mit Art. 6 Abs.2 GG vereinbar, dass der Gesetzgeber davon abgesehen hat, bei einem Nicht-Zustandekommen übereinstimmender Sorgeerklärungen eine gerichtliche Einzelfallprüfung zuzulassen.[251] Coester[252]schlägt in diesem Zusammenhang daher vor, die tatsächliche Trennung der Eltern zum Anlass für eine Sorgerechtsüberprüfung zu machen. Allerdings dürfte die praktische Durchsetzbarkeit auf Schwierigkeiten stoßen, will man nicht, worauf der Gesetzgeber selbst hinweist, die Meldebehörden einschalten. Viel eher ist es hinzunehmen, dieses zu dulden und zwar in dem Bewusstsein, für den (immer noch) größten Teil der Trennungskinder aus ehelichen Lebensgemeinschaften eine vielleicht wichtige Hilfestellung ermöglicht zu haben, als diese einfach zu unterlassen.

6.3 Antragsstellungsmöglichkeit eines Elternteils

Der reformierte § 1671 BGB ist sicherlich eine der Zentralnormen des neuen Kindschaftsrechts. Mit ihm wird dem bereits aus dem Jahr 1982 stammende Gebot des BVerfG[253], auch geschiedenen Eltern die Aufrechterhaltung der gemeinsamen Sorge zu ermöglichen, im Gesetz Rechnung getragen. Den bis dahin von der Rechtsprechung[254] aufgestellten Grundsätzen über die Voraussetzungen der Aufhebung oder Beibehaltung der gemeinsamen Elternsorge wurde somit der bisher fehlende gesetzliche Rahmen gegeben. Der Fortbestand der gemeinsamen elterlichen Sorge soll zu weniger Streit unter den Eltern und engagierter Übernahme von Verantwortung durch (meist) die Väter führen, die ihren Kindern erhalten bleiben sollen.[255] § 1671 BGB gilt jetzt für alle Eltern, denen die elterliche Sorge gemeinsame zusteht; die Vorschrift unterscheidet nicht mehr wie das vorher geltende Recht zwischen Getrenntleben und Scheidung der Eltern und gilt auch, wie bereits oben erläutert, für nicht miteinander verheiratete Eltern, denen die gemeinsame elterliche Sorge zusteht.[256]

---

[251] BVerfG in: NJW 2003, 955, 957.
[252] Coester in: FuR 1991, 70, 73.
[253] BVerfG in: FamRZ 1982, 1179.
[254] BGH in: FamRZ 1993, 314, 315.
[255] Finger in: Münch.-Komm. § 1671, Rn. 5.
[256] Luxburg, Rn. 49.

Außerdem gehört seit der Neufassung die Zäsurwirkung der Ehescheidung für Gestaltung des Sorgerechts der Vergangenheit an, denn § 1671 I BGB verwirklicht den Antragsgrundsatz der Reform, nach der es bei Trennung und Scheidung zu einer gerichtlichen Entscheidung über die elterliche Sorge grundsätzlich nur noch dann kommt, wenn ein Antrag auf Übertragung der Alleinsorge gestellt wird.[257] Der Antrag des zu begünstigenden Elternteils ist außerdem materiellrechtliche Voraussetzung dafür, dass das Familiengericht ihm die elterliche Sorge oder einen Teil der elterlichen Sorge allein überträgt.[258] Allerdings erwächst diese Antragsbefugnis nicht aus dem Umstand der (beabsichtigten) Scheidung, sondern entsteht schon immer dann, wenn die Eltern „nicht nur vorübergehend getrennt leben“. Das heißt: Er kann zeitlich vor einem Scheidungsverfahren ebenso gestellt werden wie beliebig nachher. In den Scheidungsverbund gerät er sozusagen zufällig, wenn er gestellt wird, während ein Scheidungsverfahren läuft.[259] Die Sorgerechtssache hat auch in den Verbundfällen eigentlich nichts mit der Scheidung zu tun, sondern mit dem dauernden Getrenntleben der Eltern.

Antragsberechtigt sind nur die beiden Elternteile, und dies auch nur dann, wenn sie dauerhaft getrennt leben und wenn ihnen die elterliche Sorge bisher gemeinsam zustand.[260] Kein Antragsrecht steht dem Jugendamt und dem betroffenen Kind selbst zu.[261] Der Antrag muss den Inhalt haben dem Antragsteller die Alleinsorge ganz oder teilweise einzuräumen. Dieses kann sich auf alle Kinder beziehen, für die den Eltern das gemeinsame Sorgerecht zusteht, kann sich aber auch auf eins von mehreren Kindern beschränken.[262] Ein Antrag des einen Elternteils, dem anderen die Alleinsorge zuzugestehen, bildet keine taugliche Verfahrensgrundlage. Das ergibt sich aus dem Wortlaut der Norm eindeutig („Übertragung auf den Antragsteller“).

Es ist also allein Sache der Eltern, ob sie das gemeinsame Sorgerecht weiter bestehen lassen wollen. Dem Kind wird allerdings ab Vollendung des 14. Lebensjahres innerhalb des von einem Elternteil eingeleiteten Verfahrens ein Widerspruchsrecht gegen dessen Vorschlag eingeräumt gem. § 1671 II Nr.1 BGB. Damit hat das Kind also kein Vetorecht, sondern kann nach dieser Vorschrift lediglich verhindern, dass der Vorschlag der Eltern vom Gericht ohne Sachprüfung übernommen wird.[263] Dieses Widerspruchsrecht kann auch von einem Ver-

[257] Rogner in: FamRefK § 1671, Rn. 3.
[258] Motzer in: FamRZ 1999, 1101.
[259] Schwab in: Festschrift für Gaul, S. 718.
[260] Coester in: Staudinger § 1671, Rn. 47.
[261] Begründung hierzu vgl.: BT-Drucks. 13/4899, S. 98. Kritisch zu dessen Ausschluss: Willutzki in: Rpfleger 1997, 336, 338.
[262] Coester in: Staudinger § 1671, Rn. 49.
[263] BT-Drucks. 13/4899, S. 99.

fahrenspfleger ausgeübt werden.[264] Dem Kind verbleibt ferner gem. § 1671 III BGB die Möglichkeit, innerhalb und außerhalb eines derartigen Sorgeverfahrens, bei Vorliegen der besonderen Eingriffsvoraussetzungen eine gerichtliche Entscheidung nach § 1666 BGB anzuregen, die als Sonderregelung immer Vorrang hat. Dieser Weg steht auch dem ebenfalls nicht antragsberechtigten Jugendamt zu, denn das Jugendamt muss praktisch immer dann, wenn es die im Antrag begehrte Sorgeübertragung mit dem Kindeswohl für unvereinbar hält, aber auch dann, wenn keiner von den Eltern einen an sich angebrachten Antrag stellt, ein Verfahren nach § 1666 BGB betreiben.[265]

6.3.1 Umfang der beantragten Übertragung

Das bisherige Recht erlaubte ausdrücklich eine Trennung von Personen- und Vermögenssorge (§ 1671 IV, S.2 BGB a.F.), wobei weitere Aufteilungen des Sorgerechts in sachlicher oder zeitlicher Hinsicht streitig, aber überwiegend skeptisch beurteilt wurden.[266] Nunmehr kann sich der Antrag eines Elternteils auf die Übertragung der gesamten elterlichen Sorge oder nur eines Teils von ihr beziehen. Für solche Teilanträge ist in der Praxis deutlich zu differenzieren: Sind sich die Eltern über die Aufteilung einig, hat das Gericht sie nach § 1671 II, Nr.1 BGB vorzunehmen, eine Kindeswohlprüfung findet nur daraufhin statt, ob die Regelung das Kindeswohl gefährdet i.S.d. § 1666 BGB[267]. Für kindeswohlwidrige Gestaltungen unterhalb dieser Grenze tragen allein die Eltern die Verantwortung. Als Beurteilungsproblem im Lichte des Kindeswohls stellen sich Sorgerechtsaufteilungen nur im Rahmen des § 1671 II, Nr.2 BGB dar, also wenn und soweit die Eltern sich über eine Aufteilung nicht einig sind.[268]

Beschränkungen der Aufteilbarkeit sieht das Gesetz nicht vor, insbesondere nicht auf die großen Teilbereiche Personen- und Vermögenssorge, so dass grundsätzlich alle von den Eltern für sachgerecht gehaltenen Gestaltungen in Betracht kommen.[269] Als sachliche Aufteilungen könnte beispielsweise an ein Alleinsorgerecht für Ausbildungs- oder Gesundheitsfragen gedacht werden, an den Umgang des Kindes mit Dritten sowie die Verwaltung eines dem Kind gehörenden Mietshauses.[270] Dabei muss sich jeder Elternteil in seinem Teilbereich bewähren und unter dem Blickwinkel des Kindeswohls als zuverlässig erwei-

[264] Diederichsen in: Palandt § 1671, Rn. 15.
[265] Rogner in: FamRefK § 1671, Rn. 4.
[266] Coester in: Staudinger § 1671, Rn. 250.
[267] OLG Nürnberg in: EzFamR aktuell 1999, 114.
[268] Coester in: Staudinger § 1671, Rn. 250.
[269] Coester in: Staudinger § 1671, Rn. 53.
[270] BT-Drucks. 13/4899, S. 99.

sen.[271] Dies folgt aus dem Grundsatz der elterlichen Primärverantwortung (Art. 6 II, 1 GG), wonach eine staatliche Entscheidung über die elterliche Sorge nur insoweit erforderlich ist, wie zwischen den Eltern Streit über die Sorge besteht.[272] Die vorgeschriebene Kindeswohlprüfung zwingt zwangsläufig zur Klärung, ob das Sorgerecht insgesamt einem Elternteil allein übertragen werden soll oder ob es genügt, wenn das für die streitigen Teilbereiche geschieht.[273] Die Möglichkeit von Teilregelungen wird vom Regierungsentwurf zum Kindschaftsrechtsreformgesetz aus dem Verhältnismäßigkeitsgrundsatz gerechtfertigt: Sei der elterliche Streit thematisch eingrenzbar, müsse der regelnde Eingriff auch hierauf beschränkbar sein.[274] Der Gesetzgeber hat gesehen, dass sich Eltern nur in Teilbereichen der Personensorge nicht einig sein können, während sie im übrigen ohne weiteres in der Lage sind Einvernehmen herzustellen. Hinter dieser gesetzlichen Regelung steht wohl auch die noch unter altem Recht erhobene Forderung nach einem „abgestuften Regelungsangebot gemeinsamer Sorge“, das die Eltern „eher ermutigt, das jeweils mögliche Maß an Gemeinsamkeit anzustreben“[275]. Die Fragestellung hat sich zwar nach neuem Recht umgekehrt, die Grundidee bleibt aber weiterhin bedeutungsvoll. Der Elternstreit über nur einen dieser Teilbereiche soll nicht zu einem darüber hinausgehenden Antrag auf Übertragung der Alleinsorge insgesamt zwingen.[276] In der damit verwirklichten Abkehr vom bisherigen Alles- oder Nichts-Prinzip, das mit der Unteilbarkeit der Personensorge verbunden war, kann ein das Kindeswohl förderndes Kernstück der Reform gesehen werden, jedenfalls soweit sich die Eltern einig sind.[277]

6.3.2 Sorgeverfahren als Folgesache

Durch den Antrag eines Elternteils wird das Sorgerechtsverfahren abgetrennt und als selbständige Familiensache fortgeführt (§ 623 V, 1, II, 2, 4 ZPO). Mit der Möglichkeit der Abtrennung der Sorgeverfahren von der Scheidungssache kann bereits für die Zeit der Trennung, also schon vor der Entscheidung im Verbund, außerhalb des einstweiligen Rechtsschutzes eine „Entscheidung in der Hauptsache“ erreicht werden. Entsprechend dem des § 1671 BGB zugrundeliegenden Rechtsgedanken wird eine weitere amtswegige Sorgerechtsentscheidung durch das Gericht bei Ausspruch der Scheidung entbehrlich, so dass die vor der Scheidung getroffene Hauptsacheentscheidung über die Scheidung hinaus fort-

[271] Finger in: Münch.-Komm. § 1671, Rn. 118.
[272] Rogner in: FamRefK § 1671, Rn. 12.
[273] Willutzki in: Rechtspfleger 1997, 336, 338.
[274] BT-Drucks. 13/4899, S. 99.
[275] Limbach, S. 79.
[276] Schwab in: FamRZ 1998, 457, 459.
[277] Willutzki in: Rechtspfleger 1997, 336, 338.

gilt.[278] Wegen des häufig bestehenden Zusammenhangs zwischen Übertragung der Sorge (§ 623 II, 1, Nr. 1 ZPO) und Unterhaltsansprüchen des Kindes (§ 621 II, 1, Nr. 4 ZPO) sowie Betreuungsunterhalt eines Ehegatten (§ 621 i, Nr. 5 ZPO) kann nach § 623 II, 3 ZPO der Antrag auf Abtrennung einer Folgesache nach § 623 II, 1, Nr. 1 ZPO mit einem Abtrennungsantrag betreffend die unterhaltsrechtlichen Folgesachen verbunden werden.

6.3.2.1 Alleinsorge eines Elternteils mit Zustimmung des anderen Elternteils

Der Antrag des einen und die Zustimmung des anderen Elternteils gem. § 1671 II, Nr. 1 BGB rechtfertigt allein schon die begehrte Sorgerechtsgestaltung, denn der darin zum Ausdruck gelangende übereinstimmende Elternwille gründet sich auf das Elternrecht und ist für die staatliche Gewalt gem. Art. 6 II GG verbindlich.[279] Des weiteren gilt die innere Rechtfertigung, „dass diejenigen, die einem Kind das Leben geben, von Natur aus bereit und berufen sind, die Verantwortung für seine Pflege und Erziehung zu übernehmen“[280] und, dass ihnen „das Wohl des Kindes mehr am Herzen liegt als irgendeiner anderen Person oder Institution“.[281] Diese Vermutung bester Kinderwohlkenntnis und –wahrung gilt grundsätzlich auch für die Trennungsfamilie.[282] Der Bestimmungsvorrang der Eltern rechtfertigt sich also aus ihrer größeren Sachnähe, Informiertheit und Umsetzungsverantwortung.

Die Zustimmung ist materiell eine Disposition über das elterliche Mitsorgerecht und formell eine empfangsbedürftige Willenserklärung des Antragsgegners gegenüber dem Familiengericht.[283] Sie muss sich gerade auf den Sorgerechtsantrag des anderen Elternteils in der vorliegenden Form beziehen.[284] Vages Einverständnis reicht ebenso wenig aus wie ein Hinweis auf andere Erklärungen in anderer Form und/oder an anderer Stelle.[285] Vielmehr muss sie zu dem konkreten Antrag des anderen Elternteils erteilt werden. Diese Zustimmung ist bis zur letzten Tatsachenverhandlung frei widerruflich, denn sie soll eine Entscheidung zum Wohl des Kindes ermöglichen.[286] Durch die Zustimmung des anderen Elternteils zum Sorgerechtsantrag ist das Familiengericht gebunden, ohne dass

[278] Greßmann, Rn. 454.
[279] Schwab in: FamRZ 1998, 457, 461.
[280] BVerfG in: FamRZ 1968, 578.
[281] BVerfG in: FamRZ 1982, 1179, 1182.
[282] Coester in: FamRZ 1996, 1181, 1183.
[283] Coester in: Staudinger § 1671, Rn. 75.
[284] Diederichsen in: Palandt § 1671, Rn. 28.
[285] Schwab in: FamRZ 1998, 457, 461.
[286] Coester in: Staudinger § 1671, Rn. 82.

weitere inhaltliche Kontrollen zulässig sind, ein Auswahlermessen besteht oder die Absichten oder Beweggründe der Eltern erforscht werden dürfen.[287] Eine positive Richtigkeitskontrolle dieses Elternwillens erfolgt somit nicht, denn dem Regelungsprimat der Eltern wird in vollem Umfang Rechnung getragen.[288] Motive der Parteien sind nur ausnahmsweise zu erforschen und zwar nur dann, wenn konkrete Anzeichen dafür vorhanden sind, dass die begehrte Sorgerechtsgestaltung dem Kindeswohl widerspricht.[289] Nur in diesem Fall darf trotz Zustimmung des anderen Elternteils dem Antrag nicht stattgegeben werden. Zur Begründung wird hierbei die Generalnorm des § 1697 a BGB herangezogen, die das Gericht bei allen Entscheidungen auf das Kindeswohl verpflichtet.[290] Die durch Art. 1, Nr. 26 Kindschaftsrechtsreformgesetz eingefügte Vorschrift verpflichtet sämtliche Gerichte, die in Sorgerechtsangelegenheiten entscheiden müssen, auf Einhaltung und Verwirklichung des Kindeswohls und begründet damit ein allgemeines Rechtsprinzip, ähnlich wie Ehegatten einander zur ehelichen Lebensgemeinschaft gem. § 1353 BGB verpflichtet sind und Eltern und Kinder einander Beistand und Rückhalt gem. § 1618 a BGB schulden. Die Vorschrift schafft damit mehr als nur eine allgemeine Grundregel, denn durch sie wird das allgemein Anerkannte zum verpflichtenden rechtsethischen Prinzip.[291]

6.3.2.2 Alleinsorge eines Elternteils ohne Zustimmung des anderen Elternteils

Stimmt der andere Elternteil dem Übertragungsantrag nicht zu, liegt also kein übereinstimmender Elternwille vor, dann kommt es nach § 1671 II Nr.2 BGB, unabhängig von einem Widerspruch des Kindes, zu einer gerichtlichen Überprüfung des Antrags unter Kindeswohlgesichtspunkten. Ohne beiderseitige Verantwortungsübernahme für einen Antrag auf Alleinsorge kann es keinen Elternvorrang gehen, vor allem nicht bei Elternstreit. Der fehlende Konsens der Eltern öffnet die Familiensituation für staatliche Kontrolle und Entscheidung, da die trennungsspezifische Gefährdungssituation des Kindes situationsbezogene staatliche Intervention ohne Rücksicht auf die Gefährdungsgrenze des allgemeinen Kindesschutzrechts rechtfertigt.[292]

Der Antrag eines Elternteils, ihm bei Trennung die alleinige Elternsorge ganz oder teilweise allein zu übertragen ohne Zustimmung des anderen Elternteils, steht demnach vor einer hohen Hürde, denn er ist nur begründet, wenn „zu er-

---

[287] Finger in: Münch.-Komm. § 1671, Rn. 62.
[288] Coester in: FamRZ 1995, 1245, 1247.
[289] Coester in: Staudinger § 1671, Rn. 65.
[290] Schwab in: FamRZ 1998, 457, 461.
[291] Diederichsen in: Palandt, § 1697a, Rn. 1.
[292] Coester in: Staudinger § 1671, Rn. 98.

warten ist, dass die Aufhebung der gemeinsamen Sorge und die Übertragung auf den Antragsteller dem Wohl des Kindes am besten entspricht.“ Die Kindeswohlprüfung gleicht die fehlende Zustimmung des anderen Elternteils aus bzw. neutralisiert einen eventuellen Widerspruch des Kindes.[293] Das Familiengericht hat dabei von Amts wegen die Verhältnisse zu berücksichtigen und das Für und Wider abzuwägen. Der Gesetzesverfasser hat offenbar diese Voraussetzungen als zwei eigenständige, isoliert vorzunehmende Prüfungsschritte deklariert, wobei in die zweite Stufe der Prüfung erst und nur dann einzutreten ist, wenn sich die Aufhebung der gemeinsamen Sorge als kindeswohldienlich herausgestellt hat.[294] Stellt das Gericht also fest, dass die Beendigung der gemeinsamen Sorge dem Wohl des Kindes am besten entspricht, dann hat es in einer zweiten Stufe zu untersuchen, ob die Übertragung der Alleinsorge gerade auf den Antragsteller ebenfalls dem Kindeswohl am besten entspricht.[295] Die Übertragung gerade auf den Antragsteller muss sich demnach als beste Alternative für das Kind darstellen.[296] Hegt das Gericht im konkreten Fall diese Erwartungen nicht, so muss es den Antrag ablehnen und es bleibt bei der gemeinsamen Sorge, d.h. wenn die gemeinsame elterliche Sorge keine erkennbaren Nachteile gegenüber der beantragten Alleinsorge eines Elternteils bietet, ist der Sorgerechtsantrag zurückzuweisen.[297] Der Initiative des Vaters oder der Mutter, die alleinige Sorge zu erlangen, ist demnach ein hohes Erfolgshindernis in den Weg gelegt worden, nämlich der Entscheidungsmaßstab des Kindeswohls.

6.4 Entscheidungskriterien bei Sorgerechtsangelegenheiten

Der Gesetzgeber hat auf dem Gebiet des Sorgerechts das Kindeswohl als oberste Richtschnur für alle Entscheidungen gewählt. Das Recht eröffnet diesen Entscheidungsspielraum im Lichte des Kindeswohls allerdings erst in § 1671 II, Nr.2 BGB, und auch hier unbeschränkt nur, wenn beide Eltern die Übertragung der Alleinsorge auf sich beantragen. Dies liegt daran, dass das staatliche Wächteramt (Art. 6 II, S.2 GG9 gegenüber dem elterlichen Einvernehmen weitgehend zurückgenommen wurde, d.h. in der Trennungssituation ist die Wahrung der Kindesinteressen allein der Verantwortung der Eltern überlassen (§§ 1626, 1626a, 1627 BGB). Soweit jedoch mangels elterlicher Einigung dem Familiengericht noch staatliche Wächterfunktionen verblieben sind, stehen diese nach wie vor unter der Herrschaft des Kindeswohlprinzips, das nicht nur die Grundla-

[293] Diederichsen in: Palandt, § 1671, Rn. 17.
[294] Diesem zweistufigen Prüfungsmodell sind Rechtsprechung und Literatur bisher gefolgt.
[295] Rogner in: FamRefK § 1671, Rn. 19.
[296] Schwab/Wagenitz in: FamRZ 1997, 1377, 1380.
[297] So auch: OLG Brandenburg in: FuR 1998, 124.

ge bestimmt, sondern auch den Maßstab des staatlichen Handels.[298] Entscheidend bei der Kindeswohlprüfung sind dabei allein die Belange des Kindes, nicht moralische Anrechte eines Elternteils auf das Kind. Vielmehr steht das Recht des Kindes auf Förderung seiner Entwicklung und auf Erziehung zu einer eigenverantwortlichen und gemeinschaftsfähigen Persönlichkeit im Vordergrund.[299] Dem Gesetzeswortlaut geht es dabei (nach wie vor) um die dem Kindeswohl „am besten" entsprechende Sorgerechtsgestaltung. Die Tatsache, dass angesichts der Elterntrennung und Uneinigkeit über das Sorgerecht diese Formulierung nur in relativem Sinne verstanden werden kann[300], war auch dem Gesetzgeber bewusst[301]: Ziel kann immer nur die unter den gegebenen Umständen bestmögliche Lösung sein. Dabei ist das Kindeswohl ein wertungsausfüllungsbedürftiger und generalklauselartiger Rechtsbegriff.

6.4.1 Ausrichtung der elterlichen Sorge nach dem "Kindeswohl"

Kaum ein Begriff im Familienrecht ist so schillernd wie der des Kindeswohls, über kaum einen anderen ist so viel geschrieben worden.[302] Was unter dem Wohl des Kindes zu verstehen ist, kann begrifflich nicht eindeutig im Sinne einer Sachdefinition festgelegt werden. Die Vielgestaltigkeit dieses Begriffes führt zu der Schwierigkeit, zwischen einer allumfassenden, jedoch utopischen Definition, und einem auf einfache Indikatoren abstellenden Begriff zu vermitteln, der das Kindeswohl jedoch in unzulässiger Weise verkürzt.[303] Daher wird die Meinung vertreten, dieser Begriff sei eine Sprachschablone[304], eine Leerformel und noch weniger als andere unbestimmte Rechtsbegriffe in fassbare Kriterien zu bringen.[305]

Der generalklauselartige Begriff „Kindeswohl", den das Gesetz allenthalben verwendet, drückt zunächst aus, dass es bei der Ausübung der Elternsorge primär nicht um die Eigeninteressen der Eltern gehen darf, sondern um die Interessen des Kindes.[306] Positiv gewendet sagt die Kindeswohlformel, dass die Eltern auf dasjenige Sorgeverhalten verpflichtet sind, das voraussichtlich der Integrität

[298] Coester, S. 135.
[299] Diederichsen in: Palandt, § 1671, Rn. 21.
[300] BGH in: FamRZ 1985, 169, 171.
[301] BT-Drucks. 8/2788, S. 61.
[302] Bastian, S. 22.
[303] Neddenriep-Hanke, Diss., S. 44.
[304] Simitis, u.a., S. 19.
[305] Kreft, S. 12.
[306] Coester in: Staudinger § 1671, Rn. 157.

und der Entfaltung des Kindes am besten dient.[307] Die Vorrangigkeit des Kindesinteresses rechtfertigt sich aus der zentralen Betroffenheit des Kindes bei der Sorgerechtsregelung und seiner „Individualität als Grundrechtsträger".[308] Nachdem bei Trennung und Scheidung der Eltern deren Interessen vorherrschend waren, gebührt nunmehr dem Kind die volle Aufmerksamkeit.[309] Da es dem Kind nach einer Trennung der Eltern zumeist verwehrt ist, in einer intakten Familie mit Vater und Mutter als Bezugspersonen aufzuwachsen, es also einen Elternteil verliert, muss im Wege des Kompromisses die unter den gegebenen Verhältnissen günstigste, das Kind am wenigsten belastende Lösung gefunden werden.[310] Das Gesetz unterscheidet das körperliche, geistige und seelische Kindeswohl, um deutlich zu machen, dass es um den umfassenden Schutz des in der Entwicklung befindlichen Kindes als um Ausgrenzung bestimmter Bereiche elterlicher Fürsorge geht. Gewöhnlich lassen sich allerdings die verschiedenen Gefährdungszonen gar nicht hinreichend voneinander abgrenzen.[311]

Das Primat des Kindeswohls hat eine doppelte Bedeutung für die richterliche Rechtsfindung: Einerseits verpflichtet es das Familiengericht, kindzentriert zu denken und jeden Aspekt, der nicht ohnehin das Kind betrifft (also z.B. elterliche Persönlichkeit und Verhalten, elterliche oder gesellschaftliche Interessen) auf seine Bedeutung und Auswirkungen gerade für das Kindeswohl zu prüfen und entsprechend zu würdigen. Als Kehrseite verbietet das Kindeswohlprimat die Einbringung kindesfremder Gesichtspunkte in die richterliche Abwägung, d.h. vor allem elterliche oder gesellschaftliche Interessen ohne Bezug oder gar in Widerspruch zu den Bedürfnissen des betroffenen Kindes („Sperrwirkung des Kindeswohls").[312] Im Gegensatz zu der elterlichen Verpflichtung auf das Kindeswohl ist jedoch die richterliche Verantwortung von vornherein begrenzt: Das Gericht hat am Maßstab des Kindeswohls nur die sorgerechtlichen Verhältnisse nach Scheidung der Elternehe neu zu ordnen, die kindeswohlentsprechende Ausgestaltung der Pflege und Erziehung innerhalb dieses rechtlichen Rahmens fällt, wie in der intakten Familie, erst mal in den Pflichtbereich des oder der Sorgeberechtigten (Art. 6 II,1 GG).[313]

Die sachliche Aufgliederung und Strukturierung des Kindeswohl-Konzepts durch das objektive Recht lässt für die Entscheidung im Einzelfall vieles offen. Jede inhaltliche Aussage zum Kindeswohl steht zudem unter dem relativieren-

---

307 Schwab, Rn. 544.
308 BVerfG in: NJW 1981, 217, 218=FamRZ 1981, 124, 126.
309 Müller-Freienfels, S. 213.
310 Michalski in: Erman-Komm. § 1671, Rn. 20.
311 Diederichsen in: Palandt, § 1666, Rn. 15.
312 Coester in: Staudinger § 1671, Rn. 160.
313 Coester-Waltjens in: Gernhuber/Coester-Waltjens, S. 1049.

den Vorbehalt der Einzelfallgerechtigkeit. Hierzu gehört nicht nur das natürliche und naturgesetzliche Sein, sondern gehören auch vorhandene soziale, wirtschaftliche und geistige Strukturen.[314] Was Kindeswohl bedeutet, ist in jedem Einzelfall immer wieder neu zu ermitteln. Er ist ein rechtlicher Oberbegriff und umfasst gleichzeitig psychologische Inhalte. Das Kindeswohl wird oftmals objektiv von außen her zu beurteilen sein, ist aber allein subjektiv bestimmbar, „denn wenn das Kind sich wohl fühlt, dann ist dies im Prinzip von außen her nicht zu dementieren oder zu korrigieren."[315] In jedem Fall ist, wer mit dem Begriff des Kindeswohls arbeiten muss, gezwungen, sich anhand der Person des Kindes und seiner Gesamtsituation einen Lebensplan zu machen, an welchem das Verhalten der Eltern gemessen wird. Dabei ist zweifellos das Hauptproblem, den ideologischen Rahmen nicht zu weit von dem Milieu, in dem das Kind aufwächst, zu entfernen, andererseits aber auch nicht auf die Vorgabe gewisser objektiver Entwicklungsstandards für das Kind zu verzichten.[316] Denn ob tatsächlich eine Kindeswohlgefährdung vorliegt, ist nur unter Berücksichtigung der Anlagen und des Verhaltens des Kindes sowie sämtliche Umstände in denen es lebt, festzustellen. Aufgrund von Erkenntnissen in der modernen Kinderpsychologie, Kinderpsychiatrie und Sozialpädagogik muss die Dimension der kindlichen Psyche mitberücksichtigt werden. Es wird wohl nirgendwo deutlicher als bei Verwendung dieses Begriffes, dass hier der streng juristische Reflexionszusammenhang verlassen werden und auf die Erkenntnisse anderer Disziplinen eingegangen werden muss.[317] Wichtig ist hierbei vor allem, dass Richter an Familien- und Vormundschaftsgerichten in den Grundzügen der Pädagogik aus- und weitergebildet sein müssten.[318]

Zusammengefasst gilt also, dass Kindeswohl ein unbestimmter und ausfüllungsbedürftiger Rechtsbegriff ist, für den es keine allgemeinverbindliche positive Definition gibt. Die Rechtspraxis widmet sich dieser Aufgabe mit zunehmender Bereitschaft die Individualität des Kindes wie auch außerjuristisches Erfahrungswissen zu berücksichtigten.

6.4.2 Berücksichtigung des Kindeswillen

Neben diesen sozialwissenschaftlichen Faktoren des Kindeswohls, spielt auch die Haltung, der Wunsch, der Wille des Minderjährigen eine entscheidende Rol-

[314] Coester, S. 367.
[315] Leinhofer, S. 137.
[316] Diederichsen in: Palandt, § 1666, Rn. 15.
[317] Bastian, S. 22.
[318] Neddenried-Hanke, Diss., S. 53; BVerfG in: NJW 1981, 217, 218.

le. Seinem Willen und seine Vorstellungen kommen für die Regelung der elterlichen Sorge besondere Bedeutung zu.[319] Der Leitgedanke bei der Berücksichtigung des Kindeswillens ist die Achtung der Persönlichkeit des Kindes.[320] Auch ein Kind ist Grundrechtsträger, und die Entscheidung über die elterliche Sorge im Konflikt zwischen Vater und Mutter berührt seine Lebensstellung in ihren Grundzügen.[321] Es ist gegen die Menschwürde eines Kindes, wenn es nicht dort leben darf, wo es möchte, und dort leben muss, wo es selbst nicht leben will. Schon deshalb ist selbstverständlich,[322] dass seine Vorstellungen zu ermitteln sind und bei der gerichtlichen Regelung Berücksichtigung finden müssen. Die Feststellung des Willens des Kindes ist aber nicht immer leicht, da er zum Teil nicht klar, bzw. nur schwer in Erfahrung gebracht werden kann.[323] Der Gesetzgeber des Sorgerechtsgesetzes aus dem Jahr 1979 hatte erwogen, dem Kindeswillen vergleichbares Gewicht einzuräumen wie dem Elternvorschlag, war hiervon aber schließlich wieder abgerückt. Grund hierfür war jedoch nicht eine materielle Rückstufung des Gewichts des Kindeswillens, sondern Bedenken gegen eine formalisierte Entscheidungskompetenz des Kindes: Man fürchtete eine übermäßige Belastung des Kindes, massive Beeinflussungsversuche seitens der Eltern und außerdem Rechtsunsicherheit hinsichtlich der „Urteilsfähigkeit" des Kindes unter 14 Jahren.[324] Diese Erwägungen mögen auch bei der Versagung eines Antragsrechts für das Kind im Kindschaftsrechtsreformgesetz aus dem Jahr 1998 eine Rolle gespielt haben. Der BGH[325] sieht den Willen des Kindes auf Grund seiner Betroffenheit als Grundrechtsträger[326] als ein Entscheidungselement von hoher Bedeutung an, soweit das Kind nach Alter und Reife zu einer Willensbildung im natürlichen Sinne in der Lage ist. Hierbei lassen sich allerdings keine generellen Altersgrenzen festlegen.[327] Vielmehr ist eine schon weit entwickelte Vernünftigkeit oder ein fortgeschrittener Reifestand des Kindes entscheidend.[328] Der Kindeswille muss unberücksichtigt bleiben, wenn er von einer unrealistischen Vorstellung einer Übertragbarkeit von „Sonntagsbedingungen" auf den Alltag getragen ist oder wenn eine massive Beeinflussung durch einen Elternteil oder dessen Eltern vorliegt.[329] Eigene Willensbildung ist möglich, so-

319 Finger in: Münch.-Komm. § 1671, Rn. 47.
320 Bastian, S. 32.
321 Finger in: Münch.-Komm. § 1671, Rn. 48.
322 Vgl. BVerfG in: NJW 1974, 1609.
323 Kreft, S. 56.
324 BT-Drucks. 8/2788, S. 40 und 61.
325 BGH in: NJW 1985, 1702 = FamRZ 1985, 169.
326 BVerfGE 37, 217 = NJW 1974, 1609.
327 OLG Hamm in: FamRZ 1986, 714: hat schon der Willensäußerung eines fünfjährigen ein gewisses Gewicht beigemessen.
328 Jaeger in: Johannsen/Henrich, § 1671, Rn. 48.
329 Diederichsen in: Palandt, § 1671, Rn. 27.

bald Kinder imstande sind, die Trennungs- bzw. Scheidungsabsicht der Eltern in Beziehung zu ihrem eigenen dadurch bedingten Schicksal abzuwägen. Dabei darf nicht darauf abgestellt werden, ob das Kind eine rationale Begründung abgibt, denn auch kurz vor der Volljährigkeit stehende Jugendliche vermeiden dies, um keinem Elternteil weh zu tun.[330] In der Rechtsprechung besteht Übereinstimmung über die Berücksichtigung des Willens älterer, nahezu erwachsener Kinder.[331] Das über 14-jährige Kind kann durch einen abweichenden Vorschlag die Wirkung des Elternvorschlags aufheben, so dass der Richter wieder eine offenen Kindeswohlabwägung vorzunehmen hat.[332]

6.4.3 Problem: Der beeinflusste Kindeswille

Unzweifelhaft wird das Kind durch die Beachtung seiner Stellungnahme in den Auseinandersetzungsstreit hineingezogen. Wenn das Kind mit einem Elternteil zusammenlebt, wird es von diesem immer beeinflusst, denn Erziehung bedeutet per se auch immer Beeinflussung. Dass ein Elternteil ein Kind in keiner Weise beeinflussen soll, ist eine schlechthin unmögliche Forderung. So gesehen ist der Elternteil, mit dem das Kind überwiegend zusammenlebt, „im Vorteil".[333] In dem dichten Zusammenleben eines Elternteils mit seinem Kind kann diesem nichts verborgen bleiben. Das Kind verfolgt den Eingang und Ausgang gerichtlicher oder anwaltlicher Post, es stellt Fragen und hat auch, aufgrund seiner unmittelbaren Betroffenheit, ein Recht auf eine Antwort, was alles zu einer natürlichen Beeinflussung führt. Dabei ist Beeinflussung etwas anderes als Aufhetzung, denn Beeinflussung geschieht unwillkürlich während Aufhetzung eine willentliche Handlung ist.[334]

Wesentlich und belastend können auch Loyalitätskonflikte[335] werden, die oft mit der Vorstellung verbunden sind, gerade so besondere Verantwortung (für die Eltern) übernehmen zu müssen. Nicht ganz selten sind auch schlichte, sachfremde Vordergründigkeiten, insbesondere materielle Erwartungen oder Versprechungen durch einen Elternteil.[336] Die Kindesäußerungen können durch Einflussnahme und Manipulation so verfälscht werden, dass die psychischen Neigungen bei Gericht nicht als hinreichend gesichert festgestellt werden können.[337]

[330] Hinz in: Münch.-Komm. § 1671, Rn. 44.
[331] OLG Karlsruhe in: FamRZ 1966, 315, 316; BayObLG in: FamRZ 1977, 650, 652.
[332] Coester, S. 256.
[333] Ell in: ZBlJugR 1980, 319, 323.
[334] Ell in: ZBlJugR 1980, 319, 324.
[335] Dazu: OLG Hamm in: FamRZ 1997, 957.
[336] Finger in: Münch.-Komm. § 1671, Rn. 47.
[337] Jaeger in: Johannsen/Henrich, § 1671, Rn. 48.

Wenn sich ein Kind emotional und/oder rational für einen Elternteil entschieden hat, ist es nahezu unmöglich, es im gegenteiligen Sinne wirkungsvoll zu beeinflussen. Dagegen nimmt es Beeinflussungen im Sinne seiner eigenen Entscheidung willig an.[338]

Aufgrund dieser Erkenntnisse erscheint es daher fraglich, ob dem Kindeswillen überhaupt noch Gewicht beigemessen werden sollte. Während Lempp[339] im Jahre 1976 feststellte, dass „das Kind zu demjenigen soll, zu dem es selbst möchte", wurde dieser Weg von anderen für nicht gangbar erachtet.[340] Das Kind ist ohnehin von der Familienauflösung und nicht selten auch vom Streit der Eltern unmittelbar betroffen.[341] Es gelingt oft nicht, die Angst der Kinder oder ihre Beeinflussung durch die Eltern zu überwinden. Das Kind ist in seinem Bewusstsein und in seinen Gefühlen in viel stärkerem Maße gegenwartsabhängig als der Erwachsene. Schwankungen sind an der Tagesordnung. Der beeinflusste Kindeswille ist daher kein brauchbares Indiz für das tatsächliche Existieren gefühlsmäßiger Bindungen und somit auch kein Indiz für das Bestehen einer verantwortlichen Selbstbestimmung des Kindes.[342] Entsprechend geringeres Gewicht haben seine Aussageinhalte, wenn es um schicksalsträchtige Entscheidungen geht. Es fehlt ihm die Fähigkeit zum Überblick und hinreichender Lebenserfahrung, daher besteht immer die Gefahr, dass das Kind sich an vermeintlichen subjektiven Vorurteilen orientiert. Es wäre folglich verfehlt, eine gewisse Abneigung des Minderjährigen gegen einen Elternteil allzu schnell als Grundlage für eine Entscheidung gelten zu lassen. Indessen bedarf die Berücksichtigung der Meinung des Kindes differenzierter Betrachtung. Die Meinung des Minderjährigen ist hauptsächlich deshalb einzuholen, um sie als Befund für die Beurteilung der pädagogischen Eignung der beiden Elternteile im Hinblick auf das Kind auszuwerten, der Inhalt seiner Aussage ist zunächst von sekundärer Bedeutung.[343]

6.5 Sorgerechtsentscheidung nach § 1666 BGB

Nach § 1671 III BGB ist dem Antrag auf Zuweisung der alleinigen Sorge gem. §§ 1671 I, II BGB (also auch bei Einigkeit der Eltern) nicht stattzugeben, soweit die elterliche Sorge aufgrund anderer Vorschriften anders geregelt werden muss. Maßstab ist wie sonst das Wohl des Kindes. Gemeint ist vor allem eine vorran-

---

[338] Ell in: ZBlJugR 1980, 319, 324.
[339] Lempp, S. 18.
[340] OLG Karlsruhe in: FamRZ 1968, 170; OLG Köln in: FamRZ 1972, 144, 145; OLG Köln in: FamRZ 1972, 574, 576.
[341] Simitis, u.a., S. 43.
[342] Coester, S. 264.
[343] Steffen in: ZBlJugR 1979, 129, 142.

gige Regelung der Sorgerechtsverhältnisse nach § 1666 BGB. Die §§ 1666 ff. BGB regeln, unter welchen Voraussetzungen das staatliche Wächteramt eingreift, die §§ 1666, 1666 a BGB, wann das Kind den Erziehungsberechtigten entzogen werden kann. Nach bisherigem Recht brauchte § 1666 BGB als Grundlage für Sorgerechtsentscheidungen nicht bemüht zu werden: Bei Trennung der Eltern ebenso wie bei Scheidung hatte das Familiengericht aufgrund der §§ 1671 V, 1672 Satz 2 a.F. BGB die Befugnis, bei Gefährdung des Kindeswohls von Amts wegen eine dienliche Regelung zu treffen. Nach neuem Recht gestattet § 1671 BGB ein Eingreifen zu Amts wegen nicht mehr. Muss also eine Gestaltung des Sorgerechts von Amts wegen ins Auge gefasst werden, um einer drohenden Gefährdung des Kindeswohls zu begegnen, so bleibt nur der Rückgriff auf § 1666 BGB. Dies darf aber nicht zu folgeschweren Fehlverständnissen führen: § 1666 BGB ist nicht der Hebel, um die herkömmliche, vom Kindschaftsrechtsreformgesetz aus dem Jahr 1998 aufgegebene Kontrollfunktion des Staates bei Trennungen und Scheidungen gewissermaßen über die Hintertür doch wieder einzuführen.[344] In diesem Sinne mehren sich bereits die Stimmen, die eine erhebliche Vorverlagerung der Gefährdungsgrenze des § 1666 BGB für Trennungsfamilien postulieren, wobei teilweise schon die Trennung als solche eine „Gefährdung" darstellen soll[345], teilweise jedenfalls „ausweichende Antworten" der Eltern im Rahmen der Anhörung nach § 613 I, S.2 ZPO.[346] Dieses ist vom Gesetzgeber aber nicht vorgesehen worden. Erst wenn der Interessengegensatz auf der Ebene der Eltern eine Intensität hat, der die Entziehung des elterlichen Sorgerechts oder sonstige Maßnahmen nach § 1666 I BGB erforderlich machen, geht diese Bestimmung dem § 1671 BGB vor.

Entscheidend in diesem Zusammenhang ist, dass ein Antrag nach § 1671 BGB nicht unbedingt vorliegen muss, bevor aufgrund § 1666 BGB eine Sorgerechtsregelung erfolgen darf. Vielmehr kommt § 1666 BGB auch völlig selbständig zum Einsatz. Gleichgültig, ob ein Sorgerechtsstreit nach § 1671 BGB schwebt oder nicht, ist das Familiengericht von Amts wegen verpflichtet, nach § 1666 BGB eine Sorgerechtsregelung zu treffen, wenn dessen Voraussetzungen vorliegen.[347] Dabei ist jedoch besonders hervorzuheben, dass trotz Neufassung des § 1666 BGB die hohen Hürden für den staatlichen Eingriff in die Elternautonomie geblieben sind. Der übereinstimmende, durch Antrag und Zustimmung dazu zum Ausdruck gebrachte Elternwille steht daher allein unter dem Vorbehalt der konkreten Kindeswohlgefährdung.

---

[344] Coester in: Staudinger § 1671, Rn. 263.
[345] Lossen in: FuR 1997, 100, 102.
[346] Bergmann/Gutdeutsch in: FamRZ 1999, 422, 425; Büttner in: FamRZ 1998, 585, 592.
[347] Schwab in: FamRZ 1998, 457, 465.

6.6 Ausgestaltung der elterlichen Sorge nach Trennung und Scheidung

Die von der Reform gewählte Lösung mit ihrem verfahrensrechtlichen Ansatz verzichtet auf die Normierung materieller Voraussetzungen für das Beibehalten der gemeinsamen Sorge nach Trennung und Scheidung und auch einer Elternvereinbarung oder eines Sorgerechtsplans[348] bedarf es nicht, denn die gemeinsame elterliche Sorge kann ohne weiteres beibehalten werden.

6.6.1 Das gespaltene gemeinsame Sorgerecht

Die gemeinsame Sorge nach Trennung der Eltern ist ein juristisches Konstrukt. Personensorge als das Fundament des Sorgeverhältnisses umfasst Pflicht und Recht, das Kind zu pflegen, zu erziehen, zu beaufsichtigen und seinen Aufenthalt zu bestimmen (§ 1631 I BGB). Sie verwirklicht sich hauptsächlich in einem faktischen Tun, wenn nötig auch in einem rechtsgeschäftlichen Handeln (§ 1629 BGB). Die elterliche Sorge steht bei ehelichen Kindern „Vater und Mutter" zu und zwar gemeinschaftlich. Die Eltern haben die Sorge „in gegenseitigem Einvernehmen auszuüben" (§ 1627, S. 1 BGB) und sie vertreten das Kind gemeinschaftlich (§ 1629 I, S. 2 BGB). Die Gemeinschaftlichkeit des Sorgerechts in dieser Familie bereitet folglich keine strukturellen Probleme, da Meinungsaustausch, Auseinandersetzung und Verständigung in fortlaufender persönlicher Begegnung geleistet werden können.[349] Aber von dem Augenblick an, da sich die Eltern dauernd getrennt haben, kann von „gemeinsamer Pflege" und vielfach auch „gemeinsamer Erziehung" nicht mehr die Rede sein, denn das Kind lebt nur noch bei einem Elternteil. Gemeinsames Sorgerecht getrenntlebender Eltern bildet demnach ein aliud gegenüber der eigentlichen gemeinsamen Elternsorge.[350] Der Unterschied ergibt sich schon aus der faktischen Lage. Wenn Eltern sich trennen, bleibt ein Elternteil üblicherweise in der gemeinsamen Wohnung, die Kinder leben fortan bei einem von ihnen, d.h. sie verbleiben entweder mit einem Elternteil im bisherigen Familienheim oder sie ziehen mit einem Elternteil in eine andere Wohnstätte. Die familiäre Lebensgemeinschaft beschränkt sich auf eine sog. Restfamilie, welcher der in mehrfachem Sinne „scheidende"

---

[348] Anders ist dieses beispielsweise im kalifornischen Recht: Hier wird von den Scheidungswilligen stets (unabhängig davon, welche Sorgerechtsalternative angestrebt wird) eine positive Aussage darüber, ob und ggf. inwieweit die Eltern nach der Scheidung in der Verantwortung bleiben wollen. Vgl. Maccoby/Mnookin in: FamRZ 1995, 1.

[349] Schwab in: Festschrift für Gaul, S. 720.

[350] Schwab in: Festschrift für Gaul, S. 721.

Elternteil nicht angehört. Somit kann gemeinsame Sorge in einer solchen Konstellation nicht dasselbe bedeuten wie bei der zusammenlebenden Familie, denn die Aufgabe „Pflege“, d.h. die Sorge für das äußere Wohlergehen des Kindes (Nahrung, Wohnung, Kleidung, Hygiene, Sorge für die Gesundheit), aber auch die Erziehung wird weitgehend von dem Elternteil geleistet, mit dem das Kind zusammenlebt. Erziehung ist nicht nur die juristische Festlegung von Erziehungsprinzipien, sondern wirkliches Leben. Es handelt sich hierbei um den Inbegriff aller pädagogischen Maßnahmen, durch die das Kind zur Mündigkeit (Erwachsensein) gelangen soll, so dass es in der Lage ist, seine Motive unter Kontrolle zu halten und seine Persönlichkeit im gedeihlichen Zusammenleben mit anderen Menschen fortzuentwickeln sowie sein Leben durch selbständig getroffene Entscheidungen innerhalb der Rechts- und Lebensordnung der Gesellschaft zu halten.[351] Erziehung ereignet sich in einer fortlaufenden Abfolge von Situationen, Begegnungen und Reaktionen, es ist nicht nur das bloße Einwirken auf das Kind in bestimmten, herausgehobenen Entscheidungsmomenten, sondern ein gegenseitiges persönliches Verhältnis, das im Alltag gelebt wird.

Aufgrund dieser Erkenntnisse mag es den Gesetzgeber bewogen haben, das gemeinsame Sorgerecht bei Getrenntleben zu spalten und gesetzlich auszugestalten, d.h. dem Elternteil, bei dem sich das Kind „gewöhnlich aufhält“, eine alleinige Entscheidungsbefugnis „in Angelegenheiten des täglichen Lebens“ einzuräumen (§ 1687 I, S. 2 BGB) und Einvernehmen der Eltern nur bei „Angelegenheiten von erheblicher Bedeutung“ zu fordern (§ 1687 I, S. 1 BGB). Diese Vorschrift dient der Ausgestaltung der gemeinsamen elterlichen Sorge nach Trennung und Scheidung der Eltern und soll vor allem einen praktikablen Kompromiss finden, um dem Kind mit dem rechtlichen Band der gemeinsamen Sorge beide Eltern zu erhalten und die gemeinsame Sorge zugleich möglichst konfliktfrei funktionieren zu lassen.

6.6.1.1 Angelegenheiten des täglichen Lebens

Gem. § 1687 I, 2, 3 BGB hat der Gesetzgeber zur Konfliktvermeidung geregelt, dass dem Elternteil eine alleinige Entscheidungsbefugnis in Angelegenheiten des täglichen Lebens zu steht, bei dem sich das Kind berechtigterweise (mit Einwilligung des jeweils anderen Elternteils oder aufgrund gerichtlicher Entscheidung) gewöhnlich aufhält. Die Alleinentscheidungsbefugnis hat zur Folge, dass der Elternteil, bei dem das Kind lebt, sich über die praktisch im Vordergrund stehenden Fragen des Alltags nicht mit dem anderen Teil verständigen muss. Dem anderen Elternteil bleibt das Recht auf Auskunft über die persönli-

---

[351] Diederichsen in: Palandt § 1631, Rn. 3.

chen Verhältnisse des Kindes gem. § 1686 BGB, soweit in diesen Angelegenheiten das berechtigte Informationsinteresse reicht.[352] Dieses ist in der Regel dann gegeben, wenn der Elternteil keine Möglichkeit hat, sich über den Auskunftsgegenstand auf andere Art zu unterrichten.[353] Der Auskunftsanspruch ist Surrogat und Ergänzung des Umgangsrechts und daher insbesondere gegeben, wenn ein Umgang aus sachlichen Gründen nicht oder nur stark reduziert stattfinden kann, aber auch dann, wenn das Kind (altersbedingt) Kontakt ablehnt oder das Umgangsrechts nach § 1684 III, IV BGB eingeschränkt oder ausgeschlossen ist.[354]

Entscheidung in Angelegenheiten des täglichen Lebens sind nach der gesetzlichen Definition in der Regel solche, die häufig vorkommen und die keine schwer abzuändernden Auswirkungen auf die Entwicklung des Kindes haben.[355] Dieses können z.B. die Betreuung des Kindes, Essensfragen, Schlafenszeiten sowie alltägliche schulische und gewöhnliche medizinische Fragen sein.[356] Die Befugnis dieses Elternteils umfasst insbesondere auch das Alleinvertretungsrecht im genannten Tätigkeitsbereich. Unabhängig davon steht ihm ein Alleinhandlungs- und Alleinvertretungsrecht in Notsituationen auch in Angelegenheiten von erheblicher Bedeutung zu.[357] Die Entscheidung, ob etwas zu den Angelegenheiten des täglichen Lebens gehört oder nicht, ist objektiv zu treffen, eine klare begriffliche Abgrenzung ist nicht möglich.[358] Überdies ist auch zu berücksichtigen, dass in der Erziehung eines Kindes und insbesondere von Heranwachsenden fast unversehens praktisch jedes Entscheidungsproblem schnell aus dem Bereich der Alltagssorge in den Bereich des Grundsätzlichen umschlagen und eben von erheblicher Bedeutung für das Kind werden kann.[359]

6.6.1.2 Angelegenheiten von erheblicher Bedeutung

Gegenseitiges Einvernehmen, also die Mitwirkung des nicht betreuenden Elternteils, ist nur in Angelegenheiten erforderlich, deren Regelung für das Kind von erheblicher Bedeutung ist gem. § 1687 I, 1 BGB. Angelegenheiten von erheblicher Bedeutung sind solche, die nicht häufig vorkommen und die nur schwer

---

[352] Schwab in: FamRZ 1998, 457, 470.
[353] Diederichsen in: Palandt, § 1686, Rn. 5.
[354] Lipp/Wagenitz, § 1686, Rn. 2.
[355] BT-Drucks. 13/8511, S. 74+75.
[356] Mühlens/Kirchmeier/Greßmann/Knittel, S. 60.
[357] Lipp/Wagenitz, § 1687, Rn. 3.
[358] Schwab/Wagenitz in: FamRZ 1997, 1377, 1380; a.A. Greßmann, Rn. 252: keine „Grauzonen".
[359] Diederichsen in: Palandt § 1687, Rn. 4.

abzuändernde Auswirkungen auf die Entwicklung des Kindes haben. Dazu gehören alle Entscheidungen, die nur mit erheblichem Aufwand abzuändern sind und die sich faktisch als endgültig erweisen. Dabei kann das Einvernehmen vorweg für konkrete oder gattungsmäßig bestimmte Angelegenheiten hergestellt werden oder im Rahmen eines aktuell gewordenen Vorgangs.[360] Zu Angelegenheiten von erheblicher Bedeutung zählen z.B. das Aufenthaltsbestimmungsrecht, die Wahl der Schullaufbahn und der beruflichen Ausbildung des Kindes, die religiöse Erziehung, grundlegende Entscheidungen im Bereich der medizinischen Versorgung, wie etwa die Einwilligung in eine Operation, sowie die Behandlung schwerwiegender Erkrankungen, jeweils außerhalb eines Notfalls.[361] Dabei ist zu berücksichtigen, dass eine Angelegenheit für das Kind je nach seinem Alter von unterschiedlicher Bedeutung sein kann.[362]

Die gemeinsame Sorgezuständigkeit in diesen Angelegenheiten entspricht dem zu fordernden regelmäßigen Mindestkonsens der Eltern. Es bedarf hierbei keiner vertraglichen Fixierung, vor allem keiner ausdrücklichen Vereinbarung über sämtliche Einzelheiten. Vielmehr müssen sich die Eltern in den betreffenden Angelegenheiten lediglich über die Grundrichtigkeit verständigen. Die Handlungsfähigkeit des Elternteils, bei dem sich das Kind aufhält, ist dadurch nicht unnötig einschränkt, da die Notwendigkeit zur Entscheidung über Angelegenheiten, deren Regelung für das Kind von erheblicher Bedeutung sind, wie beispielsweise die Schulwahl, sich in aller Regel nicht kurzfristig ergeben, so dass den Eltern ermöglicht wird, ein Einvernehmen zu suchen.[363]

Im Konfliktfall, wenn es den Eltern also nicht gelingt, in einer für das Kind bedeutsamen Angelegenheit ihr Einvernehmen herzustellen, kann das Familiengericht auf Antrag eines Elternteils gem. § 1628 BGB die Entscheidung einem Elternteil übertragen.[364] Dieses ist im Endeffekt genauso wie bei Uneinigkeiten in einer einzelnen Angelegenheit oder in einer bestimmten Art von Angelegenheiten von zusammenlebenden Eltern mit gemeinsamer Sorge, die dann auch das Familiengericht anrufen können, damit dieses das Entscheidungsrecht auf einen Elternteil überträgt. Hält das Gericht aber die Angelegenheit nicht für eine solche von erheblicher Bedeutung, sondern betrachtet es sich als Angelegenheit des täglichen Lebens, so kann der Elternteil, bei dem sich das Kind gewöhnlich aufhält, darüber nach § 1687 I, 2 BGB allein entscheiden.[365]

---

[360] Diederichsen in: Palandt, § 1687, Rn. 8.

[361] Rogner in: FamRefK § 1687, Rn. 13.

[362] Diederichsen in: Palandt, § 1687, Rn. 7.

[363] Greßmann, Rn. 250.

[364] Rogner in: FamRefK § 1687, Rn. 15.

[365] Rogner in: FamRefK § 1687, Rn. 15.

6.6.1.3 Alleinige Entscheidungen des anderen Elternteils

Sobald sich das Kind von dem Elternteil, bei dem es sich gem. § 1687 I, 2 BGB gewöhnlich aufhält, zu dem anderen Elternteil begibt, muss diesem eine entsprechende Befugnis zur Alleinentscheidung zustehen wie dem betreuenden Elternteil in dessen Bereich. Dabei wird es sich im wesentlichen um zur Ausfüllung des in § 1626 III, 1 BGB geforderten Umgangs erfolgende Besuche des Kindes bei dem anderen Elternteil bzw. umgekehrt um Übernahme der Betreuung im Haushalt des betreuenden Elternteils, wenn dieser auf Urlaub oder sonst verreist ist, handeln und damit um vorübergehende Unterbrechungen der gewöhnlichen Betreuungssituation. Gem. § 1687 I, 4 BGB hat auch der Elternteil, bei dem das Kind nicht dauernd lebt, es sich aber im Rahmen des Umgangs zeitweise aufhält, während der Dauer dieses Aufenthalts ein Alleinentscheidungsrecht in gewissen Angelegenheiten. Die Befugnis dazu ist weniger aus dem Sorgerecht als aus der Natur der Sache abzuleiten, denn wenn sich das Kind bei dem anderen Elternteil aufhält, muss diesem, wenn er seiner Obhutsaufgabe gerecht werden soll, in den Angelegenheiten der tatsächlichen Betreuung ein alleiniges Entscheidungsrecht zustehen.[366] Der Kreis dieser Angelegenheiten ist hier aber sehr eng geschnitten: Betroffen sind nur Angelegenheiten der tatsächlichen Betreuung, wie die Fragen, was das Kind zu essen bekommt und wann es zu Bett gehen soll.[367] Gesetzliche Alleinvertretung ist hier nicht gegeben, es kann aber ein Alleinvertretungsrecht bei Gefahr in Verzug gem. §§ 1629 I, S. 4, 1687 I, S. 5 BGB erwachsen.

6.6.1.4 Gefahr in Verzug

Die Gemeinsamkeit der Eltern endet bei Gefahr im Verzug. § 1687 I, 5 BGB verweist auf § 1629 I, 4 BGB wonach jeder Elternteil bei Gefahr in Verzug dazu berechtigt ist, alle zum Wohle des Kindes notwendigen Handlungen vorzunehmen. Die Vorschrift schafft somit ein rein situationsbedingtes Alleinvertretungsrecht eines Elternteils. Gefahr im Verzug liegt dann vor, wenn die Mitwirkung, insbesondere die Zustimmung des anderen Elternteils nicht eingeholt werden kann, ohne dass der Zweck der Maßnahme gefährdet würde.[368] Dieses ist nicht der Fall bei reiner Befürchtung einer Beeinträchtigung des Kindeswohls, sondern nur, wenn dem Kind gesundheitlich, aber auch wirtschaftlich Nachteile von erheblichem Ausmaß drohen. War die Notwendigkeit der Vornahme z.B. einer Operation, Impfung, usw. schon vorher absehbar, entsteht kein Notvertretungs-

---

[366] Diederichsen in: Palandt, § 1687, Rn. 12.
[367] Vgl. BT-Drucks. 13/4899, S. 108.
[368] Diederichsen in: Palandt, § 1629, Rn. 17.

recht, wenn die rechtzeitige Einholung der Zustimmung des anderen Elternteils durch Nachlässigkeit versäumt wurde und der andere Elternteil nunmehr nicht erreichbar ist.[369] Erst recht darf der nicht alleinvertretungsberechtigte Elternteil das Notvertretungsrecht nicht dazu benutzen, um einer bereits geäußerten Meinung oder sogar Entscheidung des vertretungsbefugten anderen Elternteils zuwiderzuhandeln.[370] Die Regelung hat insbesondere Bedeutung kindesbedingt bei Unfällen und Körperverletzungen, Krankheit oder umstandsbedingt auf Reisen, im Urlaub, usw. Nach Vornahme der Rechtshandlung ist der andere Elternteil unverzüglich zu unterrichten. Im Rahmen von § 1687 BGB werden dadurch die Beschränkungen der Entscheidungsbefugnis von Eltern auf das gemeinsame Handeln in Form von § 1687 I, 1 BGB ebenso wie die sachliche Einschränkung der Alleinentscheidungsbefugnis bei Angelegenheiten des täglichen Lebens aus § 1687 I, 2 BGB und die Vorenthaltung der Vertretung bei den Angelegenheiten von erheblicher Bedeutung in § 1687 I, 4 BGB kompensiert.[371]

6.6.2 Abänderungsmöglichkeiten durch das Familiengericht

Die alleinige Entscheidungsbefugnis eines Elternteils, sowohl nach § 1687 I, 2, 3 BGB als auch nach § 1687 I, 4 BGB wie auch nach § 1687 a BGB, kann vom Familiengericht eingeschränkt oder ausgeschlossen werden, soweit dies zum Wohl des Kindes erforderlich ist (§ 1687 II BGB). Da der Gesetzestext dem vom § 1671 III, 1 BGB a.F. entspricht und damit auch die dortige Auslegung in die Neufassung der Vorschrift übertragbar ist, setzt ein Eingreifen des Familiengerichts triftige, das Kindeswohl nachhaltig berührende Gründe voraus, die besorgen lassen, dass ohne die Maßnahme das Kind oder seine Interessen eine ungünstige Entwicklung nehmen könnten.[372] Das Eingreifen des Familiengerichts setzt triftige, das Kindeswohl nachhaltig berührende Gründe voraus, die besorgen lassen, dass ohne die Maßnahme das Kind eine ungünstige Entwicklung nehmen könnte.[373] Dabei entscheidet der Richter von Amts wegen oder auf Antrag eines Elternteils. Bei Meinungsverschiedenheiten im Rahmen der Ausübung der gemeinsamen Sorge kann nach § 1628 BGB jeder Elternteil das Familiengericht anrufen und beantragen, die Entscheidung in der konkreten Angelegenheit einem Elternteil zu übertragen.[374] Eine Erweiterung der alleinigen Entschei-

---

[369] Rogner in: FamRefK § 1629, Rn. 3.
[370] Diederichsen in: Palandt § 1629, Rn. 20.
[371] Diederichsen in: Palandt, § 1687, Rn. 14.
[372] BGH in: NJW 1979, 113.
[373] So die Formel zum gleichlautenden Wortlaut des § 1671 III BGB a.F. Vgl. OLG Düsseldorf in: FamRZ 1983, 293, 294.
[374] BT-Drucks. 13/8511, S. 74.

dungsbefugnis ist hier nicht vorgesehen; doch lässt sich eine solche Gestaltung über § 1671 I, II BGB erreichen (Übertragung der partiellen Alleinsorge).[375]

6.7 Zusammenfassung

Mit dem Kindschaftsrechtsreformgesetz vom 1.7.1998 behalten im Falle einer Scheidung beide Elternteile prinzipiell das gemeinsame Sorgerecht für ihr Kind, es sei denn, ein Elternteil (oder beide) stellt einen Antrag auf alleinige elterliche Sorge. Durch diesen Antrag eines oder beider Elternteile wird das Sorgerechtsverfahren abgetrennt und als selbständige Familiensache fortgeführt. In diesen Fällen hat das Gericht eine Entscheidung zu treffen. Dabei hat der Gesetzgeber als oberste Richtschnur das Kindeswohl für alle Entscheidungen gewählt. Auch nichtverheiratete Eltern haben nunmehr die Möglichkeit das gemeinsame Sorgerecht für ihr Kind zu erhalten. Voraussetzung ist eine übereinstimmende, vom Jugendamt oder notariell beglaubigte Erklärung der Eltern.

---

[375] Schwab in: FamRZ 1998, 457, 470.

7. Kapitel: Gemeinsames Sorgerecht kraft Gesetzes

Eines der wesentlichen Ziele der Kindschaftsrechtsreform ist die Förderung des gemeinsamen Sorgerechts der Eltern für ihre Kinder. Dieses soll auch bei Trennung und Scheidung der Eltern aufrechterhalten bleiben. Das Kindschaftsrechtsreformgesetz verbindet somit die Tendenz zur Deregulierung mit der Begünstigung der gemeinsamen Sorge nach Scheidung. Die Divise lautet eindeutig, dass wenn kein Elternteil einen Antrag zur elterlichen Sorge stellt, in der Regel auch kein gerichtliches Tätigwerden nötig ist. Nach dem Motto: Gemeinsamkeit wirkt immer positiv, ist Harmonie und Wärme, im Gegensatz zu Vereinzelung, Kälte und Konflikten.[376] Allerdings bekennt sich die Begründung des Regierungsentwurfes des Kindschaftsrechtsreformgesetztes nicht uneingeschränkt zu dieser Zielsetzung: „Eine Entscheidung darüber, ob der gemeinsamen Sorge geschiedener Eltern vor der Alleinsorge eines Elternteils der Vorzug zu geben ist, soll nach dem Entwurfskonzept vom Gesetzgeber nicht getroffen werden."[377] Es dürfe nicht der Schluss gezogen werden, der gemeinsamen Sorge solle ein Vorrang eingeräumt werden; für das gemeinsame Sorgerecht nach der Trennung der Eltern solle auch keine gesetzliche Vermutung bestehen.[378] Dem gegenüber steht jedoch die in derselben Begründung angeführte Aussage: „Die Alleinsorge entfremdet das Kind dem anderen Elternteil, meist dem Vater."[379] Und die Entwurfsbegründung rechnet auch damit, dass mit der Reform „die Zahl der Fälle, in denen die gemeinsame Sorge nach Scheidung fortbesteht, weiter anwachsen wird."[380]

Die frappierende Lösung der Reform besteht also darin, die gemeinsame elterliche Sorge trotz Trennung und Scheidung des Elternpaares einfach weiterlaufen zu lassen, fast so, als wäre nichts geschehen. Wird ein Scheidungsantrag rechtshängig, so hat dieses Ereignis als solches keinerlei Auswirkung auf die sorgerechtliche Lage. Die gemeinsame Sorge nach Trennung und Scheidung bedarf keines Richterspruches, sie beruht unmittelbar auf dem Gesetz. Nachteile oder Belastungen für das Kind bzw. Pflichtwidrigkeiten der Eltern unterhalb der Eingriffsgrenze des § 1666 BGB sind für das Familiengericht nach der Regelung des § 1671 II, Nr.1 BGB nicht mehr fassbar, denn sie rechtfertigen keine Intervention gegenüber der elterlichen Übereinstimmung.[381] Selbst wenn ein Elternteil einen Antrag auf Übertragung der Alleinsorge stellt, ist noch nicht gesagt, dass

---

376 Schwab in: Festschrift für Gaul, S. 717.
377 BT-Drucks. 13/4899.
378 BT-Drucks. 13/4899, S. 63.
379 BT-Drucks. 13/4899, S. 62.
380 BT-Drucks. 13/4899, S. 64.
381 Coester in: Staudinger § 1671, Rn. 66.

dieser Antrag begründet ist. Es gibt also nach neuem Recht im schroffen Gegensatz zum bisherigen Recht die gemeinsame Sorge auch ohne übereinstimmenden Willen der Eltern, sei es, dass beide die Alleinsorge erstreben, sei es, dass einer die Alleinsorge erstrebt, während der andere die gemeinsame Sorge favorisiert.

Auf dem sog. Vorblatt des Gesetzesentwurfs der Bundesregierung steht als Zielsetzung: „Die Rechte der Kinder sollen verbessert und das Kindeswohl soll auf bestmögliche Art und Weise gefördert werden."[382] Ob dieses die Zielsetzung der Reform tatsächlich verwirklicht, erscheint fraglich. Im Endeffekt werden vielmehr die Probleme und Sorgen von Kindern und Jugendlichen durch das Kindschaftsrechtsreformgesetz fast vollständig vernachlässigt, da der Staat die Scheidung zu sehr als Privatangelegenheit der sich trennenden Eltern betrachtet.[383] Wird kein Antrag eines Elternteils gestellt, befasst sich auch niemand mit der Sorgerechtsfrage, d.h. die gemeinsame elterliche Sorge besteht einfach weiter (als wäre nichts passiert), ohne, dass sich jemand mit den Kinderbelangen auseinander gesetzt haben muss.

7.1 Gemeinsame elterliche Sorge ohne übereinstimmenden Willen der Eltern

In der Regel wird als Voraussetzung für die gemeinsame Ausübung der elterlichen Sorge verlangt, dass die Eltern den Willen haben, auch nach der Scheidung die Verantwortung für ihr Kind gemeinsam zu tragen.[384] Jedenfalls sollte die subjektive Kooperationsbereitschaft der Eltern gegeben sein, die in einem gleichlautenden Antrag, bzw. in einem übereinstimmenden Vorschlag zur Sorgerechtsübertragung, zum Ausdruck kommt.[385] Der Bundesgerichtshof hat in seiner bisherigen diesbezüglichen Rechtsprechung stets die subjektive Kooperationsbereitschaft der Eltern verlangt, die sich regelmäßig in einem übereinstimmenden Sorgerechtsvorschlag äußert.[386] Gegen die ausdrückliche und strikte Ablehnung eines Elternteils wird das gemeinsame Sorgerecht für nicht vertretbar erachtet, selbst wenn der ablehnende Elternteil seine Ablehnung nicht substantiiert be-

[382] BT-Drucks. 13/4899, S. 1.
[383] Salgo in: FamRZ 1996, 449, 450.
[384] OLG Frankfurt in: FamRZ 1996, 889; OLG Hamm in: FamRZ 1996, 1097, 1098 und FamRZ 1997, 48; OLG Brandenburg in: FamRZ 1996, 1095, 1096; OLG Hamm in: FamRZ 1996, 561; OLG Bamberg in: FamRZ 1995, 1509, 1511.
[385] OLG Hamm in: FamRZ 1997, 48+FamRZ 1996, 800; OLG Karlsruhe in: FamRZ 1995, 1168, 1169; OLG Stuttgart in: FamRZ 1997, 49.
[386] BGH in: FamRZ 1993, 314.

gründet und ernsthafte Probleme bei der bisherigen Ausübung der gemeinsamen Sorge nicht aufgetreten sind.[387]

Das Kindschaftsrechtsreformgesetz fordert diese subjektive Kooperationsbereitschaft der Eltern nicht. Zur Rechtfertigung wird hierbei vor allem Art. 6 II, 1 GG herangezogen, wonach die Elternverantwortung nicht nur Recht ist, sondern auch (und sogar wesensmäßig) Pflicht. Diese Inpflichtnahme gilt nicht nur für den einzelnen Elternteil, sondern gerade auch für beide Teile in ihrer elterlichen Verbundenheit.[388] Auch wenn ein Elternteil sich nicht der Sorgepflicht entziehen will, sondern umgekehrt nur den anderen Elternteil verdrängen will, läge hierin eine Disposition über das verfassungsrechtliche Pflichtenprogramm, die das Recht nicht eröffnet. Damit sind bereits mögliche Antragsmotivationen gekennzeichnet, die eine Aufhebung des gemeinsamen Sorgerechts jedenfalls tendenziell nicht rechtfertigen können: Der bloße Wunsch nach ungestörter Alleinsorge genügt nicht,[389] ebenso nicht das Unbehagen und die Unbequemlichkeit, sich mit dem anderen Elternteil abstimmen zu müssen.[390] Auch Verdrängungsbestrebungen sind illegitim, seien sie nur darauf gerichtet, den Ex-Partner ganz aus dem Leben des Antragstellers (nicht zu Lasten des Kindes) oder gar gezielt als Elterteil aus dem Leben des Kindes zu verdrängen.

Erklärt also ein Elternteil, das Sorgerecht allein zu wollen, so muss das gemeinsame Sorgerecht nicht außer Betracht bleiben; vielmehr sind dann die Auswirkungen der in Frage kommenden Sorgerechtsalternativen auf das Kindeswohl miteinander zu vergleichen.[391] Selbst bei Streitigkeiten der Eltern ist eine Abweichung von der gemeinsamen elterlichen Sorge nicht garantiert, solange noch Informationsaustausch stattfindet und jedenfalls in den gemeinsam zu entscheidenden Angelegenheiten (dies sind nur Vorgänge von erheblicher Bedeutung) die Erwartung einvernehmlicher Entscheidungen nicht gänzlich unbegründet ist.[392] Auch erhebliche Kommunikationsschwierigkeiten zwischen den Eltern stehen einem gemeinsamen Sorgerecht nicht entgegen, wenn der Elternteil, bei dem sich die Kinder nicht befinden, zu ihnen eine gute Beziehung hat und regelmäßig Besuchskontakte stattfinden.[393] Somit kann die gemeinsame elterliche Sorge nach Scheidung fortbestehen, auch wenn die Eltern im Rahmen des Scheidungsverfahrens nicht explizit den Wunsch äußern weiterhin gemeinsam

[387] OLG Hamm in: FamRZ 1996, 1098, 1099; OLG Düsseldorf in: FamRZ 1998, 500; OLG Karlsruhe in: FamRZ 1998, 499.
[388] BVerfG in: FamRZ 1971, 421, 424; FamRZ 1982, 1179, 1181.
[389] AG Chemnitz in: FamRZ 1999, 321, 323.
[390] OLG Hamm in: FamRZ 1999, 38, 39.
[391] OLG Bamberg in: FamRZ 1997, 48.
[392] KG in: FamRZ 1999, 737.
[393] OLG Hamm in: FamRZ 2000, 26, 27.

die Verantwortung für ihr Kind zu tragen („verordnete Harmonie"). Vielmehr sind die Eltern verpflichtet im Rahmen der elterlichen Sorge Konsens zu suchen und zu finden.[394] Eine „Positiverklärung" wird von den Eltern in diesen Fällen nicht gefordert, d.h. Aussagen und Vereinbarungen über das „Wie" der Wahrnehmung der elterlichen Sorge, die sich in den überwiegenden Fällen anders gestaltet als während des Bestehens der ehelichen Lebensgemeinschaft. Der übereinstimmende Elternwille zur gemeinsamen Ausübung des Sorgerechts kann insbesondere dann entbehrlich sein, wenn die Prognose gerechtfertigt erscheint, dass es den Eltern trotz der ablehnenden Haltung des einen Elternteils gelingen wird, die Verantwortung für die Kinder auch nach der Scheidung kooperativ auszuüben.[395] Die Aufhebung dieser Sorgerechtsform soll daher nur bei massiven und unauflösbaren Störungen veranlasst sein.[396]

7.1.1 Mögliche Risiken der „verordneten Harmonie"

Erweist sich das Konzept einer „gemeinsamen Sorge ohne Elternwillen" als theoretisch fundierbar, so enthält es doch andererseits auch ein erhebliches Gefahrenpotenzial. Mögliche Risiken liegen hierbei auf der Hand, denn bleibt es infolge einer ablehnenden Entscheidung des Gerichts bei der gemeinsamen Sorge von Mutter und Vater, die gar nicht kooperieren wollen bzw. von denen mindestens einer nicht will, ist unter Umständen eine Gefährdung des Kindeswohls gegeben. Eine derartige Uneinigkeit, die notwendige Entscheidungen verhindert oder verzögert, und die das Kind zum dauernden Zankapfel zwischen den Eltern zu machen droht, ist mit dem Kindeswohl nicht in Einklang zu bringen. Die Kinder, deren Wohlergehen (wie auch das der Erwachsenen) in einem solchen Kampf in den Hintergrund rückt, sind in der Gefahr, schwer geschädigt zu werden.[397]

Gerade bei hoch streitigen, von Kränkungsgefühlen bestimmten Trennungs- und Scheidungsvorgängen verheißt ein mittelbarer Zwang für die Eltern, das Sorgerecht gemeinsam auszuüben, nichts Gutes. Das gilt um so mehr, wenn das Verhältnis der Eltern schon vor Trennung –mit nachteiligen Auswirkungen auf das Kind- durch Gewaltanwendung gekennzeichnet und beeinträchtigt war.[398] Die Eheleute trennen sich, weil sie sich nicht fähig sehen, ihre Konflikte konstruktiv zu lösen, d.h. zwischen ihnen besteht eine extreme Dialogstörung.[399] Abwertun-

---

[394] OLG Karlsruhe in: FamRZ 1999, 801.
[395] OLG Hamm in: FamRZ 1997, 48; OLG Bamberg in: FamRZ 1997, 48, 49.
[396] Born in: FamRZ 2000, 396, 398.
[397] Hagner in: Familiendynamik 1984, 321, 324.
[398] Rogner in: FamRefK § 1671, Rn. 18.
[399] Hagner in: Familiendynamik 1984, 321.

gen und Kränkungen werden in den meisten Fällen ausgetauscht. In vielen Trennungs- und Scheidungsfällen sind die elterlichen Konflikte nicht mit der räumlichen Trennung oder dem rechtlichen Scheidungsakt beendet. Die werden -gerade auch über und durch Kinder- verstärkt weiter ausgetragen. Da mit dem Sorgerechtsmodell „gemeinsame Sorge" keineswegs entschieden ist, bei wem das Kind lebt, wer den Barunterhalt für das Kind aufzubringen hat, usw., kann sich der Streit von der Sorgerechtssache selbst auf andere Schlachtfelder (insbesondere § 1628 BGB) verlagern.[400]

Aus diesen Gründen sollte die gemeinsame elterliche Sorge bei entgegenstehendem Willen eines Elternteils nicht in Betracht kommen. Immer dann, wenn es an einer gemeinsamen Kommunikationsebene fehlt, ist ein gegenseitiges Einvernehmen nicht zu erwarten und eine Alleinsorge unbedingt erforderlich.[401] Gleiches gilt, wenn fehlende Kooperationsfähigkeit und –bereitschaft auf nachvollziehbaren Gründen beruhen und nicht willkürlich erscheinen.[402] Da sich Harmonie nicht erzwingen lässt, verdienen klare Verhältnisse in Gestalt der Alleinsorge eines Elternteils den Vorzug gegenüber einer verordneten Gemeinsamkeit. Letzte kann sich für den Vater als Pyrrhus-Sieg erweisen, wenn die gemeinsame Sorge von der Mutter als negativ empfunden und dieses Gefühl (mitunter unbewusst) auf das Kind übertragen wird mit der Folge, dass sich das Verhältnis zum Vater verschlechtert.[403] Es ist nicht notwendig, dass sich die Unfähigkeit der Eltern bereits in konkreten Kindeswohlgefährdungen manifestiert hat.[404] Bei erheblichem Konfliktpotenzial, das auch zu einer tätlichen Auseinandersetzung im Beisein des Kindes geführt hat, ist eine Aufhebung der gemeinsamen elterlichen Sorge zum Wohle des Kindes ebenso notwendig[405] wie bei großer örtlicher Entfernung und bei Differenzen in Bezug auf schulische Fragen.[406] Es erscheint daher im Ergebnis sinnvoll, dass, schon bei einigermaßen gravierenden Störungen der Kommunikation zwischen den Eltern, das gemeinsame Sorgerecht nach Scheidung auszuschließen ist. Denn eine Alleinsorge mit regelmäßigen Umgangskontakten kann hierbei unter Umständen viel eher zu einer Verbesserung führen; wenn dann mit zunehmenden Zeitablauf die früheren Partnerschaftskonflikte in ihrer Bedeutung zurückgehen, steigen die Chancen für ein gemeinsamen Sorgerecht, das dann möglicherweise nicht nur auf dem Papier besteht, sondern auch mit Leben gefüllt wird.

---

[400] Schwab in: FamRZ 1998, 457, 462.
[401] OLG Bamberg in: FamRZ 1999, 805; KG in: FamRZ 1999, 616.
[402] OLG Dresden in: FamRZ 2000, 109.
[403] Born in: FamRZ 2000, 396, 399.
[404] OLG Frankfurt in: FamRZ 1999, 392, 393.
[405] OLG Düsseldorf in: FamRZ 1999, 1598.
[406] OLG Hamm in: FamRZ 1999, 320.

7.1.2 Nötige Kooperationsbereitschaft von Vater und Mutter

Die Rechtsreform des gemeinsamen Sorgerechts bringt eine neue Form der Familie hervor: Die geschiedenen Eltern gehen in getrennten Lebensräumen ihren elterlichen Pflichten nach, oder anders ausgedrückt, die Kinder haben buchstäblich zwei Elternhäuser und verbringen ihre Zeit abwechselnd bei der Mutter und beim Vater. Die Eltern verpflichten sich, für ihre Kinder zwei Elternhäuser zu unterhalten und Entscheidungen weiterhin gemeinsam zu treffen. Dabei gibt es keine vorgegebenen Regeln, wie das gemeinsame Sorgerecht praktiziert wird, sondern die Eltern einigen sich auf ein Arrangement, das ihnen am angenehmsten ist.[407] Dieses erscheint im ersten Moment einleuchtend, sowie gut und flexibel durchführbar. Dennoch leben diese Eltern mit einem hohen Maß an Ambiguität und Spannung. Sie müssen lernen ihre Meinungsverschiedenheiten im Interesse der Kinder beizulegen. Der Wille der Eltern, die gemeinschaftliche Elternverantwortung zu tragen, setzt voraus, dass die Eltern sich regelmäßig über das Kind und seine Belange (unter Umständen) zusammen mit dem Kind einigen und einvernehmliche Anordnungen treffen können. Besonders bei kleineren Kindern verlangt das gemeinsame Sorgerecht ein außergewöhnliches Maß an Kooperation und Kommunikation zwischen den geschiedenen Eltern. Sie müssen sich über alltägliche Kleinigkeiten wie Fütterungszeiten, laufende Nasen, Hygiene, u.s.w. unterhalten. Beide Eltern müssen ihre Tage so organisieren, dass es keine Überschneidungen mit den Zeiten der Tagesmutter oder der Kindertagesstätte gibt. Gegenseitige Achtung der Eltern und die Freiheit von Angst voreinander sind hierfür Voraussetzungen.[408] Verlangt wird daher ein hohes Maß an Kooperation, Kommunikation, Einfühlungsvermögen, Flexibilität und darüber hinaus die Bereitschaft, dem Expartner ein eigenständiges Leben zuzugestehen, einschließlich neuer Liebesbeziehungen.[409] Feindseligkeiten und Bitterkeit müssen beiseite geschoben werden können, um gemeinsame Entscheidungen für das Kind zu treffen. Ansonsten ist das Kind einer unerträglichen Spannung ausgesetzt, indem es versuchen muss, zwei Erwachsenen gegenüber gleich loyal zu sein, die sich gegenseitig bekämpfen.[410]

Eine Scheidung birgt für Erwachsene Aufgaben aus zwei verschiedenen Bereichen in sich. Erstens müssen sie ein neues Leben als Erwachsene aufbauen, um die Chance des Neubeginns nach der Scheidung richtig zu nutzen. Zweitens müssen sie sich nach der Scheidung um die Kinder kümmern und sie davor bewahren, zwischen die Fronten der ehemaligen Ehepartner zu geraten. Sie müs-

---

[407] Wallerstein/Blakeslee, S. 304.
[408] Balloff in: Psychologie Heute 1988 (15), 44.
[409] Wallerstein/Blakeslee, S. 318.
[410] Goldstein/Solnit, S. 56.

sen in der Lage sein Paar- und Elternebene zu trennen, Verletzlichkeiten zurückzustellen und bereit sein zu versuchen ein Gleichgewicht in ihrer Kommunikation herzustellen. Zeigt sich schon während der Trennungszeit, dass die Parteien alle wesentlichen Fragen einvernehmlich geregelt und das Kind von ihrem persönlichen Zerwürfnis weitgehend abgeschirmt haben, so ist (wenn nicht neu eingetretene Umstände eine andere Beurteilung erfordern) die Erwartung begründet, dass die Eltern zur einvernehmlichen Sorge auch in Zukunft in der Lage sein werden.[411] Das gemeinsame Sorgerecht ist ein Versuch, die durch die Scheidung entstandenen Verluste des Kindes möglichst gering zu halten. Das Kind soll von der Gewissheit profitieren, dass es trotz Scheiterns der Ehe zwei engagierte Eltern hat. Aus psychologischer Sicht basiert deshalb das zentrale Argument für eine gemeinsame elterliche Sorge darauf, dass es für das Kind sehr wichtig ist, Kontakt zu beiden Eltern zu haben.[412]

7.1.3 Die Quadratur des Kreises

Es ist ganz sicher eine der schwierigsten Aufgaben der Eltern, im Interesse ihrer Kinder, die durch die Trennung ohnehin schon psychisch belastet sind, ihre ganzen Kräfte zu mobilisieren, um nach der Scheidung die Verantwortung für ihre Kinder weiterhin gemeinsam zu tragen. Es werden dabei hohe Anforderungen an die Bereitschaft und Fähigkeit der Eltern gestellt, ihre Ängste, ihre Verletztheit, ihre Wut, ihre Enttäuschung, ihre Trauer und ihren Hass zurückzustellen zugunsten der Kooperation mit dem Ex-Partner. Weil man mit dem Partner nichts mehr zu tun haben möchte (warum ließe man sich sonst scheiden), ist es nicht einfach zu sagen: Für mich bist du keine gute Partnerin, aber unserem Kind bist du eine gute Mutter (oder umgekehrt, ein guter Vater).[413] Es ist aber sehr wichtig zwischen dem Mensch als Ehepartner und als Vater oder Mutter zu unterscheiden. Die Eltern müssen lernen, den ehemaligen Ehepartner in der Rolle als Vater bzw. Mutter zu respektieren und dem anderen zu vertrauen.[414] Dafür ist natürlich auch notwendig, dass die Eltern weiterhin in bezug auf das Kind im regelmäßigen Kontakt stehen.

Eine deutsche Untersuchung[415] über 100 Mütter und 50 Väter, die vor durchschnittlich vier ein halb Jahren geschieden wurden, ergab, dass bei 54% kein

---

[411] OLG Bamberg in: FamRZ 1999, 803; OLG Hamm in: FamRZ 1999, 38, 39; OLG Oldenburg in: FamRZ 1998, 1464; OLG Zweibrücken in: FamRZ 1999, 40, 41; AG Chemnitz in: FamRZ 1999, 321, 323.

[412] Wallerstein/Blakeslee, S. 304.

[413] Bastian, S. 118.

[414] Wallerstein/Blakeslee, S. 314.

[415] Vgl. Napp-Peters, Scheidungsfamilien.

Kontakt mehr zum früheren Ehepartner bestand, er riss oft schon in weniger als 12 Monaten ab. Bei nur 27% der Befragten war eine „ko-elterliche Interaktion“ festzustellen: Beide Eltern nahmen aktiv am Leben ihrer Kinder teil, hatten für sie Kinderzimmer eingerichtet und trafen gemeinsam Entscheidungen über deren Erziehung. Die Tatsache, dass nur knapp jedes dritte Elternpaar es schafft, auch nach Trennung und Scheidung gemeinsam für das Kind Entscheidungen zu treffen, ist ein Indiz dafür, dass die gemeinsame Sorge nach Scheidung auch wirklich nur für einen kleinen Teil der geschiedenen Eltern in Betracht kommt. Die Mehrheit will nach der Scheidung mit dem Ex-Partner nichts mehr zu tun haben und sich auch über Angelegenheiten, die das gemeinsame Kind betreffen, nicht auseinandersetzen. Dieses ist aber eine elementare Voraussetzung für das erfolgreiche Gelingen dieser Sorgerechtsform.

Das gemeinsame Sorgerecht nach Trennung bzw. Scheidung wird daher gelegentlich in ideologischem Übereifer propagiert (oft als Teil des Gesamtkonzepts einer „creative divorce“), bei dem sozialpolitische Wunschvorstellungen eine nüchterne Beurteilung aus der Sicht des Kindes verdrängen können. Die gescheiterte Partnerbeziehung der Eltern ist ebenso Faktum wie die Erfahrung, dass die idealtypische Trennung zwischen Partnerebene und Elternebene von vielen Betroffenen nicht verstanden wird oder jedenfalls nicht umgesetzt werden kann, denn persönliche Beziehungen werden, auch in ihrem Scheitern „ganzheitlich“ gelebt.[416] Gäbe es keine Trennungskonflikte, gelänge es allen Eltern, in wechselseitiger Achtung und Würde auseinander zugehen, fest entschlossen, mit allen Mitteln dafür zu sorgen, die unvermeidliche Belastung für ihre Kinder so gering wie möglich zu halten. Doch so ist es eben nicht oder allenfalls bei einer verschwindend kleinen Gruppe von Paaren. Und von denen wissen wir zwar, dass sie es geschafft haben, doch nicht, was ihnen die Kraft gegeben hat, die fast der Quadratur des Kreises gleichkommende Trennung der Elternebene von ihrer Partnerschaft durchzuhalten. Die überwältigende Mehrheit hingegen schafft es aber nicht.[417] Fortgeführte Kooperation als Eltern trotz Zerrüttung der Partnerbeziehung setzt eine persönliche Reife voraus, die nicht allgemein vorliegt und auch nicht allgemein angeordnet werden kann.[418] Vielmehr wird der Partner zum Gegner und der ursprüngliche Kampf um die Liebe wird zum Abwehrkampf gegen den Feind. So extrem verläuft es zwar nicht immer, vielfach sind es auch nur Enttäuschung und Verbitterung, die das Klima zwischen den Partnern vergiften, doch ganz gleich ob Hass oder Rachegedanken, Depressionen und innerer Rückzug oder durch tiefe Verletztheit ausgelöste Abgrenzungswünsche dominieren, für die betroffenen Kinder bedeutet dies allenfalls einen graduellen

[416] Coester in: Staudinger § 1671, Rn. 129.
[417] Einnolf in: Schlösser/Höhfeld, S. 107.
[418] Coester in: Staudinger § 1671, Rn. 129.

Unterschied. Denn sobald sie, was schon schlimm genug ist, nicht nur den Zerfall ihres Familienbandes aushalten müssen, sondern auch noch mit den Kommunikationsstörungen verbitterter Eltern konfrontiert werden, sind sie in höchstem Maße belastet. Hält der Elternkonflikt an oder eskaliert gar noch, sind sie auch beträchtlich gefährdet.[419]

Fraglich ist daher, ob Elternteile, die durch die Scheidung ihr „Nicht-Zusammenpassen" dokumentiert haben, weiter als Vater und Mutter gleichberechtigt erziehen können, ohne sich in Streitigkeiten gegenseitig lahm zulegen und auf Kosten der Kinder den Ehekrieg auf der Ebene des Sorgerechts weiterführen. Es erscheint unerlässlich, dass im Falle der gemeinsamen Sorge nach Scheidung beide Eltern hinter dem Arrangement stehen müssen und beide sich aktiv bemühen sollten, ihre Konflikte im Interesse der Kinder beizulegen. Dieses ist bei einer gerichtlich angeordneten oder nur von einem Elternteil gewünschten Regelung zumeist nicht gegeben. Kinder, die nach einer mit harten Auseinandersetzungen verbundenen Scheidung unter gerichtlich angeordneter gemeinschaftlicher elterlicher Sorge leben, sind offenbar viel schlimmer dran als Kinder, die in der traditionellen Form des alleinigen Sorgerechts eines Elternteils aufwachsen, auch wenn das Familienleben durch bittere Kämpfe zerrissen ist.[420] Die Tatsache, dass der häufige Kontakt mit zwei aggressiven, streitenden Eltern den Kindern schadet, ist nur zu verständlich. In einigen Fällen sind die Gerichte allzu optimistisch davon ausgegangen, dass sich die Aggression zwischen den Eltern durch die gemeinsame Sorge legen würde und dass die Kooperation, die bei der gemeinschaftlichen Sorge unumgänglich ist, die wütenden Eltern zwingen würde, eine gemeinsame Ebene zu finden.[421] Das ist nicht der Fall, im Gegenteil. Kinder, die in solchen Situationen leben müssen, sind extrem niedergeschlagen, zurückhaltend oder aggressiv und fast immer sehr verstört.[422]

Bei der Sorgerechtsform der gemeinsamen Sorge haben die Eltern auch nach der Scheidung viel mehr miteinander zu tun und dadurch besteht zwischen ihnen auch mehr Raum für Eifersucht und Animositäten. Das kann neue Spannungen in die Beziehung der geschiedenen Eltern bringen. Die betroffenen Kinder werden, wie vor der Trennung, weiter unter den Meinungsverschiedenheiten der Eltern leiden. Anstatt zwei Elternteile zur Auswahl zu haben, an die sie sich wenden können, wenn sie nach Sicherheit verlangen und Autorität suchen, haben sie nun im Endeffekt nicht einmal eine Bezugsperson ganz für sich, weil keiner von ihnen sich voll verantwortlich fühlt und beide noch dazu in verschiedene Rich-

---

[419] Jopt, S. 44.
[420] Wallerstein/Blakeslee, S. 321.
[421] Wallerstein/Blakeslee, S. 322.
[422] Wallerstein/Blakeslee, S. 322.

tungen ziehen.[423] Besteht der Konflikt der Eltern auch nach Trennung weiter, so werden sie kaum vermeiden können, die Kinder als Waffen in ihrem weiterhin währenden Kampf zu missbrauchen. Daher stellt die gemeinsame Sorge nur eine gute und angemessene Rechtsform für Eltern dar, die hoch motiviert sind, auch nach einer Scheidung gemeinsam für ihre Kinder zu sorgen. Eine gemeinschaftliche elterliche Sorge, die nicht beide Eltern freiwillig auf sich nehmen, ist keine Lösung. Auf Grund der in der Ehe bestehenden Abhängigkeiten, der meist nicht aufgearbeiteten Trennungssituation, zeigt sich daher die Kommunikation unter den Ehepartnern gerade in der Trennungssituation als sehr schwierig. Aufgrund dieses Höchstmaßes an Toleranz und Kooperationsbereitschaft, ist daher nicht zu übersehen, dass wohl nur ein kleinerer Teil aller scheidungswilligen Paare für dieses Sorgerechtsmodell in Frage kommt.[424]

7.1.4 Verantwortungsübernahme von Mutter und Vater

Begründet wird das gemeinsame Sorgerecht mit einer Vielzahl von Forschungsergebnissen,[425] aus denen hervorgeht, dass die Scheidung für ein Kind eine ganze Reihe von Verlusten mit sich bringt. Durch die Scheidung verlieren Kinder die vertraute Familie und sehr oft auch den Kontakt zu einem Elternteil, meist dem Vater. Aus psychologischer Sicht basiert deshalb das zentrale Argument für eine gemeinsame elterliche Sorge darauf, dass es für das Kind sehr wichtig ist, auch nach der Scheidung Kontakt zu beiden Eltern zu haben. Eine gute Vater-Kind-Beziehung ist für das psychische Wohl und die Selbstachtung der Kinder aus geschiedenen Ehen von entscheidender Bedeutung.[426]

Gerade Mütter verbinden mit der gemeinsamen Sorge vor allem den Wunsch nach Übernahme von mehr Verantwortung durch die Väter. Wenn diese Erwartung erfüllt wird, erscheint ihnen die Pflicht zur Abstimmung in wesentlichen Fragen auch folgerichtig. Übernimmt der Vater Verantwortung für das Kind, z.B. durch Teilnahme an Elternabenden und schulischen Elternsprechtagen, durch Begleitung des Kindes zu Vorsorgeuntersuchungen oder Sportveranstaltungen, fällt der Mutter in der Regel das Akzeptieren gemeinsamer Sorge nicht schwer. Wenn er sich jedoch von derartigen Pflichten fernhält, sich womöglich „lediglich seine Rechte an dem Kind vorbehält", so dürfte dies genügend Grund für die Beantragung der Alleinsorge sein, denn wie will ein Vater über Fragen

---

[423] Goldstein/Solnit, S. 58.
[424] Michalski in: FamRZ 1992, 128, 137.
[425] Wallerstein/Blakeslee, S. 304.
[426] Wallerstein/Blakeslee, S. 304.

von Schullaufbahn und Gesundheitsfürsorge mitentscheiden, wenn er sich keine eigene Kenntnis über das Kind verschafft.

Mit der grundsätzlichen Möglichkeit der Einräumung der gemeinsamen elterlichen Sorge aus dem Jahr 1982 war die Vorstellung verbunden, die Väter mehr in elterliche Pflicht und Verantwortung einzubinden. Frauen sind nicht dazu bestimmt, bessere Eltern zu sein als Männer, genauso wenig wie Männer dazu bestimmt sind, bessere Berufstätige zu sein als Frauen. Dies, so hatte man erwartet, sollte auch in die Ehezeit hineinwirken. Gesellschaftliche Gegebenheit ist aber, dass trotz der Wunschvorstellungen der neuen Väterlichkeit die alten Rollenbilder vorherrschen. Hauptlast der Versorgung der Kinder tragen selbst bei Berufstätigkeit der Frauen sie selbst. Beinahe 60% der Frauen sind bis zum Schulalter der Kinder nicht erwerbstätig und führen eine klassische Hausfrauenehe. Der überwiegende Rest der Frauen arbeitet Teilzeit.[427] Väter sind fast ausschließlich, so nach Untersuchungen der letzten Jahre, bestenfalls Feierabend- oder Wochenendväter.[428] Selbst die angeblich neuen Väter verhalten sich nach Untersuchungen nicht anders. Sie sind zwar bei der Geburt dabei, sie reden von Prioritäten und hohen Werten und davon, dass die Kinder das Wichtigste in ihrem Leben sind, aber wenn es darauf ankommt, haben sie leider einen Termin, eine Sitzung oder ähnliches.[429]

7.2 Begründungszwang und Rechtfertigungsdruck

Der Wechsel von einer zwingenden Befassung des Gerichts im Falle nicht nur vorübergehender Trennung oder Scheidung zu einem Antragsverfahren stellt zunächst die beantragende Partei unter einen Begründungszwang und besonderen Rechtfertigungsdruck. Ihr wird nunmehr die Darlegungs- und Beweislast für eine Gefährdung des Kindeswohls auferlegt, wenn sie die gemeinsame elterliche Sorge nach Scheidung ablehnt. Der Alleinsorge sind somit große Erfolgshindernisse in den Weg gelegt worden. Diese sind bereits in psychischer Hinsicht zu erwarten, denn wer die alleinige Sorge will, handelt gegen die mit allen guten Assoziationen ausgestattete Gemeinsamkeit und daher tendenziell als verwerflich.[430] Die Chance des Kindes „den Kontakt zu beiden Eltern“ zu behalten,[431] wird dadurch erheblich gemindert. Hinzu kommen rechtliche Hindernisse. Nach § 1671 II BGB ist dem Antrag eines Elternteils, ihm die alleinige Sorge (oder

[427] Statistisches Bundesamt 2001, S. 116.
[428] Benard/Schlaffer, S. 18.
[429] Benard/Schlaffer, S. 7.
[430] Schwab in: Festschrift für Gaul, S. 718.
[431] BT-Drucks. 13/4899, S. 62.

einen Teil davon) zu übertragen, in zwei Fällen stattzugeben: Erstens, wenn der andere Elternteil dem zustimmt, also ein Rechtskonflikt gar nicht besteht, und zweitens wenn „zu erwarten ist, dass die Aufhebung der gemeinsamen Sorge und die Übertragung auf den Antragsteller dem Wohl des Kindes am besten entspricht." Das heißt also, dass wenn sich die Eltern bei der Scheidung über die Gestaltung der Sorgerechtsverhältnisse nicht einigen können, der Familienrichter nach dem Maßstab des Kindeswohls eine Entscheidung trifft.

7.2.1 Antrag auf Alleinsorge von der Mutter

Das Modell der gemeinsamen elterlichen Sorge als „Regelfall", d.h. ohne dass es dafür eines expliziten Antrags der Eltern bedarf, verkennt und verleugnet die Tatsache, dass Väter und Mütter schon vor der Scheidung unterschiedliche Rollen innehatten. In den überwiegenden Fällen ist es immer noch die Mutter, die für die Versorgung, Betreuung, das alltägliche Wohlergehen des Kindes rund um die Uhr zuständig ist und außerdem ihre Berufstätigkeit nach den Zeiten des Kindes richtet. Angesichts des vorherrschenden Familienalltags werden es daher häufig, wenn nicht sogar überwiegend, die Frauen sein, die beim „Regelfallmodell" einen Antrag auf das alleinige Sorgerecht stellen müssen, während die Väter am gemeinsamen Sorgerecht festhalten wollen.[432] Für den nichtbetreuenden Elternteil bedeutet gemeinsame Sorge Mitbestimmungsrechte ohne zusätzliche Betreuungsbelastungen. So verwundert es nicht, dass das Konzept des gemeinsamen Sorgerechts von Vaterrechtsbewegungen nachdrücklich unterstützt, von frauenrechtlicher Seite eher kritisiert wird: „Den Müttern die Sorge, den Vätern das Recht!"[433] Da der Gesetzgeber aber den „Regelfall" gemeinsames Sorgerecht als die kindeswohlförderlichste Form aufweist, wird damit der Mutter beim Antrag auf das alleinige Sorgerecht automatisch unterstellt: Erstens, dass sie nicht zum Wohle des Kindes handelt und zweitens, dass sie nicht mit dem Vater zusammenarbeiten will. Sie werden dadurch in den Geruch des schlechteren Elternteils geraten, wenn allgemein propagiert wird, dass die Beibehaltung der gemeinsamen Sorge die für die Entwicklung des Kindes bessere Alternative sei.[434] Verkannt wird allerdings in diesem Zusammenhang, dass das allein maßgebliche Kindeswohl hiervon nicht unmittelbar berührt wird, denn das Kind hat von dem gemeinsamen Sorgerecht nur dann Vorteile, wenn sein Wohl im Zentrum des Interesses und des Handelns beider Eltern steht.

---

[432] BGH in: FamRZ 1993, 314; OLG Bamberg in: FamRZ 1995, 1509; OLG Dresden in: FamRZ 1999, 324; OLG Düsseldorf in: ZBlJugR 1999, 111; AG Chemnitz in: ZBlJugR 1999, 321; AG Solingen in: FamRZ 1999, 183.
[433] Niemeyer in: FuR 1995, 221, 222; Salgo in: FamRZ 1996, 449, 451.
[434] Willutzki in: Rechtspfleger 1997, 336, 338.

Folglich kann die Entscheidung für oder gegen das gemeinsame Sorgerecht nach Scheidung nur an Hand einer unverkürzten Würdigung aller Umstände des Einzelfalls getroffen werden. Angesichts der Pluralität der Wert- und Lebensauffassungen in einer offenen Gesellschaft zu Fragen von Ehe und Partnerschaft und wegen dadurch bedingter Ungleichzeitigkeiten in der Entwicklung empfiehlt sich ein differenziertes und pluralistisches Regelungsangebot mit gewissen Variationsmöglichkeiten und nicht ein Regelungsgebot, von dem abzuweichen Eltern oder Elternteile, zumeist Frauen, zu "Störenfrieden" diskreditiert werden.[435] Die antragstellende Frau kann nicht als „Spielverderberin" angesehen werden, nur weil sie dem Vater das Sorgerecht entziehen will. Mit dem gemeinsamen Sorgerecht nach der Scheidung bleibt in der Praxis doch alles beim alten. Nicht nur, dass die Frau weiterhin die Kinder versorgt, vielmehr ist sie durch diese Sorgerechtsform auch noch gehalten sich, mit dem Ex-Partner abzustimmen.[436] Der Kontakt des nicht betreuenden Elternteils wird allein durch den Zuwachs der Rechtsmacht bei diesem Elternteil nicht verstärkt, denn gerade bei konfliktreichen Partnerschaften wird ein falsch verstandenes Mitspracherecht Anlass für Auseinandersetzungen bieten und dem betreuenden Elternteil das Leben unnötig schwer machen.

Die Tatsache, dass der durchsetzungskräftigere Elternteil häufig der Vater ist, liegt am real existierenden Machtgefälle zwischen den Geschlechtern. Wenn es Meinungsverschiedenheiten in Erziehungsfragen gibt, hat der Vater eine breite Palette von Erpressungsmöglichkeiten. Diese sind, neben der Möglichkeit purer körperlicher Gewalt, ökonomischer, sozialer und psychische Art. So kann er die notwendigen Unterhaltszahlungen verweigern oder verzögern, er kann verspätet oder gar nicht zum vereinbarten Besuchstermin erscheinen, mit der Folge, dass die Mutter ihre eigenen Pläne aufgeben muss, er kann Auseinandersetzungen provozieren, deren Folgen für das Kind die Mutter ausgleichen muss.[437] Demgegenüber hat die Mutter nur ein Machtmittel, denn sie kann das Kind, solange es noch klein ist, davon abhalten, zum Vater zu gehen, kann es also dem Vater entfremden. Damit schneidet sie sich aber im Endeffekt ins eigene Fleisch, denn gerade wenn das Kind klein ist, ist sie auf die Entlastung durch den Vater besonders angewiesen.

Im Konfliktfall entscheidet also beim gemeinsamen Sorgerecht nicht die Mutter, die das Kind tatsächlich betreut, sondern der Elternteil, der sich am besten durchsetzen kann. Das Fortbestehen der gemeinsamen elterlichen Sorge wird

---

[435] Salgo in: FamRZ 1996, 449, 452.
[436] Scott/Derdeyn in: Ohio State Law Journal 1984, 455, 462.
[437] Flügge in: STREIT 1991, 4, 12.

somit als Mittel eingesetzt zur „Fortsetzung von Bedrückung und Qual“[438] des überlegenen Elternteils gegen den unterlegenen. Wird der andere (unterlegene) Elternteil erfolgreich dazu bestimmt, anlässlich der Scheidung keinen Antrag zu stellen, gibt es insoweit kein gerichtliches Verfahren mehr. Es unterbleibt daher die damals vielfach für unerlässlich gehaltene Erforschung der Motive für den übereinstimmenden Elternvorschlag, das Sorgerecht auch weiterhin gemeinsam zu behalten.[439] Von Amts wegen kann das Gericht im Zuge der Scheidung grundsätzlich nicht mehr tätig werden.

Aufgrund der oben genannten möglichen Druckmittel von Seiten der Väter werden viele Frauen zögern den Antrag auf alleinige elterliche Sorge nach Scheidung zu stellen. So wie Frauen oft auf die Durchsetzung ihrer Rechte verzichten, wenn sie z.B. den angemessenen Unterhalt nicht geltend machen oder gänzlich hierauf verzichten, werden sie, um den vermeintlichen Frieden im Interesse der Kinder zu wahren, versuchen, sich zu arrangieren. Viele werden klein beigeben aus Angst vor einem unerfreulichen Prozess, dessen Ausgang sie nicht kennen.[440]

7.2.2 Hintergründe bei Trennungen der Frauen von ihren Partnern

Für viele Frauen bedeutet die Trennung von ihrem Mann einen Schritt zu größerer innerer und äußerer Unabhängigkeit. Dabei beinhaltet die innere Unabhängigkeit das körperliche und seelische Befinden, während es sich bei der äußeren Abhängigkeit um die objektiv feststellbaren Lebensumstände handelt. Die Trennung wird dabei betrachtet als eine Lösung an sich, als ein Akt, der dem Leben eine neue Wende geben muss.[441]

Frauen mit Kindern lösen sich zunehmend aus den Zwängen der Kleinfamilie und entscheiden sich für autonome Lebensweisen oder befreien sich allmählich aus der Selbstwahrnehmung als Opfer und beginnen ihre Rolle neu zu bestimmen. Da die meisten Mütter auch vor der Trennung vom Partner faktisch alleinerziehend waren, weil bei ihnen die Verantwortung für die alltäglichen Belange des Kindes lag, und zusätzlich die Bedürfnisse des Partners berücksichtigt werden mussten, wird das Alleinleben mit dem Kind häufig als Befreiung empfunden.[442] Die Trennung bringt somit all das, was die Ehe zu bringen versäumt hat:

---

[438] OLG München in: NJW 2000, 368, 369.
[439] Gerhardt/Heinschel-Heinegg/Klein,Rn. 156.
[440] Maltry in: STREIT 1997, 3, 6.
[441] Benard/Schlaffer, Viel erlebt und nichts begriffen, S. 242.
[442] Heiliger in: Psychologie Heute 1985, Nr.12, S. 10.

Selbsterkenntnis, Erfüllung, Anerkennung, Zufriedenheit, Ausgewogenheit und Reife.[443]

Die Hintergründe für Trennungen sind in der Regel sehr vielfältig. Eine Summierung negativer Faktoren und die Aufgabe der Hoffnung, dass sich noch einmal eine positive Wendung ereignen würde, lässt die Bereitschaft entstehen, sich zu trennen. Dieser Zustand kann jedoch auch viele Jahre andauern, bis die Trennung vollzogen wird.[444] Es handelt sich in den seltensten Fällen um einen leichtfertigen und unüberlegten Schritt. Viele Frauen berichten, dass sich der Vater des Kindes in der Zeit ihrer Schwangerschaft, der Entbindung und in den ersten Jahren nach der Geburt nicht auf ihre Bedürfnisse einstellen konnte. Die Enttäuschung darüber ist tief greifend und macht vielen Frauen deutlich, dass die emotionale Grundlage der Beziehung ihren Wünschen im Grunde nicht entspricht. Diese Erfahrung ist häufig der Anlass für die Trennung, für die Entscheidung, die eigenen Bedürfnisse ernst zu nehmen und sie zu leben.[445]

Allerdings sind Probleme in der Sexualität mit dem Ehemann, sexuelle Nebenbeziehungen des Mannes, starke bis ausschließliche Orientierung des Mannes an seiner beruflichen Arbeit und Karriere, unausgelasteter Alltag, fehlende Unterstützung bei Schwangerschaft, Geburt und der ersten Zeit mit dem Kind, Abhandenkommen jeder Verständigungsebene, für die meisten Frauen noch nicht hinreichend, um den Mann zu verlassen. Ein weiterer Anlass kommt meistens hinzu, um den Trennungsschritt auszulösen, wie beispielsweise die Aufnahme einer neuen eigenen Liebesbeziehung.[446]

7.3 Zusammenfassung

Nach der Kindschaftsrechtsreform kann es somit zu einer gemeinsamen elterlichen Sorge nach Scheidung auch ohne übereinstimmenden Willen der Eltern kommen. Diese „verordnete Harmonie" der Eltern birgt viele Risiken, vor allem für das betroffene Kind. Gerade bei sehr streitigen und von Kränkungsgefühlen bestimmten Trennungs- und Scheidungsvorgängen kann das Kind zum dauernden Zankapfel zwischen den Eltern werden. Dieses steht nicht im Einklang mit dem Leitbegriff des Kindeswohls. Vielmehr ist für das Funktionieren der gemeinsamen elterlichen Sorge nach Scheidung eine Kooperationsbereitschaft der Eltern unumgänglich. Die Eltern müssen in der Lage sein Verantwortung zu ü-

---

[443] Benard/Schlaffer, Viel erlebt und nichts begriffen, S. 242.
[444] Rocho-Bender, S. 40.
[445] Heiliger in: Psychologie Heute 1985, Nr.12, S. 10.
[446] Heiliger, S. 180.

bernehmen und die gescheiterte Paar- von der immer noch vorhandenen Elternebene strikt zu trennen.

Sieht sich allerdings die in den überwiegenden Fällen für die Versorgung zuständige Mutter hierzu nicht in der Lage, muss sie einen Antrag auf alleinige elterliche Sorge stellen. Da der Gesetzgeber die gemeinsame Sorge nach Scheidung als die kindeswohlförderlichste Form aufweist, widerspricht die Mutter in diesen Fällen der Leitidee, die Bindungen an beide Elternteile auch nach Trennung und Scheidung aufrechtzuerhalten. Sie steht somit unter einem großen Begründungs- und Rechtfertigungsdruck, warum sie gerade die gemeinsame Sorge ablehnt. Infolgedessen werden viele Mütter zögern, einen derartigen Antrag zu stellen.

Um sich dieser Problematik der Frau und Mutter, die einen Antrag auf alleinige elterliche Sorge stellt, nähern zu können, soll im folgenden der Wandel von Ehe und Familie und somit auch der Stellung der Frau in der Familie und in der Gesellschaft dargestellt werden. Wie bereits im dritten Kapitel aufgezeigt, stand die Ehefrau bis ins zwanzigste Jahrhundert immer im Schatten ihres Ehemannes. Erst durch den Verlust der absoluten Autorität des Ehemannes und Vaters veränderte sich die Rolle der Frau und Mutter. Im Zuge dieser Veränderungen sind auch neue Rollenvorschriften im Zusammenleben von Mann und Frau erforderlich.

8. Kapitel: Wandel von Ehe und Familie

Wie die sozialhistorische Forschung zeigt, hat sich im Übergang zur modernen Gesellschaft ein tief greifender Wandel von Ehe und Familie eingesetzt: Die Menschen sind zunehmend weniger bereit, ihr Glück, was immer sie darunter verstehen, dem Institut „lebenslange Ehe“ zu opfern. Religiöse Verpflichtungen als Maßstab für menschliches Handeln, die bei uns in der Vergangenheit die Ehe gestützt und jedenfalls Scheidungen verhindert haben, werden seltener anerkannt.[447] Durch den ökonomischen Wandel und seiner Wirkung auf das gesellschaftliche Wertesystem vollzog sich der Übergang von der patriarchalen zur partnerschaftlichen Ehe, der die Rollendefinition der Geschlechter entscheidend verändert hat. Intimität und persönliche Bedeutsamkeit der Beziehungen stehen im Mittelpunkt der ehelichen Erwartungen, persönliche Erfüllung und Beziehungserlebnisse sind nunmehr wichtige Inhalte des Ehelebens.[448] Die Arbeitsgemeinschaft von einst nimmt immer mehr den Charakter einer Gefühlsgemeinschaft an. Menschen unserer Zeit heiraten fast ausschließlich aus Liebe. Es ist das Leitbild der zugleich romantischen und dauerhaften Liebe, die aus der engen gefühlsmäßigen Bindung zwischen zwei Personen erwächst und ihrem Leben Inhalt und Sinn gibt.[449] Allerdings müssen noch andere Anlässe dazukommen, um den Entschluss zu fassen, die bereits auf Liebe beruhende partnerschaftliche Beziehung in eine eheliche Gemeinschaft zu überführen. Diese Gründe sind sehr vielschichtig. Einer Umfrage von Vaskovics und Rost[450] zur Folge, war das ausschlaggebendste Motiv der Wunsch nach Sicherheit und Geborgenheit, während kindbezogene Gefühle nur bei einem Teil der Paare eine Rolle spielte.

8.1 Traditionelle Kernfamilie

Die bis ins 18. Jahrhundert vorherrschende Lebensform war nicht die Familie im heutigen Sinn, sondern der Haushalt des „Ganzen Hauses“, eine Wirtschaftsgemeinschaft. Deren oberstes Gebot waren die tägliche Existenzsicherung und der Erhalt der Generationenfolge. Unter diesen Bedingungen blieb kaum Raum für persönliche Neigungen, Gefühle oder Motive. Vielmehr waren Partnerwahl und Ehe ein vorwiegend ökonomisches Arrangement, denn nach dem individuellen Zusammenpassen (oder Nicht-Zusammenpassen) der künftigen Eheleute wurde wenig gefragt.[451]

---

[447] Klauser in: Symposium des Justizministers, S. 69.
[448] Loidl, S. 20.
[449] Beck-Gernsheim in: Berger, S. 213.
[450] Vaskovics/Rost in: Nauck/Schneider/Tölke, S. 144, Tab. 1.
[451] Beck/Beck-Gernsheim, S. 69.

Die Rollen von Mann und Frau in der Ehe waren früher vorgeschrieben und unveränderlich. Man erachtete diese Rollen (einschließlich der Arbeitsteilung in der Familie) als festgelegt durch körperliche Unterschiede und somit als natürlich und normal. Die Stabilität der historisch früheren Familienform beruhte in hohem Maße auf der Abhängigkeit der Frauen von der männlichen Erwerbstätigkeit und fehlender Möglichkeiten, sich außerhalb der Ehe einen gesellschaftlich anerkannten und materiell abgesicherten Lebensraum zu schaffen.[452] Das in den Sozialwissenschaften vorherrschende Bild der Familie ging davon aus, dass der Mann eine instrumentale Rolle einnimmt, und zwar die des Ernährers und Beschützers, während die Frau zuhause in die Rolle der Haushälterin und des emotionalen Fundaments zu bleiben hatte.[453] Erziehung und Pflege der Kinder sowie die Versorgung von Ehemann und Haushalt sollten den Lebensinhalt der Frau ausmachen.[454]

Auch für das Eltern-Kind-Verhältnis galten keineswegs heutige Vorstellungen (Ideale) einer Erziehung in intimer Geborgenheit. In der „Geschichte der Kindheit" war bis zum 18. Jahrhundert eine enge Gemeinschaft von Eltern und Kindern kein Kennzeichen einer funktionierenden Familie, denn das Miterleben der Kinder „im Hause" war einfach Aufzucht. Eine mehr oder minder enge emotionale Beindung zwischen Eltern und Kindern war zwar möglich, aber nicht Hauptinhalt familiärer Beziehungen.[455]

8.2 Industrialisierung

Mit der zunehmenden Industrialisierung wurde die Trennung der Bereiche Arbeit und privates Leben für weite Bevölkerungskreise Realität. Es kam zu einer völligen räumlichen und sozialen Trennung von Familie bzw. Haushalt und Produktionsbereich.[456] Folglich war es immer mehr Menschen möglich, eine Familie zu gründen, und somit ging die Zahl der ledig bleibenden Personen immer weiter zurück. Die Kleinfamilie wurde zum gesellschaftlichen Leitmodell der Industriegesellschaft.[457] Im Zuge dieser strukturellen Veränderungen wurden die Pflichten von Mann und Frau unterschiedlichen Lebensbereichen zugeordnet, wobei dem Mann die Existenzsicherung der Familie durch seine Tätigkeit im Außenbereich zukam, und der Frau die Bereitstellung eines harmonischen Fami-

[452] Kunkel Diss., S. 14.
[453] Greenglass, S. 151.
[454] Gern, Diss., S. 16.
[455] Loidl, S. 20.
[456] Held, S. 54.
[457] Loidl, S. 7.

lienlebens zur Erholung des Mannes. Die Frau wurde somit aus der Produktion ausgeschlossen. Begründet wurde diese komplementär angelegte Rollenteilung durch die Annahme gegensätzlicher Geschlechtscharakteristika.[458] Die Pflege und das Aufziehen der Kinder war im Verlauf der Rollenfestlegung zu einer zentralen Aufgabe der bürgerlichen Ehefrau geworden.[459] Diese Unterordnung und Abhängigkeit wurde durch ihre rechtliche unselbständige Position noch verfestigt. Der externe soziale Status der Frau wurde somit ausschließlich über die Schichtenzugehörigkeit des Mannes bestimmt.[460] Selbst wenn sie eigenes Vermögen hatte, so ging dessen Verwaltung und Nutznießung mit der Eheschließung auf den Mann über.[461]

Die strikte Trennung der Lebensbereiche von Mann und Frau und die unterschiedlichen Positionen, die sie innerhalb der Ehebeziehung einnahmen, begrenzten auch die Kommunikationsbereiche zwischen den Ehegatten. Von dem Bereich, in dem die meisten bürgerlichen Männer am engagiertesten lebten, Geschäft oder Beruf, unter Umständen auch Politik, war die Frau ausgeschlossen und ohne tieferes Verständnis, da sich die Distanz zwischen ihrem häuslichen Bereich und dem immer stärker durchrationalisierten und sich komplizierenden von Beruf und Geschäft vergrößerte.[462] Diese Rollenfixierung wurde auch mittels einer diskriminierenden Gesetzgebung institutionell abgesichert: Bis 1908 untersagten Vereinsgesetze in weiten Teilen Deutschlands Frauen den Beitritt zu politischen Parteien und bis 1918 wurde ihnen das Wahlrecht vorenthalten.[463] Für die Frau blieb als einzig akzeptable Lebensperspektive zu heiraten und eine möglichst gute, d.h. vermögende, Partie zu machen. Zum anderen musste sie ihre Energie darauf verwenden, die einmal geschlossene Ehe auch für alle Beteiligten halbwegs akzeptable zu machen (sofern ihr das allein möglich war), mindestens aber die Fassade einer glücklichen Ehe aufrechtzuerhalten.[464]

8.3 Entstehung der bürgerlichen Familie

Im Zuge der fortschreitenden Industrialisierung entwickelte sich die Großfamilie immer weiter in Richtung der Gattenfamilie. Sie ist typisch für die städtische Kultur der Industriestaaten. Neben dieser gruppenmäßigen Veränderung kam es auch zu einem Funktionswandel der Familie, d.h. eine Verlagerung und teilwei-

---

[458] Sander, S. 11; Rosenbaum, S. 292.
[459] Gründel Diss., S. 14.
[460] Held, S. 54.
[461] Rosenbaum, S. 344.
[462] Rosenbaum, S. 345.
[463] Niggemann, S. 283.
[464] Rosenbaum, S. 346.

se Reduktion der familiären Aufgaben. Bildungs-, Pflege- und Sozialversorgungsaufgaben wurden zum Teil oder ganz von sich neu entfaltenden sozialen Institutionen übernommen (Schule, Krankenpflege, Altersversorgung). Am stärksten traf der Wandel aber die Ökonomie der Familie. Die Trennung von Wohn- und Arbeitsstätte verstärkte die Familie und die eheliche Gemeinschaft in ihrem Privatheits- und Intimcharakter und damit auch als Gegenpol zur Berufswelt.[465] Mit dieser Privatisierung der Familie trat auch eine Individualisierung der Partnerwahl in den Vordergrund.[466] Die „Liebesheirat“ ersetzte die „Standesheirat“, d.h. man heiratete und wurde nicht mehr verheiratet. In dem Maße, als feudale und ständische Bindungen sich auflösten und die Partnerwahl individualisiert wurde, entwickelte sich „Liebe“ als kultureller Komplex zur Legitimation und Steuerung von Intimbeziehungen.[467] Mit der Entstehung der bürgerlichen Familie kam es also zu einer „sentimentalen Auffüllung des innerfamiliären Bereiches, zur Herausbildung jener Privatheit und Intimität, die unser modernes Bild von Familie kennzeichnen.[468] Die Basis der modernen Partnerschaft sind nunmehr überwiegend Gefühle, Sympathie und Vertrauen.[469]

Die Familie wurde somit zum Hort der Privatheit und Geborgenheit, der dann auch gerade das bieten sollte, was die „äußere Welt“ (vor allem die Berufswelt) nicht bietet, nämlich geliebt zu werden als der, der man ist. Ehe und Familie sind somit zum „Gegengewicht“[470] bzw. zur „Gegenstruktur der Gesellschaft“[471] geworden. Wenn aber heute die Intimität die Familie kennzeichnet, so bestimmt sie auch die Erwartungen ihrer Mitglieder und der Ehepartner. Die Konzentration auf die Qualität der emotionalen Beziehungen bedeutet daher auch, dass wachsende Ansprüche zur bedrohlichen Belastung, zur Überforderung des Partners werden können.[472] Die vielfach zu beobachtende Überemotionalisierung von Liebe und Ehe birgt die Gefahr ihrer Verletzlichkeit in sich.[473] „Intimität und persönliche Bedeutsamkeit der Beziehungen“ stehen im Mittelpunkt der ehelichen Erwartungen, persönliche Erfüllung und Beziehungserlebnisse sind wichtige Inhalte des Ehelebens. Gefühlsmäßige oder gar körperliche Kongruenz als Essentiale einer Ehe ist ein diffiziles, leicht erschütterbares Fundament. Diese Sensibilisierung der Ehebeziehung markiert daher gleichzeitig die Ambivalenz der modernen Ehe, schafft nicht nur persönliches Glück, Befriedigung und Er-

---

[465] Loidl, S. 18.
[466] Wallner/Pohler-Funke, S. 15.
[467] Kaufmann 1990, S. 81.
[468] Beck/Beck-Gernsheim, S. 69.
[469] Wiegmann in: Loccumer Protokolle 8/1983, S. 22.
[470] Schäfers, S. 192.
[471] Vgl. Rosenbaum: Familie als Gegenstruktur zur Gesellschaft.
[472] Loidl, S. 20.
[473] Klauser in: Symposium des Justizministers, S. 69.

füllung, sondern macht sie auch anfällig, führt zu Belastung und Erwartungsdruck.[474]

8.4 Normalisierung von Scheidung: Fortfall von Barrieren

Betrachtet man die historische Entwicklung seit dem 19. Jahrhundert, so lässt sich unschwer erkennen, dass (in Deutschland wie in anderen westlichen Ländern) ein massiver Wandel der institutionellen Grundlagen der Ehebeziehung stattgefunden hat. Gab es noch im 19. Jahrhundert starke normative Regelungen, insbesondere kirchliche Einflüsse und rechtliche Vorgaben, die auf den (zumindest äußeren) Zusammenhalt der Ehe abzielten, wie ein Gerüst, vielleicht auch wie ein Zwangskorsett wirkten, so kann man beobachten, wie im Laufe des 20. Jahrhunderts solche Vorgaben allmählich abgebaut wurden, bzw. wie Tabus und Barrieren, die eine Scheidung früher zumindest erschwerten, oft auch ganz unmöglich machten, zur Gegenwart hin schrittweise zurückgedrängt wurden.[475] Hohe und weiter ansteigende Scheidungszahlen sind inzwischen ein allgemein bekanntes Merkmal moderner Industriegesellschaften. Diese steigenden Scheidungszahlen werden mit vermehrten Ehekrisen und/oder erhöhter Scheidungsbereitschaft begründet.[476] Bei letzterem handelt es sich um Bedingungen, welche die Entscheidung sich endgültig scheiden zu lassen, verzögert haben.[477] Barrieren, so wird vermutet, waren früher z.B. das Scheidungsrecht, die ökonomische Abhängigkeit der Ehefrau, die soziale Diskriminierung von Geschiedenen, die heutzutage nicht mehr einer Ehescheidung entgegenwirken würden und weswegen die Eheauflösung sich erleichtert hat.[478] Die ökonomischen Scheidungshemmungen, die vor allem die wirtschaftlich unterversorgte Frau betreffen, sind im Zuge zunehmender Berufstätigkeit und Qualifikation der Frauen zurückgegangen. Auch die soziale Diskriminierung Geschiedener (und hier auch wieder der geschiedenen Frau) sind gesunken.[479]

Aufgrund bestimmter historischer und gesellschaftlicher Bedingungen, die mit der Moderne verknüpft sind (z.B. infolge der Industrialisierung, Urbanisierung, Säkularisierung, usw.) entstand im 19. Jahrhundert auf Seiten der Individuen allmählich ein Scheidungsbedarf, d.h. eine zunächst noch sehr kleine, dann langsam anwachsende Zahl von Männern und Frauen waren nicht mehr bereit, eine

---

474 Loidl, S. 20.
475 Blasius, S.82.
476 Loidl, S. 44.
477 Vgl. Loidl, S. 46 ; Textor, S. 10.
478 Nave-Herz, u.a. S. 88.
479 Loidl, S. 44.

gegebene Ehe unter allen Umständen hinzunehmen, sondern wollten die Scheidung. In der Folge entstand ein Druck auf die gesellschaftlichen Institutionen (Staat, Politik, Recht), die sehr restriktiven Regelungen des Ehe- und Familienrechts zu ändern und die extrem hohen Scheidungsbarrieren abzubauen.[480] Folglich trat im Laufe der Zeit ein Wandel der Normen und Moralvorstellung ein, die implizit und allmählich zur Normalisierung der Scheidung führte. Auch die organisierte Religion ist permissiver geworden. Die römisch-katholische Kirche, einst unerschütterlich in ihrer Ablehnung der Ehescheidung, befindet sich in einem langsamen Wandlungsprozess.[481]

Noch vor vierzig Jahren war Scheidung etwas Skandalöses, wie zum Beispiel Romane und Artikel aus dieser Zeit bezeugen. Heutzutage wird der Scheidungszyklus als ein „normaler" Prozess des Familienwandels betrachtet. Die Scheidungsziffern sind in allen industrialisierten Ländern in den letzten Jahren derart in die Höhe geschnellt, dass man sich fragen muss, ob in naher Zukunft Scheidung die Regel und lebenslange Partnerschaft die Ausnahme bilden wird. Scheidung ist inzwischen ein eindeutiger Indikator für eine gescheiterte eheliche Partnerschaft.[482] Sie wird als Ausweg aus einer nicht länger tolerierbaren Ehesituation immer mehr akzeptiert, was sicherlich auch durch die Häufigkeit und damit „Normalität" dieses Ereignisses mitbedingt wurde. Sie gilt als gerechtfertigt, wenn die Ehe nicht mehr die Erwartungen der Partner erfüllt und ihre Bedürfnisse nicht länger befriedigt, wenn die Liebe als Voraussetzung und Grundlage der Ehe geschwunden ist und die Ehegatten unglücklich sind. Eine geschiedene ältere Person genießt zumindest ebensoviel Ansehen wie eine unverheiratete ältere Person.[483] So wird die Scheidung mehr und mehr analog zur Eheschließung gesehen und wie diese als Statuspassage definiert.

8.5 Geschlechterrollenkonflikte

Mit dem Zerfall der patriarchalischen Familienform veränderten sich die Beziehungen zwischen Mann und Frau. Romantische Liebe und freie Partnerwahl begannen die Ehe- und Familienbeziehungen zu konstituieren. Ihre Herauslösung aus dem Bereich produktiver Arbeit ermöglichte gefühlsmäßige Bindungen zu intensivieren und schuf neue Verhaltensnormen für Mann und Frau.[484] Im Bedeutungszuwachs der Intimsphäre steckt aber auch immer eine besondere Gefähr-

---

[480] Beck-Gernsheim, S. 36.
[481] Weiss, S. 26.
[482] Loidl, S. 8.
[483] Weiss, S. 26.
[484] Greven-Aschoff, S. 32.

dung für die Haltbarkeit der Ehe. Die sozialen Ursachen für zahlreiche Konflikte, selbst bei partnerschaftlichen Ehen, finden ihre Begründung vor allem in dem Bereich der Emanzipation der Frau. Sie will nicht länger nur die Frau ihres Mannes sein, denn unter dem Druck das Eheglück zu erhalten, wirtschaftlich abhängig, irgendwann durch Kindererziehung und Haushalt auf einen Minimalhorizont begrenzt, ohne eigene Altersabsicherung, lebt sie häufig eine Ehe „zwischen Trieb und Trott".[485]

Die Qualität einer Ehe kann als Bilanz von Erfüllungen und Belastungen begriffen werden. Je höher die Belastungen und je geringer die persönliche Erfüllung in einer Partnerschaft, desto scheidungsanfälliger ist eine Ehe. Je mehr die Partner in „eigenen Welten" leben, je schmäler die gemeinsame Basis einer Beziehung wird, desto weiter ist der „Weg zur Scheidung" beschritten.[486] Das Streben nach individueller Selbstverwirklichung und größtmöglichem persönlichen Glück gerät dabei in Konflikt mit dem Ideal der lebenslang dauernden Beziehung (oder Ehe). Da persönliche Entwicklungen nicht vorhersehbar und Gefühle über die Zeit nicht stabil sind, werden die hohen Erwartungen an die Partnerschaft leicht enttäuscht, so dass die partnerschaftlichen Beziehungen den Charakter von Instabilität und Brüchigkeit annehmen –ein wesentlicher Grund für die starke Zunahme von Ehescheidungen seit Ende der 60er Jahre in allen westlichen Industrieländern.[487] Dabei nehmen die Schwierigkeiten im Laufe der Zeit und im Zusammenspiel mit anderen Belastungen zu. Frauen können sich daher nicht mehr nur als Anhängsel der Familie begreifen, sondern müssen sich zunehmend auch als Einzelperson verstehen, mit entsprechenden eigenen Interessen und Rechten, Zukunftsplänen und Wahlmöglichkeiten.

8.5.1 Wandel der Rolle der Frau

Entscheidend für die Entwicklung der inneren Struktur der Familie bzw. der Machtverhältnisse zwischen den Geschlechtern bis zur Neuzeit ist ein Prozess der „Abstraktion der Macht". Der relative Anteil an sozialer Kontrolle, der noch im Rahmen der Familie ausgeübt wird, nimmt ab und damit auch das Machtgefälle zwischen Mann und Frau.[488] Der Wandel der Rolle der Frau lässt sich beschreiben als Gewinn an Autonomie, an Selbständigkeit sowohl innerhalb der Familie als auch in den Beziehungen zur außerfamilialen Umwelt bzw. als Verlust an Autorität des Ehemannes und Vaters.

---

[485] Wallner/Pohler-Funke, S. 122.
[486] Loidl, S. 9.
[487] Sander, S. 12; Rottleuthner-Lutter in: Nave-Herz/Markefka, S. 614.
[488] Held, S. 47.

Noch bis in die 60er Jahre hinein waren die Lebensentwürfe junger Frauen stark familienorientiert. Verheiratete Frauen waren in der Regel nur im Notfall, wenn das Geld nicht ausreichte, erwerbstätig.[489] Nur sehr wenige Männer beteiligten sich an der Hausarbeit und der Kinderbetreuung.

Diese Auffassung hat sich nunmehr verändert. Allein der moderne Voluntarismus der Familiengründung hat der Mutterschaft eine vollkommen neue Prägung gegeben. Für Frauen ist eine Schwangerschaft, oder zumindest das Austragen einer Schwangerschaft, heute eine soziale und intellektuelle Entscheidung, nicht bloß ein biologisches Zwangsereignis. Die moderne Frau bekommt nicht das Kind ihres Mannes, weil sie nur so ihre Pflicht erfüllen kann und in dieser Welt überleben kann, sondern deshalb, weil sie ganz speziell und ausgerechnet mit diesem Mann ein Kind haben will.

Die Aufgabe einer Mutter ist sehr schwierig, vielschichtig und belastend. Sie war es immer schon, und sie wird mit der voranschreitenden menschlichen Geschichte nicht leichter, sondern eher noch schwieriger. Die Standards steigen, und immer neue Ansprüche kommen hinzu. Wurde früher von einer Mutter lediglich erwartet, gesunde Kinder zu bekommen, und zwar möglichst viele und möglichst nur Söhne, diese Kinder zu füttern und zu pflegen, besteht die Mutterrolle heute aus einem umfassenden Katalog hygienischer, psychologischer, didaktischer und sozialer Ansprüche. Eine gute Mutter registriert die Gefühle, die Entwicklungsstufen, die Persönlichkeit ihrer Kinder, organisiert deren Sozialleben und überdenkt und beaufsichtigt ihr Lernen. Diese Verantwortung erfordert Kraft und eine enorme Konzentration, aber auch empathisches und altruistisches Verhalten. Die Versorgung von Kindern ist, wenn man sie gewissenhaft machen will, eine nervlich belastende Aufgabe. Sie erfordert darüber hinaus eine starke Zurücksetzung der eigenen Wünsche und Bedürfnisse und objektiv starke Einbußen der eigenen Lebensführung.[490]

8.5.2 Ursachen für die Veränderung der Rollendefinitionen

Der Anstoß für die Veränderungen der Rollendefinitionen ging ganz überwiegend von der Wirtschaft und dem Staat aus. Das spezifische Interesse an Frauen als Arbeitskräfte für Industrie und Verwaltung belebte sich zuerst in der Zeit des 1. und 2. Weltkrieges, und es verstärkte sich in der langen Aufschwungsphase der Nachkriegszeit.[491] Neben diesen Bedürfnissen des Arbeitsmarktes war es vor

---

[489] Pfeil, S. 86.
[490] Benard/Schlaffer, S. 164.
[491] Kaufmann 1990, S. 122.

allem die staatliche Bildungspolitik, welche die Qualifizierung und damit die wachsende Selbständigkeit von Frauen vorantrieb.[492]

Die Bildungsbenachteiligung der Mädchen, lange Zeit selbstverständlich, wurde nun als soziales Problem anerkannt.[493] Diese Verbesserung an Bildungschancen bedeutete aber auch einen Zuwachs an Wissen und damit an Macht auf den zahlreichen Kampfschauplätzen des Alltags.[494] Die Frauen sind nach und nach selbständiger und somit unabhängiger geworden, so dass Anpassungsprobleme an die veränderte gesellschaftliche Rolle der Frau getreten sind.[495] Mit mehr Bildung sind immer auch Bewusstwerdungsprozesse verbunden. Frauen haben neue Denkformen entwickelt, die auf Selbständigkeit und eigene (berufliche) Leistung abgestellt sind. Dabei wollen Frauen nicht nur des Geldes wegen arbeiten. Wichtig sind ihnen darüber hinaus Selbständigkeit und Unabhängigkeit vom Partner, die Chance der Selbstbestätigung, die Kontaktmöglichkeiten im Beruf sowie die Möglichkeit, die eigenen Fähigkeiten sinnvoll einsetzen und beruflich weiterkommen zu können.[496] So ist für immer mehr Frauen Berufstätigkeit heute weit mehr als nur eine Zwischenpause: „Nicht erwerbstätig zu sein wird für Frauen zur Ausnahmesituation, immer deutlicher begrenzt auf die Phase der Erziehung kleiner Kinder".[497] Die biographische Selbstverständlichkeit von Ehe und Mutterschaft hat nachgelassen. Für Frauen hat sich durch die technische Perfektionierung der Empfängnisverhütung die immer selbstverständlicher werdende Trennung von Sexualität und Fortpflanzung verstärkt und vor allem jungen Frauen eine bis dato unerhörte Verfügung über ihren eigenen Körper erlaubt.[498] Die Berufskarriere als konkurrierender Wert zur Familie ist in den Lebensentwürfen zahlreicher Frauen immer wichtiger geworden. Damit hat die weibliche Normalbiographie einen „Individualisierungsschub" durchgemacht, was einen Übergang von zugewiesenen zu erworbenen Rollen heißt und beinhaltet. Dieses bringt unbestreitbar die Öffnung neuer Handlungsräume, neue Entscheidungsmöglichkeiten und Lebenschancen für Frauen, aber bringt ebenso offensichtlich auch neue Unsicherheiten, Konflikte und Zwänge.

Hierzu kommen demographische Veränderungen. Seit Beginn der Moderne ist die Lebenserwartung gestiegen und hat gegen Ende des 20. Jahrhunderts ein historisch einmaliges Maß erreicht. Dagegen ist die Kinderzahl drastisch gesunken, in Europa beginnend mit einem ersten Geburtenrückgang gegen Ende des 19.

---

[492] Ostner in: Berger, S. 246.

[493] Pross, S. 19.

[494] Beck-Gernsheim in: Soziale Welt 34, 1983, 307, 314.

[495] Kunkel Diss., S. 14.

[496] Bertram in: Nauck/Schneider/Tölke, S. 274.

[497] Willms in: Müller/Willms/Handl, S. 111.

[498] Beck-Gernsheim in: Soziale Welt 34, 1983, 307, 316.

Jahrhunderts, verstärkt sich fortsetzend seit den 60er Jahren dieses Jahrhunderts. Mit der Verlängerung des Lebensalters und durch die im gleichen Zeitraum gegebene Reduktion der Kinderzahl pro Familie war eine Veränderung der zeitlichen Strukturierung des individuellen Lebensverlaufs verbunden, was die Konturen der weiblichen Normalbiographie entschieden verändert hat. Einer immer stärkeren Abnahme der jüngeren Geburtenjahrgänge steht eine immer größere Zunahme älterer Bevölkerungsgruppen gegenüber, so dass sich bei einer Fortsetzung des heutigen Trends im Jahre 2030 die Gruppe der 65- bis 70-jährigen auf mehr als das Doppelte der Gruppe der 5- bis 10-jährigen Bevölkerungsmitglieder vergrößert haben wird.[499]

Die eigentliche Familienphase, d.h. die Zeit der Pflege und Versorgung von Kindern ist somit deutlich verkürzt worden. Diese Zeitspanne macht nur noch ¼ der gesamten Lebenszeit aus, während ihr Anteil vor 100 Jahren noch mehr als die Hälfte betrug. Dieser Sachverhalt hat insbesondere das Leben der Frauen verändert. Eine normative Festschreibung der Frauen auf ihre Mutter-Rolle würde heutzutage bedeuten, dass sie ¼ ihres Lebens in der Erwartung auf das „eigentliche Leben" (=Familienphase) und ca. ½ ihres Lebens im Bewusstsein, dass das „eigentliche Leben" vorbei sei, verbringen würden.[500]

So werden Frauen durch Veränderungen in Bildung, Beruf, Familienzyklus, Rechtssystem, u.s.w. aus der Familienbindung zumindest teilweise herausgelöst, können immer weniger Versorgung über den Mann erwarten, und werden auf Selbständigkeit und Selbstversorgung verwiesen. Das „subjektive Korrelat" solcher Entwicklungen ist, dass Frauen heute zunehmend Erwartungen, Wünsche und Lebenspläne entwickeln (sogar entwickeln müssen), die nicht mehr allein auf die Familie bezogen sind, sondern ebenso auf die eigene Person. Sie müssen, zunächst im ökonomischen Sinn, ihre eigene Existenzsicherung planen, gegebenenfalls auch ohne den Mann und dürfen sich nicht mehr als „Anhängsel" der Familie begreifen, sondern müssen sich zunehmend auch als Einzelperson verstehen mit entsprechend eigenen Interessen, Rechten, Zukunftsplänen und Wahlmöglichkeiten.[501]

8.5.3 Konfliktsituationen zwischen Mann und Frau

Diese Veränderung der Rollendefinition der Geschlechter hat zu Problemen in ihrem Zusammenleben geführt. Gerade der Wandel der weiblichen Normalbio-

[499] Müller in: Becker-Toussaint/Wimmer, S. 15.
[500] Nave-Herz, Familie heute, S. 17.
[501] Beck-Gernsheim in: Berger, S. 222.

graphie hat neue Risiken und Belastungen für das Verhältnis zwischen Männern und Frauen entstehen lassen. Die Konflikte sind offensichtlich vorgekennzeichnet, wenn die Frau die abhängige und untergeordnete Position nicht (mehr) akzeptiert, die Entwicklung ihrer eigenen Persönlichkeit einklagt und der Partner unfähig oder nicht bereit ist, die Notwendigkeit des Aushandelns gleichwertiger Bedürfnisse zwischen der Frau und sich zu erkennen und dementsprechend zu handeln.[502] Die traditionelle Rolle des Vaters als Familienoberhaupt, als Autoritätsperson, die die Familie nach außen vertritt, hat im Verlauf des 20. Jahrhunderts stark an Bedeutung verloren. Mit dem Übergreifen des Individualisierungsprozesses auf den weiblichen Lebenslauf Mitte der 60er Jahre haben die traditionellen Geschlechtsrollen an Geltung und Überzeugungskraft eingebüßt.[503]

8.5.3.1 Individualisierungsthese von Ulrich Beck

Der gegenwärtig populärste Erklärungsansatz, die Individualisierungsthese von Ulrich Beck,[504] knüpft an Aussagen der Klassiker gesellschaftstheoretischen Denkens (v.a. Emile Durkheim, Ferdinand Tönnies, Georg Simmel und Max Weber) an, die den Übergang in die Moderne als Prozess der Freisetzung des Menschen aus ständischen Bindungen und als Zunahme des Entscheidungsspielraums beschreiben. Auch die aktuellen demographischen und familialen Veränderungen der bundesrepublikanischen Nachkriegszeit werden analog als Ergebnis eines langfristig stattfindenden Modernisierungs- und Individualisierungsprozesses gedeutet, der sich in den letzten Jahrzehnten beschleunigt und eine neue Qualität gewonnen hat.

Der frühe Individualisierungsprozess blieb ganz auf die Männer beschränkt, die zunehmend den Bedingungen des freien Arbeitsmarktes unterworfen wurden. Mit der Durchsetzung des Prinzips der ökonomischen Rationalität und der Gesetze des Marktes bildeten sich allmählich neue Leitwerte wie Ehrgeiz, Risikobereitschaft, Anpassungsfähigkeit und Mobilitätsbereitschaft heraus. Der Mann musste sich mit neuen Anforderungen auseinandersetzen, die auf Selbstbehauptung in einer durch Marktgesetze bestimmten Gesellschaft ausgerichtet sind. Die Frau (der bürgerlichen Schicht) wurde gleichzeitig „entindividualisiert“, stärker auf den Bereich des privaten Heims, auf ein Dasein für die Familie verwiesen. Ihre Bestimmung fiel unter die Gebote Selbstzurücknahme und Selbstaufgabe.

---

502 Heiliger, S. 177.
503 Peuckert, S. 197.
504 Vgl. Beck, Risikogesellschaft; Beck in: Beck/Beck-Gernsheim, Riskante Freiheiten.

Seit Ende des 19. Jahrhunderts und noch deutlicher seit den 60er Jahren des 20. Jahrhunderts hat der gesellschaftliche Individualisierungsprozess verstärkt auf den weiblichen Lebenslauf übergegriffen. Der Wandel des weiblichen Lebenslaufmusters lässt sich mit Beck-Gernsheim[505] global als Entwicklung vom „Dasein für Andere" zum Anspruch auf ein Stück „eigenes Leben" bezeichnen. Damit ist ein vielschichtiger, komplexer, nicht zuletzt in sich widersprüchlicher Prozess gemeint. Solange es nur der Mann war, dessen Lebenslauf dem Grundmuster der Individualisierung unterstellt wurde, solange die Frau komplementär auf das „Dasein für andere" verpflichtet wurde, blieb der Familienzusammenhalt weitgehend gewahrt (allerdings um den Preis der Ungleichheit der Frau). Jetzt aber, wo diese „Halbierung der Moderne"[506] sich nicht mehr länger durchhalten lässt, beginnt eine neue Epoche in der Geschichte der Frau, und ebenso in der Geschichte von Mann und Frau. Erst jetzt kommt zustande, dass im Augenblick der Liebe zwei Menschen aufeinander treffen, die beide den Möglichkeiten und Zwängen einer „selbstentworfenen Biographie" unterstehen.[507]

8.5.3.2 Defizit an geschlechtsspezifischen Rollennormen

Das massenhafte Auftreten dieser Konfliktsituationen verweist auf ein Defizit geschlechtsspezifischer Rollennormen und der entsprechenden Rollensozialisation, die Empathie, Zurückhaltung und Bereitschaft zur Hintanstellung eigener Bedürfnisse ausschließlich der weiblichen Rolle zuschreibt, der männlichen jedoch einen Anspruch auf Ausübung von Macht und Aggression sowie Durchsetzung der Bedürfnisse suggeriert, ja solches sogar von ihnen verlangt.[508] In eine ähnliche Richtung geht der psychoanalytische Ansatz von Willi,[509] der Trennung und Scheidung als „Auflösung der Kollusion" beschreibt. Die nahezu sich zwangsläufig bildende Polarisierung aufeinander eingespielter Rollen wird durchbrochen, wenn einer die sich gegenseitig bedingende Dyade nicht mehr akzeptieren will. Die Frauen sind selbständiger und fordernder geworden, die Männer in ihren Privilegien verunsichert und nachdenklicher. Die Selbstverwirklichungsbewegung strebte immer radikaler nach einer Individualisierung des Zusammenlebens mit den positiven Werten vermehrter Autonomie und Selbstverantwortung, aber den auch oft negativen Folgen von Isolation und Egozentrizität.[510]

---

505 Beck-Gernsheim: in: Soziale Welt 34, 1983, 307, 308.
506 Vgl. Beck, Risikigesellschaft.
507 Beck-Gernsheim in: Berger, S. 223.
508 Heiliger, S. 177.
509 Vgl. Willi, Die Zweierbeziehung.
510 Willi, Die Zweierbeziehung, S. 1.

In den letzen Jahrzehnten haben sich bei der jungen Generation von Frauen im Vergleich zu ihren Müttern die rechtlichen und realen Lebenszusammenhänge verbessert. Früher war die Frau abhängig von der männlichen Erwerbstätigkeit, heute bestehen durch den Bildungsboom auch für Frauen mögliche Aufstiegschancen. Allerdings wollen die meisten Frauen den Beruf mit den Kindern vereinbaren können, was nur geht, wenn es Teilzeitarbeit für Mütter wie für Väter gibt, die sozial gleichwertig abgesichert ist, und wenn die Väter erhebliche Zeit für Haushalt und Kinder aufwenden.[511] Die Ambivalenz zwischen eigener ökonomischer Selbständigkeit und Mutterschaft ist ein typischer Konflikt des weiblichen Individualisierungsprozesses. Die Entscheidung zur Mutterschaft bedeutet für die moderne Frau immer auch einen zeitweisen Verzicht auf ihre materielle Unabhängigkeit bzw. berufliche Karriere. Dieser Widerspruch wird auf die gesellschaftspolitische Ebene transportiert. Einerseits wird von konservativer Seite die Frau als integratives Element der Familie hervorgehoben. Es wird ihr ein ideeller Wert als Hausfrau und Mutter propagiert. Andererseits wird von liberaler Seite mehr ökonomische Unabhängigkeit der Frau eingefordert, um eine tatsächliche Gleichstellung gegenüber Männern zu erreichen.[512] Männer, die dabei sind, das enge Gefängnis der Geschlechterrollen aufzubrechen, indem sie sich bei der Kindererziehung und im Haushalt engagieren, sind heute eine, wenn auch deutlich wachsende, Minderheit. Vielmehr wiegen sie sich meist in der Illusion, dass die Frauen nur mitarbeiten, um die finanzielle Situation der Familie zu verbessern, kurzfristig also, als Notlösung sozusagen.[513]

Verzichtet die Frau aufgrund ihrer Mutterschaft zeitweise oder völlig auf die Berufstätigkeit, werden dadurch die Männer staatlicherseits zur Übernahme der ökonomischen Verantwortung verpflichtet. Insofern gerät die Frau in Abhängigkeit vom „Verdiener". Diese materielle Abhängigkeit kann ein Konfliktpotential darstellen, wenn sie sich zu einer Unterordnung im sexuellen, im emotionalen und lebenspraktischen Bereich ausformt. Heute ist allerdings der Verzicht auf eine berufliche Karriere der Frauen nicht mehr selbstverständlich mit einer Unterordnung verbunden. Bei den Müttern und Hausfrauen steigen die Erwartungen an den Partner, der die fehlende soziale Anerkennung kompensieren soll. Auch deshalb wird in öffentlichen Diskussionen über die berufliche Stellung von Müttern und Hausfrauen Gleichberechtigung zum Berufsleben des Mannes eingefordert.[514] Verzichten Frauen dann wegen der Kinder auf Beruf und Karriere, sehen sie oft den eigenen Verzicht oder Verdienst in der Ehe vom Partner

---

[511] Leube in: Deutsches Jugendinstitut, S. 147.
[512] Kunkel Diss., S. 14.
[513] Kloehn, S. 149.
[514] Kunkel Diss., S. 15.

nicht anerkannt, deshalb soll er auch nur ein beschränktes Recht auf das Kind haben. Ansonsten hätte sich der berufliche Verzicht nicht gelohnt.[515]

8.6 Geschlechterrollen im Mittelpunkt familienrechtlicher Reformbestrebungen

Die Geschlechterrollen und der Gedanke der Gleichheit und gerechten Behandlung von Mann und Frau stehen seit einer Generation im Mittelpunkt familienrechtlicher Reformbestrebungen. Kein Richter und kein Gesetzgeber kommt bei der Frage, wo es um Gleichberechtigung zwischen Mann und Frau geht, darum herum, die ganze Problematik aus einer erweiterten Perspektive zu betrachten. Dabei ist die unterschiedliche Stellung von Mann und Frau in Ehe und Familie der eigentliche Kristallisationspunkt der Rollenfixierung, denn die Aufhebung der traditionellen Herrschaftsposition.des Mannes innerhalb der Familie ist unabdingbare Voraussetzung für die Emanzipation der Frau. Im Ergebnis sind Recht und Gesetz dabei nur von begrenztem Einfluss, wenn es darum geht, einen fundamentalen Wandel der Geschlechterrollen herbeizuführen oder koelterliche Interaktion zu verbessern. Biologische wie allgemein anthropologische Grundlagen sollten dabei bei jeder rechtlichen Regelung berücksichtigt werden.[516]

Die alte Form der Geschlechterbeziehungen hatte ihre Schwierigkeiten in der Unterdrückung der Frau, wurde aber dadurch auch zusammengehalten. Die neue Form hat ihre Schwierigkeiten darin, dass nun beide Geschlechter eine eigenständige Biographie haben oder zumindest den Anspruch darauf.[517] Trotz der Einsicht in die Relativität der Geschlechtsrolleninhalte, die sich schon in unserer Gesellschaft verbreitet haben, bestehen die Geschlechtsrollendefinitionen auch bei uns nach wie vor,[518] wenn auch die zu diesen Rollen gehörigen Erwartungen nicht mehr jene Ausnahmslosigkeit und Eindeutigkeit haben, wie sie sie vor hundert Jahren vielleicht besaßen.[519] Immer noch fällt der Frau die Haus- und Familienarbeit zu, und der Mann versieht primär die Rolle des Ernährer, und dies, obwohl die Vorstellung einer partnerschaftlichen Organisation der Hausarbeit von den meisten Paaren (auch den Männern) prinzipiell begrüßt wird. Kochen und Putzen erledigen überwiegend die Frauen, Reparaturen und Verschönerungsarbeiten die Männer. Männer spielen zwar heute häufiger mit ihren Kin-

[515] Kunkel Diss., S. 62.
[516] Henninger, Diss., S. 5.
[517] Beck-Gernsheim in: Berger, S. 226.
[518] Vgl. Alfermann, S. 50: Befragungen in EU-Staaten zu Geschlechtsrolleneinstellungen.
[519] Hahn in: Eid/Vaskovics, S. 100.

dern, aber Alltag und Routine der Kindererziehung verbleiben in der Zuständigkeit der Frauen.[520] Allerdings geraten bislang stillschweigend hingenommene Ungleichheiten zwischen den Geschlechtern zunehmenden unter Legitimationsdruck. Die Frage wird unabweislich, ob es überhaupt Geschlechtsrollen geben muss und wenn ja, wer über ihre Definition verfügen soll.

Die Partnerschaft zwischen Mann und Frau macht die Entwicklung neuer Rollenvorschriften erforderlich, die sich an der Gleichwertigkeit und Gleichrangigkeit der Geschlechter und unterschiedlicher Arbeitsbereiche orientieren muss.

8.6.1 Abbau geschlechtsspezifischer Arbeitsteilung

Ein wesentlicher Bereich zur Verwirklichung von Partnerschaft ist, dass Mann und Frau gleichberechtigt sowohl ihren Anteil an der Beziehungs-, Erziehungs- und Haushaltsarbeit leisten, als auch ihren Anteil an der Erwerbstätigkeit bestimmen können. Dies ist eine wichtige Voraussetzung für den Abbau geschlechtsspezifischer Arbeitsteilung und der damit verbundenen Diskriminierung von Frauen in allen Bereichen von Ökonomie, Politik und Kultur.[521] Auswirkungen der grundsätzlichen Arbeitsteilung nach Geschlecht werden insbesondere auf dem Arbeitsmarkt sichtbar. Der primäre Verweis von Frauen auf die Arbeiten des Reproduktionsbereichs bestimmt die Strukturen der geschlechtsspezifisch organisierten und hierarchisierten Erwerbsarbeit. Die EAF[522] hält daher Maßnahmen für notwendig, durch die das Erwerbsleben familiengerecht gestaltet wird. Dabei muss es Männern wie Frauen in gleicher Weise ermöglicht werden, Familienaufgaben und berufliche Pflichten miteinander zu verbinden.

Auch wenn Männer und Frauen rechtlich gleichberechtigt sind, muss festgestellt werden, dass die berufstätigen Väter und Mütter doch nicht gleichberechtigt ihre verschiedenen Familien- und Berufsrollen verstehen. Unbestritten ist, dass berufstätige Mütter doppeltbelastet sind: auf ihnen liegt die Hauptverantwortung für die innerfamilialen Aufgaben, und es wird von ihnen erwartet, dass sie in der Lage sind, einen Beruf außerhalb des Haushaltes auszuführen, während der berufstätige Vater allein Sicherung und Unterhalt der Familie zu gewährleisten hat.[523] Die tatsächlichen Anpassungsleistungen an die Erfordernisse der Hausarbeit sowie die Bedingungen der Erwerbsarbeit wurden bisher fast ausschließlich von Frauen erbracht. Der alleinige Verweis der Frauen auf die Hausarbeit und

---

[520] Peuckert, S. 208.
[521] Busch/Hess-Diebäcker/Stein-Hilbers, S. 81.
[522] Evang. Aktionsgemeinschaft für Familienfragen, Familienpolitisches Programm, S. 18.
[523] Wallner/Pohler-Funke, S. 27.

ihre Bemühungen darum, Berufs- und Hausarbeit miteinander zu verbinden, haben dazu geführt, dass die berufliche Ungleichheit zwischen den Geschlechtern zum dauerhaften Charakteristikum des Erwerbssystems geworden ist und sich auch in den letzten 50 Jahren nicht verringert hat.[524] Dabei ist die Doppelorientierung auf Beruf und Familie mit zahlreichen Belastungen für Frauen verbunden. Erst wenn es für Männer genauso selbstverständlich ist wie für Frauen, Familienarbeit zu übernehmen und ihre Erwerbstätigkeit entsprechend zu gestalten, hätten Frauen auf dem Arbeitsmarkt die gleichen Chancen.[525]

8.6.2 Verändertes Rollenverständnis von Frau und Mann

Das zunehmende veränderte Rollenverständnis der Frauen hat in den vergangenen Jahren auch die Rollendefinition der Männer nachhaltig beeinflusst. In zunehmendem Maße haben Frauen damit begonnen, nicht nur auf gesellschaftlicher Ebene den Gedanken der Gleichberechtigung zu verwirklichen, sondern auch innerhalb der Familien werden immer mehr die traditionellen Rollen in Frage gestellt, d.h. Frauen erwarten von Männern, dass sie bislang als typisch „weiblich“ bezeichnete Aufgaben übernehmen, etwa bei der (Klein)-Kinderpflege, oder Aufgaben innerhalb des Haushalts, während sie sich selbst nicht auf den Bereich des Haushalts und der Kinder beschränken lassen wollen, sondern bei Entscheidungen innerhalb der Familie und für diese in gleicher Weise mitzuentscheiden beanspruchen und zum Teil selbst eine Berufstätigkeit anstreben.[526] Entscheidend war dabei in erster Linie, den Vätern zu einem anderen Bewusstsein von der Rolle, den Aufgaben und der Wichtigkeit eines Vaters zu verhelfen.[527]

Empirische Untersuchungen[528] belegen zwar, dass einige Männer ihr Selbstverständnis verändert haben. In den letzten Jahren setzen sich einige Väter in der Öffentlichkeit verstärkt für einen gleichberechtigten Erziehungseinfluss auf ihre Kinder ein.[529] Der Widerstand gegen diese Rolle äußert sich nicht nur in einer Akzeptanz, z.B. der „Hausmann-Rolle“ oder der Bereitschaft zur Übernahme von Verhaltensweisen, die der traditionellen Auffassung nach als weiblich gelten würden. Sie wird auch in einer sehr bewussten Einstellung zur Vaterschaft deutlich, was immer mehr Männer dazu veranlasst, Kurse zur Geburtsvorbereitung zusammen mit ihrer Frau zu besuchen und an der Geburt des Kindes teil-

---

[524] Busch/Hess-Diebäcker/Stein-Hilbers, S. 83; Ostner, S. 185.
[525] Keil in: Herbert Quandt-Stiftung, S. 79.
[526] Fthenakis, Väter, Bd. 1, S. 16.
[527] Jopt, S. 249.
[528] Nave-Herz, u.a., S. 82.
[529] Kunkel Diss., S. 163.

zunehmen.[530] Ein Großteil der Männer geht heute nicht mehr davon aus, dass die Frau allein für den Haushalt und die Kindererziehung zuständig ist. Auch das Klischee vom „starken und harten" Mann ist überholt. Gleichzeitig besteht allerdings bei den Männern die gesellschaftliche Erwartung, dass sie „ihren Mann stehen", d.h. dem männlichen Ideal nach Autonomie, materiellem Erfolg, Durchsetzungsfähigkeit und Stärke gerecht werden.[531]

Aber auch wenn manche emanzipatorische Hürde bereits genommen worden ist, hat dennoch bisher keine grundlegende Änderung oder Annäherung des Mannes und der Frau bzgl. der in der traditionellen Familie üblichen und vorgesehenen Rollen stattgefunden. Von einer Gleichwertigkeit der elterlichen Rollen kann man wohl in den wenigsten Fällen sprechen. In der Regel leisten die Mütter den Großteil der von Tag zu Tag geforderten Erziehungsarbeit, während die Väter die erheblich größere Hälfte des Familieneinkommens nach Hause bringen. Das soll nicht heißen, dass heutzutage nicht auch die meisten verheirateten Frauen mit Kinder eigenes Geld verdienen –sie tun es, aber in der Regel ist ihr Verdienst sehr viel geringer als der Väter. Die gesellschaftlichen Veränderungen, die eine Pluralität an Lebens-, Partnerschafts- und Familienformen hervorgebracht haben, gehen mit einem gewandelten Verständnis von Partnerschaft und Ehe einher.[532] Die gesetzliche Grundlage für ein größeres männliches Engagement in der Familienarbeit ist in fast allen westlichen Industriestaaten gegeben, denn Väter können, ebenso wie Mütter, den Erziehungsurlaub beanspruchen.[533]

8.6.3 Hausmänner und teilzeitbeschäftigte Väter

Im Zentrum des gesellschaftlichen Wandels steht die Herauslösung vieler Frauen aus einer unmittelbaren ökonomischen Bindung an die Familie. Dieses setzt natürlich auch eine Veränderung im Verhalten des Mannes voraus, d.h. Männer und Frauen müssen nunmehr verhandeln, wie beide Erwerbstätigkeit, Hausarbeit und Kinderversorgung in Einklang bringen wollen. Eine Möglichkeit wäre, dass der Mann zu hause bleibt oder nur Teilzeit arbeitet, während die Frau vollzeitberufstätig ist. Zu diesem Rollenmodell der „freiwilligen Hausmänner" und teilzeitarbeitenden Männer haben Strümpel und seine Mitarbeiter[534] im Jahre 1989 eine Untersuchung durchgeführt. Dabei kamen sie zu dem Ergebnis, dass die Hausmannsrolle schwieriger ist und nicht so gut „funktioniert" wie die Teilzeit-

---

530 Fthenakis, Väter, Bd. 1, S. 18.
531 Kunkel Diss., S. 16.
532 Hansen, S. 43.
533 Benard/Schlaffer, S. 57.
534 Vgl. Strümpel/Prenzel/Scholz/Hoff, „Teilzeitarbeitende Männer und Hausmänner".

arrangements. Es lässt sich darum vermuten, dass sie sich als Dauerarrangement schlechter bewährt.

Hausmänner weichen in ihrer Rolle von der traditionellen Familienideologie ab, indem sie die Versorgung ihrer Kinder übernehmen sowie den Haushalt erledigen, während die Mutter außerhäuslich erwerbstätig ist. Grund hierfür ist in erster Linie das Motiv der aktiven Kinderbetreuung. Jedoch zeigt ein Vergleich der Hausmänner mit teilzeitarbeitenden Männern deutlich, dass die Entscheidung für das Hausmann-Dasein viel stärker durch situativen Druck geprägt ist als die Entscheidung für die Teilzeiterwerbstätigkeit. Teilzeitarbeitende betonen häufiger Motive wie „mehr Zeit für sich persönlich haben", „mehr Zeit für das Zusammensein mit der Partnerin haben", „nicht für den Beruf leben wollen" sowie allgemein die verbesserten Möglichkeiten zur Selbstentfaltung. Im übrigen ermöglicht der anhaltende Kontakt mit der Arbeitswelt meist relativ problemlos die Aufstockung der Arbeitszeit auf Vollzeit, oft sogar im eigenen Betrieb. Hausmänner weisen häufiger auf die situativen Zwänge der Arbeitswelt hin, auf ihre Unzufriedenheit mit der beruflichen Situation, fehlende Möglichkeiten einer Teilzeitbeschäftigung für die Partnerin und die Kündigung des Arbeitsverhältnisses. Ein wichtiges Motiv, die Rolle des Hausmannes zu spielen, liegt für sie auch in dem höheren Einkommen der Partnerin. Die Äußerungen lassen folglich in vielen Fällen vermuten, dass die anfangs als „freiwillig" deklarierte Entscheidung doch manchmal am Rande der „Unfreiwilligkeit" gefällt wurde.[535] Folglich haben Hausmänner nicht nur mit den Schwierigkeiten ihrer Rolle zu kämpfen, sondern auch mit größeren Schwierigkeiten beim späteren Wiedereinstieg in den Beruf. Sie fühlen sich öfter durch Umstände außerhalb ihrer Kontrolle in ihren Status hineingedrängt und können ihn nicht so leicht verändern.

Wesentlich attraktiver stellt sich das Modell Teilzeitbeschäftigter dar. Es entspricht (von gewissen Residuen traditioneller Rollenteilung bei Hausarbeit und Kinderversorgung abgesehen) dem egalitären Rollenverständnis vieler junger Deutscher. Die nähere Analyse zeigt, dass die Verletzung traditioneller Verhaltensnormen nur oberflächlich, nämlich in der Abweichung vom Normalarbeitszeitregime, manifestiert ist, dass aber die Bindung an die Berufsarbeit, die Orientierung an langfristigen beruflichen Interessen, vor allem aber die Bereitschaft, bei Änderung der familiären Umstände wieder Vollzeit zu arbeiten, die Grenzen der Distanzierung von der Erwerbsarbeitsrolle deutlich markieren.

---

[535] Strümpel/Prenzel/Scholz/Hoff, S. 71.

8.7 Zusammenfassung

Infolge des Zerfalls der patriachalischen Familienform haben sich folglich die Beziehungen zwischen Mann und Frau verändert. Die Frau und Mutter hat sowohl innerhalb der Familie als auch in ihren Beziehungen zur außerfamilialen Umwelt immer mehr an Autonomie und Selbständigkeit gewonnen, was umgekehrt auch zu einem Verlust der Autorität des Ehemannes und Vaters geführt hat. Die traditionelle Rolle des Vaters als Familienoberhaupt, der die Familie nach außen alleine vertritt, hat stark an Bedeutung verloren, denn seine Ehefrau ist immer mehr eine gleichberechtigte Partnerin geworden. Das Ablehnen einer untergeordneten Rolle seitens der Frau hat aber zu großen Problemen im Zusammenleben der Geschlechter geführt. Nur Hausfrau und Mutter zu sein, ist für die meisten Frauen nunmehr nicht ausreichend. Vielmehr erwarten sie auch von ihren Partnern ein verändertes Rollenverständnis, d.h., dass auch sie Aufgaben bei der Kinderpflege und –erziehung oder Aufgaben innerhalb des Haushaltes übernehmen. Frauen wollen nicht mehr auf den Bereich des Haushalts und der Kinder beschränkt werden, sondern gleichberechtigt mitentscheiden und gegebenenfalls auch selbst eine Berufstätigkeit ausüben.

Einhergehend mit dem Wandel der Geschlechterrollen und der Nichtmehrakzeptanz der Frau ausschließlich Hausfrau und Mutter zu sein, kamen auch unausweichlich eine Fülle von neuen „Lebens- und Familienformen“ auf.

9. Kapitel: Pluralisierung von Lebensformen

In den letzten 20 Jahren hat in Westeuropa und in den USA die Anzahl derer rapide zugenommen, die es ablehnen zu heiraten und stattdessen Lebens- und Beziehungsformen außerhalb der Ehe wählen. In demselben Zeitraum ist die Bedeutung von Ehe und Familie als vorherrschende, auf lebenslange Dauer konzipierte Lebensform zurückgegangen. Während noch etwa zu Beginn des 20. Jahrhunderts die Ehe Voraussetzung für eine gesellschaftlich akzeptierte dauerhafte Partner- und Sexualbeziehung war, aus der sich aufgrund mangelnder sicherer Methoden zur Verhütung von Schwangerschaften zwangsläufig regelmäßig Kinder einstellten, steht für ein partnerschaftliches Zusammenleben heutzutage die Verbindung ohne Ehe als Alternative zur Verfügung, ohne dass daraus gesellschaftliche Sanktionen zu erwarten sind.[536] Um die Zusammenhänge zwischen den gesamtgesellschaftlichen Veränderungen, welche die Familie betreffen, auf einen kurzen gemeinsamen Nenner zu bringen, bietet sich das Konzept der Optionserweiterung an. Was wir gemeinhin als das Fortschrittliche der neuzeitlichen Gesellschaftsentwicklung ansehen, hat vor allem mit dem Zuwachs an institutionalisierten Möglichkeiten für die verschiedensten Zwecke und Wechselfälle des Lebens zu tun: Von der Erweiterung des Güterangebots über die Entwicklung und Differenzierung des Bildungs- und Gesundheitswesens bis zu den hochkomplexen Organisationsformen moderner Staaten.[537] Bis Anfang der 70er Jahre wurden mehr Ehen geschlossen als durch Tod oder Scheidung gelöst. Ab den 70er Jahren veränderte sich dies, denn seit 1972 scheiterten mehr Ehen[538] als neue eingegangen wurden, so dass es seitdem zu einer kontinuierlichen Abnahme der absoluten Zahlen der Ehen kam.[539] Voreheliche Beziehungen junger Menschen gestalten sich in der Regel heute nach anderen Mustern als früher. Die Jugendlichen heute haben es nicht eilig zu heiraten. Während vor einigen Jahrzehnten der Weg in die Ehe noch durch eine Heirat nach relativ kurzer Freundschaft ohne vorheriges Zusammenleben, geringerer Anzahl an Partnerschaften vor der Ehe und einem relativ hohen Grad institutionalisierter Regelungen der Partnerschaften gekennzeichnet war (traditionelle „Beziehungsbiographie“), zeigen neuere Forschungsergebnisse, dass die meisten jungen Ehepaare vor der Eheschließung bereits längere Zeit in Form einer nichtehelichen Lebensgemeinschaft zusammen wohnten.[540] Für Mädchen erscheint es nicht mehr so wichtig, möglichst schnell unter die Haube zu kommen, wichtiger ist es viel-

---

[536] Hansen, S. 11; Nave-Herz, S. 70.

[537] Kaufmann 1990, S. 78.

[538] Im Jahr 2001 wurde eine neue Rekordzahl erreicht: 197500 Paare ließen sich scheiden, das waren 1,6% mehr als im Vorjahr.

[539] Meyer/Schulze, S. 11.

[540] Vaskovics/Rost in: Nauck/Schneider/Tölke, S. 141.

mehr den „Richtigen" zu finden.[541] Auch bei den Jungen hat sich im selben Zeitraum die Einstellung entsprechend gewandelt, wenn auch hier die Entwicklung nicht so spektakulär verlief. Die Familie ist in den Lebensplänen von Jugendlichen ein wenig in den Hintergrund gerückt. Private und berufliche Pläne für das weitere Leben der Jugendlichen unterliegen seit einiger Zeit strukturellen Veränderungen. Lehrlinge und Abiturienten um das 18. oder 19. Lebensjahr bevorzugen heute für ihre beruflichen Pläne solche Aktivitäten, die dem Erlangen eines Arbeitsplatzes dienen, die meisten wünschen dies später mit einer Familiengründung zu verbinden. Aber die Familie mit Kindern hat bei den Jüngeren, die noch frei in ihren Lebensentscheidungen waren, nicht mehr den absolut höheren Stellenwert gegenüber der Berufsarbeit, wie es vor allem bei Frauen früher der Fall war. Die Partnerschaft ohne Kinder oder andere private Pläne (eigene Wohnung, Lebensqualität) haben bei 18- oder 19-jährigen oft eine höhere aktuelle Bedeutung.[542]

Verändert hat sich aber vor allem der Phasenablauf bis zur Familiengründung. Die Abfolge „Kennenlernen – Verlobung – Eheschließung - Geburt des Kindes" ist durch die Entstehung neuer Lebensformen wie beispielsweise Wohngemeinschaften, nichteheliche Lebensgemeinschaften, Alleinleben, und dem häufigen Wechsel zwischen ihnen durchbrochen worden.[543] Es wurden neue familiare Lebensformen entwickelt, die den eigenen Bedürfnissen der modernen Gesellschaft ebenso angepasst sind, wie ihrer sozialen und ökonomischen Umwelt.[544] Mehr junge Menschen sammeln demzufolge heute Erfahrungen mit den unterschiedlichsten Lebensformen. Damit geht in den meisten Fällen eine relativ späte Eheschließung einher. Formalitäten werden weniger wichtig genommen, so wie der Umstand, dass alle Bedürfnisse, zu deren Befriedigung es früher der Eheform bedurfte, heute auch außerhalb dieser Lebensform befriedigen kann.[545]

9.1 Figuren nichtkonventioneller Lebensformen

Die Gegenwart in westlichen Gesellschaften ist dadurch gekennzeichnet, dass der Raum zulässiger Variationen groß, das Ausmaß sozialer Kontrolle und sozialer Sanktionsmöglichkeiten gering und der Institutionalisierungsgrad sozialer Standards vergleichsweise niedrig ist. Dennoch bleiben Standards und Konventionen bedeutsam: Lebensformen, die sich am Rande des Möglichkeitsraums

---

[541] Seidenspinner/Burger, Mädchen '82, Tab., S. 16.
[542] Betram in: Nauck/Schneider/Tölke, S. 281.
[543] Nave-Herz, Familie heute, S. 16.
[544] Greenglass, S. 157.
[545] Müller in: Becker-Toussaimt/Wimmer, S. 21.

befinden, sind nach wie vor Stigmatisierungen ausgesetzt. Damit sind kulturelle Standards fixiert, die durch darauf aufsetzende kollektive Definitionsprozesse milieuspezifisch präzisiert und differenziert werden. Im Rahmen dieser Definitionsprozesse werden Lebensformen hinsichtlich ihrer generellen sozialen Akzeptanz und nach ihrer spezifischen sozialen Passung bewertet. Mikrosoziologisch betrachtet findet über diese Bewertungs- und Definitionsprozesse die Sortierung von Lebensformen in konventionelle und nichtkonventionelle statt. Nichtkonventionell sind alle Lebensformen, die hinsichtlich ihrer Entstehung und ihrer gesellschaftlichen Bewertung historisch neuartig sind, sich noch nicht zum dominierenden Standardmodell entwickelt haben und gesellschaftlich gegenüber anderen, traditionellen Lebensformen nicht bevorteilt werden.[546] Diese nichtkonventionellen Lebensformen sind in erster Linie Optimierungsversuche im Kontext der Lebensumstände und der Lebensorientierungen, Versuche, die häufig Variationen der konventionellen Familie darstellen. Variiert wird hinsichtlich des Familienstandes, der Elternschaft, des biologischen Timings und der Dauer von Lebensformen. Nicht variiert wird bis heute bezüglich der Partnerschaft. Obwohl es in der Gegenwartsgesellschaft keine konventionellen Lebensformen in dem Sinne gibt, dass man sich an einem bestimmten Leitbild orientieren muss, ist dennoch ein weiterhin ungebrochenes Muster auszumachen: die dyadische Paarbeziehung.[547]

9.1.1 Nichteheliche Lebensgemeinschaften

Beim nichtehelichen Zusammenleben handelt es sich um keine spezifische Erscheinung der Neuzeit, dennoch ist es als Form des Zusammenlebens unter jungen bzw. jüngeren Leuten Ausdruck einer Pluralisierung von Lebensformen. Zum „Alltagsproblem der Justiz" wurden diese Lebensgemeinschaften jedoch erst seit dem Ende der siebziger Jahre, in etwa zeitgleich mit dem Ersten Gesetz zur Reform des Ehe- und Familienrechts vom 14.06.1976.[548] Auch Soziologen konstatieren in jüngster Zeit einen beschleunigten Wandel von Ehe und Familie oder (allgemeiner ausgedrückt) den Formen des menschlichen Zusammenlebens im Primärbereich.[549] Dies bestätigen auch statistische Angaben, wobei die Angaben der offiziellen Statistik zu den nichtehelichen Lebensgemeinschaften nicht sehr genau sind. Das liegt erstens an mangelnden Abgrenzungskriterien wie beispielsweise die Eheschließung und –scheidung, sowie an der Zählweise bezogen

---

546 Schneider/Rosenkranz/Limmer, S. 12.
547 Schneider/Rosenkranz/Limmer, S. 19.
548 Schwab in: JuS 1997, 587, 589.
549 Hoffmann-Nowotny in: Aus Politik und Zeitgeschichte 1988, B 13, S. 3; Kaufmann, S. 107.

auf Haushalte und den Familienstand. Temporäres Zusammenleben lässt sich anhand einer festen Haushaltsgemeinschaft selbst aus der Perspektive der Beteiligten nicht immer klar unterscheiden, und bekanntlich existieren auch Ehen mit doppelter Haushaltsführung in großer Zahl.[550] Nach den Schätzungen des Mikrozensus sind in 20 Jahren von 1972 bis 1992 die nichtehelichen Lebensgemeinschaften von 137.000 auf knapp 1,5 Millionen angewachsen. Mittlerweile ist diese familiale Lebensform auf fast 2 ¼ Millionen angewachsen.[551] Auch die nichtehelichen Lebensgemeinschaften mit Kindern sind in diesem Zeitraum enorm angestiegen, sie machen inzwischen etwa 17% aller nichtehelichen Lebensgemeinschaften aus.[552]

Als frei gewählte Lebensform war die zunehmende Verbreitung nichtehelicher Lebensgemeinschaften in Westdeutschland eng mit der Studentenbewegung der 60er Jahre verbunden. Nichteheliche Lebensgemeinschaften wurden neben anderen kollektiven Lebensformen von der Studentenbewegung als Gegenentwurf zur bürgerlichen Kleinfamilie propagiert. Das Versprechen lautete nicht mehr: Wir bleiben zusammen, bis dass der Tod uns scheidet, sondern: Solange die Liebe uns trägt.[553] Im Verlauf der letzten 30 Jahre sind nichteheliche Lebensgemeinschaften weitgehend zur gesellschaftlich akzeptierten Normalität geworden. Die vormals „wilde Ehe“ ist heute unter jungen Erwachsenen eine Standard-Lebensform, denn rund 80% der jungen und kinderlosen Paare leben vor der Eheschließung erst einmal unverheiratet zusammen.[554]

Nichteheliche Lebensgemeinschaften sind eine Lebensform, die heute überwiegend von jüngeren Personen gewählt wird. Die größte Verbreitung dieser Form des Zusammenlebens besteht in der Phase der Postadoleszenz vor allem unter den 18- bis 25-jährigen.[555] Der hohe Anteil in der jüngeren Generation wird als Substitutionseffekt junger, frühzeitig geschlossener Ehen interpretiert.[556] Dabei ist die Zahl der „explizit Eheunwilligen“ nach den statistischen Ergebnissen verhältnismäßig niedrig, während die Zahl der Zögernden und Unentschlossenen um so größer ist.[557] In den alten Bundesländern war die nichteheliche Lebensgemeinschaft zunächst eine Lebensform, die vor allem von Personen mit höherem

550 Kaufmann 1990, S. 89.
551 Statistisches Bundesamt 2001, S. 64.
552 Erler, S. 59.
553 Schneider/Rosenkranz/Limmer, S. 67.
554 Pohl in: Zeitschrift für Bevölkerungswissenschaft 1985, 89, 95.
555 Grziwotz, Rn. 11.
556 Vaskovics/Rupp/Hofmann, S. 18.
557 Schenk, S. 217; Luhmann, S. 214.

Bildungs- und Ausbildungsabschlüssen gewählt wurde.[558] Mit zunehmender Verbreitung nichtehelicher Lebensgemeinschaften besonders unter jungen Erwachsenen verlieren sich jedoch die Unterschiede, die zunächst hinsichtlich des Bildungs- und Ausbildungsniveaus im Vergleich zu Ehepaaren bestanden.[559] Charakteristisch für nichteheliche Lebensgemeinschaften ist zum einen der hohe Anteil an Personen, die sich in Ausbildung befinden und zum anderen ein besonders hoher Anteil an berufstätiger Frauen. Besonders für Frauen, die der Emanzipationsbewegung nahe standen, galt die nichteheliche Lebensgemeinschaft auch als Möglichkeit ein partnerschaftliches Beziehungsideal, fern der traditionellen Rollenteilung, zu etablieren.[560] Ein Grund für diese Entwicklung ist sicherlich die Liberalisierung der Einstellung zu außerehelicher Sexualität. Bis in die 70er Jahre war es für unverheiratete Paare nahezu ausgeschlossen eine gemeinsame Wohnung zu bekommen, der Kuppeleiparagraph stellte das unverheiratete Zusammenleben Minderjähriger (unter 21 Jahren) unter Strafe. Heute sind diese Gründe hinfällig, denn man braucht nicht mehr, wie noch in den 70er Jahren, Diskriminierungen zu fürchten, wenn man mit einem Partner ohne Trauschein zusammenlebt. Dementsprechend erscheint jungen Mädchen heute voreheliche Sexualität annähernd selbstverständlich,[561] was noch zu Beginn der 60er Jahre die Mehrheit der jungen Frauen ablehnte. Heute haben nichteheliche Lebensgemeinschaften, die vor und nach einer Ehe gelebt werden, den Ruch des Revolutionären oder Anstößigen verloren. Sie sind zur gesellschaftlich akzeptierten Normalität geworden. Zwar gibt es weiterhin regionale und soziale Unterschiede, doch der Einstellungswandel ist frappant.

Als nichteheliche Lebensgemeinschaften gelten Haushalte, die von einem erwachsenen Mann und einer erwachsenen Frau geteilt werden, die weder miteinander verheiratet noch verwandt bzw. verschwägert sind. Diese Lebensform findet sich in allen Altersgruppen quer durch die Bevölkerung und alle Bildungsschichten.[562] Das Bundesverfassungsgericht hat in seiner Entscheidung vom 17. November 1992[563] dazu festgehalten: „Gemeint ist eine Lebensgemeinschaft zwischen einem Mann und einer Frau, die auf Dauer angelegt ist, daneben keine weitere Lebensgemeinschaft gleicher Art zulässt und sich durch innere Bindungen auszeichnet, die eine gegenseitiges Einstehen der Partner füreinander begründen, also über die Beziehung in einer reinen Haushalts- und Wirtschaftsgemeinschaft hinausgehen.“ Paare, die zwar zusammenleben, doch getrennt wirt-

---

[558] Meyer/Schulze in: Kölner Zeitschrift für Soziologie und Sozialpsychologie 2 (1983), 735, 746; Pohl in: Zeitschrift für Bevölkerungswissenschaft 1985, 89, 101.
[559] Vaskovics/Rupp, S. 33.
[560] Schneider/Rosenkranz/Limmer, S. 80.
[561] Seidenspinner/Burger, Mädchen '82, S. 30.
[562] Betram/Borrmann-Müller in: Aus Politik und Zeitgeschichte 1988, B 13, S. 18.
[563] BVerfG in: NJW 1993, 643, 645.

schaften oder Paare, die in einer Wohngemeinschaft leben, werden nicht berücksichtigt.[564] Diese Begriffsbestimmung lehnt sich offensichtlich an den Konkubinat des römischen Rechts an, der monogamen, auf Dauer angelegte Lebensgemeinschaft von Mann und Frau, die in die Nähe der formgültigen Ehe gerückt war.[565]

Schwierigkeiten in diesem Zusammenhang bereitet der Zeitfaktor, der bisher nicht konkretisiert werden konnte. Die Frage nach dem Beginn der nichtehelichen Lebensgemeinschaft ist häufig ebenso schwierig zu beantworten wie die nach der Dauerhaftigkeit. Es gibt weder einen Akt, der das Entstehen publik, also für Dritte feststellbar macht, noch die Pflicht eine Mindestzeit zusammen zu bleiben, um auf die Ernsthaftigkeit der Partnerschaft zu schließen. Dieses widerspräche auch gerade dem Sinn der nichtehelichen Lebensgemeinschaft, denn diese sind in vielen Fällen eine Lebensform von begrenzter Dauer. Dafür sind zwei Gründe maßgeblich: Die im Vergleich zur Ehe weitaus höhere Trennungsrate[566] und die Tatsache, dass nichteheliche Lebensgemeinschaften häufig in eine Ehe münden.[567] Dennoch ist festzuhalten, dass es sich bei nichtehelichen Lebensgemeinschaften häufig nicht um kurze Episoden handelt, sondern um durchaus längere Phasen mit eigenständigem Charakter. Immerhin etwa jede fünfte nichteheliche Lebensgemeinschaft besteht länger als fünf Jahre.[568] Das Zusammenleben ohne Trauschein bietet die Möglichkeit, die Partnerschaft in einer leicht revidierbaren Form zu leben. Sie gewährt also die nötige Offenheit im Hinblick auf noch erfolgende Veränderungen in der eigenen oder gemeinsamen Lebensführung und sie stellt gleichzeitig eine wesentliche Phase zur Vertiefung der Beziehung dar.[569]

In dem Haushalt können Kinder eines oder beider Partner leben. Der „Makel der nichtehelichen Geburt" ist von Gesetzgeber inzwischen beseitigt worden. Art. 6 V GG verpflichtet den Gesetzgeber den nichtehelichen Kindern die gleichen Bedingungen für ihre leibliche und seelische Entwicklung und ihre Stellung in der Gesellschaft zu schaffen wie den ehelichen Kindern.[570] Während bis zur Kindschaftsrechtsreform vom 01.07.1998 eine gemeinsame elterliche Sorge für das nichteheliche Kind nicht erreichbar war (die elterliche Sorge stand grundsätzlich der Mutter zu gem. § 1705 Satz 1 a.F. BGB) und der nichteheliche Va-

---

[564] Niemeyer in: Wirtschaft und Statistik 7, 504, 505.
[565] Schreiber, S. 31.
[566] Die Trennungsrate innerhalb der ersten sechs Jahre ist im Vergleich zu Ehen etwa dreimal so hoch: Vgl. Rupp in: Zeitschrift für Frauenforschung 4 (1996), 36, 55.
[567] Grziwotz, Rn. 11.
[568] Schneider/Rosenkranz/Limmer, S. 83.
[569] Schneider/Rosenkranz/Limmer, S. 84.
[570] Schreiber, S. 165.

ter in nur wenigen Ausnahmefällen die elterliche Sorge erlangen könnte, haben inzwischen nicht miteinander verheiratete Eltern die Möglichkeit die elterliche Sorge gemeinsam auszuüben gem. §§ 1626 a ff. BGB. Dabei knüpft das Gesetz den Eintritt der gemeinsamen elterlichen Sorge nicht an das Zusammenleben der Eltern und erfordert dies nicht einmal, sondern die gemeinsame Sorge ist die Wirkung darauf gerichteter (gemeinsamer) Sorgeerklärungen.[571] Diese Sorgeerklärungen können die Eltern zu jedem Zeitpunkt erstmalig abgeben.[572] Die Neuregelung trägt damit der grundsätzlichen Anerkennung des Elternrechts (Art. 6 II, Satz 1 GG), auch des nichtehelichen Vaters, sowie dem Gleichstellungsgebot des Art. 6 V GG Rechnung.[573] Damit sind im Gesetz alle Ungleichheiten von Kindern, gleichgültig ob ihre Eltern verheiratet sind oder nicht verheiratet sind, beseitigt.

9.1.2 Alleinerziehende: Eineltern-Familien

Unter einer Eineltern-Familie wird eine Familienform verstanden, in der ein Elternteil für ein oder mehrere Kinder, mit dem (denen) es eine Haushaltsgemeinschaft bildet, die alltägliche Erziehungsverantwortung besitzt.[574] Das Kind besitzt weiterhin zwei Eltern, lebt aber nur mit einem Elternteil zusammen, so dass man korrekter von einem Eineltern-Haushalt sprechen sollte.[575] Eineltern-Familien sind vorwiegend kleine Familien, zu zwei Drittel Ein-Kind-Familien, und Einelternschaft ist nach wie vor ein frauenspezifisches Problem. 86% der Alleinerziehenden in den alten und 88% in den neuen Bundesländern sind Frauen.[576]

Seit Jahren finden Familien mit einem alleinerziehenden Elternteil in erster Linie aus Gründen angestiegener Scheidungszahlen und dem daraus resultierenden Status in Wissenschaft, Politik und Medien zunehmend Beachtung. Alleinerziehende werden heute aufgrund der Veralltäglichung dieser Lebensform eher toleriert als noch vor einigen Jahrzehnten.[577] Einelternfamilien haben sich in Deutschland und in anderen entwickelten Industrienationen als verbreitete und wachsende Lebensform neben der traditionellen Kernfamilie etabliert.[578] Direkte Diskriminierungen durch die soziale Umwelt sind selten, wenn auch jede bzw. jeder fünfte Alleinerziehende über Einmischungen von Bekannten und Ver-

---

[571] Lipp in: FamRZ 1998, 65, 69; Diederichsen in: NJW 1998, 1977, 1983.
[572] Holzhauer in: Hausmann/Hohlich, S. 351.
[573] Rogner in: FamRefK, vor § 1626, Rn. 10.
[574] Nave-Herz/Krüger, S. 32.
[575] Peuckert, S. 158.
[576] Statistisches Bundesamt 2001, S. 77.
[577] Peuckert, S. 169.
[578] Sander, S. 13.

wandten in Privatangelegenheiten klagt.[579] Obwohl in der Minderheit, entwickeln die Eineltern-Familien einige Sprengkraft für die Norm der vaterdominierten Zweieltern-Familie mit traditioneller Rollenteilung. Sie lassen es jedenfalls nicht mehr zu die Eineltern-Familie ohne weiteres an dieser Norm zu messen und als „broken home" oder als „strukturell" oder „funktional desorganisiert" zu diskriminieren.[580] Dennoch sind noch immer 80% der Bevölkerung davon überzeugt, dass die Einelternfamilie nicht allen Bedürfnissen ihrer Kinder gerecht werden kann.[581] Dieses könnte seinen Grund darin finden, dass der Begriff Eineltern-Familie suggeriert, dass der nicht mit dem Kind zusammenlebende Elternteil plötzlich aus dem Familienleben verschwunden und völlig bedeutungslos geworden ist. Sicher ist, dass alleinerziehende Mütter und Väter eher, schneller und öfter eine Beratungsstelle aufsuchen.[582] Dieser Tatbestand könnte jedoch lediglich auf eine stärkere Unsicherheit und auf den Wunsch nach positiver Zustimmung zum angewandten elterlichen Erziehungsverhalten zurückzuführen sein.[583] Übereinstimmung herrscht jedoch in der Literatur darüber, dass bei Kindern in Eineltern-Familien mit spezifischen Entwicklungs- und Persönlichkeitsstörungen gerechnet werden kann, aber nicht zwingend gerechnet werden muss. Es ist nämlich zu differenzieren nach dem Grund und der Länge der Vater- bzw. Mutterabwesenheit, dem Alter sowie dem Geschlecht des Kindes, nach der Zahl der Geschwisterreihe, nach dem Vorhandensein von Großeltern und ihrem Verhältnis zu den Kindern, usw.[584] Mit der Trennung der Eltern strukturiert sich die Familie als Eineltern-Familie neu. Dabei hängt die Entwicklung der Dynamik der jeweiligen Eineltern-Familie eng damit zusammen wie die „Zweieltern-Familie" gelebt hat und wie die Trennungsphase und Trennung bewältigt wurden.[585]

Eineltern-Familien können aber auch aufgrund ihrer Geschichte und ihrer Lebensumstände sehr störanfällig und die einzelnen Mitglieder in ihrer psychosozialen Entwicklung benachteiligt und bedroht sein. Chancen zu einer positiven Veränderung sind dabei häufig eingeschränkt, weil ihnen die nötigen Ressourcen zur Krisenbewältigung nicht zur Verfügung stehen. Zum Teil wird diese Familienform als Risikofamilie gesehen.[586] Als Risikofaktoren werden dabei die deutlich schlechtere sozioökonomische Lage der Einelternfamilie im Vergleich

---

[579] Napp-Peters, S. 107.
[580] Permien in: Deutsches Jugendinstitut, S. 90.
[581] Peuckert, S. 158.
[582] Nave-Herz, S. 268; Beck/Lempp in: Zeitschrift für Psychotherapie und medizinische Psychologie1969, 1, 7.
[583] Nave-Herz, Familie heute, S. 92.
[584] Nave-Herz, Familie heute, S. 93.
[585] Schaub/Schaub-Harmsen in: Familiendynamik 1984, 19, 23.
[586] Schleiffer, S. 21.

zur „Normalfamilie“ gesehen, die soziale Benachteiligung der Kinder und die dreifache Bürde des alleinerziehenden Elternteils genannt, die Bewältigung der Erziehungsaufgaben, die Haushaltsführung und die oft ganztägige aushäusige Lohnarbeit.[587] Nach Köcher[588] klagen Alleinerziehende weit mehr als Eltern in „Normalfamilien“ über Momente der Überlastung, sie sind in ihrer Lebenszufriedenheit gegenüber dem Durchschnitt der Bevölkerung deutlich herabgesetzt und mit ihrer Lebenssituation überdurchschnittlich unzufrieden.

9.1.2.1 Doppelfunktion der Alleinerziehenden

Die zunehmende Zahl von Müttern und Vätern, die ihre Kinder allein erziehen und einer beruflichen Tätigkeit nachgehen, macht in der Familie der Alleinerziehenden bis zu einem gewissen Grad eine Angleichung unterschiedlicher Geschlechtsrollen nötig, sofern kein neuer Partner existiert oder, wie es besonders Männer versuchen, auf andere „Stützsysteme“ wie eine zusätzliche Betreuungsperson, Babysitter, Kindertagesstätte, zurückgegriffen wird. Alleinerziehende müssen in der Lage sein, oder zumindest bestrebt sein, alle wesentlichen Familienfunktionen, die sonst auf zwei Elternteile verteilt sind, auch allein zu bewältigen.[589] Dies setzt aber voraus, dass sie die gesellschaftlich übliche Arbeitsteilung zwischen Mann und Frau, die den Müttern nach wie vor Kinder und Küche, den Vätern aber die Karriere zuweist, weitgehend überwunden haben. Diese Überwindung vorgegebener Rollenklischees ist allerdings an individuell günstige Voraussetzungen geknüpft und mit individuellen Anstrengungen verbunden, die keineswegs die Regel sind; denn gerade Familien mit mehreren jüngeren Kindern mag die klassische Rollenteilung durchaus funktional, und ihre Überwindung weder möglich noch nötig erscheinen. Neben dieser Konzentration der in der verheirateten Familie normalerweise aufgeteilten typischen frauen- und männerspezifischen Aufgaben auf eine Person in der Familie der Alleinerziehenden, treten besondere Belastungen auf, die sich in erster Linie auf die Beschaffung, Größe, Lage und Ausstattung des Wohnraums, die Sicherung der wirtschaftlichen Existenz, die Erwerbstätigkeit bei gleichzeitiger Betreuung der Kinder und die Alleinentscheidungskompetenz des einen Elternteils konzentrieren.

---

[587] Schleiffer, S. 21.
[588] Köcher in: Psychosozial 1988, 117, 119.
[589] Permien in: Deutsches Jugendinstitut, S. 91.

9.1.2.2 Zur Situation der alleinerziehenden Mütter und Väter

Nach einer Scheidung die Kinder allein zu erziehen bedeutet sowohl für Mütter als auch für Väter einen Einschnitt in ihre Lebenssituation. Die Notwendigkeit der Übernahme gegengeschlechtlicher Rollen gilt ebenso für alleinerziehende Mütter und Väter wie das Problem der Vereinbarung von Familien- und Erwerbstätigkeit. Durch diese Alleinverantwortlichkeit für das Alltagsgeschehen müssen Einbußen im Lebensstandard hingenommen werden, wobei sich beide Geschlechter mit dem Zeitproblem und mit gesellschaftlichen Vorurteilen konfrontiert sehen. Alleinerziehende Mütter und Väter müssen daher mit enormen Belastungen fertig werden. Mit der Einelternteil-Situation entsteht eine Familienstruktur, in der die geschlechtsspezifische Arbeitsteilung aufgehoben und die Rollentrennung weit weniger ausgeprägt ist als in Familien mit Vater und Mutter.[590] Das Nicht- oder Nicht-mehr-Vorhandensein des Partners bedeutet auf der einen Seite den Ausfall einer wesentlichen Unterstützungsperson, auf der anderen Seite aber das Fortfallen der Notwendigkeit, sich in allen Dingen des Alltags mit dem Partner abstimmen zu müssen, eigene Interessen zurückzustellen, Konflikte auszuhandeln, Kompromisse schließen zu müssen –in vielfacher Hinsicht also auch eine Vereinfachung des Alltagslebens.[591] Durch den Wegfall des zweiten Elternteils können die Alleinerziehenden die Kinder ihren eigenen Vorstellungen entsprechend erziehen und sie können außerdem die eigenen Bedürfnisse und Interessen stärker verwirklichen. Zwar ist ihr Zeitbudget eingeschränkter, doch die Zeit, die sie haben, können sie stärker nach eigenen Bedürfnissen gestalten. Dieses birgt unter Umständen auch einige Vorteile, denn Streitereien mit dem zweiten Elternteil fallen komplett weg.

9.1.2.2.1 Fehlen eines klaren Rollenmodells für Väter

Ein wesentliches Problem alleinerziehender Väter im Vergleich zu alleinerziehenden Müttern ist das Fehlen eines klaren Rollenmodells.[592] Alleinerziehende Väter begegnen einer Situation für die in unserer Gesellschaft bislang keine kulturell verankerten Verhaltensmuster existieren. Mit einem Vater, der seine Kinder allein großzieht, kann die Öffentlichkeit noch schwer umgehen. Es fehlen nicht nur klare Rollenvorgaben, sondern auch die Möglichkeit einer Orientierung an anderen alleinerziehenden Vätern, da diese wenig verbreitet sind und es an speziellen Kontaktmöglichkeiten mangelt. Probleme, die immer wieder als charakteristisch für alleinerziehende Väter beschrieben werden, sind: die Erfüllung der Elternrolle, das Fehlen eines klaren Rollenmodells, die Wahrung ihrer

---

590 Napp-Peters, S. 110.
591 Niepel, S. 86.
592 Balloff in: ZBlJugR 1991, 256, 260.

Geschlechtsidentität, ihre eingeschränkten Fähigkeiten, Gefühle zu äußern, damit oft einhergehend eine soziale Isolation und fehlende soziale Unterstützung, zumindest was emotionale Aspekte betrifft. Da die Väter sich meistens während der Ehe weniger als die Mütter um die Kinder gekümmert haben, sind erstere oft zu wenig auf die Aufgaben der Erziehung und Versorgung ihrer Kinder vorbereitet.

9.1.2.2.2 Neue Rollendefinitionen speziell für Mütter

Im Gegensatz dazu ist das Hauptproblem alleinerziehender Mütter eher, dass zwar klare gesellschaftliche Erwartungen da sind, diese aber eine Belastung und Einschränkung der Mutter bedeuten. Wallerstein und Kelly[593] betonen die dreifach Bürde von alleinerziehenden Müttern. Sie müssen ihre Erziehungsaufgabe bewältigen, müssen ihren Haushalt führen und zudem oft über ganztägige aushäusige Lohnarbeit den Lebensunterhalt für die Familie verdienen. Eine Frau als Familienoberhaupt kann an keine Lernerfahrungen in ihrer Sozialisation anknüpfen. Kommt sie aus einer Ehe, verändert sich mit der Scheidung ihr Zugang zu gesellschaftlicher Achtung, zu Status, Jobs und Institutionen. In der Ehe werden viele Außenbeziehungen und Entscheidungen über den Ehemann geregelt, und zunächst erhält die geschiedene Frau keine Anerkennung in ihrer neuen Rolle.[594] Viele Frauen erfahren sich zum ersten Mal als kompetent, ihr Leben und dasjenige ihrer Kinder in den Griff zu bekommen, und fühlen sich nicht selten anderen Frauen überlegen. Für die alleinerziehende Frau spielt sich eine Veränderung in ihrem familiären Status ab, die von weitreichender Bedeutung sowohl für die Organisationsstruktur innerhalb der Familie als auch für die gesellschaftlich tradierte weibliche Rollendefinition ist.[595] Im Falle einer Scheidung wechselt der familiäre Status von Abhängigkeit gegenüber der Rolle eines Ehemannes zum Oberhaupt der Familie mit der Vereinbarung der beiden Aufgaben finanzieller Absicherung und reproduktiver Tätigkeit. Die Zweielternfamilie hat oft eine hierarchische Rangordnung nach militärischem Muster, die den Kinder normalerweise wenig Möglichkeiten lässt, an Entscheidungen, die familiäre Belange betreffen, beteiligt zu sein, denn das meiste regeln die Eltern untereinander. Bei der Einelternfamilie fehlt diese hierarchische Rangordnung und dadurch entsteht die Chance eines gleichberechtigten, partnerschaftlichen Umgangs zwischen der Mutter und ihren Kindern.[596] Das Lebenssystem alleinerziehender Frauen ist in der Regel sozial offener als das von Müttern in Zwei-Eltern-Familien. Sofern sie sich in ihrer Umwelt behauptet haben, genießen viele Frau-

---

[593] Wallerstein/Kelly in: Surviving the break up: How children and parents cope with divorce.
[594] Gutschmidt, S. 103.
[595] Heiliger, S. 32.
[596] Heiliger, S. 34.

en zum ersten Mal das Gefühl Autorität und Macht zu besitzen. Sie haben die Kontrolle über ihren gesamten Lebenszusammenhang. Auf die gewonnene Unabhängigkeit sind die Frauen stolz, und sie zögern nicht selten davor, eine neue Partnerschaft einzugehen, aus Angst, eben diesen Gewinn wieder zu verlieren.[597] Das Arrangement „Kind und Beruf" führt bei alleinerziehenden Müttern zu einer Gestaltung des Alltags, die man als eine neue Lebensform bezeichnen könnte. Neu insofern, als ihr die einzelnen Lebens- und Arbeitsbereiche flexibler und unkonventioneller gehandhabt werden, als in der vollständigen Familie.[598]

Alleinerziehende Mütter repräsentieren folglich mit ihren Kindern eine eigenständige Lebensform, die ihre eigenen Normen und Werte, eigene Verhaltensmuster herausbildet und die Persönlichkeit der Mutter sowie der Kinder neu prägt. Da Frauen quasi zur Aktivität gezwungen sind, orientieren sie sich stärker nach außen und übernehmen typisch männliche Funktionen, regeln zum Teil ihr Leben allein und selbstbestimmt, zum Teil verdienen sie zum ersten Mal ein eigenes Gehalt, über das sie noch dazu frei verfügen können. Sobald die Entscheidung zum Alleinleben mit dem Kind gefallen ist, beginnen die meisten Frauen sich um ihr soziales „Netzwerk" zu kümmern.[599] Die Belastungen im Binnenraum der neukonstituierten Familie sind für die Mutter natürlich um so größer, je jünger die Kinder sind, denn jüngere Kinder brauchen in der Regel mehr Zuwendung und Aufmerksamkeit.[600] Die Mutter-Kind-Familie muss ihre Abläufe neu organisieren und Verantwortlichkeiten aufteilen. Die Struktur im Haushalt wird neu definiert, und es wird von den Kindern erwartet, dass sie ihren Anteil ebenso wie die Mutter übernehmen. Dadurch entsteht eine neue Familienstruktur, in der die geschlechtsspezifische Arbeitsteilung aufgehoben und die Rollenverteilung weit weniger ausgeprägt ist als in Familien mit Vater und Mutter. Es herrschen somit keine typischen geschlechtsspezifischen Aufgabeneinteilungen mehr, wie beispielsweise „Mutter kocht und Vater ist für Reparaturen zuständig". Die neuen Muster stellen einen Fundus an Erfahrungen und Einsichten dar, die für den Prozess des allmählichen und mit Konflikten ausgetragenen Geschlechtsrollenwandels in unserer Gesellschaft von großer Bedeutung ist.[601]

---

[597] Niepel, S. 87.
[598] Gutschmidt, S. 132.
[599] Heiliger in: Psychologie Heute 1985, Nr.12, S. 10.
[600] Schaub/Schaub-Harmsen in: Familiendynamik 1984, 19, 23.
[601] Napp-Peters,S. 110.

9.1.2.3 Private Erfahrungen im Freundes- und Bekanntenkreis

Für Eineltern-Familien besitzen soziale Kontakte einen hohen Stellenwert, da intensive Beziehungen zu anderen Personen sowohl für die Alleinerziehenden wie für ihre Kinder besonders wichtig sind. Der Umgang mit Nachbarn, Kollegen, Freunden und Verwandten erweitert den familiären Erlebnisraum durch zusätzliche Informationen, vermehrte Aktivitäten und emotionale Bindungen. Die spezielle Lebenssituation der Alleinerziehenden lässt aus verschiedenen Gründen auf geringe soziale Integration schließen, obwohl gerade sie zur Bewältigung und Erleichterung der Lage auf die Einbindung in soziale Netze angewiesen sind.[602] Die soziale Isolation ist generell ein großes Problem für alleinerziehende Mütter und Väter. Es besteht der frühere Freundeskreis oft nicht weiter, da Interessen und Aktivitäten zu unterschiedlich werden. Neue soziale Kontakte anzubahnen oder bestehende Beziehungen aufrechtzuerhalten erfordert Zeit, materiellen Einsatz und Freizügigkeit, was, vor allem wenn jüngere Kinder vorhanden sind, kaum zu erfüllen ist. Die gleichen Gründe begrenzen auch die Teilnahme an kulturellen Veranstaltungen oder die Nutzung von Freizeitangeboten.[603]

Am stärksten von Isolierung und Diskriminierung betroffen fühlen sich (von Sozialhilfe abhängige) Hausmänner, da diese bei anderen Männern vorwiegend auf Verachtung stoßen, bei Frauen bestenfalls auf Mitleid, weil ihre Lebensform allen gängigen Normen widerspricht.[604] Gerade diesen Hausmännern fehlen berufliche Kontakte, aus denen sich häufig Freundschaften und weitere Kontaktmöglichkeiten entwickeln. So sind sie auf verstärkte Kontakte zu ihrer Herkunftsfamilie angewiesen, die häufig auch ihr einziges Stützsystem darstellen. Doch das Zurückgeworfensein auf den privaten Raum der Herkunftsfamilie kann die Ausgeschlossenheit vom gesellschaftlichem Leben kaum kompensieren. Mangelnde allgemeine soziale Kontakte wirken sich auch auf die unmittelbaren persönlichen Beziehungen des alleinerziehenden Vaters aus. Sie klagen häufig über Einsamkeit, die sie besonders in der ersten Zeit nach dem Verlust der Partnerin öfter mit häufig wechselnden sexuellen Kontakten zu bewältigen versuchen. Auch das Zusammenleben mit einer neuen Partnerin wird häufig durch die Angst des Vaters erschwert, dass die Kinder die neue Situation nicht akzeptieren oder die Partnerin mit den Kindern nicht umgehen kann.[605] Allerdings streben alleinerziehende Väter im Gegensatz zu Müttern häufiger eine neue Partnerschaft an bzw. finden eine neue Partnerin. Sie erhoffen sich von ihr

[602] Neubauer, S. 57.
[603] Neubauer, S. 57.
[604] Permien in: Deutsches Jugendinstitut, S. 94.
[605] Fthenakis, Väter, Bd. 2, S. 94.

eine Entlastung bei der Kinderbetreuung, um wieder freier für den Beruf zu sein, ihre traditionelle Rolle also wieder wahrnehmen zu können.[606] Alleinerziehende, sorgeberechtigte Väter scheinen nur dann erfolgreiche Väter zu sein, wenn sie sich weitgehend ihrer neuen Rollen anpassen konnten.[607] Mütter dagegen fürchten eher durch einen neuen Partner in ihre alte Rolle zurückgedrängt zu werden. Sie wünschen sich zwar oft einen neuen Partner oder haben bereits einen, wollen aber nicht unbedingt mit ihm zusammenleben, denn sie haben Angst dann schließlich doch wieder die Hemden für die Karriere ihres Mannes bügeln zu müssen, statt von ihm in ihrer neuen Selbständigkeit und ihren beruflichen Ambitionen akzeptiert zu werden.[608] Viele Mütter, so zeigt eine empirische Untersuchung,[609] haben aus den „Fehlern" der Partnerbeziehung gelernt und möchten in dieser Form keine mehr eingehen, sie äußern große Zufriedenheit über ihr intensives und häufig als partnerschaftlich empfundenes Verhältnis zu ihren Kindern, über das gewonnene Maß an Selbstbestimmung für ihr Leben und die Erziehung ihres Kindes. Viele bekunden ausgesprochene Harmonie und Klarheit im Zusammenleben mit den Kindern, in dem es keine Auseinandersetzungen unter Ehepartnern über unterschiedliche Erziehungsvorstellungen und kein Aufsplittern zum Beispiel in strafende und tröstende Elternrollen gibt. Die Möglichkeit alles alleine zu entscheiden, wird von vielen Müttern als „Erleichterung" und als „großer Vorteil" gesehen.[610] Da die meisten Mütter auch vor der Trennung vom Partner faktisch alleinerziehend waren, weil bei ihnen die Verantwortung für die alltäglichen Belange des Kindes lag, und zusätzlich die Bedürfnisse des Partners berücksichtigt werden mussten, wird das Alleinleben mit dem Kind häufig als Befreiung empfunden. Daher streben Mütter auch seltener als alleinerziehende Väter eine neue „richtige" Familie an bzw. realisieren sie seltener. Sie wünschen sich dagegen öfter als die Väter eine befriedigendere berufliche Situation und mehr persönliche Unabhängigkeit.[611]

Dennoch klagen auch viele alleinerziehenden Mütter über soziale Isolation. Da bislang gesellschaftlich-ideologisch die Rolle der verheirateten Mutter noch weitgehend als die eigentliche Rolle der Frau angesehen und weiblicher Identität gleichgesetzt wird, vermittelt die Gesellschaft kein positives Bild für den Rollenwechsel zur alleinerziehenden Frau. Selbst Freunde und Bekannte sind oftmals nicht in der Lage die Frauen in ihrer neuen Rolle zu akzeptieren und zu unterstützen.[612] Besonders diejenigen, deren Ehe nach langer Dauer geschieden

[606] Permien in: Deutsches Jugendinstitut, S. 96.
[607] Fthenakis/Niesel/Kunze, S. 116.
[608] Gutschmidt, S. 121.
[609] Heiliger in: Psychologie Heute 1985, Nr.12, S. 10.
[610] Permien in: Deutsches Jugendinstitut, S. 94.
[611] Permien in: Deutsches Jugendinstitut, S. 96.
[612] Heiliger, S. 33.

wurde, registrieren damit zugleich eine teilweise oder fast völlige Auflösung ihres alten Freundes- und Bekanntenkreises.[613] Sie bezeichnen sich als isoliert, da sie ihren Familienstatus als „unvollständig“ erleben, worunter ihr Selbstbewusstsein leidet und deshalb auch Sozialkontakte erschwert werden.

9.1.2.4 Finanzielle und berufliche Erfahrungen

Die finanzielle Benachteiligung von Eineltern-Familien besteht nach wie vor, obwohl sich die Einkommenssituation in den letzten Jahren deutlich verbessert hat. Kennzeichnend für die Situation der alleinerziehenden Mutter ist, im Vergleich zum Vater, ihre (meist) schlechtere berufliche Qualifikation, ihre geringeren Aufstiegschancen und die schlechteren Vermittlungschancen und Verdienstmöglichkeiten. Nach einer Analyse[614] von Kindern der Jahre 1978 bis Mitte 1984, bei denen das Sorgerecht bei einem Elternteil alleine lag, waren Väter (88%) zu einem weit größeren Prozentteil voll berufstätig als Mütter (45%). Grund hierfür ist wohl in erster Linie, dass berufstätige alleinerziehende Mütter schnell zu Rabenmüttern deklassiert werden. Aufgrund einer nach wie vor verbreiteten Nichtakzeptanz der Erwerbstätigkeit von Müttern erfahren alleinerziehende Erwerbstätige oftmals negative Reaktionen und sind selbst verunsichert, ob ihre Berufstätigkeit nicht auf Kosten des Wohles ihrer Kinder geht. Nicht berufstätige und damit meist arme Mütter werden dagegen als „Kostgängerinnen“ der Gesellschaft betrachtet, die für den Lebenswandel und das Scheitern von Frauen die Kosten zu tragen haben. Wenn alleinerziehende Frauen ihre Mutterrolle „normal“ verrichten, gilt dies als selbstverständlich, im Falle der alleinerziehenden Väter dagegen als besonderer Verdienst.[615]

Die Trennung und Scheidung vom Partner bedeutet vor allem für Frauen meist einen sozialen Abstieg. Der ohnehin schwierige (Rück-)Weg in eigene Berufstätigkeit wird um so schwieriger, je länger er durch die Kindererziehung hinausgeschoben wird.[616] Dabei drehen sich die primären Bedenken der Arbeitgeber um das Problem der zeitlichen Flexibilität, besonders bei Erkrankung des Kindes. Diese Skepsis wird allerdings auch verheirateten Müttern entgegengebracht, die bei Erkrankung der Kinder dem Arbeitsplatz fernbleiben.[617] Auch wenn sie während der Ehe erwerbstätig waren, so fällt nun das Einkommen des Mannes weg; waren sie nicht erwerbtätig, sehen sie sich nun dem Problem gegenüber eine Ar-

---

613 Gutschmidt, S. 103.
614 Döcker/Knöbl in: Praxis der Kinderpsychologie und Kinderpsychiatrie 1987, 62.
615 Niepel, S. 91.
616 Zenz/Salgo, S. 34.
617 Gutschmidt, S. 105.

beit zu finden oder sind auf Unterhaltszahlungen des ehemaligen Ehemannes oder auf Sozialhilfe angewiesen. Gerade die Mütter, die sich vor der Geburt der Kinder keine eigene Existenzgrundlage schaffen konnten und diejenigen, die zu Gunsten der unbezahlten Familienarbeit nicht berufstätig waren, müssen im Rahmen einer Alleinerziehung nach Trennung und Scheidung besonders erhebliche ökonomische Einschränkungen hinnehmen.[618] Dabei erleben fast alle alleinstehenden Mütter den sozialen Abstieg im Zusammenhang mit finanziell beengter Lebensführung, der vielfach durch Unterhaltszahlungen nicht angemessen ausgeglichen werden kann.[619] Einelternfamilien mit weiblichem Haushaltsvorstand sind überproportional häufig arm oder von Armut bedroht. Vor allem Eineltern-Familien mit Vorschulkindern sind benachteiligt, weil sie aufgrund der fehlenden Betreuungsmöglichkeit für das Kind keiner Erwerbsarbeit nachgehen können.[620] Die Zahl der Sozialhilfeempfängerinnen unter den Alleinerziehenden steigt ständig.[621] Dies liegt nicht nur daran, dass der Unterhalt, den Frauen im Falle einer Scheidung für das Kind bzw. die Kinder und sich vom Ehemann erhalten, unter dem Einkommen liegt, das die Familie vor der Trennung zur Verfügung hatte, sondern auch daran, dass viele Männer in bezug auf die Unterhaltszahlung säumig und unzuverlässig sind.[622] Mehr als 50% aller Väter entziehen sich „ganz oder teilweise" der Unterhaltsverpflichtung. Sie wollen (oder können) nicht mehr für eine Familie zahlen von der sie „nichts mehr haben", erst recht nicht, wenn sie eine neue Familie gründen.[623] Im übrigen reicht das Einkommen der meisten Väter nicht für zwei getrennte Haushalte. So wird schon bei der gerichtlichen Festlegung der Unterhaltsansprüche gewöhnlich eine „zumutbare" Erwerbsarbeit der sorgeberechtigten Mutter vorausgesetzt: Der Unterhalt für die Familie beschränkt sich häufig auf die Kinder und ist auch da meist nur ein Unterhaltszuschuss.[624] Unterhaltszahlungen tragen also bei vielen alleinerziehenden Müttern nur zu einen kleinen Teil zur Existenzsicherung bei. So ist es nicht verwunderlich, dass die Erwerbstätigkeitsquote alleinerziehender Mütter mit Kindern unter 18 Jahren bei 57% und damit deutlich über der der Ehefrauen mit 41% liegt.[625] Die Tatsache, dass diese Quote andererseits deutlich niedriger ist als die der alleinerziehenden Väter mit 79%, ist ein Hinweis auf die schlechte Arbeitsmarktlage für Mütter. Erschreckend dabei ist außerdem, dass sich eine Halbtagstätigkeit für Mütter zwar in sozialer Hinsicht, aber kaum in wirtschaftlicher Hinsicht im Vergleich zur Sozialhilfe auszahlt, denn halbtags-

618 Balloff, S. 84.
619 Zenz/Salgo, S. 34.
620 Betram/Borrmmann-Müller in: Politik und Zeitgeschichte 1988, B 13, S. 20.
621 Swientek, S. 37.
622 Sander, S. 13; Schöningh/Aslandidis/Faubel-Diekmann, S. 83.
623 Permien in: Deutsches Jugendinstitut, S. 91; Balloff in: ZblJugR 1991, 256, 261.
624 Permien in: Deutsches Jugendinstitut, S. 91.
625 Statistisches Bundesamt 2001, S. 109.

beschäftigte Mütter verdienen nur das 1,4fache des ihnen prozentual zustehenden Sozialhilfesatzes. Erst eine vollerwerbstätige Mutter kann das zweifache dieses Satzes verdienen.[626] Daraus ergeben sich nicht nur materielle Einschränkungen, sondern immer wieder wird vor allem über die damit verbundene gesellschaftliche Isolierung geklagt. Schaub und Schaub-Harmsen[627] sprechen von einem Eineltern-Syndrom, das sich aus der Überforderung der Mütter ergibt, aus Geldmangel und aus dem Gefühl für alles Verantwortung tragen zu müssen, nicht zur Ruhe zu kommen und gesellschaftlich isoliert und benachteiligt zu sein.

Für die meisten alleinerziehenden Väter ist die Vereinbarung von beruflicher und familiärer Rolle das größte Problem.[628] Wie bereits oben beschrieben, geht es den alleinerziehenden Vätern ökonomisch wesentlich besser als den alleinerziehenden Müttern. Alleinerziehende geschiedene Väter verfügen im Durchschnitt über ein höheres Einkommen als allein erziehende Mütter.[629] Allein von daher müssen sie die Probleme, wie sie als Folgen der Armut beschrieben worden sind, nicht bewältigen. Allerdings ist es oft notwendig Karriereziele aufzugeben, was von den alleinerziehenden Vätern eine Umstrukturierung ihrer Werteskala verlangt, eine Aufgabe, die Selbstbewusstsein und Eigenständigkeit erfordert.[630] Wenn ein alleinerziehender Vater Kleinkinder zu versorgen hat, kann er gezwungen sein, seine Arbeit zumindest vorübergehend auch ganz aufzugeben. Für Männer, die sich als Hausmann gewollt oder ungewollt gänzlich der Kindererziehung widmen und sozialhilfeabhängig sind, wird hierzulande noch weniger Verständnis aufgebracht als für Frauen in der gleichen Situation.[631] Dies zieht nicht nur häufig finanzielle Probleme nach sich, sondern kann auch zu schweren Identitätsproblemen führen mit Depressionen und Aggressionen in der Folge.[632] Für alleinerziehende Väter mit weniger guten Positionen oder aus der Unterschicht stellt sich die Situation noch problematischer dar. Teilzeitarbeit, Job-Sharing oder zeitweise Befreiung wegen familiärer Verpflichtungen sind in der Arbeitswelt, besonders der Arbeiter, nicht vorgesehen.[633] Nur 2% gegenüber 23% der Mütter sind teilzeitbeschäftigt.[634] Alleinerziehende Väter aus dieser Gruppe sind deshalb häufig gezwungen ihre Arbeitsstelle zu wechseln, was meist, bei ohnehin geringeren Einkommen, mit finanziellen Einbußen ver-

---

626 Permien in: Deutsches Jugendinstitut, S. 91.
627 Schaub/Schaub-Harmsen in: Familiendynamik 1984, 19, 23.
628 Fthenakis, Väter, Bd. 2, S. 92.
629 Buchhofer, S. 144.
630 Fthenakis, Väter, Bd. 2, S. 92.
631 Niepel, S. 91.
632 Fthenakis, Väter, Bd. 2, S. 93.
633 Permien in: Deutsches Jugendinstitut, S. 91.
634 Döcker/Knöbl in: Praxis der Kinderpsychologie und Kinderpsychiatrie 1987, 62, 63.

bunden ist.[635] Bei voller Berufstätigkeit hingegen (evtl. noch mit den „üblichen" Überstunden verbunden) bleibt alleinerziehenden Vätern häufig einfach zu wenig Zeit für die Kinder und den Erwerb von Erziehungskompetenzen. Die lange Abwesenheit eines voll berufstätigen alleinerziehenden Vaters von zuhause schafft natürlich Probleme, besonders bei der Betreuung jüngerer Kinder. So besteht die Gefahr, dass ihren Kindern nicht nur die Mutter, sondern weitgehend auch der Vater fehlt.[636] Die besonders langen Wochenarbeitszeiten finden sich bei Männern im Alter zwischen 25 und 40 Jahren, also zu einer Zeit, die als Kindererziehungsalter gilt.[637] Jeder siebte Mann dieser Altersgruppe arbeitet mindestens 50 Stunden pro Woche, d.h. sie stehen für die Übernahme von Familienaufgaben nur bedingt zur Verfügung. Deshalb besteht für Väter, mehr als für Mütter, die Notwendigkeit, andere Personen zur Betreuung der Kinder hinzuzuziehen, indem sie einen Teil der Erziehungsaufgaben an die Großmutter oder an die neue Lebensgefährtin delegieren.[638] In einer Umfrage von Emnid[639] aus dem Jahr 1981 wünschten allerdings nur 25% der Männer eine Reduktion der Wochenarbeitszeit bei entsprechenden Einkommenseinbußen, und nur 7% waren an einer Wochenarbeitszeit von 20 Stunden interessiert. Es scheint also immer noch so zu sein, dass sich Männer mehr über einen gesellschaftlich anerkannten Arbeitsplatz definieren als über Hausarbeit und Kindererziehung. Ob dabei finanzielle Gründe oder die Angst über den möglichen Verlust der familiären und gesellschaftlichen Vormachtstellung im Vordergrund stehen, bleibt fraglich.

9.1.2.5 Geschlechtsspezifische Unterschiede in der Einelternrolle

Während für Frauen sich durch die Übernahme der Einelternrolle zumeist nur wenig Unterschiede in Bezug auf ihre Rolle als Erzieherin ergeben, sehen sich viele Männer vor die Herausforderung gestellt, völlig neue Elternpflichten erfüllen zu müssen. Für alleinerziehende Väter scheint ein starkes Problem in Bezug auf die Wahrung ihrer Geschlechtsidentität zu bestehen. Die Doppelbelastung von Beruf und Familie wird von vielen Frauen besser verkraftet als von Männern.[640] Die Übernahme einer Erwerbstätigkeit durch eine alleinerziehende Mutter stellt für diese offenbar keine so starke Bedrohung ihrer Selbstdefinition als Frau dar, wie es für die Übernahme „weiblicher" Tätigkeiten wie Schmusen mit den Kindern, Putzen, u.s.w. im Falle der Männer gilt. Das Ausmaß der persönli-

---

[635] Fthenakis, Väter, Bd. 2, S. 93.
[636] Permien in: Deutsches Jugendinstitut, S. 91.
[637] Born/Vollmer, S. 49.
[638] Balloff, S. 82.
[639] Emnid (1981): Lage, Dauer, Tatsachen, Entwicklungen, Erwartungen und Verteilung der Arbeitszeit.
[640] Napp-Peters, S. 120.

chen Betreuung des Kindes eines alleinerziehenden Elternteils konnte in der Analyse von Döcker und Knöbl[641] bei 57% der Väter und 79% der Mütter als intensiv bewertet. Alleinerziehende Männer erleben die verschiedenen Rollen als stärker unvereinbar, sehen sich eher in ihrer Geschlechtsrollenidentität verunsichert.[642] Viele alleinerziehende Väter fühlen sich anfangs durch häusliche Pflichten übermäßig belastet. Es fällt ihnen oft schwer, richtig einzukaufen, zu kochen, sauberzumachen, u.s.w. Nur 30% der sorgeberechtigten Väter, im Gegensatz zu 57% der Mütter, lebten mit ihrem Kind allein.[643] Sie schaffen sich mehr Entlastung und Delegation der Kinderbetreuung –sei es, weil sie diese bezahlen können, oder weil sie neue Partnerinnen stärker in die Kindererziehung einbeziehen als die alleinerziehenden Frauen es mit ihren neuen Partnern halten.[644] Ihre Kinder werden für mehr Stunden am Tag Kindertagestätten oder Betreuungspersonen anvertraut und sie sind auch relativ häufig nach der Schule ohne Aufsicht zu Hause als Kinder in der Obhut ihrer Mütter. Aufgrund der geschlechtsspezifischen Sozialisation fällt es vielen Männern schwer, sich auf die emotionalen Bedürfnisse ihrer Kinder einzustellen, sie können oft mit der Irrationalität ihrer Kinder schwer umgehen. Eine besondere Schwierigkeit stellt die Erziehung ihrer Töchter dar, vor allem wenn diese in die Pubertät kommen.[645] Hinzu kommt eine Verunsicherung vieler Väter, die sich fragen, ob die Kinder nicht besser bei der Mutter aufgehoben wären.[646] Sie stellen sich die Frage, ob Alleinerziehung für die Kinder nicht einen unzumutbaren Dauerstress bedeutet, und ob sie auch tatsächlich die emotionalen Bedürfnisse der Kinder befriedigen können.[647]

9.1.3 Gleichgeschlechtliche Partnerschaften

Die Geschichte der Diskriminierung und Kriminalisierung von Homosexualität im westeuropäischen Raum ist lang. Die Einstellungen, die in der Bevölkerung gegenüber Homosexuellen bestehen, wurden vor diesem Hintergrund ebenso nachhaltig geprägt, wie die Lebensführung von Schwulen und Lesben selbst.[648] Mit der Straflosstellung der Erwachsenenhomosexualität im Jahre 1969 war der gravierendste Eingriff in die Freiheitssphäre der Homosexuelle beseitigt.[649] Der

[641] Döcker/Knöbl in: Praxis der Kinderpsychologie und Kinderpsychiatrie 1987, 62, 65.
[642] Niepel, S. 93.
[643] Döcker/Knöbl in: Praxis der Kinderpsychologie und Kinderpsychiatrie 1987, 62, 64.
[644] Napp-Peters, S. 92.
[645] Balloff, S. 82.
[646] Niepel, S. 92.
[647] Fthenakis, Väter, Bd. 2, S. 95.
[648] Schneider/Rosenkranz/Limmer, S. 92.
[649] Muscheler, Rn. 5.

Gesetzgeber hatte einen großen Schritt auf jenem Weg zur Toleranz gemacht, der 1994 mit der gänzlichen Abschaffung des § 175 StGB an sein Ziel gelangte.[650] Dieses ist durch das Lebenspartnerschaftsgesetz vom 16. Februar 2000[651] bekräftigt worden. Mit ihm wird ein in Deutschland völlig neues familienrechtliches Rechtsinstitut geschaffen: Die Eingetragene Lebenspartnerschaft, begründet zwischen zwei Personen gleichen Geschlechts. Menschen gleichen Geschlechts erhalten damit zum ersten Mal die Möglichkeit in einem rechtlich organisierten Rahmen zusammenzuleben und füreinander Verantwortung zu übernehmen.[652] Wer sich als homosexuelles Paar eintragen lässt, ist fortan mit Ehepaaren in Bereichen wie Zeugnisverweigerungsrecht, Besuchsregelung im Krankheitsfall oder Erbrecht gleichgestellt.

Problematisch ist in diesem Zusammenhang aber weiterhin das Thema „Familien mit gleichgeschlechtlichen Partnern". Hat sich die Einstellung der Bevölkerung gegenüber Homosexualität als solcher und insbesondere gegenüber homosexuellen Partnerschaften in den letzten Jahren und Jahrzehnten zu mehr Toleranz hin verändert, so gilt dies nicht in gleichem Maße für homosexuelle Elternschaft.[653] Hierbei werden auch heute noch viele Vorurteile gehegt und diese Familien sind weiterhin Diskriminierungen ausgesetzt. Sowohl schwulen Männern als auch lesbischen Frauen wird eine positive Vorbildfunktion abgesprochen, wenn nicht sogar unterstellt, dass die Kinder zur Homosexualität, also zu einer unnormalen sexuellen Orientierung verführt werden. Dieses sei einfach eine „unmögliche", Kinder nicht mehr zumutbare Situation.[654] Es erscheint zwar nachvollziehbar, dass das Vorleben einer Geschlechtsrolle Vorbildcharakter hat und dass die Kinder zunächst einmal diese Erfahrungen imitieren, was sie langfristig in ihrem eigenen Rollenverhalten prägt. Aber der Umkehrschluss kann nicht sein, dass ein Kind, dass kein Vorbild des eigenen Geschlechts während seiner sensiblen Entwicklungsphasen hatte, seine Geschlechtsrolle nicht oder „falsch" entwickeln muss. Denn wenn das familiäre Modell wirklich das einzige Erlebnisfeld wäre, würden Söhne genauso wie ihre Väter und Töchter genauso wie ihre Mütter.[655] Dieses ist in der Regel nicht der Fall, es bestehen höchstens Ähnlichkeiten. Kinder erleben stets auch andere Menschen außerhalb ihres Familienverbandes, sie entwickeln ihren eigenen Weg, der als Summe ihrer Erfah-

---

[650] § 175 des Reichsstrafgesetzbuches von 1871 hatte bestimmt: „Die widernatürliche Unzucht, welche zwischen Personen männlichen Geschlechtes oder von Menschen und Tieren begangen wird, ist mit Gefängnis zu bestrafen. Auch kann auf Verlust der bürgerlichen Ehrenrechte erkannt werden."

[651] BGBl. I, S. 266.

[652] Bruns/Kemper, Vorwort, S. V.

[653] Muscheler, Rn. 170.

[654] Rauchfleisch, S. 43.

[655] Sasse, S. 216.

rungen bezeichnet werden kann. Folglich beruhen derartige Äußerungen und Diskriminierungen nicht auf Tatsachen, sondern auf Vorurteilen und Feindseeligkeiten. Aber selbst bei besserem Wissen bestehen Vorurteile häufig weiter, weil sie emotional tief verankert sind. Die Existenz der homosexuellen Lebens- und Familienform wird nicht selten als Bedrohung für die „traditionelle" Familie dargestellt. Hier ist die Gesellschaft gefordert, denn ein erheblicher Teil der Diskriminierung findet aufgrund der Nichtwahrnehmung der Familienform homosexueller Familien in Schule und Freizeit statt. Je mehr Homosexualität von der Gesellschaft akzeptiert wird und je offener diese nach außen leben, je weniger leiden Kinder gleichgeschlechtlicher Paare unter Diskriminierungen.

Öffentlichkeitsarbeit und Präsenz in den Medien sind ein Weg, um deutlich zu machen, dass zu den vielfältigen heute existierenden Familienformen auch die mit lesbischen Müttern oder schwulen Vätern zählen. Eine Erwähnung und gleichberechtigte Darstellung verschiedener Lebensformen in Schulbüchern und Rahmenplänen ist überfällig, damit die Kinder, die in einer anderen als der traditionellen Vater-Mutter-Kind-Familie aufwachsen, nicht diskriminiert werden. Informationen und Aufklärung in der Öffentlichkeit sind nötig, damit auch Familien mit homosexuellen Eltern-(teilen) gleichberechtigt akzeptiert werden. Gesetze allein wirken auf gesellschaftliches Bewusstsein nicht verändernd. Vielmehr muss durch das Sichtbarmachen von Familien mit einem homosexuellen Elternteil eine gesellschaftliche Änderung auf der Bewusstseinsebene der Bevölkerung erfolgen. Die Menschenwürde und das Recht auf freie Entfaltung der Persönlichkeit, das allgemeine Persönlichkeitsrecht, schützt auch die Entscheidung für eine gleichgeschlechtliche Lebensgemeinschaft.[656]

Das Lebenspartnerschaftsgesetz hat hierfür einen wichtigen Anfang geschaffen. Menschen, die Verantwortung für einander übernehmen wollen, wird dieses nunmehr ermöglicht. Wer sich wirklich „lebenslang" binden will, soll dieses können. Dem Gesetz eignet in einer Reihe von Regelungen erhebliche Symbolkraft. Diese Bestimmung nehmen Einfluss auf das Bewusstsein der Bevölkerung. Dennoch bleiben viele Fragen und Problemkreis noch offen und ungeklärt, gerade im Bereich der Kindererziehung, -betreuung, und der Familiengründung. Es sollte eine Möglichkeit geschaffen werden, dass die beiden gleichgeschlechtlichen Erwachsenen das gemeinsame Sorgerecht für das Kind erhalten, unabhängig von biologischen Verwandtschaftsverhältnissen. Des weiteren sollte es, wie in den USA und den Niederlanden, erlaubt sein, auch Lesben und alleinstehenden Frauen eine Insemination durch einen Arzt zu ermöglichen, um die Erfüllung ihres Kinderwunsches unter medizinisch kontrollierten Bedingungen zu realisieren.

---

[656] Robbers in: Bosinski, u.a., S. 49.

9.2 Folgen des Wandels von Lebensformen und Lebensführung

Der Wandel von Lebensformen und Lebensführung erfolgt im Kontext des Wandels der Gesellschaft und ist nur in diesem Zusammenhang verstehbar. Lebensformen sind im Zuge des gesellschaftlichen Modernisierungsprozesses zunehmend Gegenstand individueller Planungen und Entscheidungen geworden. Individuen versuchen unter den wahrgenommenen gesellschaftlichen Opportunitätsstrukturen Form und Verlauf ihrer privaten Lebensführung so zu gestalten, dass sie, subjektiv, in möglichst optimaler Weise mit ihren Lebensplänen zu vereinbaren sind.[657] Wie sich Lebensformen und Lebensführung in Zukunft entwickeln, ist folglich abhängig von der weiteren gesellschaftlichen Entwicklung. Das Ausmaß der Tabuisierung vormals gesellschaftlich kaum geduldeter, daher „alternativer" Lebensformen und der Grad ihrer sozialen beziehungsweise der sozialen Stigmatisierung ihrer Mitglieder ist stark zurückgegangen.[658] Aber die prägende Wirkung gesellschaftlicher Strukturen und milieuspezifischer Gegebenheiten hat sich keineswegs aufgelöst. Verschoben haben sich die Gewichte: von größerer Determiniertheit der Lebensführung durch strukturelle Gegebenheiten hin zu mehr individueller Entscheidungsfreiheit.[659] Maßgeblich für die jüngste Entwicklung ist daneben die wachsende Bedeutung der Lebenssituation und der Lebensphase für die Entstehung von Lebensformen. Lebensformen werden immer seltener mit Langzeitperspektive, sondern zunehmend gekoppelt an die Dauer einer bestimmten Lebensphase eingegangen.

Stärker als heute werden in Zukunft Ambivalenzen Lebensformen und Lebensverläufe durchdringen. Dies gilt gerade für die entscheidungsoffenen Teile der privaten Lebensführung. Dort wo Entscheidungen möglich oder nötig sind, wird es immer schwerer werden Vor- und Nachteile verschiedener Alternativen gegeneinander abzuwägen. Dabei werden Ehe und Familie weiter an funktionaler Bedeutung einbüßen. Der Rückgang der Prävalenz der Kernfamilie ist Folge sinkender Heiratsneigung[660] und zunehmender Verbreitung dauerhafter Kinderlosigkeit.[661] Dies wird zu einer Ausbreitung von Lebensformen jenseits der traditionellen Familie führen, aber nicht von einer fortschreitenden Auflösung von Standards und Normalitäten begleitet werden. Standards werden sich weiterhin wandeln, vermutlich rascher als in der Vergangenheit, aber nicht verschwinden. Anstelle des einstigen Normalfalls Ehe und Elternschaft wird eine Palette von einigen Standardmustern treten, die sich grundsätzlich nur danach unterschei-

---

[657] Huinink, S. 154.
[658] Huinink, S. 13.
[659] Schneider/Rosenkranz/Limmer, S. 7.
[660] Statistisches Bundesamt 2001, S. 69.
[661] Schneider/Rosenkranz/Limmer, S. 7.

den, welche Rolle Partnerschaft, Elternschaft und Trennungsereignisse einnehmen.[662]

Die geschilderte Dynamik der Familienformen steht in einem engen Zusammenhang mit dem Wandel des Geschlechterverhältnisses. Die während der Industrialisierung begonnene Zentrierung der privaten Lebensorganisation um die Erwerbsarbeit vollzog sich in einem rasanten Tempo und riss die Geschlechterschranken nieder.[663] Je mehr sich traditionelle Geschlechtsrollenbestimmungen im privaten Bereich auflösen, ein langsamer aber doch in Bewegung befindlicher Prozess, desto mehr wächst die Notwendigkeit, Verfahrenweisen und Gestaltungsoptionen der gemeinsamen Lebensführung zu verhandeln. Die Familiengründung findet heute, soweit sie erfolgt, im Durchschnitt mehrere Jahre später statt als noch vor einem Vierteljahrhundert. Die enge Koppelung von Sexualität und Elternschaft sowie partnerschaftlicher Lebensgemeinschaft und Ehe ist heute weitgehend aufgehoben.[664] Dadurch hat sich eine Lebensphase ausdifferenziert, die zwischen Auszug aus dem Elternhaus und Familiengründung platziert ist und zunehmend einen eigenständigen Charakter enthält. Ein großer Teil der nichtkonventionellen Lebensformen wird in dieser Phase gelebt.

Weiterhin sind zunehmende Schwierigkeiten auf die sich ändernden weiblichen Lebenszusammenhänge zurückzuführen. Die Bereitschaft zu einer partnerschaftlichen Lebensgemeinschaft, und mehr noch zur Elternschaft, hängt aus Sicht der Frau also immer mehr davon ab, inwieweit der Partner eine egalitäre Rollenverteilung in der Haushaltsorganisation mit zutragen bereit ist.[665] Verbesserte Methoden einer ausschließlich vom eigenen Entschluss abhängigen Empfängnisverhütung, zunehmende Schulbildung, eigenes Arbeitseinkommen und vom Partner unabhängige soziale Verkehrskreise markieren die Fortschritte weiblicher Unabhängigkeit, welche von den beruflich qualifizierten Frauen überwiegend als Befreiung erlebt werden.[666] Die zunehmende Unabhängigkeit der Frauen bedeutet keine Familienfeindlichkeit, wohl aber den Anspruch, Lebenserfüllung nicht allein und nicht um jeden Preis in der Familie zu finden. Entscheidet sich die junge Frau nach ihrer Ausbildung erst mal gegen Kinder und Familie und für ihre berufliche Zukunft, so hat das bestimmt nichts mit „Egoismus" oder „Hedonismus" zu tun, sondern mit komplexen, aber vernünftigen und immer auch legitimen Lebensplanungen. Die Stabilität der bisherigen modernen Familienform beruhte doch in hohem Maße auf der Abhängigkeit der Frauen von der

---

[662] Schneider/Rosenkranz/Limmer, S. 205.
[663] Erler, S. 115.
[664] Huinink, S. 13.
[665] Huinink, S. 174.
[666] Kaufmann 1990, S. 120.

ertragreichen männlichen Erwerbstätigkeit und dem Mangel an Lebensoptionen, die ein vergleichbares Maß an Sicherheit auch unabhängig von der Ehe gewährleistet hätten. Eben dies hat sich unter dem Einfluss gewandelter Bedürfnisse des Arbeitsmarktes und der den Frauen ja nicht mit guten Gründen vorenthaltenden erhöhten Bildungsbeteiligung grundlegend verändert.[667] Das „ständische" Rollenmodell der Frauen, das an Familie und Verwandtschaftssystem ausgerichtet war, hat sich gewandelt und ist nun nicht mehr von Abhängigkeiten und Zwängen geprägt. Gerade Frauen, die in gehobenen beruflichen Positionen tätig sind, also sog. Karrierefrauen, bleiben überproportional häufig ledig.[668] Die Zukunft der Familie wird sich daran entscheiden, ob es gelingt, dauerhafte Partnerschaftsbeziehungen auf der Basis nicht nur ideeller, sondern auch praktischer Gleichberechtigung in genügender Zahl und Dauer zu stabilisieren.[669]

9.3 Bedeutungswandel von Elternschaft

Anders als die Ehe hat die Institution Elternschaft nicht an genereller Wertschätzung eingebüßt, sondern eher noch an Gewicht gewonnen. Kindervernachlässigung bis zum Tod und Kindesaussetzung sind zu marginalen Phänomenen geworden, die Nachwuchsbeschränkung hat sich auf die vorgeburtliche Phase verlagert. Kinder haben heute in den modernen Industrie- und Dienstleistungsgesellschaften eine andere Bedeutung und Stellung inne als in vorindustrieller Zeit.[670] Elternschaft ist so von einem oft ungewollten Schicksal mehr und mehr zu einer Lebensentscheidung geworden oder wird zum mindesten sozial als solche gewertet. Es entspricht dann dem Ethos der Freiheit, dass man zu den Konsequenzen seiner Entscheidung zu stehen hat, und in der Tat wird die elterliche Verantwortung heute in eher zunehmendem Maße ernst genommen.[671] Immer noch ist die überwältigende Mehrheit der Bevölkerung der Meinung, Kinder würden das Leben intensiver und erfüllter machen. Allerdings wird diese positive Einstellung Kindern gegenüber kontrastiert durch den generellen Rückgang der Geburtenzahlen. Während die zwischen 1940 und 1950 geborenen Frauen ihre Kinderzahlen in erster Linie über einen Rückgang der Geburten von dritten und folgenden Kindern reduziert haben, ist ab dem Jahrgang 1950 vor allem die wachsende Kinderlosigkeit für den Rückgang der durchschnittlichen Kinderzahlen (1,4 je Frau) verantwortlich.[672] Die sinkenden Geburtenzahlen, vor allem der

---

[667] Kaufmann 1990, S. 121.
[668] Bock-Rosenthal/Haase/Streeck, S. 70.
[669] Kaufmann 1990, S. 121.
[670] Erler, S. 7.
[671] Kaufmann 1990, S. 101.
[672] Statistisches Bundesamt 2001, S. 63.

extreme Rückgang kinderreicher Familien, beruhen nicht auf einem abnehmenden Kinderwunsch, sondern sind Anzeichen für einen Bedeutungswandel von Elternschaft. Dabei hat auch die Elternrolle eine Veränderung erfahren. Während die Ansprüche an die Kindererziehung gestiegen sind und die finanziellen Belastungen mit zunehmender Familiengröße rapide ansteigen, sind die sozial-emotionalen Befriedigungen, die Kinder bieten, schon mit einem oder zwei Kinder voll ausgeschöpft. So wird im gewandelten Eltern-Kind-Verhältnis deutlich, dass den Kinder heute ein besonderer „Wert" zugeschrieben wird, der primär mit Lebenserfüllung und persönlichen Glückserwartungen verknüpft ist.[673]

Die Träger des Rückzugs aus traditionellen (familialen) Lebensformen sind junge Frauen und Männer der höheren Bildungsschicht. An erster Stelle rangiert hier die berufliche Orientierung beider Partner. Ein hohes Bildungsniveau sowie ein (Fach-)Hochschulabschluss hat ein starke, vor allem aufschiebende Wirkung auf die Geburt des ersten Kindes. Hier spielen auch arbeitsmarkttheoretische Überlegungen hinein.[674] Die Realisierung des (meist vorhandenen) Kinderwunsches wird davon abhängig gemacht, ob Kinder mit der Berufsbiographie der Frau vereinbar sind. Aber auch wenn die meisten Paare einer Elternschaft nicht grundsätzlich abgeneigt gegenüberstehen, wird der Kinderwunsch oft aus beruflichen Gründen hinausgeschoben. Durch zwischenzeitliche Ereignisse oder über den Gewöhnungseffekt wird dann bei vielen von ihnen aus der befristeten eine lebenslange Kinderlosigkeit.[675] Das „familienorientierte Paar" findet sich vorwiegend in ländlichen Regionen und bei Frauen mit niedrigem Bildungsstatus.[676] Im Alter zwischen 30 und 34 sind noch über die Hälfte der Abiturienten kinderlos, aber nur ein Viertel der Hauptschulabsolventen. 44% der unteren Sozialschichten, aber nur 25% der höheren Sozialschichten leben in Hausfrauenehen. Damit werden die sozialen Unterschichten einerseits immer mehr zur Trägerschaft traditioneller Lebensstile (Familie, Hausfrauenehe), andererseits sind die besonders stark von den Problemen der Vereinbarkeit von Familienpflichten und Berufstätigkeit betroffen.

9.4 Zusammenfassung

Die Ehe ist somit nicht mehr Voraussetzung für eine gesellschaftlich akzeptierte dauerhafte Partnerschaft und Sexualbeziehung. Neben ihr haben sich diverse

[673] Erler, S. 7.
[674] Klein in: Hujer/Schneider/Zapf, S. 220.
[675] Kaufmann 1990, S. 97.
[676] Peuckert, S. 274.

Lebensformen etabliert, wie die nichteheliche Lebensgemeinschaft, die Eineltern-Familie und die gleichgeschlechtliche Partnerschaft.

Diese Pluralität von Lebensformen und Möglichkeiten, gerade für Frauen und Mütter, auch außerhalb einer Ehe leben zu können, führte unweigerlich auch zur schnelleren Bereitschaft sich aus alten Rollenmustern zu befreien, d.h. sich scheiden zu lassen. Daher soll in diesem Zusammenhang im folgenden Kapitel die Scheidung als individuelles und gesellschaftliches Problem dargestellt werden.

10. Kapitel: Scheidung als individuelles und gesellschaftliches Problem

Trennung und Scheidung sind Konflikte, die sich von anderen Konflikten deutlich unterscheiden, weil die Ausgangslage, die typischerweise jeder Trennung zugrunde liegt, von dem Spannungsverhältnis zwischen Nähe und Distanz bestimmt wird. Der Konflikt betrifft zwei erwachsene Personen unterschiedlichen Geschlechts, die irgendwann aus Liebe oder Zuneigung oder Interesse aneinander geheiratet haben. Sie haben wahrscheinlich mehrere Jahre ihres Lebens intensiv miteinander verbracht, gemeinsam gelebt, gewohnt und in vielen Fällen Kinder miteinander großgezogen. Jetzt ist die Kommunikation zwischen beiden gestört, vielleicht sogar abgebrochen. Zwei Menschen, die sich noch vor einiger Zeit liebevoll begegnet sind, gehen im Streit auseinander. Oft scheint die Flucht aus dieser Partnerschaft der einzige Ausweg zu sein.[677] Wie auch immer die Konfliktsituation im Einzelnen aussieht, sie schafft eine hohe emotionale Spannung, die weit über das hinausgehen kann, was sonstige Konflikte an Stresspotential zu liefern vermögen. Forschungen haben ergeben, dass in verschiedenen Ländern (USA, Schweden, Niederlande, Japan) ein repräsentativer Bevölkerungsanteil auf die Frage, welche Erlebnisse er als besonders belastend empfände, sehr einheitlich geantwortet. Die Rangfolge lautete: 1. Tod des Ehegatten (100); 2. Scheidung (73); 3. eheliche Trennung (65).[678]

Ehen werden gem. § 1353 I BGB auf Lebenszeit geschlossen. Diese Vorschrift symbolisiert das allgemeine gesellschaftliche Bewusstsein, das eine Ehe regelmäßig ein Leben lang zu halten hat und nur ausnahmsweise vorher beendet werden darf. Daher ist eine Scheidung vielfach noch mit dem Gefühl behaftet, es nicht geschafft oder nicht lange genug durchgehalten zu haben.[679] Wenn man sich allerdings die Zahlen der Ehescheidungen der letzen Jahre ansieht, erkennt man leicht ihre gesellschaftliche Dimension und Bedeutung. Während sich im Jahr 1993 insgesamt 156.646 Paare scheiden ließen, waren es im Jahr 1999 schon insgesamt 190.760 Paare und 2001 bereits 197.500 Paare. Fast jede dritte Ehe endet in Deutschland vor dem Richter. Etwa die Hälfte aller geschiedenen Paare haben Kinder unter 18 Jahren. Dabei waren im Jahr 1999 insgesamt 91.777 Kinder,[680] im Jahr 2001 bereits 153.000 Kinder[681] von der Scheidung ihrer

[677] Glenewinkel, Diss., S. 106.
[678] Peseschkian, S. 45.
[679] Bastine/Link/Lörch in: Duss-von Werth/Mähler/Mähler, S. 202.
[680] Statistisches Jahrbuch 2001, S. 77.
[681] Artikel im Hamburger Abendblatt vom 28.08.2002: „So viele Scheidungen wie nie zuvor: Darum sind Deutsche ehemüde.“

Eltern betroffen. In der Bundesrepublik erlebt somit ca. jedes 5. Kind den Zusammenbruch der Ehe seiner Eltern, im Jahr 1960 war es nur jedes 20. Kind. Allein diese alarmierenden Zahlen machen deutlich, dass Staat, Gesellschaft, die professionellen Berufsgruppen und nicht zuletzt die Eltern herausgefordert sind Lösungsmodelle zu erarbeiten, die dem Kind ein erträgliches Verarbeiten der Scheidungs- und Nachscheidungssituation möglich machen.

10.1 Ehescheidung als Auseinandersetzungsprozess mit einer Lebenskrise

Ehescheidung wird als eine Lebenskrise bezeichnet. Hierunter versteht man ein kritisches Lebensereignis mit drastischen Veränderungen der Lebenssituation einer Person.[682] Eine Scheidung beinhaltet das endgültige Eingestehen eines misslungenen Lebenskonzepts und den Verlust des Lebenspartners. In der Regel ist die Scheidung mit Erschütterungen des Selbstkonzepts, mit Identitätskrisen und Veränderungen verbunden, die für die Betroffenen meist überraschend sind und auch dann auftreten können, wenn die Scheidung gewünscht wurde.[683] Während die Ehegatten einerseits weniger Zwänge verspüren, leiden sie andererseits an einer gewissen Ziellosigkeit, die sich in Inkonsistenz, Impulsivität oder Apathie äußern kann.[684] Die Übernahme neuer Rollen mit Bewältigung sozialer und materieller Probleme bedeutet für das Individuum oft eine Krise, wodurch das Gleichgewicht, das normalerweise zwischen Person und Umwelt besteht, gestört wird.[685] Es sind nicht nur größere objektive Hindernisse für einen „Neubeginn" zu bewältigen, sondern auch das Scheitern einer Lebensperspektive und Wertorientierung, an der (allzu) lange festgehalten wurde.[686] Das Verhaltensrepertoire, mit dem man bislang sein Leben gemeistert hat, reicht nicht mehr aus, die neue Situation erfordert eine Anpassungsleistung, die enorme Kraft verlangt.[687] Die Bewältigung dieser Krise ist ein Prozess, der sich über Jahre erstrecken kann. Aus der Perspektive der Lebenskrisenforschung birgt jede Krise sowohl die Gefahr des Scheiterns als auch die Chance für eine Reifung der Persönlichkeit.[688] Ob eine Krise bewältigt wird, hängt dabei sowohl von Persönlichkeitsmerkmalen der Betroffenen ab als auch von den Bedingungen des soziökologischen Umfeldes, in dem die Auseinandersetzung mit der Lebenskrise stattfin-

682 Filipp, S. 5.
683 Weiss, S. 122.
684 Weiss, S. 123.
685 Bojanovsky, S. 1.
686 Permien in: Deutsches Jugendinstitut, S. 93.
687 Sander, S. 18.
688 Wendl-Kempmann/Wendl, S. 21.

det.[689] Durchsetzungsfähigkeit, Selbstsicherheit und Selbstgenügsamkeit sowie Problemlösefähigkeit wirken sich positiv auf die Weiterentwicklung aus. Es wirkt sich gleichfalls günstig aus, wenn bereits vor der Trennung relativ wenige psychische und zwischenmenschliche Probleme bestehen und soziale Unterstützung vorhanden ist. Bei Frauen kommen als prospektiv günstige Faktoren niedriges Alter, Kinderlosigkeit und eigene Entscheidung zur Trennung hinzu, während bei Männern die Anpassung besser gelingt, wenn sie nicht von ihren Frauen abhängig waren.[690] Besonders wichtig erscheint dabei die Unterscheidung zwischen einer langdauernden und kurzdauernden Beziehung. Trennungen und Scheidungen kinderloser Ehen von wenigen Jahren Dauer sind in mancher Hinsicht vergleichbar mit der Auflösung einer Liebesbeziehung. Eine solche Ehe kann tatsächlich relativ schnell emotional „aufgelöst" werden, weil sie noch keine unauslöschbaren Spuren hinterlassen hat. Bei einer über Jahrzehnte dauernden Ehe mit Familiengründung sind die Verhältnisse jedoch weitaus komplexer. Die Partner haben sich eine gemeinsame Welt geschaffen, die sich materialisiert und verfestigt und so auch losgelöst von der Beziehung der Partner ihren eigenen Bestand und Eigendynamik hat.[691] Allgemein fällt die emotionale Trennung schwerer, je überraschender die Trennung kam, je problemärmer die Ehe zuvor erschien, je mehr in sie investiert worden ist, je mehr der ehemalige Partner immer noch geliebt wird und je prägender die Ehe für die Persönlichkeitsentwicklung war.[692]

Übereinstimmend betrachten Entwicklungspsychologen heute die menschliche Entwicklung als einen lebenslangen Prozess. Unter dieser Perspektive wird auch ein kritisches Lebensereignis nicht als ein punktuelles Ereignis, sondern als prozesshaftes Geschehen interpretiert. Die Scheidung stellt ein dynamisches Geschehen dar, in das im Allgemeinen alle Familienmitglieder schon lange vorher durch sich konflikthaft zuspitzende Beziehungskrisen einbezogen sind. Vom juristischen Standpunkt aus ist die Scheidung ein Ereignis, aus sozialwissenschaftlicher oder therapeutischer Sicht handelt es sich jedoch um einen komplexen, mehrdimensionalen und dynamischen Veränderungsprozess.[693] Es gibt eine durch Enttäuschungen, Auseinandersetzungen und heftige Ängste belastende Vorgeschichte mit zunehmenden familiären Dysfunktionen und Instabilität.[694] In der Mehrzahl werden Eltern wie Kinder durch ein Scheidungsgeschehen zumindest vorübergehend in existenzielle Lebenskrisen gestützt. Ihr Erleben wird be-

[689] Sander, S. 31.
[690] Riehl-Emde in: Familiendynamik 1992, 415, 423.
[691] Willi, Was hält Paare zusammen? S. 127.
[692] Weiss, S. 84.
[693] Textor, S. 13.
[694] Braun in: Lehmkuhl/Lehmkuhl, S. 59.

stimmt durch Hilflosigkeit, Verzweifelung und Trauer über die sich verändernden und sich auflösenden Beziehungen und durch tiefe Selbstzweifel an den eigenen Fähigkeiten Beziehungen zu gestalten. Hierbei werden sowohl personen- als auch situationsspezifische Stressoren wirksam, welche die subjektive Befindlichkeit bezogen auf das Selbst, den Partner und die Weltsicht mehr oder weniger stark beeinträchtigen können.[695]

10.1.1 Der Scheidungsentschluss

In der Regel haben alle Scheidungen eine mehr oder weniger lange Vorgeschichte. Sie sind oftmals Folgen voraus liegender Entscheidungen und Erlebnisse, und das gilt ganz besonders für den Scheidungsentschluss. Eine lange Kette von Vorkommnissen, ein langsamer, oft unterbrochener Prozess wachsender Entfremdung zwischen den Partnern geht dem legalen Schritt voraus und setzt sich oft auch noch fort, nachdem die Scheidung längst ausgesprochen wurde. Sieht man, im mehr psychoanalytischen Sinn, die Ehe als einen Entwicklungsprozess[696] an, lassen sich Ehekrisen als Folge von Reifungskrisen beschreiben. Das Erleben von Trennung ist immer mit der Reifung verbunden. Die juristische Scheidung ist in diesem Verständnis dann vielfach Ausdruck einer ausgebliebenen Entflechtung oder Individuation.[697] Der Einzelne vermag in so einem Fall seine Gefühle, Wünsche und Erwartungen nicht zu artikulieren und von denen des Partners abgrenzen. Konflikte lassen sich dann nicht klar bestimmen und werden entweder gar nicht oder nur destruktiv ausgetragen.[698] Die Partnerbeziehung wird gewissermaßen mit dem innerlichen Entwicklungsrückstand belastet und führt zu Streit und gegenseitigen Verletzungen. Die in tiefen Schichten nicht geglückte Entflechtung führt jetzt zu harter Trennung im Außenbereich, also zum Scheidungsentschluss.[699]

Der psychologische Scheidungsprozess hat bereits früher begonnen, nämlich mit den ersten "Scheidungssignalen",[700] die ein Partner dem anderen vermittelt in der Hoffnung, er oder sie oder es werde sich ändern. Die wenigsten Menschen beenden eine Ehe leichten Herzens. Vielmehr gehen die meisten durch Zeiten zermürbender Unentschlossenheit, Ambivalenz und quälenden Hin- und Hergerissenseins. Sie versuchen herauszufinden, inwieweit die negativen Seiten des Zusammenlebens gegenüber den positiven überwiegen und wie sie sich zur harten

---

695 Kunkel, S. 25.
696 Wendl-Kempmann/Wendl, S. 27.
697 Stierlin/Rücker-Embden/Wetzel/Wirsching, S. 24.
698 Stierlin/Rücker-Embden/Wetzel/Wirsching, S. 25.
699 Wendl-Kempmann/Wendl, S. 32.
700 Hoefnagels, S. 113.

Realität einer Scheidung und ihren Folgen verhalten. Diese „emotionale" Trennung ist um ein vielfaches schwieriger zu bewerkstelligen als die juristische Trennung. Die ersten Anzeichen einer absterbenden Beziehung sind nicht leicht zu erkennen, denn in allen Ehen gibt es Schwierigkeiten und es gibt kaum einen Verheirateten, der nicht irgendwann einmal an Trennung und Scheidung dachte. Außerdem machen alle Ehepaare die unvermeidliche Erfahrung, dass die sexuelle Anziehung und Spannung im Laufe der Zeit nachlässt und die Beziehung weniger romantisch wird. Daher fällt es den meisten Paaren schwer zu beurteilen, ob das, was sie erfahren, nun einfach zum Auf und Ab einer normalen Ehe gehört, oder ob eventuell etwas in ihnen selbst oder in ihrem Partner oder im Zusammenspiel ihrer Beziehung verkehrt ist. Mit der Scheidungsmeldung, der Mitteilung des einen an den anderen Partner, dass er die Scheidung will oder erwägt, beginnt der bewusste und öffentliche Teil des psychologischen Scheidungsprozesses. Die Scheidungsreaktion des anderen Partners auf die Scheidungsmeldung wird im wesentlichen zu einem notwendigen Austausch von Emotionen.[701] Diese Emotionen sind oft unerwartet, unterschiedlich, in der Regel sehr heftig und nicht selten widersprüchlich. Sie zeigen sich häufig in Aggressionen und Schuldgefühlen. Es können sich Scheidungsbesprechungen anschließen,[702] also Versuche, sich über das weitere Vorgehen zu einigen und Probleme anzusprechen. Der Scheidungsentschluss macht deutlich, dass der Konsens der Partner, der damals zur Ehe geführt hat, zu einem Dissens geworden ist.[703] Die schwierigste Aufgabe besteht nun darin, möglichst viel Konsens über den Dissens zu erreichen. Das ist nicht einfach angesichts der Auswirkung, die der Scheidungsentschluss der Partner zur Folge hat. Typischerweise werden die Wirkungen in einer bestimmten Abfolge wahrnehmbar sein.

10.1.2 Auswirkungen des Scheidungsentschlusses

Zu erst sind die seelisch-emotionalen Wirkungen spürbar, weil die Gefühle der Partner sich in unterschiedlicher Weise verändert haben. Meistens sind die eher positiven Gefühle jetzt indifferent oder negativ geworden und es ergeben sich Spannungen, sowohl in einem selbst als auch zwischen den Partnern.[704] Weiterhin ergeben sich vielfältige Veränderungen im Alltag, die in der Regel die gewachsene Distanz zwischen den Partnern verdeutlichen: Von der Umorganisation in der Wohnung über getrennte Unternehmungen, Einzelaktivitäten mit den

---

[701] Hoefnagels, S. 32.

[702] Hoefnagels nennt die Zeitspanne zwischen der Scheidungsmeldung durch den einen Partner und der Annahme des Scheidungsentschlusses durch den anderen Partner die „Scheidungserwägungsphase".

[703] Duss-von Werth/Mähler/Mäher, S. 240.

[704] Glenewinkel, Diss., S. 114.

Kindern bis hin zum Auszug eines Partners. Parallel dazu werden Veränderungen im sozialen Umfeld sichtbar, d.h. einerseits im persönlichen Umfeld durch das Verhalten von Verwandten, Bekannten und Freunden und andererseits auf der gesellschaftlichen Ebene durch Erwartungen und Bewertungen.[705] Langsam zeigen sich auch erste ökonomische Veränderungen, weil der Geldbedarf bei zwei Haushalten regelmäßig zunimmt. Das führt zu finanziellen Einbußen und zur Senkung des Anspruchsniveaus bei geringeren Einkommensressourcen bzw. zur Überprüfung der Anspruchsberechtigung und zu veränderten Verteilungsverfahren bei überdurchschnittlichen Ressourcen.[706] Schließlich werden Veränderungen auch juristisch dokumentiert, z.B. durch den Personenstand, das Namensrecht oder die Steuerklasse.

10.2 Kurzzeitfolgen infolge der Scheidung

Insgesamt zeigen sowohl die klinischen als auch die empirischen Studien, dass die Zeit nach Trennung und Scheidung als sehr ambivalent erlebt wird, wobei die negativen Gefühle deutlich überwiegen.[707] Viele Ehepartner hätten am liebsten überhaupt nichts mehr mit dem anderen zu tun, würden am liebsten wegziehen, weil sie darin die einzige Möglichkeit sehen, wie sie selbst oder den Ehepartner daran hindern könnte, zum Telefon zu gehen und anzurufen.[708] Im ersten Jahr nach der Scheidung schwanken die meisten der betroffenen Männer und Frauen typischerweise zwischen Stimmungshochs und –tiefs, gekennzeichnet von Freiheitsgefühlen auf der einen Seite und Depressionen und Ängsten auf der anderen Seite. Schmerzliche Gefühle wie Verunsicherung, Identitätsverlust und Trauer werden besonders im ersten Jahr nach der Scheidung von vielen Menschen erlebt.[709] Das Bild ändert sich jedoch vielfach einmal durch reinen Zeitablauf nach der Scheidung; zum anderen mit der wachsenden Fähigkeit, die Scheidung nicht nur als belastendes, punktuelles Ereignis zu betrachten, sondern als Teil des eigenen Lebensprozesse anzunehmen. Je besser dies gelingt, um so deutlicher werden neue Entwicklungsmöglichkeiten erkennbar. Dies setzt allerdings voraus, dass man die Ehe und die Beziehung mit dem Partner wirklich abgeschlossen hat. Nur dann besteht nach gefestigter psychologischer Überzeugung eine erhöhte Chance, dass die Scheidung nicht zur lebenslangen Katastrophe, sondern zu einem Neuanfang werden kann.[710] Wenn es nicht gelingt den

---

[705] Glenewinkel, Diss., S. 115.
[706] Prestien in: Hahn/Lomberg/Offe, S. 113; Dickmies in: Hahn/Lomberg/Offe, S. 97.
[707] Weiss, S. 187.
[708] Weiss, S. 187.
[709] Glenewinkel, Diss., S. 117.
[710] Welter-Enderlin in: Krabbe, S. 34.

Partner wirklich loszulassen und die aus der Krise erwachsende Möglichkeit der Veränderung im Sinne einer neuen Lebendigkeit wahrzunehmen, könnte es sein, dass man (mehr unbewusst als bewusst) dieselben unglücklichen Beziehungsverhältnisse mit dem nächsten Partner bzw. der nächsten Partnerin noch einmal herstellt.[711] Nur wenige Autoren berichten,[712] dass der Distress für Männer und Frauen bis zum zweiten Jahr nach der Scheidung ansteigt und sich erst danach reduziert. Textor[713] sowie Reich und Bauers[714] kommen zu dem Schluss, dass bei einem Großteil der Geschiedenen die negativen Gefühle im Laufe von 6 Monaten bis zu 4 Jahren abnehmen. Insbesondere, wenn neue Probleme und Ereignisse im Leben der Ehepartner auftreten, geraten die alten in den Hintergrund und verlieren allmählich an Intensität. Im Allgemeinen verliert der frühere Ehepartner immer mehr an Bedeutung, sobald jeder ein neues Leben und eine neue Identität aufgebaut hat.

10.2.1 Trauerreaktionen infolge der Scheidung

Die Trauerreaktionen bei geschiedenen Paaren, die lange miteinander verheiratet gewesen sind, können mit denen Verwitweter oder Personen, die ihren Lebenspartner durch Tod verloren haben, vergleichbar sein. Die Scheidung kann insofern mit dem Tod verglichen werden, als sie den Tod des Traumes von einer glücklichen Ehe bedeutet, ein Traum, der verbunden ist mit glücklichen Kindern, die für immer glücklich weiterleben.[715] Die Vorstellung, nun ganz neu anfangen zu können, suggeriere, dass die vorangegangenen Jahre ausgelöscht werden könnten. Im forcierten Bemühen, alle Gefühle und Erinnerungen an die frühere Ehe zu zerstören, unterdrücken manche alle ihre Gefühle, schneiden sie ab, und wenn sie dann nicht die Möglichkeit haben eine Unterstützung in ihrem Familienkreise zu finden, werden sie starr, distanziert und unansprechbar. Zwar ist die Beziehung offiziell nicht mehr existent, innerlich lebt sie aber häufig noch intensiv weiter. In vielen Fällen wird die Ehebeziehung nie vergessen, auch nach der Scheidung nicht.[716]

Allerdings besteht ein wesentlicher Unterschied zum Tod des Lebenspartners darin, dass geschiedene Partner die Verantwortung für die Konsequenzen des Verlustes tragen. Neben dem Verlusterlebnis und Gefühlen der Einsamkeit müssen deshalb auch Gefühle des Zweifels, Schuld- und Hassgefühle und Gefühle

---

[711] Willi, Die Zweierbeziehung, S. 47; Willi, Therapie der Zweierbeziehung, S. 171.
[712] Zum Beispiel: Hetherington/Cox/Cox in: Family Coordinator 25, 417-428.
[713] Textor, S. 80.
[714] Reich/Bauers in: Praxis der Kinderpsychologie und Kinderpsychiatrie 1988, 346, 348.
[715] Paul in: Familiendynamik 1980, 229, 232.
[716] Willi, Therapie der Zweierbeziehung, S. 171.

des Versagens verarbeitet werden, sowie die häufigen negativen Reaktionen von Freunden und Nachbarn.[717] Die eigenen Ängste und Befürchtungen vermengen sich mit gesellschaftlichen Ängsten und vermutlichen Missbilligungen. Die durch eine Lebenskrise betroffene Person versucht aktiv, das Gleichgewicht wiederherzustellen, also die Krise zu bewältigen, sich der neuen Situation anzupassen. Die Reorganisation besteht neben der Neustrukturierung der Lebensverhältnisse vor allem auch in der Wiederherstellung des Selbstwertgefühls.[718]

10.2.2 Unterschiedliche Reaktionen bei Männern und Frauen

Fraglich ist, ob die Reaktionen auf eine Scheidung bei Männern und Frauen unterschiedlich sind. Diese Frage wird mehrheitlich bejaht und unter anderem damit begründet, dass die soziale Rolle, geschieden zu sein, für Männer und Frauen mit unterschiedlichen sozialen Belastungen einhergeht.[719] Während sich bei Männern eher die Scheidung als Ereignis auswirkt, ist es bei Frauen überwiegend die ungünstige Rolle der Geschiedenen.[720] Ganz allgemein scheinen Männer zunächst etwas heftiger und auch schneller zu reagieren, können sich dann aber früher stabilisieren, während Frauen mehr Zeit für diesen Prozess benötigen. Bojanovsky[721] beschreibt aufgrund eigener Untersuchungen, dass Männer anfänglich aggressiver reagieren und den täglichen Aufgaben hilfloser gegenüberstehen, allerdings haben sie es im Verlauf aufgrund ihrer sozialen Rolle leichter als Frauen, Kompensation im Beruf zu finden und neue Partnerschaften anzuknüpfen. Letzteres gelingt ihnen vermutlich auch deswegen leichter, weil sie derzeit noch überwiegend (zumindest, wenn gemeinsame Kinder vorhanden sind) aus der gemeinsamen Wohnung ausziehen und somit auch nicht weiterhin mit den Kindern zusammenwohnen. Dadurch verlieren sie einerseits sehr viel, sind aber andererseits auch freier und motivierter, eine neue Partnerschaft einzugehen, was nicht selten mit einer erneuten Heirat endet. Dieses bietet eine zusätzliche Kompensationsmöglichkeit der durch die Scheidung verursachten narzisstischen Kränkung. Eine weitere psychische Stabilisierung ist die Folge.

Im Vergleich zu den Männern leiden Frauen unmittelbar nach der Trennung und Scheidung sehr viel stärker unter Identitätsverlust, Depression und Existenzängsten. Sie sind außerdem im ersten Jahr nach der Scheidung anfälliger für Krankheiten. Längerfristig zeigt sich in diesem Bereich allerdings eine Umkehr:

---

717 Sander, S. 18.
718 Kunkel, S. 26.
719 Bojanovsky, S. 21.
720 Bojanovsky, S. 63.
721 Bojanovsky, S. 21.

Frauen scheinen besser zu regenerieren als Männer, denn einige Jahre nach der Scheidung sind sie weniger krankheitsanfällig als ihre ehemaligen Ehemänner.[722] Zusätzlich sind Männer nach Scheidung Alkoholismus gefährdeter als Frauen. Darüber hinaus haben die geschiedenen Männer im Vergleich zu nichtgeschiedenen Männern eine deutlich höhere Mortalitätsrate.[723]

10.3 Bewältigung der Elternrolle

Eine der schwierigsten Aufgaben nach der Scheidung ist die Bewältigung der Elternrolle. Kinder müssen sich in jeder Lebensphase vorhersehbaren Problemen stellen, die sich aus dem Zusammentreffen von gesellschaftlichen Anforderungen und einem biologischen und psychologischen Programm ergeben. Sie entwickeln dabei Bewältigungsstrategien, ein Gewissen und die Fähigkeit, Liebe zu geben und zu nehmen. Scheidungskinder müssen allerdings durch die Scheidung ihrer Eltern zusätzliche psychische Aufgaben zu denen ihrer normalen Entwicklung bewältigen. Für sie sind Kindheit und Pubertät zwangsläufig schwieriger als für Kinder aus intakten Familien.[724] Daher ist es von enormer Bedeutung, dass die Eltern des Scheidungskindes diesem bei der Bewältigung der Entwicklungsaufgaben helfen, und sich in dieser „schwierigen" Phase nicht nur mit ihren eigenen schmerzlichen Erfahrungen und Problemen befassen.

Intensiver elterlicher Streit charakterisiert die meisten Scheidungsszenarios.[725] Für alle Beteiligten sind dieses sehr schmerzhafte Ereignisse. Zwar kann davon ausgegangen werden, dass die überwiegende Zahl der Eltern die Absicht haben, ihr Kind unter Trennung und Scheidung so wenig wie möglich leiden zu lassen.[726] Dennoch verstrickt der elterliche Konflikt das Kind oft direkt oder indirekt in die Auseinandersetzungen. Während und unmittelbar nach der Scheidung sind die meisten Eltern aufgrund ihrer Belastung nicht in der Lage, ein kompetentes Elternverhalten zu zeigen. In ihrem eigenen Kampf ums Überleben ist es selbst sehr besorgten Eltern oft nicht klar, dass ihr Tun auch bei den Kindern Wirkungen zeigt. Die Gefühlsausbrüche der Eltern können sehr heftig sein, wenn die Fronten einmal abgesteckt sind. Im ersten Jahr nach der Scheidung sind Eltern sehr oft mit ihren eigenen Depressionen, ihrem Ärger oder ihren emotionalen Bedürfnissen beschäftigt und können daher häufig nicht differenziert

[722] Willi, Therapie der Zweierbeziehung, S. 25.
[723] Riehl-Emde in: Familiendynamik 1992, 415, 424.
[724] Wallerstein/Blakeslee, S. 340.
[725] Döcker, S. 2.
[726] Glenewinkel, Diss., S. 137.

auf die Bedürfnisse des Kindes eingehen.[727] Dabei können Eltern ihren Kindern durch ihr Verhalten während der Krise und danach das Leben in jeder Hinsicht erleichtern. Zuerst einmal ist es wichtig, dass die Eltern den seelischen Kummer ihrer Kinder wahrnehmen. Das ist besonders schwierig in einer Situation, in der sie selbst überfordert sind, weil die eigene Krise ganz im Vordergrund des Erlebens steht.

10.4 Unerlässliche Unterstützung der Eltern für ihre Kinder

Kinder aus geschiedenen Ehen sind auf die Unterstützung ihrer Eltern angewiesen. Diese unerlässliche Hilfe der Eltern ist entscheidend, um Kinder auf eine Scheidung vorzubereiten und ihnen durch das unvermeidliche Chaos zu helfen. Ohne sie verstehen sie nicht, was in der Familie vor sich geht. Die Unterstützung der Kinder muss beginnen, sobald die Trennung sich ankündigt, d.h. die Kinder sollten vor der Scheidung informiert werden, sobald der Entschluss der Eltern feststeht. Zu diesem Zeitpunkt können Eltern ihre Kinder auf das vorbereiten, was auf sie zukommt. Dabei ist entscheidend, dass die Eltern den Kindern ihrem Alter entsprechende korrekte Informationen geben sollten, die im Verlaufe des Heranwachsens dann um weitere Einzelheiten ergänzt werden.[728] Sie sollten ein paar Tage oder sogar ein bis zwei Wochen im voraus wissen, dass ein Elternteil die Familie verlassen wird. Es ist grausam, den Kindern erst etwas zu sagen, wenn ein Elternteil bereits fort ist, da sie diese Erfahrung niemals vergessen werden.[729]

In vielen Fällen bereiten die Eltern ihre Kinder nicht oder zu spät auf ihre bevorstehende Trennung und Scheidung vor. Diese Kinder befinden sich in einer Situation permanenter Verunsicherung, in der sie oft selbst herausfinden müssen, was geschieht, weil ihnen niemand erklärt, was die gegenseitigen Vorwürfe, die sich wiederholenden Streitereien, das Weinen der Mutter oder das auswärtige Übernachten des Vaters bedeuten. Aus Abwehr von Schuldgefühlen, ihren Kindern mit der Trennung Leid anzutun, lassen Eltern ihre Kinder oft lange im Ungewissen über die Wahrheit, was deren Ängste und Unsicherheiten verstärkt und das Vertrauen gegenüber den Eltern weiter erschüttert.[730] Schuldgefühle und Angst vor Liebesverlust bringen Eltern oft dazu, ihren Kindern nur sehr knappe, oft geradezu beiläufige Erklärungen abzugeben, mit welchen sie ihre unaus-

[727] Döcker, S. 2.
[728] Hunter, S. 52.
[729] Wallerstein/Blakeslee, S. 337.
[730] Figdor, S. 46.

weichliche Pflicht erfüllen.[731] Aus Angst, nicht nur in der Partnerschaft, sondern auch noch in der Funktion als Mutter oder Vater versagt zu haben und den Kindern real etwas schuldig geblieben zu sein, nämlich, ihm eine intakte Familie zu bieten, verleugnen viele Eltern die Streitereien vor ihren Kindern. Dieses Verhalten hilft den betroffenen Kindern aber nicht weiter. Vielmehr brauchen sie Klarheit und Offenheit. Nur dort, wo die Eltern die aufkommenden Fragen der Kinder beantworteten und sich ehrlich und nicht kontrollierend verhielten, fühlten sich die Scheidungskinder in der Beziehung zu ihren Eltern trotz der belastenden Situation sicher.[732] Eltern, die dazu fähig sind sich in die Lage der Kinder zu versetzen, und die rational und objektiv genug sind, sich auf die Gefühle der Kinder einzulassen, geben ihnen die beste Möglichkeit, die Scheidung in einem gesunden emotionalen Zustand zu überstehen. Beständigkeit, mentale Gesundheit und vernünftiges Verhalten beider Eltern sind die Grundvoraussetzungen für die Fähigkeit der Kinder, in ihrem späteren Leben befriedigende intime Beziehungen herstellen zu können.[733] Eltern können als kompetent angesehen werden, wenn sie in der Lage sind, eine familiäre Umwelt zu schaffen, die für die kognitive, emotionale und soziale Entwicklung ihrer Kinder förderlich ist. Eine solche Umwelt ist charakterisiert durch liebevolle und unterstützende Eltern, die Verhaltensregeln festsetzen, Kontrolle ausüben, ein konsequentes Einhalten der Verhaltensregeln einfordern und harte Bestrafung vermeiden.[734] Wenn das Scheidungskind diese Hilfe von den Eltern bekommen kann, fühlt es sich nicht alleingelassen mit dem Zwiespalt seiner Gefühle zwischen Hoffnung und Angst, zwischen Liebe und Hass. Kinder aus geschiedenen Ehen haben am eigenen Leibe erlebt, wie Beziehungen abgebrochen werden. Sie haben gesehen, wie ihre Eltern gekämpft haben und gescheitert sind und fürchten weitere Fehlschläge in ihrem zukünftigen Leben und im Leben ihrer Eltern.[735] Deshalb brauchen sie Gewissheit, dass ihre Eltern für sie da sind und auf ihre Bedürfnisse und Sorgen eingehen. Wichtig ist dabei vor allem, dass das Scheidungskind immer wieder die Bestätigung seiner Eltern bekommt, dass es geliebt wird und seine Person nicht der Grund dafür ist, dass Mutter und Vater sich nicht verstehen.[736] Hierzu bedarf es einer Klärung und Abgrenzung des elterlichen Streits, der nicht auf der Ebene der Eltern-Kind-Beziehung zum tragen kommen sollte. Eltern müssen lernen zu unterscheiden, dass sie zwar als Paar auseinander gehen, aber ihr Leben lang Eltern bleiben, denn auch wenn Eltern zerstritten sind, müssen sie im Interesse ihrer Kinder langfristige Verpflichtungen eingehen. Über die Kinder

---

[731] Figdor, S. 46.
[732] Fassel, S. 103.
[733] Beal/Hochman, S. 66.
[734] Sander, S. 25.
[735] Wallerstein/Blakeslee, S. 332.
[736] Bauers in: Menne/Schilling/Weber, S. 57.

bleiben die Eltern immer Eltern und somit für ihre Entwicklung bedeutsam, selbst wenn sie es zunächst nicht wahrnehmen oder wahrnehmen wollen.[737] Klarheit ist notwendig, damit die Kinder nicht zu Versöhnungsversuchen ermutigt werden. Die Eltern müssen ihren Kindern einerseits versichern, dass die Kinder nicht für das Scheitern der Ehe verantwortlich sind, ihnen aber zugleich deutlich machen, dass sie die Ehe nicht retten können.[738]

10.5 Zusammenfassung

Eine Ehescheidung ist eine Lebenskrise, denn sie beinhaltet das endgültige Eingestehen eines misslungenen Lebenskonzepts und den Verlust des Lebenspartners. Mit der Bewältigung dieser Krise sind viele Geschiedene jahrelang beschäftigt. Vor allem die Bewältigung der Elternrolle stellt sich in dieser Zeit und in diesem Zusammenhang als sehr schwierig dar. Während und unmittelbar nach der Scheidung sind die meisten Eltern aufgrund ihrer Belastung nicht in der Lage, ein kompetentes Elternverhalten zum Wohle des Kindes zu zeigen. In ihrem eigenen Kampf um ihr eigenes Wohlergehen und die Gestaltung der persönlichen Zukunft ist es selbst sehr besorgten Eltern oft nicht klar, dass ihr Tun auch bei den Kindern Wirkungen zeigt. Viele Kinder sind unmittelbar in den elterlichen Konflikt verstrickt und erleben die Auseinandersetzungen der Eltern direkt mit. Es ist daher unerlässlich den Kinder zu helfen und sie in der schweren Zeit der Trennung und Scheidung umfassend zu unterstützen. Klarheit, Offenheit und Verständnis von Seiten der Eltern sind erforderlich, damit Kinder die Scheidungssituation als weniger belastend empfinden und besser mit den neuen Lebensverhältnissen umgehen können.

---

[737] Reich in: Krabbe, S. 60.

[738] Wallerstein/Blakeslee, S. 338.

11. Kapitel: Einbeziehung der Kinder in den Scheidungskonflikt

Kinder und Erwachsene erleben eine Scheidung völlig anders. Während für die Eltern die Scheidung die Chance eines Neubeginns sein kann, bedeutet sie für die betroffenen Kinder oft das Ende einer unbeschwerten Kindheit, und sie sehen ihre Zukunft gefährdet. Die Rolle, die Kinder im Familiendrama einnehmen, und ihre innerpsychischen Verarbeitungsformen können so unterschiedlich sein wie das Scheidungsverhalten der Eltern selbst und ist auch von diesem abhängig.[739] Die Scheidung stellt sich als Prozess dar, dessen Beginn lange vor der eigentlichen Trennung liegt und der ganz allmählich ins Rollen kommt. Wie bereits oben dargestellt, geht der Trennung meistens eine lange Zeit des Konflikts zwischen den Ehepartnern voraus. Eine Ehe zu beenden ist ein enorm bedeutungsvoller Schritt mit psychischen Folgen, die nicht verschwinden, wenn ein juristisches Urteil gefällt wurde. Das Leben geht weiter und die betroffenen Kinder haben damit zu leben. Sogar in sehr zerstrittenen Ehen wollen Kinder niemals eindeutig die Trennung ihrer Eltern, denn eine Scheidung ist für Kinder selten eine Befreiung, was diese für die Partner bedeuten mag, sondern der Bruch in einem vertrauten, wenn auch konfliktbeladenen Lebenszusammenhang.[740] In dieser Situation gelingt es den Eltern nicht immer, ihre Aufgaben und die emotionale Befindlichkeit der Kinder zu erkennen.[741] Bauers[742] stellte in diesem Zusammenhang fest, dass in den seltensten Fällen die Eltern die Probleme ihrer Kinder in Verbindung mit der Ehekrise und der Scheidung sehen, ganz besonders dann nicht, wenn diese länger zurückliegen. Ebenso vermeiden es die Kinder oft selbst, den Eltern Gespräche oder Schmerz zuzumuten, weil sie spüren, dass sie ihre Eltern damit noch zusätzlich belasten würden.[743] So ist für das Gespräch über die Betroffenheit und Sorgen der Kinder in einer Scheidung vielfach zu wenig Raum.

Kinder in der Opferrolle zu fixieren oder ihnen ein Zuviel an Bewältigung zuzumuten und damit die besondere Situation des Kindes mit seinen kreativen Kräften, aber auch seiner großen Zuwendungsabhängigkeit von der tatsächlichen Gegenwart zweier Erwachsener nicht ausreichend zu erkennen, ist das Dilemma unserer gesellschaftlichen Situation.[744] Während sich die Eltern „entlie-

---

[739] Einnolf in: Schlösser/Höhfeld, S. 104.
[740] Reich in: Krabbe, S. 60.
[741] Einnolf in: Schlösser/Höhfeld, S. 107.
[742] Bauers in: Menne/Schilling/Weber, S. 39.
[743] Lederle in: Menne/Schilling/Weber, S. 243.
[744] Einnolf in: Schlösser/Höhfeld, S. 105.

ben“, heißt es für die Kinder, an der Liebe zum abwesenden Elternteil festzuhalten, die inneren Objektbilder zu stabilisieren und gegen äußere und innere Angriffe zu schützen.

11.1 Die verschiedenen Phasen des Scheidungsprozesses

Der Scheidungsprozess lässt sich in mehrere Phasen einteilen: die Entscheidungsphase, die juristische Phase und die zeitlich unbegrenzte nach-juristische Phase (Reorganisationsphase). In der Entscheidungsphase erwägen beide Partner eine Scheidung, sind aber noch unentschlossen, während in der juristischen Phase mindestens einer der beiden Ehepartner zur Scheidung entschlossen ist und einen Antrag auf Scheidung eingereicht hat. Schließlich, in der nach-juristischen Phase, ist die juristische Scheidung nunmehr abgeschlossen und die Neuorientierung der Familienmitglieder eingeleitet. In empirischen Untersuchungen zeigt sich, dass Kinder in allen Phasen des Trennungsprozesses sehr stark in Trennungs- und Scheidungskonflikte ihrer Eltern einbezogen werden und zum Teil auch aktiv auf sie einwirken.

Die Vielzahl der Veränderungen macht es unmöglich, von der Situation in einer Phase auf das Verhalten der Familienmitglieder in der nächsten oder übernächsten zu schließen. Jede Phase bringt neue Probleme und Anforderungen mit sich, deren Bewältigung von den jeweils vorhandenen Ressourcen und Problemstrategien abhängt. Der Scheidungszyklus führt in jeder Phase zu einer erneuten Reorganisation der Familienstruktur, der Interaktionen und Umweltkontakte, zur Veränderung des Denkens, Fühlens und Handelns sowie der Persönlichkeit der betroffenen Personen.

11.1.1 Das Vorstadium der Ehescheidung („Entscheidungsphase“)

Der Anfang der Entscheidungsphase lässt sich in der Regel nicht festlegen und kann oft nur aus der Rückschau grob bestimmt werden. In dieser Phase befinden sich die Paare oft in einer zermürbenden, insbesondere die Kinder quälenden Unentschlossenheit hinsichtlich einer Trennung, die bisweilen einmal oder auch mehrfach erprobt wird.[745] Die Atmosphäre ist gekennzeichnet durch heftige Auseinandersetzungen, schweigend-drückenden Rückzug, Misstrauen, Angst vor dem Skandal, vor Einsamkeit und vor der Zukunft. Dem gehen mehr oder weniger intensive und deutliche Versuche des Paares voraus, zu signalisieren, dass etwas verändert werden müsste, die Beziehungsprobleme anzusprechen oder sie

---

[745] Reich in: Krabbe, S. 67.

zu lösen.[746] Zumeist verschlechtert sich die Beziehung der Ehepartner ganz allmählich. Für diese Phase errechnete Gaier[747] in seiner Studie eine durchschnittliche Dauer von zwei Jahren und vier Monaten.

Kinder spüren oft schon lange, bevor sich die Eltern trennen, dass etwas nicht stimmt. Bereits in der „Entscheidungsphase“ stehen sie mittendrin, wenn sie beobachten wie schweigend das Abendessen eingenommen wird, halblaute Auseinandersetzungen hinter geschlossenen Türen oder Tränen der Mutter wahrgenommen werden. Die Ehepartner werden in gewisser Weise selbst zu fordernden und anklagenden Kindern, so dass sie die Bedürfnisse der eigenen Kinder nach Trost und Sicherheit trotz aller guten Absichten oftmals nicht wahrzunehmen in der Lage sind.[748] Aufgrund des systemischen Charakters von Familien ist es fast unmöglich lang andauernde Partnerprobleme auf das Ehesystem zu beschränken, so dass die Kinder meistens in Mitleidenschaft gezogen werden.[749] Der Lärm von Auseinandersetzungen zwischen den Eltern ist für die Kinder eine Qual. Streitereien oder gar Tätlichkeiten zwischen den Eltern rufen regelmäßig bei den Kindern große Angst hervor.[750] Dabei werden sie zu Zeugen sich wiederholender Zusammenstöße zwischen den Eltern, sehen bedrückte Eltern vor sich, die oft ausweichende Antworten geben. Der offene Streit oder kalte Krieg zwischen den Eltern kann sich im kindlichen Geist niedersetzen und dort in Form von sich heftig bekämpfenden Mächten, z.B. Retter und Peiniger, Märtyrer und Unterdrücker, Sadist und Masochist, weiterleben.[751] Aber auch, wenn die Eltern sich nicht lautstark oder gewalttätig streiten, wenn sie sich bemühen, ihre wahren Gefühle vor den Kindern zu verheimlichen, wissen diese im allgemeinen viel besser über die Anspannung Bescheid, als ihre Eltern es für möglich halten, „obwohl es auf einer anderen Ebene für sie dann wieder schwierig ist, dem Wissen auch die richtige Deutung zu geben.“[752] Trotz des Wissen der Elternstreiterein und das „passive“ Involviertsein in den Ehekonflikt, kommt die endgültige Entscheidung der Eltern, sich zu trennen, für Kinder häufig unerwartet. Meistens hielten sie die Auseinandersetzungen der Eltern für keinen ausreichenden Grund für die Trennung ihrer Eltern.[753]

---

[746] Reich in: Krabbe, S. 67.
[747] Gaier, S. 34.
[748] Reich in: Krabbe, S. 67.
[749] Textor, S. 20.
[750] Walter, S. 172.
[751] Framo in: Familiendynamik 1980, 204, 211.
[752] Framo in: Familiendynamik 1980, 204, 210.
[753] Mitchell, S. 113.

11.1.2 Die Scheidungsphase selbst („Juristische Phase“)

Der kritische Moment im Absterben einer Ehe ist dann da, wenn es zu einem Zusammenbruch der gesellschaftlichen Fassade kommt und die Entfremdung nach außen bekannt wird. Das ist der Zeitpunkt, zu dem die Eheringe abgelegt werden, das Geld vom gemeinsamen Konto zurückgezogen wird, Türschlösser ausgewechselt werden und das Gerangel darum, was zu wessen persönlichem Eigentum gehört, beginnt. Jeder Partner läuft zu seinem Anwalt, um „sein Recht zu wahren.“ Die Eltern scheinen eine geheime Freude daran zu entwickeln, Schläge unter die Gürtellinie auszuteilen und Anwürfe jeder Art zu machen.

Auch für die Kinder hat sich die Atmosphäre in der Scheidungsphase qualitativ verändert. In ihrem „Kampf ums Überleben“ übersehen nun auch besorgte Eltern, dass die Kinder leiden, ja dass ihr eigenes Verhalten überhaupt Auswirkungen auf die Kinder hat.[754] Wenn ein Elternteil dann endgültig auszieht, werden die Kinder in einen Strudel von Gefühlen gerissen, reagieren verwirrt, bestürzt und angstvoll. Die Kinder leben jetzt allein mit einem Elternteil oder wandern hin und her und können nicht sicher sein, dass der jetzige Zustand der Endgültige ist. Ihre tiefe Sicherheit, die im Zusammenleben mit beiden Eltern ihr Fundament hatte, ist erschüttert worden. Die Tatsache, dass sich die Eltern trennen, heißt für die Kinder, dass sie auch von dem Ausziehenden verlassen werden. Die Kinder haben es also „eigentlich gar nicht mit der Scheidung der Eltern, sondern mit seiner Scheidung vom Vater oder von der Mutter zu tun.“[755] Sie müssen daher mit ihrer Trauer um den Verlust fertig werden. Symptome, die Kinder in dieser Phase entwickeln, können in Verbindung gebracht werden mit dem Erleben des Verlustes eines Elternteils, mit dem verstärkten Erleben von Einsamkeit, Wertlosigkeit und Verlust an Bedeutung, mit dem Gefühl, gescheitert zu sein im Bemühen, die Eltern zu versöhnen, mit dem Erleben von Wut und Hass angesichts der eigenen Machtlosigkeit und schließlich mit der Angst vor einer nicht überschaubaren Zukunft.[756] In den Kindern bleibt notgedrungen der Gedanke haften, ihre Aufgabe, die Eltern glücklich zusammenzuhalten, nicht erfüllt zu haben.[757] Bedrücktheit, Rückzug, Konzentrationsschwierigkeiten, Interesselosigkeit oder Einnässen sind oft Ausdruck des Verlustes und der eigenen Resignation.[758]

---

[754] Reich in: Krabbe, S. 70.
[755] Figdor, S. 34.
[756] Bauers in: Menne/Schilling/Weber, S. 48.
[757] Paul in: Familiendynamik 1980, 229, 234.
[758] Reich in: Krabbe, S. 70.

11.1.3 Die Nachscheidungsphase („Reorganisationsphase")

Die Nachscheidungsphase bzw. Reorganisationsphase beginnt mit der juristischen Scheidung und dauert bis zur „psychischen Scheidung" der Partner, endet also häufig nie, da die Partner innerlich nicht voneinander und der gemeinsamen Beziehung loskommen. Eine Scheidung beendet zwar rechtlich eine Ehe, dennoch kann sie nicht automatisch auch die Beziehung beenden, weder äußerlich noch innerlich. Auch nach der juristischen Scheidung, wenn die Eltern schon länger getrennt leben, ist noch vieles in Aufruhr. Dabei bleibt die Bindung zwischen den Partnern in aller Regel in negativer Form durch Groll, Wut, offene und verdeckte Auseinandersetzungen bestehen. Das Gegenteil von Liebe ist nicht Hass, sondern Gleichgültigkeit; und eine relative Gleichgültigkeit gegenüber gescheiterten Lebensträumen zu erreichen, ist eine schwierige, vielleicht gar nicht zu bewältigende Aufgabe. Auch wenn die Partner es nicht wahrhaben wollen, äußerlich wenig miteinander zu tun haben oder gar den Kontakt meiden, sind sie doch noch eine Weile miteinander beschäftigt.[759]

Für Kinder ist die Nachscheidungskrise durch psychische Konflikte bestimmt, die sich zum einen aus der Notwendigkeit ergeben den Verlust eines Elternteils zu verarbeiten, zum anderen aus den sich verändernden Beziehungen zu ihren Eltern. Sie verlieren die bisherige Dreiecksbeziehung zu beiden Elternteilen, die es ermöglichte, sich bei Konflikten mit dem einen Ausgleich bei dem anderen zu holen, zu dem die Beziehung weiterhin ungestört war.[760] Kinder sind noch lange mit der Frage beschäftigt, warum ihre Eltern, mit denen sie untrennbar verbunden sind, sich scheiden ließen.[761] Therapeutische Erfahrungen mit Scheidungskindern machen deutlich, dass der Trauerprozess bei Verlust durch Scheidung einen weitaus komplizierteren Verlauf nimmt als beim Tod eines Elternteils. Die innere Ablösung wird behindert durch eine ausgeprägte Ambivalenz gegenüber dem zwar abwesenden, real aber doch noch existierenden Elternteil. Das Weiterleben des anderen Elternteils, mit dem vielleicht der Kontakt fortbesteht, suggeriert immer die Möglichkeit einer Revision, einer Wiedervereinigung der Eltern. So wie etwa bei Vermissten immer noch gehofft werden kann, sie kehrten zurück.[762]

Es ist einerseits die erlebte narzisstische Kränkung, daraus resultierende Gefühle der eigenen Wertlosigkeit, Verzweifelung, Wut und Hilflosigkeit wegen des Verlassenwordenseins, und andererseits die Sehnsucht nach Anerkennung und

---

759 Reich in: Krabbe, S. 77.
760 Reich in: Krabbe, S. 79.
761 Reich/Bauers in: Praxis der Kinderpsychologie und Kinderpsychiatrie 1988, 346, 349.
762 Reich in: Krabbe, S. 80.

Zuneigung sowie die Hoffnung, den „verlorenen“ Elternteil doch noch zurück zu gewinnen, die immer wieder mobilisiert werden, sei es nun bei realen Besuchskontakten oder bei nur phantasierten Kontakten. Loyalitätskonflikte und Angst, auch noch den anderen Elternteil zu verlieren, verschärfen die innere Konfliktsituation des Kindes, wenn es spürt, dass seine Wünsche nach Fortdauer der Beziehung zum abwesenden Elternteil vom anderen, bei dem es lebt, nicht toleriert werden können oder gar juristisch um das Sorge- und Besuchsrecht gestritten wird.[763]

Oft unterschätzt werden Belastungen, die sich aus der zum Teil drastischen Veränderung der Lebensumstände und Beziehungserfahrungen ergeben.[764] Kinder sind im Wesentlichen von ihrem unmittelbaren Lebensraum abhängig und auf stützende Systeme angewiesen und leiden daher viel stärker unter Veränderungen.[765] Sie verlieren mit der vertrauten Beziehung zum anderen Elternteil oft zugleich ihre vertraute Wohnumgebung, den Freundeskreis und müssen die Schule wechseln. Die Wohnung ist vielleicht enger und das Geld knapper. Die Mutter (oder der Vater) ist belasteter und eventuell häufiger abwesend. Der gewohnte Tagesablauf der Kinder ist durcheinander geraten, Zeitpläne werden nicht eingehalten, die Mahlzeiten sind nicht bereit, das Saubermachen lässt zu wünschen übrig und beim Schlafengehen muss auf Vaters Gutenachtkuss und seine kleine Geschichte verzichtet werden. Beide Eltern sind vielleicht dabei, neue Bekanntschaften zu knüpfen, womit sie die Kinder in neue Konflikte stürzen, denn wie soll man sich dem Freund der Mutter, der Freundin des Vaters gegenüber verhalten? Die größte Sorge der Großeltern wiederum ist, ihre Enkel nicht zu verlieren, also treten sie mit ihren Ängsten und Forderungen auf den Plan. Oft werden Kinder auch von einem oder beiden Elternteilen manipuliert. Die Manipulationen sind Versuche, an der Sicherheit spendenden Vergangenheit festzuhalten und im gemeinsamen Leben integriert zu bleiben, und sie sind auch Ausdruck des anhaltenden Schmerzes über verlorene Liebeszuwendung.[766]

Manchmal setzt sich die Spaltung zwischen dem Ehepaar auch zwischen den Geschwistern fort, in deren Beziehung sich dann die konflikthafte Ehebeziehung der Eltern widerspiegelt. Nicht selten streiten die Geschwister sich wegen Kleinigkeiten und bekämpfen sich hasserfüllt bis aufs′ Messer oder gehen sich möglichst aus dem Wege. In solchen Fällen erlebt das Scheidungskind die Familie

---

[763] Reich/Bauers in: Praxis der Kinderpsychologie und Kinderpsychiatrie 1988, 346, 349.
[764] Weiss, S. 331.
[765] Hunter, S. 53.
[766] Framo in: Familiendynamik 1980, 204, 225.

als zerfallen und isolierte, emotional voneinander abgekapselte Einzelwesen und leidet unter schwerster Vereinsamung.[767]

Wie also Kinder die Scheidung ihrer Eltern und die Scheidung eines Elternteils von ihnen verarbeiten, hängt stark davon ab, wie die Beziehung in dem neuen, zumeist binuklearen Familiensystem erlebt und ausgelebt werden kann. Die Eltern-Kind-Beziehung ist wesentliches Kriterium, ob die Nachscheidungsphase konstruktiv oder destruktiv verläuft. Wenn Scheidungskonflikte ungelöst bleiben, ist dies für Kinder immer mit Loyalitätskonflikten verbunden, die mit Identitätskonflikten einhergehen. Kinder sind immer Kinder beider Elternteile und definieren ihre Identität hierdurch körperlich, seelisch und geistig. Wird nun ein Elternteil vom anderen abgewertet oder gehasst, so wird immer auch ein Teil der Persönlichkeit des Kindes herabgesetzt. Wenn das Kind eine Wertschätzung zu einem Elternteil und somit zu den entsprechenden Anteilen in seiner Person empfindet, muss es auf die Wertschätzung des anderen Elternteils und der entsprechenden Anteile in sich verzichten.[768]

Kinder verlieren mit der Scheidung etwas fundamental Wichtiges: die Familie mit ihrem materiellen und emotionalen Rückhalt für die Entwicklung zu erwachsenen Menschen. Dabei hat auch die Lebensqualität des Kindes einen wesentlichen Einfluss auf die Reorganisation und damit auf die langfristige Anpassung des Kindes an seine neue Situation. Dazu gehört die Veränderung der Versorgung, die wachsende Bedeutung des vorhandenen Elternteils, das Übernehmen von Verantwortung für Aufgaben im Haushalt, der Stress, der aus praktischen Lebensproblemen resultiert, wie auch geringere wirtschaftliche Mittel.[769]

11.1.3.1 Beeinflussung des Kindes

Für die juristische und nach-juristische Phase der Scheidung ist es als typisch anzusehen, dass jeder Partner beteuert, wie sehr er die Kinder liebt und sich um sie sorgt und sich für deren Verwahrung verpflichtet fühlt. Die Rivalität zwischen den Eltern nimmt zu, weil jeder beim anderen und bei den Kindern den Eindruck erwecken will, er sei der beliebtere, fähigere und verständnisvollere Elternteil. Gelegentlich artet das Ringen der Eltern in einen Wettkampf um die Kinder aus, in welchem jeder den anderen ausstechen will. Manche Kinder haben nie zuvor so viele Geschenke oder überhaupt so viel elterliche Zuwendung bekommen, wobei diese Zuwendung allerdings stark zwischen Verwöhnung und

---

[767] Paul in: Familiendynamik 1980, 229, 238.
[768] Reich in: Krabbe, S. 84.
[769] Hetherington in: Report Psychologie, 1980, Bd. 5, 16, 17.

Vernachlässigung hin und her schwankt.[770] In diesen Fällen hat das eheliche Projektionssystem neue Opfer gefunden, nämlich die Kinder. Die Trennungskinder werden aus Angst, sie an den anderen Elternteil zu verlieren, und zur Beruhigung von Selbstzweifeln als Art menschlichen Zugewinns aus der beendeten Beziehung mitgenommen, in der man es selber nicht mehr aushalten konnte.[771] Dabei werden nach außen alle Manöver im Namen der Liebe zu den Kindern produziert. Wirkliche Liebe zu den Kindern achtet jedoch immer auch die anderen Bindungen und Beziehungen der Kinder in ihrem Leben, vor allem die zu seinem abwesenden anderen Elternteil. Dieses wird nicht getan. Vielmehr sollen mit Hilfe der Projektion dem anderen Elternteil die eigenen Anteile am Scheitern der Ehebeziehung angelastet werden können. Sie müssen damit bei sich selbst nicht gesehen, eingestanden und bearbeitet werden. Während der aktuellen Krisenzeit hat der Abwehrmechanismus der nachehelichen Projektion entlastende Funktion und schützt somit das beschädigte Selbstwertgefühl.[772] Dabei begegnen Eltern ihrem Kind gegenüber nicht mehr unbefangen, weil sie hinter seinem Verhalten und seinen Äußerungen mehr suchen als tatsächlich darin enthalten ist, nämlich die Bestätigung ihres Negativbildes von jeweils anderen.[773]

Die Beeinflussbarkeit des Kindes durch die Erwachsenen im familiären Bezugssystem bewirkt beim Kind Identifizierung, Gegenidentifizierung, Loyalitätskonflikte und Parteinahme.[774] Erziehung ist Beeinflussung und insbesondere wirkungsvoll, wenn sie von der Hauptbezugsperson des Kindes ausgeht. Daher werden die entsprechenden Einflüsse gewöhnlich vom sorgeberechtigten Elternteil ausgeübt, der nicht wünscht, dass noch eine emotionale Bindung des Kindes an den anderen Elternteil besteht.[775] Dieses geschieht meist durch abwertende Bemerkungen, wobei der Abwesende vor dem Kind vom Sorgeberechtigten herabgesetzt wird. Dabei kann versucht werden Besuche mit dem abwesenden Elternteil zu unterbinden, indem besonders attraktive Alternativen angeboten werden oder Fragen gestellt werden wie: „Du willst doch nicht verwirklich Vater bzw. Mutter treffen wollen?“[776] Das Kind weiß sich aufgrund seiner emotionalen Abhängigkeit von der Hauptbezugsperson oft nicht anders zu helfen, als sich dem abwesenden Elternteil gegenüber feindselig zu verhalten.[777] Außerdem wird häufig auch Furcht vor dem abwesenden Elternteil erzeugt, und es wird deutlich zum Ausdruck gebracht, wie übel man Kontakte mit ihm nehmen würde. Das

[770] Framo in: Familiendynamik 1980, 204, 213.
[771] Klenner in: FamRZ 1995, 1529, 1530.
[772] Kodjoe/Koeppel in: DAV 1998, 9, 15.
[773] Klenner in: FamRZ 1995, 1529, 1530.
[774] Einnolf in: Schlösser/Höhfeld, S. 110.
[775] Schröder in: FamRZ 2000, 592.
[776] Textor, S. 42.
[777] Kunkel, S. 91.

Kind fürchtet dann, auch den Elternteil noch zu verlieren, bei dem es sich aufhält und der in der Scheidungssituation seine letzte Zuflucht bildet.[778] Die häufig zu beobachtende Parteinahme für einen Elternteil stellt eine Schutzfunktion für das Kind dar, da es sich aufgrund der emotionalen Abhängigkeit dem Einfluss der Eltern nicht (oder nur bedingt) entziehen kann. Die Person, die unablässig gegen den anderen Elternteil agiert, wird unterstützt, um nicht selbst zur Zielscheibe ihres unberechenbaren Zorns zu werden.[779] Die Aggression des Kindes zentriert sich nach anfänglicher Hilflosigkeit und Irritation auf den getrennt lebenden Elternteil. Aus dem Hin- und Hergerissenwerden in der Konfliktsituation können sich in einzelnen Fällen psychosomatische Reaktionen ergeben, wie beispielsweise Fieber, Verdauungsstörungen, Einnässen und Schlafstörungen.

Als Antrieb der Beeinflussung wird gewöhnlich Hass bzw. Missgunst oder doch zumindest tiefe Abneigung des einen Elternteils gegenüber dem anderen angenommen.[780] Die normale Verarbeitung der emotionalen Turbulenzen bei einer Trennung, wie Trauerarbeit, Angstbewältigung, Verstehen, Verzeihen und Schaffung einer neuen Basis von Respekt und Vertrauen findet beim programmierenden Eltern nicht statt. Eltern, die ihre Kinder gegen den anderen programmieren, handeln primär aus der panischen Angst heraus, auch die Kinder zu verlieren. Um diesem zu entgehen, bilden sie zusammen mit ihren Kindern eine enge Koalition, zu der niemand anderer Zugang hat („Wir gegen den Rest der Welt"). Die daraus entstehende Eltern-Kind-Bindung ist naturgemäß stärker als alle anderen Bindungen der Kinder, aber sie ist eine pathogene Angstbindung, die Ausschließlichkeit fordert.[781] Die Gefahren hierbei sind offensichtlich. Insbesondere, wenn sich im Verlauf der Ehekrise eine dyadische Beziehung zwischen einem Kind und einem Elternteil durch die gemeinsame Ablehnung des Dritten, des anderen Elternteils, stabilisiert, wird beim jungen Scheidungskind die Triangulierung, also die Entwicklung zur Drei-Personen-Beziehung behindert oder bleibt unvollständig. Ohne sie kann weder die innere Loslösung von der Mutter noch die Bewältigung der ödipalen Situation gelingen. Die verinnerlichte Beziehungsstruktur bleibt auf vorwiegend dyadischem Niveau, häufig mit dem Bedürfnis nach einer exklusiven Zweiersituation, verbunden mit narzisstischer Sehnsucht nach Vollkommenheit und Harmonie. Diese Wünsche bestimmen dann alle weiteren Beziehungen. Die Beziehung zu Dritten wird in diesen Fällen als „Verrat" erlebt, woraus sich der bei Scheidungskindern zentrale und ubiqui-

---

778 Arntzen, S. 5.
779 Kodjoe/Koeppel in: DAV 1998, 9, 15.
780 Klußmann/Stötzel, S. 197.
781 Kodjoe/Koeppel in: DAV 1998, 9, 14.

tär anzutreffende Loyalitätskonflikt in der Beziehung zu den Eltern auch als ein Entwicklungskonflikt erklärt.[782]

Mit welchen Mitteln die entsprechende Wirkung im Einzelnen erzielt wird, ist je nach Altersstufe der Kinder und nach Autorität und Geschicklichkeit der Sorgeberechtigten verschieden. Vor allem bei kleineren Kindern wird der Einfluss des abwesenden von dem anwesenden Elternteil bestimmt, denn je jünger das Kind ist, desto schneller ergreift es Partei, und dadurch wird es zumindest vorübergehend sowie oberflächlich aus der Unerträglichkeit des Loyalitätskonfliktes befreit.[783] Dabei braucht die Beeinflussung keineswegs immer expressis verbis zu erfolgen, denn es kann eine manchmal unbewusste „psychische Ansteckung" erfolgen, indem das Kind die Haltung des Sorgeberechtigten zum abwesenden Elternteil aus Mimik, faktischem Verhalten, indirekten Andeutungen erspürt, ohne dass sie in Worten direkt zum Ausdruck gebracht wird.[784] Die daraus resultierende „overprotectiveness", die Überbehütung, die im Gewand inniger Liebe, Besorgnis und Aufmerksamkeit für das Kind daherkommt, verbirgt nur unvollkommen die egoistische Komponente des ausschließlichen Besitzanspruchs. Ein inhärenter Bestandteil der Induzierung ist die „folie à deux", in die ein Elternteil das Kind zu seinem und dem Schaden des anderen Elternteils verwickelt, und zu der das Kind eigene Beiträge beisteuert.[785]

Die Induzierung der Gegeneinstellung tritt besonders deutlich hervor bei Besuchsstreitigkeiten. Dabei ergibt sich der Konflikt, zu dem es bei Kindern aus geschiedenen Ehen häufig kommt, wenn Besuche beim abwesenden Elternteil zur Erörterung stehen, nicht originär in ambivalenten Beziehungen der Kinder selbst zu ihren Eltern, sondern vorwiegend aus dem Zwiespalt ihrer eigenen Beziehung zu einem Elternteil und dem Bewusstsein der gestörten Beziehung des für sie sorgenden Elternteils zum anderen.[786] Die Eltern schaffen es in der Regel, bewusste Beeinflussungen zu unterdrücken. Aber es ist ihnen auf Dauer praktisch unmöglich, unbewusste eigene Ängste und Abneigungen vor dem Kind zu verbergen.[787] Aus dieser psychischen Situation ergibt sich für das Kind folglich eine erhebliche Konfliktlage. Sie tritt am häufigsten auf, wenn es eine Zuneigung zu beiden Elternteilen hat, die Induzierung einer Gegeneinstellung zum abwesenden Elternteil bei ihm nur Randbereiche der Persönlichkeit erreicht und wenn das Kind sehr sensibel, leicht verletzbar und gefühlserregbar ist. Gestei-

---

[782] Rotmann in: Psyche 32, S. 1125.
[783] Kodjoe/Koeppel in: DAV 1998, 9, 15.
[784] Arntzen, S. 6.
[785] Kodjoe/Koeppel in: DAV 1998, 9, 14.
[786] Arntzen, S. 8.
[787] Klußmann/Stötzel, S. 199.

gert wird der Konflikt noch, wenn das Kind nach außen hin nicht neutral bleiben kann, wie es möchte, sondern unter Druck gezwungen wird, durch Äußerungen vor anderen Menschen Partei zu ergreifen.[788] In diesen Fällen befindet sich das Kind im Zwiespalt mit einem mehr oder weniger starken Besuchsbedürfnis aus Liebe und dem übermächtigen, weil grundlegenden Bedürfnis nach ungetrübt liebevoller Verbindung zur sorgeberechtigten Hauptbezugsperson. Ihr gegenüber entsteht ein Schuldgefühl aus vermeintlichem „Ungehorsam“ gegen deren erspürte Sorge und Ängste. Sobald das Kind den Zwiespalt zwischen seinen beiden Bedürfnissen schon unbewusst erlebt, muss es ihn nach den Regeln des Höchstwertdurchlasses lösen, mithin zugunsten der wichtigsten Bindung, also zur Hauptbezugsperson hin. Den Antrieb dazu bilden auch hier wiederum Angstgefühle, die es zwingen, sich zur Minderung eigener Ängste seiner unentbehrlichen Hauptbezugsperson zu vergewissern. Es ist somit getrieben, der sorgeberechtigten Hauptbezugsperson keine Sorgen zu bereiten, mithin entwickelt es Ängste und „will nicht mehr“ zum Umgangsberechtigen.[789] Haben diese Ängste sich erst verfestigt, sind sie ebenso schwierig beim Kind wie beim Erwachsenen aufzulösen, bestenfalls nur nach langer, ergiebiger Nacherziehung. Will man also bei Kindern vom Sorgeberechtigten übernommene Ängste (oder Abneigungen) abbauen, müsste man zunächst die Ängste seiner Erwachsenen, also vornehmlich der Hauptbezugsperson, abbauen, sonst wäre ohnehin alles vergeben.[790]

11.1.3.2 The Parental Alienation Syndrome (PAS)

Der klinische Professor für Kinderpsychiatrie an der Columbia University Richard A. Gardner[791] hat die kompromisslose Zuwendung des Kindes zu einem – dem guten, geliebten Elternteil- und die ebenso kompromisslose Abwendung vom anderen –dem bösen, gehassten Elternteil- im Kontext von Sorge- und Umgangsrechtskonflikten mit dem Begriff „Parental Alienation Syndrome“ (PAS)[792] bezeichnet. Er wollte sein Buch über PAS ausdrücklich als „Handreichung für Richter und Sozialarbeiter, die mit Trennungskindern zu tun hatten“ verstanden

---

[788] Arntzen, S. 8.

[789] Klußmann/Stötzel, S. 201.

[790] Klußmann/Stötzel, S. 199.

[791] Gardner war Fakultätsmitglied am William A. White Psychoanalytic Institute und arbeitet seit Jahren mit Scheidungseltern und -kindern. Nach eigenen Angaben ist er in ca. 300 Fällen vor Gerichten in 24 Staaten der USA als Gutachter bzw. sachverständiger Zeuge aufgetreten.

[792] Als Standardwerk für PAS gilt Richard A. Gardner: The Parental Alienation Syndrome – A Guide for Mental Health and Legal Professionals aus dem Jahr 1992.

wissen.[793] Dabei ist die Übersetzung von PAS mit „Eltern-Feindbild-Syndrome“ missverständlich: Es geht nicht um verfeindete Eltern und deren Symptomatik, sondern um Verhaltensweisen von Kindern, die in einem Elternteil ihren erklärten Feind sehen. In diesem Zusammenhang handelt es sich auch nicht um die feindselige Ablehnung eines Elternteils, der sein Kind tatsächlich misshandelt oder missbraucht hat. Die von PAS betroffenen Eltern sind „normale“ Väter und Mütter, die ihre Kinder lieben und von ihren Kindern geliebt wurden.[794] Der Grund für PAS liegt darin, dass ein Elternteil die Bedeutung des anderen Elternteils für das Kind nicht anerkennt und eigennützige Interessen vor diejenigen des Kindes stellt, vielfach sogar in der Überzeugung, dass dies zum Wohle des Kindes geschieht. Es wird eben nicht alles unterlassen, was das Verhältnis des Kindes zum jeweils anderen Elternteil beeinträchtigt oder die Erziehung erschwert.[795] Sie sind beispielsweise nicht bereit, Bedingungen zu schaffen, die dem Kind den Wechsel von einem Haushalt in den anderen erleichtern würden. Angebote zu gemeinsamen Gesprächen, um die zwischen den Elternteile bestehenden Konflikte zu beseitigen und das Kind aus dem Loyalitätskonflikt zu befreien, werden abgelehnt. Der manipulierende Elternteil instrumentalisiert das Kind, um eigene Verlustängste zu reduzieren, Hass- und Rachegefühle dem früheren Partner gegenüber auszuleben.[796] Hierbei wird vom programmierenden Elternteil nicht wahrgenommen, dass das Kind für seine psychische Gesundheit auch auf die innere Verbundenheit mit dem anderen Elternteil, mit dem es nicht mehr zusammenlebt, angewiesen ist.[797] Es handelt sich folglich um die teils bewusste, teils unbewusste Programmierung durch den ständig betreuenden Elternteil, die zum Ziel hat, die Liebe des Kindes zum anderen Elternteil zu zerstören und diesen aus dem Leben des Kindes zu eliminieren. Gemischte Gefühle haben bei PAS keinen Raum, denn ein Elternteil ist nur gut und der andere nur schlecht.[798] Die Kinder sind nicht in der Lage aufzuzählen, was sie an ihren beiden Elternteilen gut finden und was weniger gut und schlagen sich dann aus Sicherheitsbedürfnis und Abhängigkeitsgründen auf die Seite des Elternteils mit dem sie leben.[799] Diesen Konflikt benutzt der entfremdende Elternteil nun, um die zuvor bestehende normale Eltern-Kind-Beziehung zu zerstören, indem er das Kind, unter Missbrauch der uneingeschränkten Einflussmacht manipuliert. Mangels entwickelter Differenzierungsfähigkeit kann sich das Kind nur an Extremen orientieren, so dass in der Folge ein psychodynamischer Prozess ins Rol-

[793] Seit dem Erscheinen des Werkes von Gardner im Jahre 1992 sind in den USA inzwischen viele Veröffentlichungen zum PAS erschienen.
[794] Kodjoe/Koeppel in: DAV 1998, 9, 11.
[795] Schröder in: FamRZ 2000, 592.
[796] Fischer in: NDV 1998, 306, 307.
[797] Kodjoe/Koeppel in: DAV 1998, 9, 11.
[798] Fischer in: NDV 1998, 306.
[799] Kodjoe/Koeppel in: DAV 1998, 9, 11.

len gerät. Dieser bewirkt, dass sich das Kind über die „Programmierung“ hinaus entwickelt. Es solidarisiert sich mit dem Elternteil, von dem es abhängig ist, und sieht dessen Aussagen als die eigenen an. Es geht sogar noch darüber hinaus: Das Kind weist ohne Zutun von außen jeden Kontakt mit dem entfremdeten Elternteil aufgrund von Gehörtem, Übernommenen und nicht aufgrund eigener Erfahrungen ab.[800] Diese kanalisierte Form wird vom betreuenden Elternteil nicht nur erlaubt, sondern geradezu herausgefordert.[801] Somit kann sich der festhaltende Elternteil im Hintergrund bewegen und das Kind vorschicken, denn er ist sich sicher, dass das Kind sich nicht dem anderen Elternteil zuwenden wird. Das Kind aber befindet sich im Spannungsfeld zwischen seinen Eltern und verfügt keineswegs über einen freien Willen. Vielmehr ist es von dem einen Elternteil, bei dem es sein Zuhause hat, abhängig und es kann es sich nicht mit ihm verderben.[802]

Wichtig bei der Abgrenzung von PAS-Fällen zu „normalen“ Trennungskindern ist die Tatsache, dass sich die negativen Einstellungen zu dem Ex-Partner nicht relativieren. Erfahrungsgemäß äußern nahezu alle Eltern in der Trennungsphase Zweifel an der Person des früheren Partners und auch an dessen Qualitäten, was die Erziehung des Kindes betrifft. Dennoch gibt es einige Schlüsselmerkmale, die auf das Vorliegen von PAS hinweisen. Normalerweise lassen Wut und Ärger in bezug auf den anderen Elternteil mit der Zeit nach, und die Darstellung des früheren Partners wird wieder realistischer, weil eigene Anteile am Scheitern der Beziehung gesehen werden können. Bei PAS bleiben aber auch nach mehreren Jahren die negativen Ansichten und Aussagen unverändert. Sie äußeren sich über Jahre hinweg negativ über den zweiten Elternteil, bezeichnen ihn als Feigling, Betrüger und Zerstörer der Familie, ohne jemals zu erwähnen, welche Probleme es während der Ehe gab und welchen Beitrag sie selbst dazu geleistet haben. Die nacheheliche Schuldprojektion bleibt aufrechterhalten.[803] Dies geschieht z.B. dadurch, dass dem Kind vermittelt wird, der andere Elternteil mute dem betreuenden und dem Kind absichtlich finanzielle Einschränkungen zu, ohne die veränderte finanzielle Situation beider Elternteile zu erwähnen. Die Bindungstoleranz, also die Fähigkeit, die Bindungen des Kindes an den anderen Elternteil zu respektieren, ist folglich nicht vorhanden.[804]

[800] Schröder in: FamRZ 2000, 592.
[801] Kodjoe/Koeppel in: DAV 1998, 9, 16.
[802] Klenner in: FamRZ 1995, 1529, 1532.
[803] Fischer in: NDV 1998, 306, 307.
[804] Schröder in: FamRZ 2000, 592.

11.1.3.2.1 Erfahrungen aus den U.S.A.

PAS hat schon vor Jahren in die Rechtsprechung sowohl amerikanischer als auch kanadischer Gerichte wie auch Obergerichte in Sorge- und Umgangsrechtsverfahren Eingang gefunden.[805] Laut Angaben von Gardner kommt es in schätzungsweise 90% der Sorgerechtsfälle in den USA zu diesem Syndrom. Auch aus Großbritannien[806] liegen Urteile zweiter Instanz vor, welche nach Feststellung von PAS bei Scheidungskindern mit harten Konsequenzen gegen den programmierenden Elternteil entschieden haben. Wie aus den U.S.A. berichtet, steigen die Fälle von PAS signifikant an, wenn in Einzelstaaten[807] die gemeinsame elterliche Sorge gesetzlicher Regelfall wurde, um gerade dies im Einzelfall durch Instrumentalisierung der Kinder zu verhindern. Ähnliches ist im Hinblick auf das KindRG bei uns zu befürchten. Auch wenn die einseitige Vereitelung der elterlichen Sorge vom gemeinsamen Sorgerecht abgelöst wird, ist noch immer die Frage zu klären bei welchem Elternteil das Kind sein ständiges Zuhause haben soll.[808] Hier deutet sich neuer Elternstreit an. Schon jetzt erleben Gutachter wie auch Familienrichter bei der Kindesbefragung, dass das Kind eine Entscheidung zugunsten der Alleinsorge eines Elternteils fordert.[809] Der programmierende Elternteil verletzt sowohl die Sorgfaltspflicht als auch ein ausdrückliches Recht des Kindes, d.h. er oder sie missbraucht das Kind aus egozentrischen Motiven. Anstelle des Kontinuitätsprinzips sollte die Bindungstoleranz, d.h. die Fähigkeit, die Bindung des Kindes an den anderen Elternteil zu respektieren, zum wichtigsten Kriterium der Sorgerechtsentscheidung immer dann werden, wenn die gemeinsame Sorge aufgrund eines Alleinsorgeantrags nicht automatisch weiter gelten soll.[810]

11.1.3.2.2 Situation in Deutschland

Die in Deutschland lebenden Kinder unterscheiden sich von den Kindern aus Ländern mit angelsächsischer Rechtskultur zwar in ihrer kulturell bedingten Sozialisation, jedoch nicht in ihrem emotionalen Grundbedürfnis nach einer von Liebe getragenen lebenslangen Beziehung zu beiden Elternteilen. Somit sind die von Richard A. Gardner erarbeiteten Erkenntnisse wohl auf unser Land übertragbar.

---

[805] Gardner verweist im Internet auf eine lange Liste von Entscheidungen amerikanischer Gerichte, die sich mit PAS beschäftigt haben.

[806] Court of Appeal vom 07.02.1989, Cox v. Cox, Family Law 1990, 220-1; 235.

[807] In den USA ist das Familien- bzw. Kindschaftsrecht einzelstaatlich geregelt.

[808] Klenner in: FamRZ 1995, 1529, 1535.

[809] Kodjoe/Koeppel in: DAV 1998, 9, 26.

[810] Kodjoe/Koeppel in: DAV 1998, 9, 27.

Auch hierzulande haben sich deutsche Familien- und Vormundschaftsgerichte naturgemäß ständig in Sorge- und Umgangsrechtsverfahren mit den gleichen Problemen auseinander zusetzen, welche auch in den USA und andernorts eine dominierende Rolle spielen. Stark konfliktbeladene Familien sind natürlich in der Gesamtzahl derjenigen, die um Sorge- und Umgangsrecht kämpfen, überproportional vertreten.[811] Ohne das von Gardner zuerst vorgestellte und von anderen Humanwissenschaftlern sowie Gerichten in den USA weiterentwickelte Instrumentarium zu PAS zu kennen, kamen einzelne deutsche Gerichte zu teilweise verblüffend ähnlichen Ergebnissen, insbesondere in Fällen konsequenten Umgangsboykotts.[812] Solche Entscheidungen, welche quasi als vereinzelte Leuchttürme in der deutschen Sorge- und Umgangsrechtsprechung stehen, können jedoch nicht darüber hinwegtäuschen, dass eine unübersehbare Zahl der Sorge- und Umgangsrechtsbeschlüssen ergeht, in denen Gerichte wegen konsequenter Ablehnung eines Elternteils, dem sich meist auch das (PAS-geschädigte) Kind anschließt, vor den Fakten kapitulieren, wie „wenn die Mutter nicht will, kann man doch nichts machen" oder „das Kind lehnt den Vater total ab, will ihn nie wieder sehen, da kann man es doch nicht zum Umgang zwingen." Genau hier muss eine überlegte Auswahl eines Sachverständigen durch das Familiengericht in kindschaftsrechtlichen Verfahren gelten. Diese Sachverständigen müssen sich dann mit der Familie intensiv auseinandersetzen und eine sorge- und umgangsrechtliche Entscheidung vorlegen. Da bisher nur wenig Familienrichter psychologische Fachkenntnisse besitzen, um wissenschaftlich mangelhafte gutachterliche Empfehlungen als solche erkennen zu können, ist hier ein enormer Handlungsbedarf erforderlich. Diese Problematik der mangelnden Aus- und Fortbildung der Familienrichter hinsichtlich Pädagogik und Psychologie wurde bereits vom Bundesverfassungsgericht im Jahre 1980 gesehen.[813] Bisher müssen die Richter sich auf den Sachverständigen als ihren Gehilfen nach der ZPO verlassen. Aber auch die zur fachlichen Unterstützung der Gerichte berufenen Sozialpädagogen aus dem Jugendamt sind aufgrund ihrer Ausbildung schwerlich in der Lage, Abläufe von PAS, wie sie oben dargestellt sind, in den von ihnen beratenen Familien zu erkennen und richtig zu deuten, geschweige denn gegenzusteuern.[814] Wichtig wäre es daher, dass die an Familien- und Vormundschaftsgerichten tätigen Richter durch Aus- und Weiterbildung mit den Grundzügen der Pädagogik und der Psychologie vertraut gemacht werden und dadurch befähigt werden sollten, in größerem Umfang als bisher die betroffenen Kinder und Jugendliche selbst zu hören. Auch bei uns in Deutschland sollten die Kinder durch

---

[811] Bruch in: FamRZ 2002, 1304, 1305.

[812] Vgl. OLG Bamberg in: FamRZ 1985, 1175, 1177; OLG München in: FamRZ 1991, 1343, 1344; OLG Celle in: FamRZ 1994, 924, 925.

[813] BVerfG in: NJW 1981, 217, 218=FamRZ 1981, 124, 125.

[814] Kodjoe/Koeppel in: DAV 1998, 9, 24.

Gesetz und Rechtsprechung konsequenter als bisher davor geschützt werden, durch PAS nachhaltige Schäden in ihrer Entwicklung zu erleiden. Dadurch könnte künftig vielen Kindern im elterlichen Trennungskonflikt Instrumentalisierung und seelische Beeinträchtigung erspart werden.

11.2 Rollenzuschreibung und Delegation

Im Scheidungsverlauf verlieren Kinder nicht nur für die gemeinsame Lebensplanung der Eltern an Gewicht, sondern werden stattdessen zur Aufrechterhaltung der Spaltung in der Ehe benötigt. Kinder geraten in Scheidungen oft in Koalition mit einem Elternteil, werden zu Botenträgern, indem sie die Kommunikation zwischen den Eltern herstellen oder werden angehalten einem Elternteil nachzuspionieren.[815] Über die Generationsgrenzen hinweg bilden sich somit neue Paare, wie beispielsweise die Mutter mit dem Kind gegen den Vater oder der Vater mit dem Kind gegen die Mutter. Es besteht dann die Gefahr, dass Kinder mit ihren ganz eigenen Bedürfnissen „instrumentalisiert" werden, d.h. sie werden zu strategischen Positionen degradiert im Dienste von Bestrafung des Partners, von Wiedergutmachung des Betrogenen, zum Ausgleich von (materiellen) Verlusten.[816]

Die Einbeziehung von Kindern in den Beziehungskonflikt der Eltern durch Rollenzuschreibung und Delegation ist ubiquitär und eine spezifische Form der Konfliktlösung.[817] Die strukturierte Gesamtheit aller Erwartungen, die sich auf die Ausgaben, das Benehmen, die Gesinnungen, Werte und wechselseitige Beziehungen einer Person richten, die eine spezifische Gruppenposition beinhaltet und in der Gruppe eine bestimmte Funktion erfüllen muss, wird mit dem Begriff „Rolle" umschrieben.[818] Diese Rollen können überwiegend oder ganz Abwehrprozessen dienen. Das heißt, das Erteilen oder Akzeptieren solcher Rollenvorschriften kann von jedem Rollenpartner dazu benutzt werden, sich kompensatorisch von intraindividueller Konfliktspannung zu entlasten.[819] Dabei können dem Kind natürlich nicht nur von den Eltern, sondern auch von anderen Seiten traumatische Einflüsse drohen. In einer Familie können noch andere Verwandte und vor allem Geschwister als wichtige Bezugspersonen im Spiel sein. Je mehr Personen eine engere Bindung zu dem Kind haben, um so komplexer sind dann auch die Rollenvorschriften, denen dieses begegnet. Es ist dann natürlich

---

815 Hunter, S. 64.
816 Klußmann/Stötzel, S. 57.
817 Vgl. Richter in: Eltern, Kind, Neurose/ Stierlin in: Delegation und Familie.
818 Richter/Eltern, Kind und Neurose, S. 72.
819 Richter/Patient Familie, S. 50.

schwieriger und mühsamer, sich darüber Klarheit zu verschaffen, in welchem Umfang und in welchem Verhältnis die unbewussten Erwartungen der verschiedenen Partner in dem Kind wirksam werden. Nichtsdestoweniger sind die Eltern die „wichtigsten“ Partner für das Kind, und somit verdient die Erforschung ihrer Einflüsse den Vorrang.

Eltern, die ihre Kinder massiv delegieren, beuten letztere aus: sie setzen sie einer ungleichen Entwicklung aus, rauben ihnen ihr Lebensglück und stören ihre altersgemäße Individuation und Reifung.[820] Einerseits werden Kinder dazu ermutigt, sich aus dem elterlichen Feld herauszubewegen, jedoch andererseits werden sie zugleich an der langen Leine gehalten. „Delegare“ bedeutet erstens hinaussenden und zweitens mit einer Mission bzw. einem Auftrag betrauen. Der letzteren Bedeutung zufolge bleibt der Delegierte dem Sender verpflichtet, und zwar in einer spezifischen, selektiven Weise.[821] Kinder werden zum Ventil persönlicher Enttäuschungen, sie werden zu Kampfgefährten gemacht und oft genug ermuntert, den anderen Elternteil zu bespitzeln, zu demütigen, zu quälen oder zu verletzen. Viele Kinder erhalten je nach psychischer Verfassung und Bedürfnissen der Eltern oft die Funktion eines Bündnispartners, eines Ersatzpartners, eines Vermittlers, aber unter Umständen auch die eines Ersatzelternteils, der sich in einer Art Rollenumkehr um seinen unglücklichen Elternteil kümmern muss, was zu einer Überforderung der Kinder führt.[822] Dabei soll es kompensatorisch Wünsche und Ansprüche erfüllen, die eigentlich nur von Erwachsenen geleistet werden können. Auch wenn die Kinder anfangs die mit der jeweiligen Rolle verbundene Macht genießen, merken sie vielfach aber auch vorbewusst, dass die ausgebeutet werden. Rollen wie die des Ersatzpartners oder parentifizierten Kindes können die kindliche Entwicklung beschleunigen, überfordern es jedoch häufig und verhindern die Teilhabe an alters entsprechenden Aktivitäten.[823]

Je mehr Eltern unter dem Druck eigener ungelöster Konflikte leiden, um so eher pflegen sie, wenn auch nur unbewusst, danach zu streben, dem Kind eine Rolle vorzuschreiben, die vorzugsweise ihrer eigenen Konfliktentlastung dient. Dadurch können Kinder z.B. ein „falsches Selbst“ entwickeln und ausarbeiten, das den kindlich gebliebenen Selbstobjekt-Bedürfnissen eines oder beider Eltern entgegenkommt.[824] Ohne sich darüber recht klar zu sein, belasten sie das Kind mit den unbewältigten Problemen ihres eigenen Lebens, und hoffen, sich mit

---

[820] Stierlin, S.197.
[821] Stierlin, S.196.
[822] Bauers in: Menne/Schilling/Weber, S. 43.
[823] Textor, S. 44.
[824] Winnicott, S. 187.

seiner Hilfe ihr Los zu erleichtern.[825] Bei einer strittigen Scheidung besteht das wesentliche Problem darin, dass die Eltern mit Hilfe der Kinder den Trennungs- und Scheidungskonflikt zu lösen versuchen. In ihrem heftigen Kampf gegeneinander verlieren sowohl Mütter als auch Väter häufig jedes Gefühl für die Bedürfnisse und auch die persönliche Integrität ihrer Kinder.

11.2.1 Rollentheorie von Horst-Eberhard Richter

Die Verzahnung zwischen den elterlichen Erwartungen, Wünschen, Ängsten und den Reaktionen des Kindes, das sich oft gleich einem Insekt im Spinnennetz der ihm zugedachten Rollen windet, lässt bestimmte, immer wiederkehrende Strukturen der Eltern-Kind-Beziehung erkennen, die offensichtlich die Entstehung kindlicher Neurosen zu fördern vermögen. Horst-Eberhard Richter[826] hat hierfür eine Rollentheorie entwickelt, die eine systematische Erfassung psychosozialer Abwehrformen nach Rollenthemen einteilt. Über das Individuum hinaus wurde der „Patient Familie“[827] in die klinische Betrachtung einbezogen. Sein Ansatz aus dem Jahr 1963[828] war einer der ersten deutschsprachigen Beträge zur Erforschung der Wechselbeziehungen zwischen Eltern und Kindern.[829]

Richter erachtete eine von der Individualdiagnostik unabhängige und ergänzende Beurteilung des Familiensystems für unerlässlich, wenn man von einem biopsychosozialen Modell der Krankheitslehre ausgeht, also mehrere Bedingungsfaktoren bei der Entstehung und Aufrechterhaltung seelischer Krankheiten annimmt.[830] Diese Rollentheorie ist ursprünglich für Eltern-Kind-Beziehungen entwickelt worden, eignet sich indessen aber auch zur Beschreibung von Partnerverhältnissen unter Erwachsenen. Der Versuch orientiert sich an den durch Freud beschriebenen Grundtypen der Partnerwahl (Objektwahl).

11.2.2 Das Kind im Scheidungsverlauf

In einem Ehekonflikt kann das Kind als Medium dienen, an dem oder über das die Kollusion ausgetragen wird. Je stärker der Paarkonflikt ist, desto größer ist die Gefahr, dass sich das Konfliktpotential auf die Elternebene verlagert und das Kind zum Streitobjekt wird. Das Kind bietet sich den Eltern, die entsprechend

---

[825] Richter/Strotzka/Willi, S. 13.
[826] Richter beschreibt seine „Rollentheorie“ in: Eltern, Kind und Neurose.
[827] Titel eines Buches von Horst-Eberhard Richter aus dem Jahr 1970.
[828] Richter/Eltern, Kind und Neurose.
[829] Mertens in: Hurrelmann/Ulrich, S. 78.
[830] Cierpka in: Ahrens, S. 546.

strukturiert sind, als Mittel an, durch welches sie einander ihre unbewältigten Hassregungen, aber auch ihre frustrierten narzisstischen Ansprüche noch ausdrücken können. Die Eltern neigen dazu, ihre Gefühle, Ängste und Erwartungen auf die Kinder zu übertragen, sie in ihre persönliche Problematik als Partnersubstitut mit einzubeziehen oder als Personifizierung sowohl eigener negativer oder positiver Persönlichkeitsanteile als auch die des Partners zu sehen. Je mehr die Vergangenheit der Eltern durch das Erleben von Versagung, Scheitern und Frustration charakterisiert ist, desto mehr besteht die Gefahr, dass sie ihre Gefühle der Scham und der Wut auf sich selbst jetzt auf das Kind übertragen.[831] Nicht selten wird das Kind dabei manipuliert, es wird versucht, den Partner eifersüchtig zu machen, indem man sich dem Kind übertrieben zuwendet und den Partner vernachlässigt oder das Kind in den Eigenschaften besonders fördert, in denen der Partner einen enttäuscht und ärgert.[832] Die Konzentration auf das Kind wird für die Eltern zu einer Möglichkeit mit Stress und Ängsten umzugehen, und als Folge davon verändert sich die „Funktion" des Kindes im familiären Beziehungsgeflecht. An die Stelle der Bewältigung kindgerechter, d.h. entwicklungsbezogener Aufgaben tritt die Einbindung des Kindes in die Beziehungsproblematik der Erwachsenen, indem ihm Funktionen der Konfliktbewältigung übertragen werden.[833] Ohne sich darüber recht klar zu sein, belasten sie das Kind mit den unbewältigten Problemen ihres eigenen Lebens, und hoffen, sich mit seiner Hilfe ihr Los zu erleichtern.[834] In einer speziellen Variante dieser Situation wird das Kind vornehmlich zum Zeugen und zum Spion missbraucht, wenn die geschiedenen oder auf Scheidung zusteuernden Eltern einander das Sorgerecht streitig machen. Beide stellen gegenseitige Recherchen an, um jeweils dem Kontrahenten einen schädlichen erzieherischen Einfluss nachweisen zu können. Das Kind wird regelmäßig ausgehorcht und zu erwünschten Aussagen genötigt, die dann dem Jugendamt und dem Vormundschaftsgericht als „Beweisstücke" zur Kenntnis gebracht werden. Es bekommt plötzlich die Bedeutung eines „Kronzeugen" bzw. eines „Schiedsrichters", von dessen Aussagen viel abhängt.[835] Das Verhängnisvolle an dieser elterlichen Haltung ist, dass sie Tendenzen, die im Kind vorliegen und für seine Entwicklung ohnehin gefährlich sein können, nicht bremst und in die richtigen Bahnen lenkt, sondern aufschaukelt und ausbeutet.[836] Es ist nicht verwunderlich, dass Kinder unter diesen Umständen intensive Loyalitätskonflikte erleben. Sie lieben in der Regel beide Elternteile, wollen es beiden recht machen und die Beziehung zu beiden aufrechterhalten.

---

[831] Braun in: Lehmkuhl/Lehmkuhl, S. 64.
[832] Willi, Die Zweierbeziehung, S. 214.
[833] Fthenakis/Niesel/Kunze, S. 131.
[834] Richter/Strotzka/Willi, S. 13.
[835] Richter/Eltern, Kind und Neurose, S. 235.
[836] Willi, Die Zweierbeziehung, S. 215.

Nun sollen sie sich unter starkem Druck für einen entscheiden.[837] Dieses stellt oft eine psychisch sehr belastende Situation dar. Deren Wohlbefinden und Liebe zu beiden Elternteilen können dadurch empfindlich gestört werden.[838]

An derartigen Fällen, bei denen die Erfahrung dieser Rolle dem Kind schon sehr früh vermittelt wird, ist die spezifisch traumatische Wirkung auf die kindliche Charakterentwicklung am besten zu studieren. Die Beobachtungen zeigen, dass das Kind überhaupt keine klare Richtschnur für sein Verhalten internalisieren kann. Dadurch können Kinder z.B. ein „falsches Selbst" entwickeln und ausarbeiten, das den kindlich gebliebenen Selbstobjekt-Bedürfnissen eines oder beider Eltern entgegenkommt.[839] Der Entwicklungsprozess dieser Kinder ist erheblich gestört, da die elterlichen „Jas" und „Neins" sich weitgehend aufheben. Die eine Seite bewertet als „gut", was für die andere Seite „schlecht" heißt, das Kind kann folglich keine klare Wertorientierung gewinnen, keine eindeutigen moralischen Prinzipien internalisieren und somit kein geordnetes „Ich-Ideal" bzw. „Über-Ich" aufbauen. Es wird in seinen narzisstischen Bedürfnissen immer wieder aufs schwerste gekränkt, sobald es als Zankapfel oder Prügelknabe zwischen die gegeneinander agierenden Fronten gerät, wie es sich gerade aus der schwankenden elterlichen Konfliktlage ergibt.[840]

11.3 Zusammenfassung

Die Kinder werden in den meisten Fällen unweigerlich in die verschiedenen Phasen des Scheidungskonflikts miteinbezogen und in diesen Phasen auch sehr oft von ihren Eltern beeinflusst. Diese Beeinflussbarkeit des Kindes durch die Eltern im familiären Bezugssystem bewirkt beim Kind Identifizierung, Gegenidentifizierung, Loyalitätskonflikte und Parteinahme. Als Antrieb der Beeinflussung wird gewöhnlich Hass, Missgunst oder zumindest tiefe Abneigung des einen Elternteils gegenüber dem anderen angenommen. Kinder werden dabei zum Ventil persönlicher Enttäuschungen, sie werden zu Kampfgefährten gemacht und oft genug ermuntert, den anderen Elternteil zu bespitzeln, zu demütigen, zu quälen oder zu verletzen. Viele Kinder erhalten je nach psychischer Verfassung und Bedürfnissen der Eltern oft die Funktion eines Bündnispartners, eines Ersatzpartners, eines Vermittlers, aber unter Umständen auch die eines Ersatzelternteils, der sich in einer Art Rollenumkehr um seinen unglücklichen Elternteil kümmern muss, was zu einer Überforderung der Kinder führt.

---

[837] Textor, S. 43.
[838] Hansen, S. 66.
[839] Winnicott, S. 187.
[840] Richter/Eltern, Kind und Neurose, S. 251.

12. Kapitel: Reaktionen der Kinder auf die Scheidung

Das Abwägen über die Bedeutung der Ehescheidung für ein Kind stellt ein besonderes Problem dar, weil nicht einheitlich darüber entschieden werden kann. Pauschale Äußerungen über die Gruppe der Scheidungskinder im Vergleich zu Kindern aus nicht-geschiedenen Familien sind insgesamt wenig aufschlussreich, da die Reaktionen der Kinder sehr unterschiedlich sein können.[841] Jedes Kind reagiert ganz spezifisch auf die Scheidung der Eltern, je nach individuellen Charakteristika wie Persönlichkeitsmerkmalen, Anpassungsverhalten und Stresstoleranz. In vielem sind sich jedoch alle Kinder gleich. Fest steht, dass eine Ehescheidung für ein Kind immer eine große psychische Belastung bedeutet. Die Scheidung fügt dem Leben von Kindern eine neue Dimension hinzu. Sie zwingt zu der Konfrontation mit einer Anzahl komplexer Beziehungen, denen Kinder aus intakten Familien nicht ausgesetzt sind. Es muss ihnen nicht unbedingt schlechter gehen,[842] mit Sicherheit aber wird ihr Leben komplizierter, denn sie werden vor eine Reihe nie endend wollender Veränderungen gestellt, und sie müssen darum kämpfen, diese in ihr eigenes bereits chaotisches Leben zu integrieren. Wallerstein und Corbin[843] fassen die angloamerikanische Literatur dahingehend zusammen, dass Kinder, die aus unvollständigen oder Stieffamilien kommen, ein doppelt bis dreifach höheres Risiko aufweisen emotionale Probleme und Verhaltensschwierigkeiten zu entwickeln als Kinder, die mit ihren biologischen Eltern zusammenleben. Um Normen zu erhalten und Informationen über Scheidungsfolgen auf die Kinder zu sichern, hat sich die Mehrheit der Studien darauf konzentriert, die Ähnlichkeiten der Reaktionen der Scheidungskinder aufzufinden.[844]

Die meisten Kinder erleben die Trennung ihrer Eltern als einen schweren Einbruch in ihre Lebenswelt, der sie vorübergehend aus dem Gleichgewicht bringt. Jedoch ist damit nicht gesagt, dass sie diesen Belastungen durch ein Zusammenbleiben der Eltern entgangen werden kann. Vielmehr ist es sehr häufig der Fall, dass die gefühlsmäßigen Missverhältnisse zwischen den Eltern dem Kind nicht verborgen bleiben, und es darunter unter Umständen mehr leidet als unter einer Scheidung.[845] Der anhaltenden Streit und die Unvereinbarkeiten der Eltern stellen oft eine größere Belastung für das Kind dar als die Scheidung selbst.[846] Um die typische Biasgefahr, die mit der Beschränkung auf die Untersuchung einer

---

841 Hofmann-Hauser/Bastine in: Zeitschrift für Klinische Psychologie 1995, 285, 287.
842 Riehl-Emde in: Familiendynamik 1992, 415, 416.
843 Wallerstein/Corbin in: Lewis, S. 1127.
844 Oppawski, S. 39.
845 Hagemann, Diss., S. 9.
846 Ballof in: Menne/Schilling/Weber, S. 133.

Patientenpopulation verbunden ist, zu vermeiden, d.h. um die Bedeutung der Scheidung für Kinder realistischer einschätzen zu können, wurden in den letzten Jahrzehnten zunehmend auch nicht-klinische Gruppen von Kindern in Längsschnittstudien untersucht. Wohl die bekannteste Längsschnittstudie wurde von Wallerstein und Kelly[847] in Kalifornien durchgeführt, die unter einer psychodynamischen Perspektive die Entwicklung von insgesamt 131 Kindern aus 60 Scheidungsfamilien untersuchten, und zwar zum Zeitpunkt der Scheidung selbst, nach 18 Monaten, nach 6 Jahren und zuletzt nach 10 Jahren. Ihren Ergebnissen lassen sich Zweifel entnehmen an der vorschnellen Vermutung, dass eine Scheidung für das Kind generell besser sei als sein Verbleiben in einer disharmonischen Ehe. Vielmehr bedeutet nicht selten die Scheidung einen zusätzlichen Stressfaktor neben bzw. nach den Querelen der Eltern während der Ehe. Über die unmittelbaren Krisensymptome hinaus belastet die Scheidung die Kinder schwer und lang dauernd und verunsichert sie für ihren weiteren Lebensweg.

Für die betroffenen Kinder ergeben sich im Verlauf des Trennungs- und Scheidungsprozesses tief greifende Veränderungen. Sie betreffen äußere Anpassungsleistungen, das Involviertsein in den elterlichen Streit und die Trennung von einem Elternteil. Sowohl Eltern wie auch ihre Kinder haben mit erheblichen Anpassungsproblemen zu kämpfen.[848] Typische emotionale Reaktionen von Kindern auf die Scheidungssituation sind Angst vor Verlassenwerden, Wut, Trauer, Schuldgefühle, Störungen des Selbstwertgefühls, Loyalitätskonflikte und ein allgemeines Misstrauen in die Verlässlichkeit menschlicher Beziehungen.[849] Symptome, die Kinder in dieser Phase entwickeln, können in Verbindung gebracht werden mit dem Erleben des Verlustes eines Elternteils, mit dem verstärkten Erleben von Einsamkeit, Wertlosigkeit und Verlust an Bedeutung, mit dem Gefühl, gescheitert zu sein im Bemühen, die Eltern zu versöhnen, mit dem Erleben von Wut und Hass angesichts der eigenen Machtlosigkeit und schließlich mit der Angst vor einer nicht überschaubaren Zukunft.[850]

12.1 Bedingungsfaktoren für das Verhalten der Kinder

Die spezifischen kindlichen Reaktionen stehen innerhalb eines multifaktoriellen Bedingungsgefüges. Sie sind äußerst vielfältig und stellen sich in einer weitgespannten Palette psychosozialer und psychosomatischer Auffälligkeiten und veränderter Entwicklungsabläufe dar. Zum Teil werden diese Auffälligkeiten

---

[847] Wallerstein/Kelly, Surviving the break up: How children and parents cope with divorce.
[848] Riehl-Emde in: Familiendynamik 1992, 415, 416.
[849] Bauers in: Menne/Schilling/Weber, S. 40.
[850] Bauers in: Menne/Schilling/Weber, S. 48.

und Veränderungen von der Umwelt gar nicht wahrgenommen oder nicht mit der Scheidung in Zusammenhang gebracht, zum Teil auch nicht als negative Folgen verstanden, sondern als positive Persönlichkeitsveränderungen gewertet bzw. missverstanden.[851] Die familiäre Veränderung im Zuge einer elterlichen Trennung ist zwar ein Risikofaktor für Anpassungsprobleme der Kinder, aber die oben beschriebenen Probleme und Auffälligkeiten treten nicht unvermeidlich auf, sondern hängen vielmehr noch mit anderen Faktoren als nur Familienstatus zusammen.[852] Natürlich erleben fast alle Kinder die Trennung ihrer Eltern als äußerst belastend, dennoch haben individuelle Voraussetzungen, situative Bedingungen und die konkrete Familiensituation Einfluss auf die kindlichen Verarbeitungsmöglichkeiten.[853] Es zeigt sich, dass die Reaktionen der Kinder auf die Scheidung der Eltern je nach Alter und Geschlecht des Kindes, nach der Unterstützung, die es erfährt, und nach der sozioökonomischen Lage der Restfamilie variieren.[854] Die Kenntnis dieser Faktoren ist sowohl für Eltern und Therapeuten, aber auch für Experten im Scheidungsprozess wie Anwälte, Sozialarbeiter, Gutachter und Richter Voraussetzung sich in das Scheidungskind einfühlen zu können.

12.1.1 Altersspezifische Reaktionsweisen

Das Alter, in dem die Kinder die Scheidung der Eltern erleben, spielt eine wichtige Rolle. In den Studien zu altersabhängigen Reaktionen der Kinder finden sich sowohl feine, als auch sehr grobe Altersgruppenunterteilungen. Dabei muss beachtet werden, dass das Alter der Kinder nur als Indikator gewertet werden kann, denn entscheidend ist der tatsächliche kognitive Entwicklungsstand.[855] Dieses beruht auf den entsprechenden unterschiedlichen verfügbaren Bewältigungsstrategien. Auch die Variablen soziales Verstehen und Perspektivenübernahmen stehen in engem Zusammenhang mit den Variablen Alter und Entwicklungsstand.[856]

Die meisten Kinder erleben die Trennung ihrer Eltern mit, wenn sie zwischen drei und dreizehn Jahre alt sind, also in den besonders ungünstigen Altersstufen.[857] Für beide Geschlechter gilt, dass je jünger die Kinder sind, desto weniger sind sie aufgrund ihres kognitiven Entwicklungsstandes in der Lage, die Motive

[851] Braun in: Lehmkuhl/Lehmkuhl, S. 61.
[852] Furstenberg in: Lüscher/Schultheis/Wehrspaun, S. 80.
[853] Bastian, S. 88.
[854] Sluka, S. 7.
[855] Bastian, S. 89.
[856] Schmitz, S. 47.
[857] Kunkel, S. 88.

und Gefühle der Eltern sowie die eigene Rolle bei der Scheidung zu verstehen.[858] Speziell kleinere Kinder, die noch eine Ich-zentrierte Sichtweise haben, nehmen die Trennung ihrer Eltern nicht als Trennung der Ehepartner wahr, sondern als Scheidung des weggehendend Elternteils von ihnen selbst. Dieser Alterseffekt lässt sich erklären mittels der größeren Fähigkeit älterer Kinder zur akkuraten Einschätzung der Scheidungssituation (soziales Verstehen) und zum Erleben von Kontrolle und Auswirkungen (internale Kontrollüberzeugung).[859] Demgegenüber ist bei jüngeren Kindern oft ein Regredieren in frühere Altersstufen zu beobachten. Dabei kehrt das Kind in Zeiten zurück, in denen es sich seiner Fähigkeiten sicherer war und in denen es von den Eltern mehr Zuwendung bekam.[860]

12.1.1.1 Pränatale Auswirkungen: Ungeborene

Das Ungeborene ist ein fühlendes, aufmerksames Wesen mit Erinnerungsvermögen und wachen Sinnen. Und weil das so ist, wirkt sich alles, was ihm in den neun Monaten zwischen Empfängnis und Geburt widerfährt, in entscheidender Weise darauf aus, wie sich die Persönlichkeit des Kindes, seine Neigungen und Ambitionen gestalten.[861] Das heißt jedoch ganz entschieden nicht, das zukünftige Glück des Babys hänge davon ab, wie viel Talent seine Mutter hat, 24 Stunden am Tag sonnige Gedanken zu hegen. Gelegentliche Zweifel, zwiespältige Gefühle (Ambivalenz) und Angst gehören zum normalen, gesunden Verlauf einer Schwangerschaft und können sich sogar auf die Entwicklung des Ungeborenen günstig auswirken.[862] Dennoch hat die Qualität der Beziehung der Frau zu ihrem Mann sowie ihre Einstellung zur Mutterschaft einen entscheidenden Einfluss auf das ungeborene Kind. In diesem Zusammenhang fand Stott,[863] infolge seiner Untersuchung an 1200 Kindern und ihren Familien, heraus, dass für eine Frau, die in einer stürmischen Ehe gefangen ist, das Risiko, ein psychisch oder physisch geschädigtes Kind zu bekommen, um 23,7% höher ist als für eine Frau in einer sicheren, geborgenen Beziehung. Die Hormone, die bei Angst und Stress ausgeschüttet werden, sind die sichtbarste Form der physiologischen Kommunikation zwischen Mutter und Kind. Aber nur intensive und langfristige mütterliche Angstzustände können schädlich sein.[864] Kommt es während der Schwangerschaft zu einer Scheidung, wird das Kind durch den Kummer und die Niederge-

---

858 Nave-Herz in: FuR 1995, 102, 104.
859 Schmitz, S. 45.
860 Hunter, S. 57.
861 Verny/Kelly, S. 11.
862 Verny/Kelly, S. 12.
863 Vgl. Stott „Children in the Womb: The Effects of Stress", New Society, S. 329-331.
864 Verny/Kelly, S. 79.

schlagenheit der Mutter insofern betroffen, als diese nicht in der Lage ist, ihm die notwendige Fürsorge und Zuwendung zu geben.

12.1.1.2 Kinder im Alter von 0 und 1 Jahr: Säuglinge

Die Gefahr, die Auswirkung der elterlichen Trennung und Scheidung auf Säuglinge zu übersehen, ist aufgrund von laienhaften Vorstellungen, z.B., dass sich der Säugling nicht bewusst ist, was um ihn herum geschieht, besonders groß. Man sollte allerdings davon ausgehen, dass Säuglinge bereits in den ersten Wochen und Monaten des Lebens zu Empfindungen und Gefühlsregungen fähig sind. Somit kann man von ihnen erlebte Gefühle wahrnehmen und sich darum bemühen eine Kommunikation mit ihnen aufzunehmen. Die Registrierung von exzessivem oder abweichendem Verhalten in Form des „Sichzurückziehens" bzw. der Ablehnung und Hinnahme oder exzessiven oder abweichen negativen oder positiven „Gefühlsregungen" könnten die ersten Anhaltspunkte hinsichtlich der Auswirkungen elterlicher Trennung und Scheidung auf Säuglinge geben.[865] Außerdem kann der Säugling mit einer Änderung seiner Schlaf- und Essensgewohnheiten reagieren oder auch mit häufigerem Schreien, um mehr Aufmerksamkeit zu bekommen.[866]

12.1.1.3 Kinder im Alter von 1 bis 2 ½ Jahren: Vom Säugling zum Kleinkind

Die neurologische Entwicklung und das Gehirnwachstum des Kindes sind bis zum zweiten Lebensjahr weitgehend abgeschlossen, verfeinern sich jedoch noch weiter. Die motorischen Fähigkeiten verbessern sich auch immer stärker, und das Kind besitzt nun eine größere Koordinationsfähigkeit. Mit vollständig ausgebildeter Objektpermanenz hat das Trennungs- und Scheidungskind jetzt die Fähigkeit erworben, wahrzunehmen, dass ein Elternteil abwesend oder weggegangen ist. Neben der kognitiven Fähigkeit, das Fehlen eines Elternteils wahrzunehmen, kann das Kind dieser Altergruppe bereits laufen und sich so aktiv auf die Suche nach dem Elternteil innerhalb der Wohnung begeben. Mittels dieser neu erworbenen Mobilität kann es auch Zeuge von elterlichen Auseinandersetzungen sein, und durch die kognitive Fähigkeit zum Experimentieren hat es neue Fertigkeiten und Strategien erlangt, um Verhaltensweisen nachzuahmen.[867] Der Prozess des Bindungsverhaltens wie Überabhängigkeit, Trennungsängste und

[865] Oppawski, S. 106.
[866] Riehl-Emde in: Familiendynamik 1992, 415, 417.
[867] Oppawski, S. 177.

das Unvermögen, vielfältige Bindungen einzugehen, kann zu Hinweisen auf die Auswirkungen und die Reaktionen auf den elterlichen Zwist geben.

12.1.1.4 Kinder im Alter von 2 ½ bis 3 ½ Jahren: Kleinkinder

Kinder im Alter von 2 ½ bis 3 ½ Jahre verfügen nur über wenige Mechanismen und Fähigkeiten mit Stress umzugehen. Sie reagieren auf die Scheidung ihrer Eltern mit erhöhter Ängstlichkeit und Aggressionen, verstärktem Weinen, Bettnässen und vor allem mit akuten Trennungsängsten.[868] Bei Kindern, denen keine ausreichende Erklärung für die veränderte Familiensituation gegeben wurde, traten diese Verhaltensweisen am stärksten auf.

Die Symptomatik war bei der Mehrzahl der Kinder ein Jahr nach der Trennung abgebaut. Anhaltend zeigte sich jedoch ein allgemeines Verlangen nach physischem Kontakt. Eine entscheidende Variable für den Abbau von Verhaltensstörungen war die Qualität der Fürsorge, die das Kind erhielt.[869] Allerdings wurde festgestellt, dass keine Abhängigkeit zur zeitlichen Verfügbarkeit der Betreuungsperson zu einer günstigen Entwicklung des Kindes besteht.[870]

12.1.1.5 Kinder im Alter von 3 ½ bis 5 Jahren: Kindergarten

In dieser Altersgruppe zeigen die Kinder weniger regressives Verhalten. Die vorherrschenden Symptome sind vor allem Aggression, Angst vor Aggression und Trennungsangst. Für das Erleben der Trennung eines drei- bis fünfjährigen Kindes spielen die in dieser Entwicklungsphase vorherrschenden ambivalenten Gefühle beiden Eltern gegenüber eine wesentliche Rolle. Die Irritiertheit richtet sich vornehmlich auf den Verlust des Elternteils. Kinder im Kindergartenalter misstrauen der Zuverlässigkeit zwischenmenschlicher Beziehungen. „Selbst beim Abstellen des Mülleimers in etwa dreißig Meter Entfernung vom Hauseingang läuft das Kind hinterher."[871] Im Kindergarten suchen diese Kleinkinder häufiger die Aufmerksamkeit, Unterstützung und Nähe der Erzieherinnen.[872] Die Kinder fühlen sich einsam, traurig und hilflos, sind öfters ängstlich, weinerlich, unaufmerksam und inaktiv. Vor allem Jungen zeigen vielfach aggressive Verhaltensweisen, die dazu führen können, dass sie von Gleichaltrigen gemieden werden. Die Spielaktivitäten spiegeln die Hilflosigkeit, Trauer und Einsamkeit,

---

[868] Napp-Peters, Scheidungsfamilien, S. 38.
[869] Bastian, S. 89.
[870] Walter, S. 184.
[871] Gaier, S. 61.
[872] Textor, S. 54.

oft auch Selbstanschuldigungen der Kinder wider.[873] Lehmkuhl[874] stellte fest, dass Kleinkinder mit Geschwistern weniger Verhaltensauffälligkeiten zeigten. In ihrer Not suchen sie die Erklärungen für das Weggehen eines Elternteils in ihrer eigenen Person oder in ihrem Verhalten in der Vergangenheit. „Ein kleiner Junge war davon überzeugt, dass er schuld an der Scheidung seiner Eltern sei, weil sein Hund immer so laut gebellt hatte.“[875] Sie versuchen zu verstehen, warum ein Elternteil die Familie verlassen hat.[876] Nach einem Jahr zeigen die meisten der untersuchten Kinder eine verstärkte Symptomatik von Hemmungen in Spiel, Phantasie und Verhalten, vermindertes Selbstwertgefühl und wachsende Traurigkeit und Bedürftigkeit.[877]

12.1.1.6 Kinder im Alter von 5 bis 6 Jahren: Vorschulalter

Kinder im Vorschulalter reagieren in der Regel am heftigsten auf eine Scheidung. Dieses liegt vor allem daran, dass Kinder in diesem Alter völlig von ihren Eltern abhängig sind und sie deshalb besonders große Angst haben im Stich gelassen zu werden. Es fällt ihnen von daher sehr schwer, sich tags oder nachts von den Eltern zu trennen. Außerdem haben sie nur ein sehr begrenztes Verständnis für die familiären Veränderungen. Sie entwickeln starke Trennungsängste oder allgemeine Angstzustände, die sich in einem anklammernden Verhalten zeigen können.[878] In diesem Alter haben die meisten Kinder die Trennung ihrer Eltern, d.h. die offenen und anhaltenden Kämpfe zwischen den Ehepartner, selbst miterlebt und wahrgenommen. Aus der Trennungserfahrung ziehen sie daher den unbewussten Schluss, dass Beziehungen zerbrechen können, und sie haben wenig Vertrauen in die Zuverlässigkeit menschlicher Beziehungen.[879] Außerdem haben Kinder dieser Altersgruppe noch weniger Möglichkeiten zur Verfügung sich selbst zu trösten.[880] Sie reagieren mit erheblichen Verlassens- und Trennungsängsten, denn sie haben noch keinen Begriff von Raum und Zeit und auch keine Vorstellung von dem Zusammenhang zwischen Ursache und Wirkung.[881] Oft glauben Vorschulkinder daher, dass ihr tatsächliches oder eingebildetes ungezogenes Verhalten die Scheidung verursacht hat und leiden folglich

---

873 Hunter, S. 57.
874 Lehmkuhl in: Familiendynamik 1988 (13), 127, 134.
875 Rollin in: Die Zeit Nr. 30 vom 21.07.1989.
876 Walter, S. 184.
877 Bastian, S. 90.
878 Textor, S. 54.
879 Textor, S. 54.
880 Hunter, S. 57.
881 Hunter, S. 57.

unter starken Schuldgefühlen.[882] Sie meinen, dass wenn sie folgsamer gewesen wären, der weggezogene Elternteil sie nicht verlassen hätte. Dieses führt zu einer Verringerung des Selbstwertes des Kindes, es fühlt sich wertlos und nicht liebenswert genug, um beide Elternteile halten zu können.[883] Ein Kind im Vorschulalter kann noch nicht differenziert verschiedene Verhaltensweisen unterscheiden.[884] Aufgrund mangelnder Erfahrungen zieht es einen simplen Schluss: Wenn ein Elternteil verschwinden kann, kann auch der andere verschwinden.[885] Diese Kinder fühlen sich in ihrem Glauben an den Zusammenhalt von Familienbeziehungen und in ihrem Bedürfnis nach Sicherheit erschüttert.[886] Sie bangen um den weiteren Verlauf ihres Lebens, da sie davon ausgingen, dass sie für ihre Sicherheit beide Eltern brauchen.[887] Daher fallen sie oft in kleinkindhaftes Verhalten zurück, um damit den alten Zustand der protektiven Familie zu erzwingen.[888] Sie wollen unbewusst wieder wie Säuglinge umsorgt und geliebt werden. Die Ängste dieser Kinder werden durch eine Reihe unrealistischer Phantasien geschürt, etwa von der Befürchtung, die gesamte Familie zu verlieren und bei Fremden aufwachsen zu müssen.[889] Hinzu kommen Gefühle des Mangels, die sich in direkten Verlustgefühlen ausdrücken, oder in Phantasien, keine Nahrung zu erhalten oder von ihren Spielzeugen oder anderen wichtigen Dingen getrennt zu werden. Sie zeigen weniger Ausdauer und Durchhaltevermögen, sind weniger kooperativ und schauen häufiger anderen Kindern beim Spielen zu, anstatt sich daran zu beteiligen.[890]

12.1.1.7 Kinder im Alter von 7 bis 8 Jahren: Frühe Latenzzeit

Im Alter von 7 bis 8 Jahren reagieren Kinder mit einer anhaltenden und großen Traurigkeit auf eine Scheidung. Kinder in den ersten Schuljahren haben das Gefühl des Verlustes und der Zurückweisung und sie können sich dabei nicht vorstellen, dass der Entschluss zur Scheidung von beiden Elternteilen gefällt wurde. Folglich entwickeln sie Phantasien, dass ein Elternteil fortgeschickt wurde und die Angst entsteht, selbst fortgeschickt zu werden, wenn sie den Zorn des verbliebenen Elternteils erregen.[891] Diese Erkenntnis stürzt sie in ein tiefes Dilem-

882 Riehl-Emde in: Familiendynamik 1992, 415, 417.
883 Sluka, S. 8.
884 Hagemann Diss., S. 13.
885 Wallerstein/Blakeslee, S. 333.
886 Walter, S. 187.
887 Sluka, S. 9.
888 Barrett Diss., S. 4.
889 Schweitzer/Weber in: Praxis der Kinderpsychologie und Kinderpsychiatrie 1985, 44, 45.
890 Textor, S. 54.
891 Hunter, S. 58.

ma. Grundschulkinder fühlen sich daher oft verpflichtet, Partei zu ergreifen, was zu quälenden Loyalitätskonflikten führt.[892] Außerdem fürchten sie, dass sie den Elternteil, der die Familie verlassen hat, für immer verlieren. Ihre größte Angst ist aber, dass in der Gunst des weggegangenen Elternteils ein anderer an ihre Stelle treten könnten, wie beispielsweise ein neuer Partner, ein Haustier oder ein Halbgeschwisterteil.[893] Dabei spiegelt ihr Verhalten ihre Ängste und Phantasien wider: sie weinen, fühlen sich innerlich leer und können sich nicht konzentrieren, die Schulleistungen lassen nach.[894] Kinder in diesem Alter werden in Folge der Scheidung ihrer Eltern häufig als launische Kinder beschrieben, die oft über Kopfschmerzen klagen, sich schlapp fühlen und unter chronischen Magenbeschwerden oder anderen Krankheitssymptomen leiden.[895] Außerdem leiden sie unter allgemeinen Konzentrationsschwächen, was meistens einen Abfall der schulischen Leistungen zur Folge hat.

12.1.1.8 Kinder im Alter von 9 bis 12 Jahren: Späte Latenzzeit

Kinder von neun bis zwölf sind vor allem im Hinblick auf Stabilität von ihren Eltern abhängig. In diesem Alter erwerben die Kinder die kognitive Fähigkeit sich selbst zu sehen wie andere sie sehen könnten. Das Kind lernt spielend Rollenverhalten und soziale Fähigkeiten. Die Erschütterung des Gefühls der Zugehörigkeit zur Gemeinschaft der Familie, das einen wesentlichen Beitrag zum Abbau einer Identifikation in dieser Altersstufe leistet, führt bei vielen Kindern zu Gefühlen der Konfusion und eines geringen Selbstwertes.[896] Bei einer Scheidung haben die Kinder große Angst, den sicheren Rahmen zu verlieren, innerhalb dessen sie lebensnotwendige Fähigkeiten lernen können.[897] Es kommt daher nicht selten zu delinquentem Verhalten, wie z.B. Diebstahl, der soziale Umgang mit Gleichaltrigen leidet und die Schulleistungen lassen unter Umständen stark nach. Sie fürchten, dass all ihre gegenwärtigen und zukünftigen Pläne zunichte gemacht werden könnten. Diese Angst spiegelt sich in ihrem Verhalten wider. Viele Kinder dieses Alters werden der Scheidung wegen sehr wütend auf ihre Eltern. Besonders zornig sind sie auf den Elternteil, dem sie die Schuld an der Scheidung zuschieben, was in totaler Ablehnung desselben resultieren kann.[898] Sie empfinden Trauer und Angst und fühlen sich einsam und ohnmächtig. Vielfach schämen sie sich, verheimlichen die Trennung ihrer Eltern oder fühlen sich

---

[892] Barrett Diss., S. 5.
[893] Wallerstein/Blakeslee, S. 334.
[894] Riehl-Emde in: Familiendynamik 1992, 415, 418.
[895] Napp-Peters, Scheidungsfamilien, S. 39.
[896] Walter, S. 189.
[897] Riehl-Emde in: Familiendynamik 1992, 415, 418.
[898] Barrett Diss., S. 5.

isoliert insbesondere, wenn sie glauben, die einzigen in ihrer Klasse mit getrenntlebenden Eltern zu sein.[899] Durch ihre Unsicherheit und ihre Tendenz zur Schwarzmalerei sind sie für die Schmeicheleien von Eltern empfänglich, die sie als Verbündete bei ihrem Krieg benutzen wollen.[900] Oft verwickeln sich die Kinder dieses Alters somit in Loyalitätskonflikte und stehen zwischen ihren Eltern. Häufig endet dieser Loyalitätskonflikt mit einer klaren Verbündung mit einem Elternteil und der intensiven Ablehnung des anderen Elternteils. Der verbündete Elternteil wurde zum Teil extrem fürsorglich und empathisch behandelt und unterstützt, bis hin zu einer Art Rollenumkehr, in dem nicht primär der Elternteil das Kind umsorgte, sondern das Kind den verbündeten Elternteil, was zu einer extremen Überforderung des Kindes führt.[901]

12.1.1.9 Kinder im Alter von 13 bis 18 Jahren: Jugendliche

Kinder ab 13 Jahren erleben verhältnismäßig selten die Trennung ihrer Eltern, da die meisten Scheidungen in den ersten Ehejahren erfolgen. Trennen sich Eltern in dieser Entwicklungsphase haben es Heranwachsende in der Regel etwas leichter die Trennung ihrer Eltern zu verarbeiten, weil sie kognitiv und emotional selbständiger sind und die Komplexität der Situation adäquater verstehen können.[902] Dennoch können auch Jugendliche sehr heftig auf die Scheidung ihrer Eltern reagieren. Allgemein wird zwar angenommen, dass Teenager alt genug sind, die Ereignisse zu verstehen und sich auf die Situation einzustellen. Dabei wird aber nicht berücksichtigt, wie bedrohlich eine Scheidung für junge Menschen ist. Die Auflösung eines Haushalts ist für Jugendliche sehr problematisch, weil sie ein starkes Bedürfnis nach einer Familienstruktur haben, in der sie lernen können mit ihren sexuellen Impulsen, den Unsicherheiten der Berufswahl und den neuen Freiheiten des Erwachsenenwerdens umzugehen.[903] Zu den Gefühlen der Trauer, des Zorns und der Scham kommt die Einsicht, dass die eigene Kindheit mit der Scheidung oft ein abruptes Ende nahm, und diese Jugendlichen äußern, um ihre Kindheit betrogen worden zu sein.[904] Teenager haben außerdem Angst, die Fehler ihrer Eltern zu wiederholen. Sie machen sich bereits Sorgen um ihre Zukunft und fragen sie, ob ihre eigene Ehe einmal scheitern wird.[905] Weiterhin fühlen sie sich von ihren Eltern oft zurückgestoßen, weil sie sich nur noch um ihre eigenen Probleme kümmern und zu wenig Zeit für die Jugendli-

---

[899] Textor, S. 55.
[900] Wallerstein/Blakeslee, S. 335.
[901] Figdor, S. 66.
[902] Schweitzer/Weber in: Praxis der Kinderpsychologie und Kinderpsychiatrie 1985, 44, 46.
[903] Riehl-Emde in: Familiendynamik 1992, 415, 418.
[904] Fthenakis/Niesel/Kunze, S. 58.
[905] Barrett Diss., S. 5.

chen haben.[906] Ihre Wut und Angst können sie dadurch ausdrücken, dass sie den Gehorsam verweigern, schlechte Noten heimbringen, straffällig werden oder die Eltern völlig ignorieren. Die Probleme drücken sich auch aus in Gefühlen von Leere, häufigem Weinen, in Konzentrationsschwierigkeiten, chronischer Müdigkeit und schlechten Träumen.[907] Dem notwendigen Prozess der Ablösung fehlt der Rückhalt gebende familiäre Rahmen, was entweder in einer frühen, auch sexuellen, Autonomie, oder im Gegenteil in einem Mangel an pubertären Erlebnissen, resultieren kann.[908] Viele Jugendliche werden nach der Trennung ihrer Eltern oft schneller erwachsen als andere Kinder ihres Alters. Andere erleben es als schwierig, die phasenspezifischen Entwicklungsaufgaben zu bewältigen, da sie das Sicherheitsnetz der Familie verloren haben: Sie fühlen sich mit den Problemen der Pubertät und Jugend alleingelassen, erfahren nur wenig Rückhalt und Unterstützung auf dem Weg ins Erwachsenenalter.[909] Sie haben oft mehr Verantwortung und es wird von ihnen erwartet, dass sie selbständiger und entscheidungsfähiger sind.[910] Für ältere Jugendliche ist es daher von Vorteil, wenn sie zum Zeitpunkt der elterlichen Trennung bereits eine flexible und gut integrierte Persönlichkeit entwickelt haben, da ihnen die Umstellung auf die veränderten Lebensbedingungen vergleichsweise gut gelingt.[911]

Bei Jugendlichen im Alter von 13 bis 16 Jahren wird als Reaktion auf die Scheidung von häufigem Schuleschwänzen, besonders bei Jungen, von Leistungsabfall und anderen Verhaltensauffälligkeiten in der Schule berichtet.[912] Einige Jugendliche greifen in dieser Situation zu Alkohol und Drogen, gehen verfrüht sexuelle Beziehungen ein, werden aggressiv oder delinquent.[913] Mit zunehmendem Alter und Reflektionsfähigkeit sind die Jugendlichen oft tief enttäuscht über die Diskrepanz elterlicher Moralansprüche und deren realem Verhalten in der Scheidungssituation.[914] Sie entdecken Schwächen der Eltern und durchlaufen einen Prozess, den Wallerstein und Kelly[915] als „überstürzte Entidealisierung der Eltern" bezeichnet haben. Sie fühlen sich plötzlich hilf- und haltlos, ohne Orientierung, da bisherige Normen und Werte nicht mehr gelten. Es zeigen sich de-

---

906 Wallerstein/Blakeslee, S. 336.
907 Riehl-Emde in: Familiendynamik 1992, 415, 418.
908 Barrett Diss., S. 5.
909 Textor, S. 56.
910 Beal/Hochman, S. 90.
911 Lehmkuhl in: Zeitschrift füt Kinder- und Jugendpsychiatrie 1990, 192, 194.
912 Napp-Peters, Scheidungsfamilien, S. 39.
913 Textor, S. 56.
914 Lehmkuhl in:Familiendynamik 1988, 127, 133; Lehmkuhl in: Zeitschrift für Kinder- und Jugendpsychiatrie 1990, 192, 193.
915 Wallerstein/Kelly, Surviving the break up: How children and parents cope with divorce.

pressive Verstimmungen, Konzentrationsschwächen und diverse somatische Symptome, wie z.B. Eß- oder Schlafstörungen, begleitet von Alpträumen.

12.1.2 Einfluss sozial-kogniver Faktoren des Kindes

Eng verbunden mit dem Alter und dem Entwicklungsstand des Kindes stehen auch seine sozial-kognitiven Faktoren. Dieses soziale Verstehen und die Perspektivenübernahme werden als wichtige Variablen der Anpassung aufgefasst. So ist davon auszugehen, dass das kindliche Wissen um die eigenen Bewältigungsstrategien, ihren effektiven Einsatz und ihre Handhabbarkeit erst mit zunehmender kognitiver Reifung erfolgt.[916] Es wird von einigen Autoren[917] auf eine schlechtere Anpassung von Kindern hingewiesen, welche die Scheidung ihrer Eltern nicht begreifen. Nur wenn die betroffenen Kinder die Scheidung als Trennung der Eltern auffassen und eine positive Einstellung zu beiden Elternteilen beibehalten, können Verhaltensprobleme eingeschränkt oder gar beseitigt werden. Ansonsten besteht die Gefahr einer selbst-bezogenen Sicht der Scheidung und im elterlichen Konflikt Stellung zu beziehen.[918] In diesen Fällen kann es sehr schnell zu einer „seelischen Traumatisierung" kommen, wobei das Kind die Scheidung der Eltern als ein sich selbst existenziell zerstörendes Ereignis erlebt, dem es ohnmächtig und hilflos ohne Schutz ausgesetzt ist. Ein traumatischer psychischer Zusammenbruch erfolgt, wenn das Kind die Scheidungssituation so wahrnimmt als sei der endgültige Verlust einer seiner wichtigsten Bezugspersonen schon unwiederbringlich eingetreten und als sei es dadurch bereits seiner inneren Stabilität beraubt.[919]

12.1.3 Geschlechtsspezifische Reaktionsweisen

In vielen Studien[920] zu den Auswirkungen der elterlichen Scheidung auf die Kinder waren über die altersabhängigen Unterschiede hinaus unterschiedliche Reaktionen zwischen den Geschlechtern festzustellen. Tenor dieser Untersuchungen ist, dass Jungen länger und deutlicher Verhaltensauffälligkeiten zeigten als Mädchen.

---

916 Dümmler, Diss., S. 109.

917 Vgl. Wallerstein/Kelly in: Surviving the break up: How children and parents cope with divorce; Vgl. Kurdek/Siesky in: Journal of Divorce 1980, 339.379; Vgl. Kurdek/Blisk/Siesky in: Developmental Psychology 1981, 565, 579.

918 Vgl. Kurdek/Siesky in: Journal of Divorce 1980, 85, 99.

919 Braun in: Lehmkuhl/Lehmkuhl, S. 62.

920 Fthenakis/Niesel/Kunze, S. 154; Vgl. auch: Wallerstein/Kelly, Surviving the break up: How children and parents cope with divorce.

12.1.3.1 Verhaltensauffälligkeiten bei Jungen

Jungen weisen in der Regel längere und stärkere Beeinträchtigungen, Verhaltensprobleme und Schulschwierigkeiten auf als die von der Scheidung betroffenen Mädchen. Sie zeigen sich gegenüber einer elterlichen Trennung verletzter und reagieren mit aggressiverem Verhalten. Dabei treten Verhaltensauffälligkeiten verstärkt bei Jungen auf, die allein mit der Mutter leben.[921] Speziell in diesen Fällen entwickeln Söhne eine starke Sehnsucht nach dem Vater und den intensiven Wunsch nach mehr Kontakt zu ihm, und zwar unabhängig davon, wie gut oder wie intensiv die Vater-Sohn-Beziehung vor der Scheidung gewesen war.[922] Die meisten Söhne sind nicht in der Lage dem Vater gegenüber ihren Zorn über das Verlassenwordensein auszudrücken, vielmehr lassen sie ihren Zorn über die Scheidung primär an der Mutter aus.[923] Den Söhnen fehlt durch die Vaterabwesenheit die gleichgeschlechtliche und männliche Hälfte ihrer Identität als ständiger Interaktionspartner.[924] Diese Seite ihrer Person, und damit das wesentliche Bild vom Mann-Sein, wird außerdem oft von Seiten der Mutter entwertet. Insbesondere die Dosierung und Balancierung traditionell männlicher Eigenschaften erscheint ihnen schwierig. Einer der wesentlichen Gründe hierfür liegt in dem Widerspruch, dem Jungen, die nach der Scheidung bei der Mutter leben, ausgesetzt sind: Einerseits werden sie als Repräsentant des ungeliebten, ja gehassten Partners mit dem negativen Vaterbild identifiziert, andererseits werden sie von der Mutter in der Rolle eines Partnerersatzes gebraucht und befinden sich so häufiger in einer „Beziehungsfalle".[925] Möglicherweise erinnern Söhne ihre Mütter stärker an ihre Expartner als Töchter und somit wirkt sich diese Erinnerung, zumindest in der ersten Zeit nach der Scheidung, belastend auf die Beziehung zu den Söhnen aus.[926] Jungen bekommen dadurch oft von ihren Müttern die negativen Eigenschaften des Vaters zugeschrieben. Sie sind nach der Scheidung der einzige Repräsentant des weggeschiedenen Elternteils in der Familie, so dass sich die Ressentiments, die ursprünglich dem Partner galten, nun ganz direkt gegen das Kind und die Teile seiner Person richten, mit denen es sich diesem verwandt fühlt.[927] Deswegen ist es verständlich, wenn sich der reale und psychi-

---

921 Schmitz, S. 46.

922 Wallerstein/Kelly in: American Journal of Orthopsychiatry 46, 20, 32.

923 Sluka, S. 13.

924 Krabbe, S. 84.

925 Bauers in: Menne/Schliing/Weber, S. 41; Sander in: Zeitschrift für Entwicklungspsychologie und Pädagogische Psychologie 1988, 77, 81.

926 Sluka, S. 14.

927 Bernhardt/Haase/Kloster-Harz/Tauche, S. 45.

sche Vaterverlust auf die psychosoziale Entwicklung von Jungen besonders belastend auswirkt.[928]

Weiterhin sind Jungen eher elterlichen Zwistigkeiten ausgesetzt als Mädchen, d.h. sie werden schneller mit Inkonsequenz, negativen Sanktionen und Opposition konfrontiert.[929] Zusätzlich wurde in diesem Zusammenhang festgestellt, dass Jungen weniger Unterstützung und emotionale Zuwendung erhielten als Mädchen. „Ein Junge weint doch nicht!" ist ein klassischer Satz der Verweigerung des elterlichen Trostes. Auch werden sie dem Stress, der Frustration und der Aggression häufiger ausgesetzt als Mädchen.[930] Aus all diesen Gründen ist für Jungen die Orientierung in Scheidungskonflikten oft schwieriger und belastender als für Mädchen.

12.1.3.2 Verhaltensauffälligkeiten bei Mädchen

Die Beziehung zwischen Müttern und Töchtern unmittelbar nach der Scheidung ist in der Regel weniger konfliktgeladen als die zwischen Müttern und Söhnen. Dieses liegt daran, dass Mädchen sich im Gegensatz zu Jungen eher mit dem Leid der Mutter oder ihrem Hass auf den Vater identifizieren und die Bedürfnisse der Mutter daher befriedigen können und auf Übereinstimmung hoffen.[931] Des weiteren scheinen Mädchen zum Zeitpunkt der Trennung der Eltern weniger beeinträchtigt zu sein als Jungen.[932] Sie neigen nicht wie Jungen zu aggressiven Verhalten, sondern eher zu Internalisierungen.[933] Häufig versuchen Mädchen die Scham und den Verlust der Eltern als Vorbild und ihre Nichterfüllung des Bedürfnisses nach sozialer Kompetenz und Anerkennung durch Konzentration auf den Leistungsbereich kompensatorisch abzuwehren.[934] Sie erscheinen insgesamt glücklicher und sind eher als Jungen in der Lage die Scheidung als Verbesserungsschritt gegenüber der Vorscheidungssituation zu betrachten. Auch haben sie weniger Wiederverheiratungsphantasien als Jungen und lassen eine größere Fähigkeit erkennen, ihre häufigeren Freundschaften als Unterstützung zu nehmen.[935] Zusätzlich erhalten Mädchen oftmals mehr Unterstützung und emotionale Zuwendung als Jungen. Während bei Jungen das auffällige Verhalten schneller bemerkt und als abweichend definiert und begutachtet wird, wird das eher

---

[928] Bernhardt/Haase/Kloster-Harz/Tauche, S. 45.
[929] Oppawski, S. 25.
[930] Fthenakis/Niesel/Kunze, S. 155.
[931] Hunter, S. 68.
[932] Napp-Peters, Scheidungsfamilien, S. 40.
[933] Kunkel, S. 89.
[934] Hunter, S. 68.
[935] Walter, S. 194.

depressive, sich zurückziehende Verhalten der Mädchen von den Eltern oftmals akzeptiert und als „normal“ empfunden.[936]

Im Gegensatz zu Jungen kommt es bei Mädchen allerdings oft zu Langzeitkonsequenzen insbesondere was das Selbstkonzept, den Umgang mit dem anderen Geschlecht, also Partnerschaften anbetrifft.[937] Viele junge Mädchen äußern Ängste in Liebesbeziehungen enttäuscht zu werden. Auch das Vertrauen in den zukünftigen Ehepartner sowie die Haltung gegenüber der eigenen späteren Eheschließung sind von Skepsis geprägt.[938] Während die meisten Jungen sich nach 10 Jahren emotional stabilisiert haben, leiden viele Mädchen unter depressiven Verstimmungen und mangelndem Selbstbewusstsein. Vor allem in der Zeit der Adoleszenz oder des jungen Erwachsenenalters ist bei Mädchen eine depressive Problematik sichtbar, die sie in dieser sensiblen Zeit der Berufs- und Partnerwahl stark beeinträchtigt.[939] Sie wirken oft orientierungs- und zielloser als Jungen und reagieren daher mit Rückzug, Angst und Depression.[940] Wallerstein und Blakeslee[941] sprechen in diesem Zusammenhang von einem „sleeper effect“. Während die Jungen im Vorschulalter den Schmerz der elterlichen Trennung direkter ausdrücken können, passen sich die Mädchen zunächst schneller der neuen Familiensituation an, sind jedoch auf lange Sicht stärker durch sie belastet. Plakativ wird dieses auch als „time-bomb effect“ umschrieben.[942]

Des weiteren wurde beobachtet, dass Mädchen aus geschiedenen Familien eine starke Suche nach der Nähe und Aufmerksamkeit von Männern oder männlichen Jugendlichen zeigen. Sie lassen sich früher als Jugendliche verwitweter Mütter oder vollständiger Familien auf heterosexuelle Kontakte ein und zeigen in der Regel Verhaltensweisen, die mit Offenheit und Responsivität assoziiert sind.[943] Es kann aber auch das Gegenteil eintreten, wobei eine Vaterabwesenheit die heterosexuelle Entwicklung in die Richtung beeinflusst, dass es zu einer Ablehnung der Rolle als Frau und Mutter oder zu Schwierigkeiten kommt, befriedigende sexuelle Beziehungen einzugehen.[944] Oft fühlen sich diese jungen Frauen aber auch vor allem zu älteren Männern hingezogen, die Vater- und gleichzeitig die umsorgende Mutterrolle spielen. „Sie suchen die Nähe wie kleine Kinder,

---

936 Bastian, S. 95.
937 Nave-Herz in: FuR 1995, 102, 104; Napp-Peters, Scheidungsfamilien, S. 40.
938 Lehmkuhl in: Lehmkuhl/Lehmluhl, S. 7.
939 Hunter, S. 68.
940 Barrett Diss., S. 4.
941 Vgl. Wallerstein/Blakeslee, Second chances.
942 Kalter/Rembar in: American Journal of Orthosychiatry 1981, 85, 100.
943 Hetherington in: Development Psychology 1972, 313, 326.
944 Hunter, S. 69.

die auf Papas Schoß klettern, und vielleicht machen sie diese Erfahrung zum ersten Mal in ihrem Leben.[945]

12.1.4 Einfluss der Persönlichkeit des Kindes

Festgestellt worden[946] ist weiterhin, dass es sich bei der Persönlichkeit des Kindes auch um einen stabilen Einflussfaktor handelt, der schon vor der Trennung der Eltern besteht, denn Kinder antworten auf seelischen Schmerz unterschiedlich. Das kann vom zornigen Nichtanerkennen der Scheidung bis zu passiver, hilfloser Resignation gehen und hängt ab von der Angst, auch den anderen Elternteil zu verlieren, vom Ausmaß der Schuld- und Schamgefühle und von den Möglichkeiten den depressiven Affekt abzuwehren.[947] Die Persönlichkeitsvariablen bestimmen dabei, wie groß das Bedürfnis nach Stabilität, Stimulation und emotionaler Akzeptanz ist. Nur aus der Interaktion dieser Faktoren lässt sich die weitere Entwicklung des Kindes erklären.[948] Die Persönlichkeit des Kindes ist daher ein wichtiger Faktor bei der Verarbeitung der Situation der Scheidung. Kinder, die bereits als Säuglinge als schwierig beschrieben wurden, scheinen auch mehr Mühe zu haben, eine Scheidung zu bewältigen.[949] Diese sogenannten „schwierigen“ Kinder reagieren auf Veränderungen und Stresssituationen verletzlicher und weniger anpassungsfähig.[950] Auch sechs Jahre nach der Trennung zeigen Kinder mit schwieriger Persönlichkeit auffälliges Verhalten, insbesondere wenn sie wenig Unterstützung erfahren. Dies ist dadurch zu erklären, dass schwierige Kinder sich eher so verhalten, dass sie negative Reaktionen bei den Eltern hervorrufen, und sie wiederum weniger in der Lage sind, dieses schädigende Verhalten der Eltern zu bewältigen. Hingegen Kinder mit einem ausgeglichenen Temperament tragen weniger häufig das Risiko, Kritik, Angst und Wut der Eltern ertragen zu müssen.[951] Das macht es ihnen leichter mit der Situation fertig zu werden. Ähnlich haben sich auch Wallerstein und Kelly[952] geäußert, indem sie feststellten, dass die Persönlichkeitsstärken und –schwächen, welche die Kinder schon in der Zeit vor der Trennung entwickelten, ihr Verhalten fünf Jahre nach der Trennung mitbestimmen, wie z.B. die Fähigkeit sich Unterstüt-

---

945 Wallerstein/Blakeslee, S. 98.

946 Untersuchungen von Hetherington in: Child development 1989, 1, 14 „Coping with family transactions: Winners, Losers and Survivors.“

947 Hunter, S. 59.

948 Hurrelmann, S. 35.

949 Hunter, S. 59.

950 Hunter, S. 59.

951 Bastian, S. 95.

952 Vgl. Wallerstein/Kelly in: Surviving the break up: How children and parents cope with divorce.

zung bei anderen Personen zu suchen. So fiel es z.B. einigen Kindern leichter, Trost und Hilfe zu suchen und zu finden, da sie sich an Eltern, Freunde, Geschwister, Lehrer, Großeltern oder Nachbarn wandten. Andere Kinder blieben aufgrund ihrer Zurückgezogenheit allein oder wurden allein gelassen. Eine schwierige Persönlichkeit erschwert demnach eine gelingende Anpassung an die familiären Veränderungen.

12.1.5 Einfluss sozioökonomischer Faktoren

Trennung und Scheidung sind häufig mit einer starken Verringerung der materiellen Ressourcen in den Haushalten der Eltern verbunden. Daher wurde ein geringeres Familieneinkommen nach der Scheidung mit mehr Verhaltensauffälligkeiten bei Kindern und Jugendlichen in Zusammenhang gebracht.[953] Die Scheidung hat sehr oft einen Umzug in eine kleinere Wohnung und in eine schlechtere Wohngegend zur Folge. Hierdurch verlieren die Kinder die gewohnte Wohnumgebung und vor allem ihr soziales Netz in Form der peergroup.[954] Aus diesen ökonomischen Nachteilen können sich kurz- und langfristige Probleme der Scheidungskinder erklären, wenn man bedenkt, dass die Vollzeitbeschäftigung beider Elternteile das finanzielle Defizit zwar auffangen kann, dadurch aber ihre Möglichkeiten der Betreuung der Kinder stark eingeschränkt werden.[955] Ebenso kann ein neuer Partner mit seinem Gehalt zu einer finanziellen Besserstellung beitragen, dennoch ist die Anpassung an eine neue Stieffamiliensituation oft mit Auffälligkeiten der Kinder verbunden. Andersherum kann eine gewisse finanzielle Verschlechterung bei insgesamt finanzieller Sicherheit sogar die Reife von Jugendlichen fördern, im Sinne einer vernünftigen Haltung in Geldangelegenheiten und größerer Wertschätzung von materiellen Dingen.

Wallerstein und Kelly[956] stellen in ihrer Untersuchung fünf Jahre nach der Trennung fest, dass ökonomische Schwierigkeiten vermittelt über die Qualität der Mutter-Kind-Beziehung ein Risikofaktor sein können. Bedeutsam sei hier auch das Ausmaß des Unterschiedes zur Zeit der Ehe. Eine stabile ökonomische Situation mit dem Gefühl nicht depriviert zu sein, zählen die Autorinnen demgegenüber zu den Faktoren einer gelungenen Bewältigung seitens der Kinder.

---

[953] Dümmler, Diss., S. 74.

[954] Sluka, S. 15.

[955] Huss/Lehmkuhl in: Lehmkuhl/Lehmkuhl, S. 20.

[956] Vgl. Wallerstein/Kelly in: Surviving the break up: How children and parents cope with divorce.

Andere Forschungsergebnisse[957] kommen zu dem Schluss, dass ein einzelner Stressor von Kindern noch gut verarbeitet werden kann, jedoch Verhaltensstörungen und psychiatrische Auffälligkeiten annähernd linear mit der Zunahme der Anzahl der Stressoren zunehmen. Der soziale Abstieg, verbunden mit finanziellen Einschränkungen und einem Umzug in eine andere Wohngegend, stellt zweifellos für die betroffenen Kinder einen Stressfaktor dar. Wenn demnach ein Kind nach der Scheidung der Eltern zusätzlich zur eigentlichen Belastung der Trennung und der familiären Neuorientierung noch eine massive Verschlechterung der sozioökonomischen Situation verkraften muss, summieren sich die Stressfaktoren und eine Fehlanpassung mit Verhaltensauffälligkeiten wird wahrscheinlicher als ohne diesen zusätzlichen Stressfaktor.

12.1.6 Einfluss der elterlichen Beziehung

Übereinstimmend wird in der Scheidungsliteratur[958] die Qualität der Beziehung zwischen den Eltern als wesentlicher Einflussfaktor für die Anpassung der Kinder genannt. Die „ko-elterliche Interaktion"[959] kann die Entwicklung der Kinder nachhaltiger beeinflussen als die Scheidung selbst. Gleichwohl wäre es jedoch falsch pauschal davon auszugehen, dass jeder interparentale Konflikt sich negativ auf das Wohlbefinden der Kinder niederschlägt. Konflikte können zu positiven oder destruktiven Lösungen führen und sich je nach Verlauf positiv oder negativ auf die weitere Beziehung der Konfliktbeteiligten auswirken.[960] Bedeutsam ist dabei in mehreren Hinsichten: Feindseeligkeiten zwischen den Eltern sind für das Kind beängstigend und es besteht die Gefahr, dass die Kinder in den Streit hineingezogen werden.[961] Zerstrittene Eltern sind in ihrer Erziehungskompetenz, vor allem der elterlichen Kooperation eingeschränkt. Das Verhalten der Eltern hat auch die Bedeutung von Modellverhalten. Wenn die Eltern ihre Anpassungsprobleme erfolgreich bewältigen profitieren die Kinder, indem sie ein Modell für den kompetenten Umgang mit Lebenskrisen haben, was ihre Gefühle der Selbstverwirklichung stärkt. Andersherum ist der Ausdruck emotionaler Probleme durch aggressives Verhalten zwischen den Eltern als negatives Modellverhalten zu werten.[962] Die Eltern haben in der Familie eine Doppelfunktion als Angehörige zweier Subsysteme. Als Frau und Mann sind sie Mitglieder des

---

[957] Voll/Allehof/Esser/Poustka/Schmidt in: Zeitschrift für Kinder- und Jugendpsychiatrie 1982, 100, 108.

[958] Vgl. Amato in: Journal of Marriage and the Family 55, 23, 38; Vgl. Hofmann-Hausner/Bastine in: Zeitschrift für Klinische Psychologie 1995, 285-292.

[959] Napp-Peters, S. 43.

[960] Deutsch, Konfliktregelung, S. 24.

[961] Maccoby/Mnookin in: FamRZ 1995, 1, 7.

[962] Kline/Johnston/Tschann in: Journal of Marriage and the Family 1991, 297, 309.

Subsystems Paar, als Vater und Mutter sind sie Mitglieder des Subsystems Eltern. Im Interesse aller Mitglieder der Familie ist eine Klärung und Abgrenzung des elterlichen Streits notwendig, damit dieser nicht auf der Ebene Eltern-Kind-Beziehung zum Tragen kommt.[963]

Wallerstein und Kelly[964] fanden in ihrer Studie heraus, dass der Grad des elterlichen Konflikts, welcher der Scheidung vorausging, in keiner Beziehung zu der Anpassung nach der Scheidung stand. Aber nach der Scheidung blieb den Kindern, wenn die Eltern weiterhin in einer konflikthaften Art interagierten, die negative Anpassung aufrechterhalten. Die Autorinnen sprechen in diesem Zusammenhang von einem Scheitern der Scheidung, wenn es nicht zu einer Verbesserung der Expartner-Beziehung und einer gelungenen Anpassung der Eltern nach der Scheidung kommt. Sie stellen fest, dass 30% der Kinder noch fünf Jahre nach der Trennung Kämpfe zwischen den Eltern erleben. Diese feindseligen und lang andauernden Konflikte, sowie solche, die mit körperlicher Aggression verbunden sind und in die das Kind verwickelt wird, können sehr schädlich für das Kind sein.[965] Je besser geschiedene Partner als Eltern kooperieren, desto weniger Aggression zeigen ihre Kinder. Kinder lernen am Modell ihrer Eltern, dass aggressives Verhalten ein Mittel zur Konfliktlösung ist. Insbesondere inkonsistente Disziplinierung der Kinder kann zu einer defizitären Impulskontrolle führen, was das erhöhte Ausmaß an aggressiven und antisozialem Verhalten bei Scheidungskindern erklären könnte.[966]

12.1.7 Einfluss von Geschwistern

Wenig erforscht sind die Interaktionen von Geschwistern während einer Trennung und Scheidung. Ein Grund hierfür könnte die Tatsache sein, dass die meisten Ehepaare, die geschieden werden kinderlos sind oder nur ein Kind haben.[967] Somit fanden die Veränderungen im geschwisterlichen Subsystem, die sich in der Nachscheidungsphase vollzieht, bislang wenig Beachtung. Dennoch sollten die Geschwisterbeziehungen bei Trennung und Scheidung genauso sorgfältig bedacht werden wie die Eltern-Kind-Beziehungen, denn sie gehören ebenso wir

---

963 Bastian, S. 99.

964 Studie von Wallerstein und Kelly in: American Journal of the Academy of Child Psychiatry 1975, 600, 616.

965 Schmitz, S. 52.

966 Hofmann-Hausner/Bastine in: Zeitschrift für Klinische Psychologie 1995, 285, 292.

967 Vgl. Statistisches Bundesamt 2001, S. 77: Von insgesamt 192.416 geschiedenen Ehen aus dem Jahr 1998 waren 91.610 Ehen kinderlos, 56.285 hatten ein Kind, 35.479 zwei Kinder und nur 9.042 drei oder mehr Kinder.

die Beziehungen zu den Eltern zum „entwicklungskonstruktiven Potential“.[968] Neben den Eltern sind auch Geschwister einander Modell, indem sie sich gegenseitig vorleben, wie man im gleichen Familienumfeld Chancen nutzt, Probleme bewältigt und seine Individualität entfaltet.

Zu den wenigen Untersuchungen der Beziehungsveränderungen von Scheidungskindern zählt die Studie von Oppawski[969] aus dem Jahr 1987. Das deutlichste Ergebnis ist einfach zum einen in der gegenseitigen Unterstützung zur Bewältigung der Scheidung zu betrachten, aber auch im Konkurrenzverhalten der Kinder. Die größte Unterstützung dürfte wohl darin liegen, in der neuen, unbekannten Situation nicht allein zu sein. Das Geschwisterabwehrsystem bleibt in der Regel trotz Trennung und Scheidung erhalten und bildet somit einen Faktor der Stabilität. Das Zugehörigkeitsgefühl zu den anderen Geschwistern und die Möglichkeit, mit ihnen persönliche Probleme zu besprechen, kann eine wichtige Stütze gerade für die Kinder bedeuten, die Zweifel an der Verlässlichkeit menschlicher Beziehungen entwickelt haben. Sie erleben die physische Abwesenheit des Nichtsorgeberechtigten und häufig zu beobachtenden emotionalen Rückzug des betreuenden Elternteils weniger katastrophal.[970] Auch Nichols[971] fand heraus, dass Geschwister einander häufig beim Verarbeiten von Trauer, Schmerz, Angst und Wut helfen. Sie kooperieren miteinander aufgrund der Erwartung der Eltern, dass sie einander unterstützen. Ältere Geschwister führen oft die jüngeren dazu, die neue Situation realistisch zu beurteilen und den teilweisen Verlust eines Elternteils zu akzeptieren. In anderen Fällen bilden Geschwister Koalitionen gegen einen oder beide Elternteile, teilen einander zwischen beiden auf (aus ihrem Gerechtigkeitsempfinden heraus) oder ergreifen die Partei jeweils eines Elternteils. Das Geschwistersubsystem kann aber auch von den Eltern gespaltet werden. Schließlich kann es dazu kommen, dass sich die Geschwister einander entfremden und separate Wege gehen, da sie die Trennungssituation von verschiedenen Standpunkten aus beurteilen und unterschiedlich reagieren.

Im Extremfall kann das Scheidungsszenario dann auch eine Brutstätte für Geschwistereifersucht werden. In diesen Fällen werden die Geschwister zu Konkurrenten. Oppawski[972] stellt eine Zunahme der Eifersucht der Geschwister in der Nachscheidungsphase fest. Wenn Kinder glauben, dass mehr elterliche Aufmerksamkeit und Liebe auf einen Bruder oder eine Schwester als auf sie gerichtet wird, dann flammt die Eifersucht auf. Ursache hierfür ist unter anderem, dass

---

[968] Spangenberg/Spangenberg in: FamRZ 2002, 1007, 1008.

[969] Vgl. Oppawski, Scheidungskinder.

[970] Oppawski, S. 529.

[971] Vgl. Nichols in: Journal of divorce 1986, 13, 31.

[972] Oppawski, S. 525.

sie nur noch die Aufmerksamkeit eines Elternteils erhalten und dieser häufig durch Berufstätigkeit auch noch weniger Zeit als vor der Scheidung für die Kinder hat. Das Konkurrenzverhalten um die elterliche Liebe drückt sich zum Teil in offenen Aggressionen gegen die Geschwister aus. Viele Male bedrohen solche Kinder offen ihre Geschwister, sie beißen, schubsen, kneifen, treten sie und werfen Gegenstände nach ihnen. Da dieses direkten Vorgehen aber häufig negativ sanktioniert werden und somit zu einer weiteren Verschlechterung der Eltern-Kind-Beziehung führen, werden auch subtilere Methoden angewandt um die Aufmerksamkeit und Liebe der Eltern zu erhalten. Infolgedessen gehen sie zu indirekteren und verdeckteren Methoden über, um ihre Eifersucht auszudrücken, wie herabsetzen, verpetzen und indem sie von ihren Geschwistern mit Verachtung sprechen. Solche Geschwistereifersucht und die sich daraus ergebende Rivalität um elterliche Zueignung können zu ausgeprägten Gefühlen der Unsicherheit, Mangel an Selbstvertrauen, Regression und Gefühlen, nicht liebenswert zu sein, führen.[973]

Trotz möglicher Geschwisterrivalitäten, wird in den meisten Fällen gegen eine Geschwistertrennung bei Scheidung der Eltern argumentiert, da sich die Kinder häufig gegenseitig stützen und Belastungen abfangen.[974] Auch wenn die Geschwisterbeziehung vor der Scheidung eher durch rivalisierenden Umgang gekennzeichnet war, intensivierte sie sich in drei Viertel seiner untersuchten Fälle deutlich.[975] Sichtbar wurde dies durch den Abbau von Feindseeligkeiten und durch vermehrte Fürsorge der älteren Kinder für die jüngeren. Gerade ältere Brüder nehmen im Falle einer Vaterabwesenheit eine Ersatzfigur für die jüngeren Geschwister ein.[976]

12.1.8 Einfluss neuer Partnerschaften der Eltern

Neben der Eifersucht, die durch die Bevorzugung eines Geschwisters durch einen bzw. beide Elternteile entsteht, kann es auch zu Eifersucht der Kinder kommen, wenn ein neuer Partner in das Leben eines oder beider Elternteile tritt. Scheidungsstudien[977] belegen, dass viele Väter und Mütter bereits wenige Jahre nach der Trennung und Scheidung neue Partnerschaften eingehen. Nach sechs Jahren leben 89% der Väter und 65% der Mütter mit einem neuen Partner zu-

[973] Oppawski, S. 525.
[974] Gaier, S. 91.
[975] Bastian, S. 98.
[976] Fthenakis, Väter, Bd. 2, S. 329.
[977] Vgl. Schmidt-Denter/Beelmann, Familiäre Beziehungen nach Trennung und Scheidung; Vgl. Huss/Lehmkuhl in: Lehmkuhl/Lehmkuhl, Scheidung-Trennung-Kindeswohl; Vgl. Erler, Die Dynamik der modernen Familie.

sammen, wovon ca. die Hälfte schon wieder verheiratet ist oder zumindest eine erneute Eheschließung plant.[978] Mit der Etablierung von neuen Partnerschaften der Eltern geht die Gründung von Stieffamilien einher. Stieffamilie wird definiert als „eine Familie, in der zumindest einer der Partner Stiefelternteil ist", d.h. er ist mit den Kindern des anderen Partners nicht biologisch verwandt.[979] Ihr wichtigstes Strukturmerkmal besteht darin, dass es außerhalb des Haushaltes, in dem die Kinder leben, einen weiteren Elternteil gibt.[980] Eine neue Partnerschaft der Eltern bedeutet eine zusätzliche und neuerliche Transformation des familialen Systems, die von den Kindern für gewöhnlich zunächst abgelehnt wird.[981] Gerade wenn der sorgeberechtigte Elternteil wieder heiratet, wird das Geflecht von Beziehungen für Kinder noch verwickelter, denn die Beziehung zu dem neuen Vater oder der neuen Mutter muss strukturiert werden, d.h. es müssen Regeln abgesteckt werden wie z.B. wie viel Autorität er bzw. sie haben wird oder wie viel Kontrolle der eigene Elternteil behalten wird, u.s.w. Die Wiederheirat löst eine Abfolge von Übergängen aus, welche die Formation einer erweiterten Familie mit einem neuen Selbstverständnis, Regeln und semipermeablen, klar definierten und flexiblen Grenzen erfordert.[982] Dabei ist es für die Stieffamilie wichtig, ihre strukturelle Andersartigkeit im Vergleich zu intakten Familien zu begreifen und diese zu akzeptieren.[983] Aus Sicht der Kinder kann eine neue Partnerschaft des sorgeberechtigten Elternteils nur dann als geglückt angesehen werden, wenn es sowohl den Kindern als auch dem neuen Partner gelingt, einander zu akzeptieren und zu mögen.[984] Das allerdings ist keineswegs sicher. Nicht umsonst wird die Wiederverheiratung neben der Scheidung als häufigste Ursache für die Konsultation bei Kinderpsychiatern genannt. Daher müssen Steifmutter oder Stiefvater besondere Kraftakte vollbringen, denn sie müssen sich sowohl an die neue Partnerin bzw. den neuen Partner als auch an die Kinder gewöhnen.

Die Reaktion eines Kindes auf eine Wiederheirat hängt zum größten Teil vom Alter und dem Geschlecht der neuen Familienmitglieder ab, sowie von weiteren individuellen sozial-kognitiven Ressourcen.[985] Kleinere Kinder kommen in der Regel gut damit zurecht, vielleicht weil ihre Erinnerungen an die ursprüngliche

978 Dieses trifft eher für Männer als für Frauen zu, denn nur 15% der Frauen wollten erneut eine Ehe eingehen.

979 Visher/Visher, S. 31.

980 Bopp/Nolte-Schefold, S. 12.

981 Walper/Schwarz, S. 171.

982 Dümmler, Diss., S. 39.

983 Napp-Peters, Familien nach der Scheidung, S. 33.

984 Figdor, S. 223.

985 Rottleuthner-Lutter in: Nave-Herz/Markefka, S. 616.

Familie recht schwach sind.[986] Sie sind eher bereit den Stiefelternteil zu akzeptieren. Für ältere Kinder zeichnet sich ein weniger optimistisches Bild ab. Sie sind in der Regel weniger bereit neue Familienmitglieder zu akzeptieren. Scheidungsstress und schnelle Wiederheirat, besonders in der Zeit der Adoleszenz, können schwerwiegende negative Auswirkungen haben.[987]

Wallerstein und Kelly[988] betonen, dass der Prozess der gegenseitigen Annäherung und Akzeptanz von Kind und neuem Partner langsam und unterschiedlich verläuft. Einige Kinder begrüßen den Stiefvater, weil der Kontakt zu ihm besser ist als zum Vater, er mehr Sicherheit bietet, zur mütterlichen Zufriedenheit beiträgt und auch die belastende Verantwortung für das Wohlbefinden der Mutter abnimmt. Teilweise äußern die Kinder aber auch Befürchtungen, dass ihre eigene Position infrage gestellt werde, fühlen sich ausgeschlossen oder zurückgewiesen, gedemütigt, nun nicht mehr gebraucht zu werden. Insbesondere die Kinder, welche die Trennung ihrer leiblichen Eltern nicht überwunden haben oder die zum außerhalb lebenden Elternteil eine besonders gute Beziehung haben oder diesem Elternteil „äußerlich und innerlich besonders ähnlich sind“, fühlen sich oft in eine Außenseiterrolle gedrängt.[989] Die Interaktion des neuen Paares wird vor dem Hintergrund der erlebten Scheidung von den Kindern ängstlich beobachtet, besonders bei Streit. Die Autorinnen stellen fest, dass die meisten Kinder, die mit einem neuen Partner der Mutter zusammenleben, ihre Familiensicht auf drei Hauptfiguren, nämlich Mutter, Vater und Stiefvater erweitern, das Kind also sowohl zum leiblichen Vater als auch zum Stiefvater eine gute Beziehung aufrechterhalten bzw. aufbauen konnte. Dabei ist sehr wichtig, dass der neue Partner nicht versucht den Vater als solchen bzw. die Beziehung, die sich zwischen Kind und Vater nach der Scheidung entwickelt hat, ersetzen zu wollen. Auch nach Trennung und Scheidung lebt und träumt das Kind noch in seiner alten Familie, d.h. die alten Bindungen des Kindes sind in aller Regel nicht zerstört.[990] Daher müssen sowohl die Mutter als auch ihr neuer Mann in der Lage sein zu akzeptieren, dass sie mit ihrem „neuen Anfang“ die Vergangenheit (der Mutter) nicht ausschließen können. Sie werden mit dieser Vergangenheit, die in Gestalt der Beziehung zwischen Kind und Vater lebendig bleibt, leben müssen.[991] In nur sehr wenigen von Wallerstein und Kelly untersuchen Fällen fand eine Übernahme der Vaterrolle durch den Stiefvater statt, dennoch hatten die Erwachsenen insgesamt mehr Schwierigkeiten, erst recht wenn Wettkampf-

---

986 Beal/Hochman, S. 106.

987 Dümmler, Diss., S. 44.

988 Vgl. Wallerstein/Kelly, Surviving the break-up: How children and parents cope with divorce.

989 Krähenbühl, S. 108.

990 Balloff, S. 132.

991 Figdor, S. 223.

verhalten zwischen den Männern und Frontenbildungen auftraten. Dies kann für die Kinder sehr belastend sein, z.B. wenn die Mutter und ihr Partner verlangen, das Kind solle seine Liebe zum Vater verneinen. Das Aufrechterhalten der Bindung an diesen ist für die betroffenen Kinder häufig besonders schwierig, da sich der Großteil der wiederverheirateten Familien als „Normal-Familien" verstehen und den außerhalb lebenden Elternteil als Gefahr für die Normalität aus ihrem Leben zu verbannen suchen.[992] Hierbei kommt es sehr schnell zu einer Ausgrenzung des Elternteils, mit dem das Kind nicht zusammenlebt. Ein Vorteil dieser Entwicklung ist, dass ein neues Beziehungsgeflecht dem Kind jetzt Sicherheit bietet, ein Nachteil, dass der leibliche Elternteil sich von seinem Rivalen auch noch aus der Elternrolle verdrängt fühlt und sich oft verbittert und resigniert zurückzieht mit der Folge, dass er für das Kind unbekannter und uninteressanter wird.[993]

Eine Untersuchung,[994] die Kinder fünf Jahre nach einer Wiederheirat beobachtete, fand heraus, dass sowohl Jungen als auch Mädchen größere Verhaltensprobleme hatten als Kinder aus nichtgeschiedenen Familien. Es gab jedoch einen Unterschied zwischen Jungen und Mädchen. Jungen schienen einen Nutzen daraus zu ziehen, dass sie einen Stiefvater hatten, besonders dann, wenn sich der Stiefvater und die Mutter darüber einig waren, wie der Junge zu erziehen sei. Oft freuten sie sich, ein männliches Rollenvorbild zu haben, und fanden die Vorstellung, wieder einen Vater im Haus zu haben, gut. Wenn der Erziehungsstil des Stiefvaters von Bestimmtheit geprägt war, aber nicht autoritär oder anmaßend, schienen sich die Jungen am besten anzupassen. Auch die Konflikte zwischen Müttern und Söhnen nach Scheidung wurde durch die Anwesenheit eines Stiefvaters merklich reduziert.[995] Demgegenüber brachte die Wiederheirat für Mädchen häufig vorhersehbare Probleme mit sich. Sie fühlten die enge Beziehung zur Mutter bedroht und je enger die emotionale Nähe der Mutter zum Stiefvater war, desto unwahrscheinlicher war es auch, dass die Tochter den Stiefvater akzeptierten. Sowohl die Beziehung der Töchter zur Mutter als auch zum Stiefvater ist in den ersten zwei Jahren nach der Heirat besonders konfliktreich und feindselig. Dies wird dadurch erklärt, dass die zuvor verantwortungsvolle, starke Position der Tochter durch die Heirat geschwächt wird, unabhängig davon, wie der Partner der Mutter sich tatsächlich verhält.[996] Mädchen verschlechterten sich

---

992 Napp-Peters, Familien nach der Scheidung, S. 43.
993 Wendl-Kempmann/Wendl, S. 259.
994 Hetherington/Cox/Cox in: Journal of the American Academy of Child Psychiatry, 1985, S. 518.
995 Huss/Lehmkuhl in: Lehmkuhl/Lehmkuhl, S. 18.
996 Schmitz, S. 53.

in vielen Bereichen ihrer sozialen Kompetenz. Aber auch die Stiefväter schätzen das Verhalten ihrer Stieftöchter durchweg negativer ein als das ihrer Stiefsöhne.

12.1.9 Einfluss neuer Stiefgeschwister und weiterer Familienmitglieder

Die Situation kann auch dann für Kinder besonders schwierig sein, wenn sie neue Stiefgeschwister bekommen, d.h. der neue Lebenspartner der Mutter bzw. die neue Lebenspartnerin des Vaters auch Kinder mit in die neue Beziehung oder sogar Ehe bringt. Nach wie vor fehlen, vor allem im deutschsprachigen Raum, umfassendere und repräsentative Untersuchungen und Studien zu Fragen der Geschwister- und Stiefgeschwisterbeziehungen in Stieffamilien.[997] Das wenige Material, das aus den USA zur Verfügung steht, kann einerseits nicht ohne weiteres auf den mitteleuropäischen Kulturkreis übertragen werden, zum anderen sind auch dort die Ergebnisse und Schlussfolgerungen eher dürftig, widersprüchlich und damit nur wenig aussagekräftig.[998]

Von den Kindern wird in diesen Fällen zumeist erwartet, dass sie sofort Freundschaft mit den neuen Brüdern und Schwestern schließen, mit denen sie nicht aufgewachsen sind. Gerade, wenn ein großer Altersunterschied zwischen den Kinder besteht, kann dieses sehr schwierig werden.[999] In diesem Szenario sind Eifersucht, Rivalität und ablehnendes Verhalten vorprogrammiert.[1000] Während jüngere Kinder eher die Bereitschaft dazu zeigen, die neue Familie anzunehmen, neigen ältere Kinder eher dazu, die neue Elternverbindung zu sabotieren.[1001] Für ältere Kinder und Einzelkinder ist es besonders schwierig, sich mit der neuen Reihenfolge in der Geschwisterhierarchie abzufinden. Aus Erstgeborenen werden mittlere Kinder, die jüngsten sind von heute auf morgen mittlere, ein Einzelkind ist plötzlich nur eins unter mehreren.[1002] Das hat Auswirkungen auf die Charaktereigenschaften des Kindes, vor allem, wenn es beim Entstehen der Patchwork-Familie bereits älter als sechs Jahre ist, denn Eigenschaften, die sich ein Kind in den ersten Jahren angeeignet hat, lassen sich dann kaum noch abstreifen oder verändern.[1003] Dazu kommt eine Reihe neuer Regeln und Routinen, in die man nicht hineingewachsen ist. Und natürlich tauchen auch noch die weiteren Verwandten des erweiterten Familienkreises auf, d.h. Tanten, Cousinen, Großeltern. In vielen Fällen wollen die Neuverheirateten den „Neuanfang" auch

---

[997] Friedl, S. 128.
[998] Balloff, S. 131.
[999] Bopp/Nolte-Schefold, S. 37.
[1000] Dümmler, Diss., S. 66.
[1001] Gaier, S. 162.
[1002] Fthenakis, Väter, Bd. 2, S. 183.
[1003] Bopp/Nolte-Schefold, S. 83.

mit einem gemeinsamen Baby starten. Die Kinder müssen dann mit dem Bruder oder der Schwester umgehen, das ist, was sie selbst nicht sein können: das geliebte Kind dieser neuen Verbindung. Die Angst weniger geliebt zu werden und zu kurz zu kommen ist daher in diesen Fällen bei Kindern sehr groß. Oft fühlen sich Kinder ausgeschlossen, wie Fremde in einem fremden Land, denn es ist sehr schwierig sich in diesem Labyrinth von Beziehungen zurechtzufinden und mit den daraus entstehenden Gefühlen umzugehen.[1004]

12.2 Veränderte Faktoren des Mikrosystems Familie infolge der Scheidung

Aus sozialwissenschaftlicher Sicht gehört es heute fast zur Selbstverständlichkeit, vom „System Familie" zu sprechen, wenn es um die Fragestellungen oder Probleme rund um die Familie oder einzelner Familienmitglieder geht. In der Systemtheorie wird das „System Familie" als Mikrosystem bezeichnet, das sich aus den einzelnen Familienmitgliedern zusammensetzt.[1005] Diese sind zugleich Elemente eines Interaktionsnetzes, aus dem sich ein Beziehungsgeflecht bildet, in dem das Verhalten jedes einzelnen Mitglieds das Verhalten aller anderen mehr oder weniger stark beeinflusst. Der Beitrag jedes einzelnen wirkt sich somit zwangsläufig auf das ganze System aus, und neben den unmittelbaren, den dyadischen Interaktionen, sind parallele und zirkuläre Prozesse zu berücksichtigen. Wichtig für die hier anzustellenden Betrachtungen ist vor allem, dass das Individuum und seine Entwicklungsbedingungen in der Familie einen anderen Stellenwert erhalten, als dies in den traditionellen linearen und monokausalen Erklärungsmodellen der Fall ist.[1006] Dabei ist es unerlässlich zu beachten, dass innerhalb des Mikrosystems Familie Subsysteme existieren, z.B. die Paarbeziehung zwischen den Elternteilen oder eine besondere Beziehung zwischen einem Elternteil und einem Kind und auch die Beziehung zwischen Geschwistern. Diese Subsysteme zeichnen sich ebenfalls durch spezifische Interaktions- und Beziehungsmuster aus.[1007] Die Qualität der Interaktion innerhalb solcher Subsysteme wird dabei in der Regel nicht allein durch deren Mitglieder festgelegt, sondern auch durch Einflüsse, die aus anderen Systemen herrühren. So wird etwa die Interaktion im Mutter-Kind-Subsystem auch vom Vater mitbestimmt, selbst wenn er gar nicht anwesend ist. Man spricht hierbei von Effekten zweiter und höherer Ordnung.[1008] Des Weiteren sind Grenzen, sowohl des Gesamtsystems

[1004] Beal/Hochman, S. 105.
[1005] Fthenakis/Walbiner in: Fabricius-Brand, S. 144.
[1006] Fthenakis in: Archiv für Wissenschaft und Praxis der sozialen Arbeit 1/1986, 174, 175.
[1007] Balloff, S. 26.
[1008] Fthenakis in: Archiv für Wissenschaft und Praxis der sozialen Arbeit 1/1986, 174, 175.

Familie wie auch ihrer Subsysteme, durch spezifische Verhaltensmuster und Interaktionsregeln festgelegt, d.h. die Regeln und Muster für das Verhalten der Eltern sind anders als die für die Kinder. Gleichzeitig grenzt sich die Familie als Mikrosystem gegenüber Fremden ab, indem die Familienmitglieder sich diesen gegenüber anders verhalten als untereinander.

Das Verhältnis der Mitglieder der einzelnen Subsysteme zueinander und ihre Grenzen anderen Systemen gegenüber gewinnt an enormer Bedeutung, wenn man sich den familiären Beziehungen der Nachscheidungssituation zuwendet. Nicht nur dort, aber eben auch dort, muss die Entwicklung der einzelnen Familienmitglieder unter Berücksichtigung der Beziehungen nach außen als komplexes Beziehungsgeflecht gesehen werden. Vor der Scheidung bestehen enge (wenn auch nicht immer gleichstarke) Beziehungen zwischen allen Mitgliedern des Systems. Die Familienmitglieder stehen sich in der Regel sehr nah. Während der Scheidung ergeben sich hier deutliche Veränderungen. Meist bleiben die Kinder bei einem Elternteil, während der andere Elternteil, sei es innerlich, sei es äußerlich auf Distanz geht. Tatsächlich bestehen aber in der Regel weiterhin enge Beziehungen zwischen Kindern und beiden Elternteilen und darüber hinaus zum umfassenden System.[1009] Nach der systemischen Theorie hat sich das Mikrosystem nunmehr in der Weise ausdifferenziert, dass zwei Subsysteme entstehen, die sich in Bezug auf die Kinder überlappen.

12.2.1 Veränderungen zwischen Kind und nichtsorgeberechtigten Elternteil

Mit der Trennung der Eltern voneinander verändert sich die Beziehung der Kinder zu beiden Elternteilen. Soziale Kontakte zwischen dem Kind und dem nichtsorgeberechtigten Elternteil[1010] hängen in der Regel von mehreren Faktoren ab. Neben dem zeitlichen Aspekt, ausgedrückt in der Trennungsdauer, sind auch äußere Faktoren wie die Wohnortentfernung und die finanziellen Angelegenheiten von Bedeutung. Kontakte zum nicht mehr bei der Familie lebenden Vater sind für das Kind dann besonders schwierig, wenn die Eltern kontinuierlich hochzerstritten bleiben.[1011] Positive Wirkungen haben ein regelmäßiger und zuverlässiger Kontakt sowie keine Gefühle von Zurückweisung und Enttäuschung beim Kind. Wichtig ist, dass der nichtsorgeberechtigte Elternteil auch als Aus-

---

[1009] Fthenakis in: Archiv für Wissenschaft und Praxis der sozialen Arbeit 1/1986, 174,178 .

[1010] Da dieses in den meisten Fällen noch der Vater ist, wird im folgenden der Vater als nichtsorgeberechtigter Elternteil behandelt.

[1011] Schmitz, S. 49.

gleich gegenüber einem psychisch sehr belasteten sorgeberechtigten Elternteil agiert.[1012]

Mehrere größere Studien[1013] verweisen darauf, dass die Kontakte zwischen dem Kind und dem nicht sorgeberechtigten Elternteil nach der Scheidung relativ schnell abnehmen. Dabei wird folgende Entwicklung aufgezeigt: maximal zwei Jahre nach der Trennung haben sich 33% der Vater-Kind-Dyaden seit mindestens einem Jahr nicht gesehen, zwischen fünf und zehn Jahren trifft dies auf 41% zu, und nach über zehn Jahren auf 64%. Speziell eine neue Partnerschaft des lediglich besuchsberechtigten Elternteils ist häufig ein Anlass, sich neu zu orientieren, neue Zukunftspläne zu schmieden und die Beziehung zu dem Kind aus der gescheiterten Partnerschaft langsam einschlafen zu lassen.[1014] In diesem Zusammenhang sprechen Schmidt-Denter und Kollegen[1015] von einer psychischen Entfernung, die verstärkt 15 Monate nach der Scheidung zwischen dem Kind und dem Vater auftritt. Nur ein kleiner Teil der alleinerziehenden Frauen ist mit dieser Situation zufrieden. Zwar haben sie meist kein Interesse mehr am Ex-Partner und der Kontakt zu diesem wird sehr häufig als belastend erlebt, zum Wohl der Kinder jedoch versuchen die Frauen einen Kontakt zwischen Vater und den Kindern aufrechtzuerhalten, allerdings in vielen Fällen ohne Erfolg.[1016]

Neben dem genannten zeitlichen Aspekt ist auch die Wohnortentfernung ein entscheidender Faktor, der die Kontakthäufigkeit beeinflusst. Bei größerer räumlicher Entfernung haben Väter und Kinder zwangsläufig weniger Kontakt zueinander.[1017] Dieser Aspekt ist nicht nur in den USA, wo es schließlich zu sehr weiten Entfernungen kommen kann, sondern auch in Deutschland relevant.[1018] Des weiteren spiegeln sich im finanziellen Aspekt eine Fülle an Einflussfaktoren. Zum einen können höhere Unterhaltszahlungen des Vaters auf einem höheren Geldverdienst aufgrund eines höheren Bildungs- und Berufsstandes beruhen. Ein höherer Sozialstatus wiederum geht nach Untersuchungen[1019] mit einem größeren Interesse am Kind einher. Demgegenüber ist bei Vätern, die tatsächlich weniger Geld verdienen und entsprechend weniger Unterhalt zahlen, eher ein

[1012] Sander in: Zeitschrift für Entwicklungspsychologie und Pädagogische Psychologie 1988, 77, 82.

[1013] Vgl. Furstenberg/Nord/Peterson/Zill in: American Sociological Review 1983, 656, 668; Vgl. Napp-Peters, Scheidungsfamilien; Vgl. Fthenakis/Niesel/Kunze, Ehescheidung; Vlg. Furstenberg/Cherlin, Geteilte Familien.

[1014] Sluka, S. 19.

[1015] Schmidt-Denter; Beelmann; Trappen in: Report Psychologie 1995, 20, 27.

[1016] Niepel, S. 170.

[1017] Vgl. Dudley in: Family Relations 1991, 279, 285.

[1018] Schmitz, S. 29.

[1019] Furstenberg/Cherlin, S. 115.

Rückzug vom Kind festzustellen.[1020] Unterhaltsversäumnisse können natürlich auch auf ein geringeres Interesse des Vaters am Kind weisen und vor allem auch auf Streitigkeiten zwischen den Eltern, so dass es dadurch vermittelt zu einer Beeinträchtigung der Vater-Kind-Beziehung kommt.[1021]

Problematisch ist die Beziehung zu dem Kind für den nichtsorgeberechtigten auch deshalb, weil sie keinen gemeinsamen Alltag und kein Familienleben erleben. Das Zusammensein ist immer von dem Bewusstsein geprägt sich bald wieder trennen zu müssen. Auch die Kontaktintensität ist sehr gering, denn mehrmals wöchentlich sehen sie sich nicht, sondern allerhöchstens vierzehntätig oder monatlich.[1022] Daher ist der nichtsorgeberechtigte Elternteil oft bestrebt, die begrenzte Zeit best möglichst zu nutzen.[1023] Um ein Gefühl des gemeinsamen Erlebens zu erhalten, wird die Zeit häufig mit Freizeitaktivitäten ausgefüllt. Dadurch kann es schnell zu einer Überhäufung von Zuwendung, Aufmerksamkeit und Geschenken an das Kind kommen, was zum Teil als „Wochenend-Weihnachtsmann-Phänomen" bezeichnet wird.[1024] Oft wird dann die Elternrolle komplett abgelegt und der nichtsorgeberechtigte Elternteil tritt gegenüber dem Kind eher wie ein naher Verwandter auf. Sie organisieren für ihre Besuchszeit lediglich Freizeitprogramme und überlassen die Verantwortung für das Wohlergehen des Kindes und das Alltagsarrangement dem sorgeberechtigten Elternteil.[1025] Der Vater erscheint den Kindern daher eher als alles gewährender „Prinz", während die Mutter die alltäglichen Versorgungen repräsentiert und dafür angegriffen wird.[1026] In diesem Zusammenhang ist allerdings zu bedenken, dass sich manche Väter auch vor ihrer Trennung von der Familie um diese, vor allem auch um die Kinder, wenig gekümmert haben, und dass das Besuchsrecht für sie eine neue Situation darstellt. Die vor der Scheidung passive Beziehung muss nunmehr in eine aktive überführt werden, eine neue Situation, der sie sich hilflos, weil nicht gewohnt, ausgesetzt fühlen, und aus der sie eventuell zu „flüchten" versuchen. Aber die „Flucht" ist vergebens, denn wenn auch die Vater-Abwesenheit oder der Vater-Verlust im Erziehungsprozess nicht als ein deterministischer Faktor zu bestimmen ist, bleibt der Vater für den Lebensweg des einzelnen immer von Bedeutung, selbst wenn er sich seiner Vaterrolle entzieht oder wenn er seine Vaterrolle nicht wahrnehmen kann. Die Existenz des Vaterbildes hat ebenso reale Wirkungskraft, auch wenn die Richtung, je nach dem

[1020] Vgl. Furstennberg/Nord/Peterson/Zill in: American Sociological Review 1983, 656, 668.
[1021] Schmitz, S. 30.
[1022] Nave-Herz in: FuR 1995, 102, 105.
[1023] Napp-Peters, Scheidungsfamilien, S. 45.
[1024] Oppawski, S. 515.
[1025] Sluka, S. 19.
[1026] Bastian, S. 87.

komplexen Bedingungsgefüge des Sozialisationsprozesses, sehr unterschiedlich verlaufen kann.[1027]

Überraschender Weise wurde festgestellt,[1028] dass gerade die Vater-Kind-Beziehungen sich als besonders gefährdet erwiesen, die sich während der Ehe durch eine besonders enge intensive Bindung ausgezeichnet hatten. Solche Väter erlebten den Verlust ihrer Kinder besonders intensiv. Bewusste und unbewusste Schuld- und Schamgefühle gegenüber ihren Kindern machten es ihnen unerträglich, den wöchentlichen Trennungsschmerz zu verkraften. Die Gruppe dieser Väter zog es daher vor die Kinder nur noch in größeren Zeitabständen oder gar nicht mehr zu sehen, oder aber sie distanzierten sich emotional von den Kindern, um so weniger verletzlich zu sein. Für die Kinder war der Rückzug ihrer Väter besonders dramatisch.

12.2.2 Veränderungen zwischen Kind und sorgeberechtigten Elternteil

Nicht nur die Beziehung des Kindes zum nicht sorgeberechtigten Elternteil wird durch die Trennung beeinträchtigt, sondern auch die zwischen dem Kind und dem Elternteil, bei dem er lebt.[1029] Einige Studien[1030] kommen zu dem Ergebnis, dass ein Zusammenhang zwischen dem Wohlbefinden des Kindes und der Anpassung des sorgeberechtigten Elternteils besteht. Die Bedeutung der mütterlichen Anpassung für das Kind liegt vor allem in ihrer Erziehungskompetenz. Zum einen sind die erfolgreiche Fortführung der Erzieherrolle und die Unterstützung des Kindes bei der Bewältigung der Scheidungssituation ein positiver Prädiktor.[1031] Zum anderen erhöhen persönliche Probleme der Mutter die Wahrscheinlichkeit aversiver Reaktionen.[1032] Wallerstein und Kelly[1033] weisen entsprechend darauf hin, dass gestresste sorgeberechtigte Elternteile einen Risikofaktor für die Anpassung der Kinder darstellen. Dieses betrifft die Kinder aus Scheidungsfamilien insbesondere dann, wenn der andere Elternteil nicht als Ausgleich und Unterstützung zur Verfügung steht.[1034] Ein Vergleich der Beziehungsqualität zwischen Mutter und Kind bei intakten Familien, geschiedenen alleinerziehen-

---

[1027] Nave-Herz in: FuR 1995, 102, 106.

[1028] Fthenakis/Niesel/Kunze, S. 138.

[1029] In den überwiegenden Fällen ist dieses noch die Mutter.

[1030] Vgl. Kalter/Kloner/Schreier/Okla in: American Journal of Orthopsychiatry 59, 605-617; Vgl. Amato in: Journal of Marriage and the Familiy 55, 23, 38.

[1031] Riehl-Emde in: Familiendynamik 1992, 415, 420.

[1032] Hetherington in: Child development 1989, 1, 9.

[1033] Vgl. Wallerstein/Kelly, Surviving the break up: How children and parents cope with divorce.

[1034] Hetherington in: Child development 1989, 1, 9.

den Müttern und wiederverheirateten geschiedenen Müttern erbrachte das Ergebnis, dass die Beziehung der alleinerziehenden geschiedenen Mütter zu ihren Kindern im Vergleich zu den anderen beiden Gruppen wesentlich ambivalenter, konflikthaltiger und stärker von emotionalen Belastungen geprägt war.[1035] Wie bereits oben erläutert ist vor allem das erste Jahr als Ein-Elternteil-Familie für alleinstehende Eltern und ihre Kinder eine besonders schwierige Zeit. Ihr eigenes Unglück macht es ihnen unter Umständen noch schwerer, angemessen mit den Reaktionen der Kinder umzugehen.[1036] Die seelische Belastung, der geschiedene Mütter ausgesetzt sind, führt bei ihnen zu mitunter beträchtlichen Stimmungsschwankungen. In Augenblicken erhöhten Stresses können die alltäglichsten Ansprüche der Kinder Gefühle der Überforderung hervorrufen. Vor kurzem geschiedene Mütter neigen zu überreiztem Reagieren, schreien die Kinder an, brechen in Tränen aus oder setzen strafende Maßnahmen.[1037] Diese Stimmungsschwankungen und affektive Reizbarkeit bilden aber nur die Oberfläche der Beziehungsprobleme der Mutter mit dem Kind.

Zum Teil[1038] wird aber auch auf einige Vorteile des Aufwachsens in einer Mutter-Kind-Familie hingewiesen, wonach Kinder häufig selbständiger, unabhängiger und selbstbewusster sind, außerdem mehr Eigenverantwortung übernehmen sowie Verantwortung für andere. Weiterhin zeigen sie mehr Selbstbewusstsein, sind angepasster, wirken früher gereift, weniger aggressiv, offener im sozialen Kontakt, haben mehr Sensibilität für soziale Diskriminierung und gesellschaftliche Benachteiligung von Frauen, sind glücklicher als Kinder in konflikthaltigen Zwei-Elternfamilien, sind manchmal besonders begabt und haben eher egalitäre Ansichten. Die Kinder beschreiben sich selbst oft als „Einzelgänger", zwar nicht isoliert, aber auch nicht voll integriert in die Kultur der Gleichaltrigen. Sie haben das Gefühl viele Fähigkeiten zu haben, denn sie kochen häufig in ihrer Familie oder reinigen die Wohnung, sie sind für ihre Kleider selbst verantwortlich und betreuen häufig jüngere Geschwister. Außerdem sind sie stolz darauf, dass sie mehr Verantwortung tragen als ihre Freunde aus Zwei-Elternfamilien, die sie für gewöhnlich halten.[1039]

Ein weiterer Punkt im Positivspektrum geschiedener Frauen ist, dass sie mehr Zeit mit den Kindern verbringen und sich ihnen intensiver zuwenden können. Einige Frauen setzen sich mit ihren Kindern sehr intensiv auseinander, bemühen sich, sie als eigenständige Person wahr- und ernst zunehmen und sie nicht für

[1035] Sluka, S. 17.
[1036] Furstenberg/Cherlin, S. 112.
[1037] Figdor, S. 59.
[1038] Heiliger in: Psychologie Heute 1985, Nr.12, S. 10.
[1039] Heiliger, S. 46.

eigene Interessen und Bedürfnisse zu missbrauchen.[1040] Sie sind interessiert an der Schaffung einer demokratischen und kooperativen Familienstruktur und leben ein partnerschaftliches Miteinander.[1041] Sie versuchen ihren eigenen Interessen und den Bedürfnissen ihrer Kinder möglichst gleichberechtigt Rechnung zu tragen, und bemühen sich die Kinder nicht so sehr mit ihren eigenen Problemen zu konfrontieren.[1042] Die Kinder können mitentscheiden was getan werden soll und erfahren, dass ihr Beitrag zum Funktionieren der familiären Organisation ebenso wichtig ist wie der des Elternteils. Sie übernehmen organisatorische Arbeiten, und damit wandelt sich ihre Rolle von der eines untergeordneten Familienmitglieds in die eines jüngeren Partners. Geringere elterliche Kontrolle geht mit dieser neuen Rollenverteilung einher.[1043]

12.2.3 Sozialisationsdefizite bei Kindern mit nur einem Elternteil?

Die medizinische und psychologische Kinderforschung beschäftigte sich schon von Anbeginn an mit der Frage nach der Bedeutung der Erfahrung des Verlustes eines oder beider Elternteile für das Kind. In der psychiatrisch-forensischen Forschung der zwanziger Jahre galt der Zusammenhang zwischen der sogenannten unvollständigen Familie und einer erhöhten Straffälligkeit Jugendlicher als erwiesen.[1044] Vielfach wurde die mögliche Fehlentwicklung von Kindern aus Scheidungsfamilien unter anderem auf die Sozialisationsdefizite zurückgeführt, die aus dem Verlust eines Elternteils resultieren. Tatsächlich ist die Scheidung der Eltern für das betroffene Kind mit einer quantitativen und qualitativen Einschränkung des Kontakts zu einem Elternteil verbunden (meistens noch mit dem Vater). Hierbei wurde in früheren wissenschaftlichen Untersuchungen festgestellt, dass Zusammenhänge bestehen zwischen dem Vaterverlust und der Geschlechterrollenübernahme, Verhaltensschwierigkeiten im Kindesalter, der sexuellen Entwicklung, krimineller Karrieren, Anpassungsschwierigkeiten an Kindergruppen, verzögerter persönlicher Reifung, Beeinträchtigung im Selbstkonzept, Beeinflussung im kognitiven Bereich, schlechten Schulleistungen, u.v.m.[1045] Diese älteren Untersuchungen waren jedoch methodisch zu stark monokausal ausgerichtet, und vor allem wurden sog. Drittfaktoren nicht beachtet, welche die Korrelationsergebnisse mitbedingen.[1046] Schon in den fünfziger Jah-

---

[1040] Böttger/Rust, S. 38.
[1041] Napp-Peters, S. 110.
[1042] Böttger/Rust, S. 38.
[1043] Heiliger, S. 43.
[1044] Huss/Lehmkuhl in: Lehmkuhl/Lehmkuhl, S. 19.
[1045] Clason in: Nave-Herz/Markefka, S. 422.
[1046] Nave-Herz in: FuR 1995, 102.

ren wurden sie durch Arbeiten von Monahan[1047] und Nye[1048] in Frage gestellt. Gerade Nye hatte mit einer vielbeachteten Untersuchung über Scheidungsfolgen bei Kindern eine neue Ära systematischer Erforschung des postulierten Zusammenhangs von jugendlicher Straffälligkeit und der Scheidung der Eltern eingeläutet. Seine Arbeit plädierte dafür, die vermeintlichen Auswirkungen unvollständiger Familien differenzierter zu untersuchen. Zentrale Aspekte des familiären Milieus waren bis zu dieser Zeit viel zu wenig beachtet worden; so etwa, wie sehr die Kinder vor der Trennung durch elterliche Konflikte belastet waren oder aber, welche ökonomischen Auswirkungen die Scheidung für die Familie hatte.[1049]

Die Hypothese, dass Kinder aus Haushalten mit nur einem Elternteil häufiger Verhaltensstörungen zeigen, lässt sich aus einer Zusammenschau der heute vorliegenden Untersuchungen nicht bestätigen. Einige neuere Arbeiten[1050] berichten sogar von gegenteiligen Effekten, wobei harmonischere Beziehungen zwischen Eltern und Jugendlichen in Scheidungsfamilien festgestellt worden sind. Seit etwa Mitte der 70er Jahre wurde in einer zunehmenden Zahl von Studien versucht, den methodischen Einwendungen gegenüber den ersten Untersuchungen Rechnung zu tragen. Es wurden multikausale Forschungsansätze, zum Teil sogar gekoppelt mit Längsschnitterhebungen, gewählt, die auch andere Einflussgrößen außer der Vaterabwesenheit überprüften.[1051] Ferner wurde mit Kontrollgruppen gearbeitet, das heißt, es wurden Vergleiche mit Kindern aus Zwei-Eltern-Familien durchgeführt. Diese Untersuchungen zeigen alle übereinstimmend, dass Vaterabwesenheit oder Vaterverlust per se nichts über die zu erwartende Richtung des Sozialisationsprozesses der Kinder aussagt.[1052] Eine Untersuchung[1053] kam zu dem Ergebnis, dass Kinder, die einen Elternteil durch Tod verloren haben, weniger Anpassungsprobleme und weniger langfristige psychische Schäden davontragen als Kinder, die einen Elternteil durch Scheidung verloren haben. Die Autoren ziehen daraus den Schluss, dass es nicht der Verlust des Vaters ist, der die Verhaltensprobleme auslöst, sondern die der Scheidung vorausgegangene eheliche Disharmonie und der Streit.

[1047] Monahan in: Marriage and Family Living 1957, 362, 265.
[1048] Nye in: Marriage and Family Living 1957, 356, 361.
[1049] Huss/Lehmkuhl in: Lehmkuhl/Lehmkuhl, S. 19.
[1050] Smetana/Yau/Restrepo/Braeges in: Developmental Psychology 1991, 1000, 1010.
[1051] Vgl. Amato/Keith in: Psychological Bulletin 1991, 26, 46: Diese Ergebnisse legen nahe, dass bei den früher gefundenen Verhaltensauffälligkeiten von Scheidungskindern entscheidende Drittvariablen übersehen wurden.
[1052] Nave-Herz in: FuR 1995, 102, 103.
[1053] Ernst/von Luckner, S. 75.

Die bis dahin angenommene Defizit-These, das heißt, Kinder in Ein-Elternfamilien wären immer benachteiligt, besitzt somit keine Allgemeingültigkeit. Ausschlaggebender als die An- oder Abwesenheit eines Elternteils sind für den Sozialisationsprozess von Kindern vor allem folgende Faktoren, die sich zudem noch gegenseitig bedingen: Die häusliche Atmosphäre, der Lebensstil, das familiäre Netzwerk, bestimmte Persönlichkeitsvariablen der Mutter und des Vaters, das Vorhandensein von Großeltern und ihr Verhältnis zu den Kindern, sowie die sozioökonomische Lage.[1054] Aus diesen Befunden ist folglich abzuleiten, dass die Art und die Richtung des Entwicklungsprozesses von einem komplexen Bedingungsgefüge bestimmt wird. Statt von monokausalen Formulierungen geht man heute von einer Differenz-These aus, die zunächst die Gleichwertigkeit von Familienformen im Hinblick auf ihre Sozialisationsleistung unterstellt und nach spezifischen Unterschieden fragt. Die Forschung heutzutage konzentriert sich daher vermehrt auf die Rahmenbedingungen (ökonomischer, ökologischer und kultureller Art) sowie auf die Bedeutung des sozialen Netzwerks, welche die Reorganisation der Familie nach dem Verlust des Vaters und die Entwicklung des Kindes in nicht geringem Ausmaß beeinflussen. Eine Familie mit nur einem Elternteil ist demnach nicht als defizitär anzusehen.[1055]

12.3 Veränderte Faktoren des Meso-, Exo- und Makrosystems infolge der Scheidung

Wie bereits oben beschrieben, betreffen das Mikrosystem die augenfälligsten Veränderungen bei einer Scheidung. Neben diesem „System Familie" sind aber noch weitere Systeme von Bedeutung, denn die Entwicklung der einzelnen Familienmitglieder im Mikrosystem der Familie muss unter Berücksichtigung der Beziehungen nach außen als komplexes Beziehungsgeflecht gekennzeichnet werden, das im Laufe der Zeit erheblichen Wandlungsprozessen unterworfen ist. Diesen durch komplizierte Wechselwirkungen und Vernetzungen bestehenden Interaktionen durch Kommunikationen der Familie zur Außenwelt, den Meso-, Exo- und Makrosystemen, werden entscheidende Bedeutungen zuerkannt, die für Entwicklungs- und Wandlungsprozesse innerhalb der Familie von größter Bedeutung sind.[1056] Alle genannten Systeme und Subsysteme wirken auf die Familie ein und können die innerfamiliäre Handlungskompetenz und ihr Selbstverständnis stärken oder schwächen.

[1054] Nave-Herz in: FuR 1995, 102, 103.
[1055] Fthenakis, Väter, Bd. 1, S. 372.
[1056] Balloff, S. 27.

Im Gegensatz zu rein biologischen Systemen können sinnhafte Systeme, wie sie Familien darstellen, systemintern mit den Grenzen zwischen ihrem System und der Umwelt umgehen, wobei sie über die Grenzen ihres Systems und die Zugehörigkeit ihrer Mitglieder selbst bestimmen können.[1057] Dabei wird das Netz der verwandtschaftlichen Beziehungen sowie der Freundeskreis und die Gleichaltrigengruppe des Kindes als Mesosystem bezeichnet. Die Verfügbarkeit eines sozialen Netzes stellt auch langfristig eine positive Bedingung für die Entwicklung des Kindes dar.[1058] Allerdings können Peerbeziehungen eine negative familiäre Situation nicht unbedingt kompensieren. Aber eine strukturierte und Sicherheit vermittelnde Schulumgebung können sehr hilfreich für die betroffenen Kinder sein.[1059] So stellten Kurdek und Siesky[1060] fest, dass bei den von ihnen untersuchten 130 Kindern und Jugendlichen zwischen fünf und neunzehn Jahren die Nachscheidungsreaktionen und die psychische Anpassung u.a. in Zusammenhang mit dem Austausch über ihre scheidungsbedingten Sorgen und Nöten mit ihren Freunden standen. Dabei stellen die Gleichaltrigen ein wichtiges Unterstützungssystem dar, wenn Eltern aufgrund ihres ehelichen Scheiterns mit sich selbst beschäftigt sind und dem Kind emotional nur bedingt Halt vermitteln können. Besonders Freunde, die dieselben Erfahrungen machen sind hierbei eine zentrale Quelle der Hilfe und des Beistandes, da die wahrgenommenen Ähnlichkeiten zu einer Intensivierung des Vertrauens und des gegenseitigen Austausches führt.[1061] Auch eine von der Mutter als sehr hilfreich erlebte Unterstützung seitens ihrer Eltern stellt wiederum eine positive Unterstützung für das Kind dar.[1062] Vor allem, wenn die Mutter mit keinem neuen Partner zusammenlebt, sind auch die Großeltern für das Kind eine Art „Familie“. Diese beinhalten eine wichtige Quelle des Vertrauens und der Zuneigung und fungieren darüber hinaus als Modell für ein lange in Freundschaft und Liebe verbundenes Paar.[1063] Aufgrund der vorher existierenden emotionalen Verbundenheit zu ihren Enkeln, stellen Großeltern nach der elterlichen Scheidung eine schnell verfügbare emotionale Stütze für die Kinder dar.[1064]

Im Gegensatz zum Mesosystem gehören zum Einflussbereich des Exosystems die Einflüsse der Arbeitswelt, der Nachbarschaft und der Wohnbedingungen. Es handelt sich folglich hierbei um einen Lebensbereich, an dem das Individuum

---

[1057] Scheiffer, S. 25.

[1058] Vgl. Wallerstein/Kelly in: Surviving the break up: How children and parents cope with divorce.

[1059] Hetherington in: Child development 1989, 1, 10.

[1060] Kurdek/Siesky in: Journal of Divorce 1980, 85, 99.

[1061] Dümmler, Diss., S. 79.

[1062] Vgl. Isaacs/Leon in: Journal of Divorce 1986, 1, 16.

[1063] Dolto, S. 54.

[1064] Schmidt-Denter; Beelmann, Trappen in: Zeitschrift für Familienforschung 1991, 40, 51.

nicht direkt beteiligt ist, der aber dennoch mittelbar Einfluss auf die Entwicklung dieser Person hat (z.B. der Arbeitsplatz der Eltern).[1065] Auch die professionellen Dienste, die im Falle der Scheidung wirksam werden, wie Rechtsanwälte, Jugendämter, Gerichte, Beratungseinrichtungen, u.ä. sind dazuzurechnen. Dieses sind Einflussfaktoren, die für die Entwicklung des Kindes eine entscheidende Rolle spielen.

Über das Exosystem hinaus beinhaltet das Makrosystem die „so abstrakten, schwer greifbaren und scheinbar familienfernen Einflüsse“ wie Gesetze, Politik oder gesellschaftliche Einstellungen zur Ehe und Familie, „seien sie bewusst oder unbewusst“.[1066] Umfasst wird also der Komplex ineinander geschachtelter, vielfältig zusammenhängender Systeme mit ihrem innerhalb einer Kultur oder Subkultur ähnlichen Muster sozialer Institutionen.[1067] Auch soziale Rollen sind diesem Bereich zuzuordnen. Die zunehmende Akzeptanz von Scheidung als Möglichkeit der Familienentwicklung und als Schritt zur Lösung ehelicher Probleme ist wünschenswert insofern die Sicht von Scheidung als deviant wie eine selbst erfüllende Prophezeiung zu tatsächlichen Verhaltensproblemen von Kindern beitragen kann bzw. umgekehrt eine größere gesellschaftliche Akzeptanz auch den einzelnen Familien die Bewältigung des Übergangs erleichtert.[1068]

12.4 Langfristige Scheidungsfolgen bei Kindern: Erwachsene Scheidungskinder

Reaktionen der Kinder auf die Scheidung ihrer Eltern können nicht nur im kurzfristigen Bereich auftreten, sondern auch viele Jahre später, sogar noch im späteren Erwachsenenalter. Die Tatsache, dass ein Kind die Scheidung gut oder schlecht zu verkraften scheint, bedeutet noch nicht, dass dies auch nach einigen Jahren so sein wird. Eine Scheidung wirkt unter Umständen ein Leben lang nach. Es stellt sich folglich hierbei die Frage, ob Kinder geschiedener Eltern Erwachsene mit Problemen werden müssen, bzw. ob die Scheidung ihrer Eltern zu einem quälenden Filter wird, durch den sie sich und ihre Zukunft immer wieder sehen werden?

[1065] Bronfenbrenner, S. 30.
[1066] Fthenakis in: Archiv für Wissenschaft und Praxis der sozialen Arbeit, 1/86, S. 174, 175.
[1067] Bronfenbrenner, S. 31.
[1068] Vgl. Gately/Schwebel in: Journal of Family Psychology 1991, 60, 81.

In jüngster Zeit sind mehrere Forschungen[1069] zu den langfristigen Auswirkungen von Scheidungen und der Frage entstanden, was aus den ehemaligen Scheidungskindern für Erwachsene geworden und welche ihre spezifischen Schwierigkeiten und Stärken sind. Dabei konnte die Annahme, dass nach 15 Jahren vieles verarbeitet sei und die Scheidung nicht mehr die dominante Rolle im Leben der Familienmitglieder spiele, nicht im gewünschten Umfang bestätigt werden.[1070] Auch die Meta-Analyse von Amato und Keith,[1071] aus dem Jahr 1991, wobei 37 Erwachsene untersucht wurden, die als Kinder die Trennung und Scheidung der Eltern erlebt hatten, zeigt, dass die Trennung und Scheidung der Eltern sich im Sinne einer geringeren Lebensqualität bis ins Erwachsenenalter der betroffenen Kinder auswirkt. Die Überlebenstaktiken der ehemaligen Scheidungskinder, die ihnen in der Kindheit geholfen haben, erweisen sich in ihren Erwachsenenbeziehungen oft als inadäquat und können sich daher verheerend auswirken.[1072]

12.4.1 Auswirkungen nach dem Altersfaktor

Nach der Auffassung von Fassel[1073] unterscheiden sich die Auswirkungen einer Scheidung je nach Altersstufe, in der die Scheidung erlebt wurde. Während ihrer Untersuchung berichteten erwachsene Scheidungskinder, deren Eltern sich in den Vorschuljahren des Kindes scheiden ließen, davon große Angst vor Intimität zu haben. Noch heute haben sie Angst verlassen und zurückgewiesen zu werden. Diese Erwachsenen glauben häufig, keine Liebe zu verdienen, wenn sie nichts dafür tun und es fehlt ihnen an Selbstwertgefühl und an Durchsetzungsvermögen.[1074] Erwachsene, die zum Zeitpunkt der Scheidung Schulkinder waren, erinnerten sich an Angst und Verwirrung bei der Scheidung. Als Erwachsene sehen auch sie Intimität als bedrohlich an und neigen zu strengen Urteilen über andere und zu Schwarzweißdenken. Viele geben an, sie seien sehr schnell erwachsen geworden und hätten ihre Kindheit verpasst.[1075] Ehemalige Jugendliche erinnerten sich, dass sie bei der Scheidung ihrer Eltern zwischen Ärger und Betäubung hin- und herschwankten. Sie fühlten sich betrogen, da sie die Beziehung der Eltern als Misserfolg erlebten und ihre Rollenvorbilder für intakte Beziehungen

---

[1069] Vgl. unter anderem: Wallerstein/Blakeslee: Gewinner und Verlierer; Fassel: Ich war noch ein Kind als meine Eltern sich trennten; Freund: Langfristige Effekte der Ehescheidung der Eltern während der Adoleszenz ihrer Töchter.

[1070] Vgl. Wallerstein/Blakeslee, Gewinner und Verlierer.

[1071] Amato/Keith in: Journal of Marriage and the Family 1991, 43, 58.

[1072] Fassel, S. 13.

[1073] Vgl. Fassel, S. 76 ff.

[1074] Fassel, S. 76.

[1075] Fassel, S. 79.

verloren. Sie gaben an, dass sie sich für ihre Eltern schämen und arbeiten heute hart, um den Zusammenhalt ihrer eigenen Ehe und Familie zu gewährleisten.[1076] Zusammenfassend lässt sich daher festhalten, dass alle drei Altersgruppen eine Abneigung gegen Konflikte haben und probieren diese zu vermeiden. Sie haben Angst vor Nähe und zweifeln an ihrer Fähigkeit zu dauerhaften Beziehungen. Sie versuchen stark fürsorglich zu sein und sind aber auch voller Hoffnung ihr Leben anders zu leben und aus der Vergangenheit lernen zu können.[1077]

12.4.2 Weitere Schullaufbahn der Scheidungskinder

Grundsätzlich unterscheiden sich die Erwartungen der geschiedenen Eltern an die schulische Laufbahn ihrer Kinder nicht von den Erwartungen vollständiger Familien. Allerdings wurden von den meisten Autoren[1078] negative Auswirkungen einer Scheidung auf die Schulleistungen und eine generelle Verunsicherung der Kinder in diesem Bereich festgestellt. Dieses könnte seinen Grund natürlich auch in dem wiederholten Lehrerwechsels, infolge eines häufigeren Wohnortwechsels bedingt durch die Scheidung, finden. Von verschiedener Seite wurde auch das Problem des „Underachievement“ bei Scheidungskindern aufgeworfen, wobei die Kinder nicht die Leistungen erbringen, zu denen sie eigentlich ihrer Leistungsfähigkeit entsprechen würden.[1079] Nach einer Untersuchung aus dem Jahr 1984 von Oggenfuss,[1080] der eine Langzeituntersuchung bei 2000 Schülern aus dem Schweizer Kanton Zürich durchführte, zeigte sich allerdings schon während der Grundschulzeit, dass Scheidungskinder deutlich häufiger eine Klasse wiederholten und insgesamt am Ende der Grundschule schlechtere Noten hatten als ihre Kameraden aus vollständigen Familien. Diese schulische Beeinträchtigung blieb auch über die Grundschule hinaus noch feststellbar. Nach der 8. Klasse verließen die Scheidungskinder deutlich häufiger die Schule als Kinder aus vollständigen Familien. Aufgrund der häufigeren Klassenwiederholung in den jüngeren Klassen hatten mehr Scheidungskinder somit zu diesem Zeitpunkt die Schulpflicht bereits erfüllt.

[1076] Fassel, S. 81.
[1077] Fassel, S. 84.
[1078] Vgl. Fthenakis/Niesel/Kunze, Ehescheidung; Vgl. Schaub/Schaub-Harmsen in: Familiendynamik 1986, 143, 150; Vgl. Wallerstein/Blakeslee, Gewinner und Verlierer.
[1079] Hunter, S. 61.
[1080] Oggenfuss in: Familiendynamik 1984, 71, 72.

12.4.3 Lehrstellensuche und Erwartungen an den Beruf

Bei der Lehrstellensuche sind die Jugendlichen aus Scheidungsfamilien in vielen Fällen auf sich selber angewiesen. Sie können einerseits seltener auf die Hilfe der Eltern und Verwandten zählen, nehmen aber andererseits etwa gleich oft die Dienste der Berufsberatung in Anspruch (ca. jeder fünfte).[1081] Viele Scheidungskinder erlebten, dass ihre Väter ihren finanziellen Verpflichtungen nicht nachkamen oder ihre Ausbildungen nicht bezahlten.[1082] Die Erwartungen an den Beruf liegen bei Jugendlichen aus Scheidungsfamilien gegenüber Jugendlichen aus vollständigen Familien dennoch nicht weit auseinander. Allerdings haben erwachsene Scheidungskinder im späteren Leben häufig Schwierigkeiten persönliche Grenzen zu setzen und andere in ihre Schranken zu verweisen. Am Arbeitsplatz lassen die sich daher oft ausnutzen aus Angst abgelehnt zu werden. Feindseligkeit scheint ihnen normal und sie finden sich damit ab. Sie versuchen noch immer sich besonders gut, liebevoll, freundlich, klug, höflich, vertrauenswürdig und klaglos zu verhalten, um keine Fehler zu machen.[1083]

12.4.4 Beziehungen und Vertrauen

Es zeigt sich, dass Jugendliche aus Scheidungsfamilien leicht verschlossener sind, wenn es darum geht persönliche Probleme mit Außenstehenden zu besprechen. Andererseits scheinen die meisten Scheidungskinder ein großes Vertrauen in ihre Mütter zu besitzen, an die sie sich etwas häufiger wenden als ihre Kollegen aus vollständigen Familien.[1084] Da die meisten Scheidungskinder noch ihren Müttern zugesprochen worden sind, fühlt sich die Mehrzahl der erwachsenen Scheidungskinder ihren Vätern entfremdet. Daher haben sie auch oft Mühe Autoritätspersonen losgelöst von ihren Elternbeziehungen zu sehen.[1085] Scheidungskinder haben in der Zeit des totalen Chaos während der Scheidung oftmals eine generelle Angst vor Veränderungen entwickelt. Deshalb bemühen sie sich auch ständig darum anderen zu gefallen, um zu vermeiden, dass deren Ärger sie trifft und sie sich nicht wehren können.[1086] Aufgrund dieses starken Wunsches sich zugehörig zu fühlen, kommen sie als Erwachsene in ihrem Alltag, ihrer Arbeit und ihren Beziehungen immer wieder dazu Stellung zu beziehen und sich in Konflikte hineinziehen zu lassen, d.h. sie ergreifen zu schnell Partei. Weil sie oft

[1081] Oggenfuss in: Familiendynamik 1984, 71, 75.
[1082] Wallerstein/Blakeslee, S. 248.
[1083] Fassel, S. 144.
[1084] Oggenfuss in: Familiendynamik 1984, 71, 78.
[1085] Hunter, S. 66.
[1086] Fassel, S. 122.

nicht zu ihren Bedürfnissen stehen, wissen die Personen in ihrer Umgebung und sie selbst oft nicht wer sie wirklich sind.[1087] Um anderen gefällig zu sein, Beziehungen kontrollieren und ihre Partner verlassen zu können, bevor diese sich von ihnen trennen, wenden sich viele erwachsene Scheidungskinder von sich selbst ab, d.h. erwachsene Scheidungskinder konzentrieren sich oft nicht auf ihre eigenen Gefühle, Wahrnehmungen und Bedürfnisse.[1088] Erwachsene Scheidungskinder stützen sich demnach oft in neue, wechselnde Beziehungen und versuchen es dort besser zu machen, bevor sie sich einem eigenen Schmerz und ihren eigenen Verletzungen nach der Scheidung der Eltern zuwenden.[1089] Vielen fällt es als Erwachsene schwer, ihren Unmut oder Ärger zum Ausdruck zu bringen oder für ihre Bedürfnisse und ihre Rechte ein zustehen. Beim Auftreten von Konflikten haben erwachsene Scheidungskinder auch sehr rasch das Gefühl ihre eigene Beziehung sei grundlegend in Frage gestellt, und es gehe gleich um die Frage der Trennung. Diese aufgrund des Scheidungserlebnisses entwickelten Wesenszüge machen es erwachsenen Scheidungskindern oft sehr schwer ihre Beziehungen, Ehen und eigenen Familien befriedigend zu gestalten.[1090]

Zusammenfassend lässt sich sagen, dass die Einstellungen bezüglich Ehe und Familie von zwei Elementen geprägt zu sein scheinen. Einerseits durch die negative Erfahrung in der eigenen Familie und andererseits durch den Wunsch nach Geborgenheit in einer Familie. Unter welchen Bedingungen das eine oder das andere Element bei der persönlichen Einstellung überwiegt, lässt sich nicht eindeutig feststellen.

12.4.5 Höheres Scheidungsrisiko

Klärenswert erscheint daher, ob Kinder von Eltern, die sich scheiden ließen, wiederum einem höheren Scheidungsrisiko unterliegen. Dieser Effekt wird in der angloamerikanischen Scheidungsforschung auch als „intergenerational transmission" bezeichnet. Als Erklärung für den Transmissionseffekt ehelicher Instabilität werden verschiedene Hypothesen aufgeführt. Das am häufigsten diskutierte Modell basiert auf der Theorie des sozialen Rollenlernens. Es geht davon aus, dass Scheidungskinder mangels Rollenmodell in der Kernfamilie defizitäre, familienbezogene Verhaltensmuster erlernen, die ihrerseits zur Scheidung prädisponieren.[1091] So werden vom Kind die Beziehungsstrukturen der Elternehe

[1087] Hunter, S. 64.
[1088] Fassel, S. 139.
[1089] Hunter, S. 66.
[1090] Fassel, S. 105.
[1091] Huss/Lehmkuhl in: Lehmkuhl/Lehmkuhl, S. 21.

verinnerlicht und in der eigenen Beziehung wiederhergestellt, was bei einer destruktiven Elternehe zu einer Erhöhung des Scheidungsrisikos führen kann.[1092] Neben sozialen Lerneffekten könnte die erhöhte transgenerationale Scheidungsrate auch durch biologisch vererbte Persönlichkeitsmerkmale erklärt werden. Weiteren Erklärungsansätzen zufolge sind ökonomische Nachteile, mangelnde soziale Kontrolle oder aber eine liberalere Einstellung gegenüber der Ehe als ursächliche Faktoren für die höhere Scheidungsrate von Kindern aus Scheidungsfamilien in Betracht zu ziehen.[1093]

Empirische Untersuchungen[1094] über die soziale Vererbung des Scheidungsrisikos kamen zu dem Ergebnis, dass Scheidungskinder sich früher wieder von ihren Ehepartnern und von den Partnern in nichtehelichen Lebensgemeinschaften trennen. Die Autoren konstatieren zusammenfassend die Existenz der intergenerationalen Weitergabe von ehelicher Instabilität, auch wenn dieser Effekt relativ gering ist. Außerdem stellten sie eine starke Differenzierung im Ausmaß des Transmissionseffekts zwischen Männern und Frauen fest. Söhne geschiedener Eltern haben in ihrer eigenen Ehe noch ein weitaus höheres Scheidungsrisiko als Töchter aus Scheidungsfamilien. Ob dieses daran liegt, dass diese Kinder keine angemessenen Ehegatten-Rollenmodelle erlernen konnten, sie im Vergleich zu anderen Kindern einfach eine größere Bereitschaft zur Scheidung haben oder sie Schwierigkeiten haben, eine Bindung an ihre Ehe zu entwickeln, kann nicht abschließend geklärt werden. Zum Teil wird damit argumentiert, dass erwachsene Scheidungskinder sehr unrealistische Erwartungen an ihre Beziehungen und Ehen haben. Sie wissen nicht, wie eine gesunde Beziehung aussieht, wie man mit Konflikten umgehen und trotz diesen weiter zusammenleben kann. Sie nehmen die Probleme und Überlebensstrategien ihrer Ursprungsfamilie in ihre eigene Familie und versuchen, alles richtig zu machen, sich möglichst ohne Bedürfnisse zu zeigen und sich zu verstecken.[1095] Das typische Schwarz-Weiß-Denken von erwachsenen Scheidungskindern äußert sich auch in der Einstellung gegenüber Beziehungen: entweder herrscht die Haltung vor „wenn es mit nicht passt, dann gehe ich eben" oder „bevor ich mich binde, muss ich total sicher sein." Dieses scheint aber nicht pauschal gelten zu können. In jedem Fall sind spezifische Persönlichkeitsmerkmale des einzelnen Scheidungskindes zu berücksichtigen, sowie der Einfluss der Eltern vor, während und nach der Scheidung.[1096]

[1092] Goldbrunner, S. 32.

[1093] Dümmler, Diss., S. 84.

[1094] Diekmann/Engelhardt in: Zeitschrift für Soziologie 1995, 215 ff.; Diefenbach in: Zeitschrift für Rechtssoziologie 1997, 88 ff.; Hullen in: Zeitschrift für Bevölkerungswissenschaft 1998, 19 ff.

[1095] Fassel, S. 167.

[1096] Beal/Hochman, S. 42.

12.5 Reaktionen von Kindern bei verschiedenen Sorgerechtsformen

Das gemeinsame Sorgerecht wird zunehmend als das geeignete Mittel propagiert Kindern bei der Bewältigung der Scheidung ihrer Eltern zu helfen. Dem gemeinsamen Sorgerecht liegt die mit dem Schlagwort „parents are forever" umschriebene Idee zugrunde. Dabei wird angenommen, dass eine gemeinsame elterliche Sorge nach Scheidung dem Kind beide Elternteile erhält und diese verstärkt in die Verantwortung nimmt.

Fraglich erscheint daher in diesem Zusammenhang, ob Kinder sich an die Scheidung tatsächlich besser anpassen können, wenn Eltern nach der Trennung auch weiterhin die gemeinsame Sorge ausüben, d.h. kann die gemeinschaftliche Ausübung des Sorgerechts der Eltern nach der Scheidung den Kindern wirklich helfen besser mit der Trennung der Eltern und den damit verbundenen Lebensumstellungen fertig zu werden? Zu klären ist, ob Kinder, deren Eltern nach ihrer Scheidung das gemeinsame Sorgerecht ausüben, die Scheidung ihrer Eltern weniger traumatisch erleben und daher weniger Störungen aufweisen als Kinder, die in der alleinigen Obsorge eines Elternteils sind. Oder wird den Kinder mit dieser Sorgerechtsform nur ein Fortbestand der Familie vorgespiegelt?

Um diese Fragen näher beleuchten zu können werden im folgenden als Erstes die Möglichkeiten der Regelungen im Falle der gemeinsamen Sorge nach Scheidung dargestellt, und anschließend ausgewählte Studien zur gemeinsamen Sorge aufgezeigt, die schließlich zusammengefasst und ausgewertet werden sollen.

12.5.1 Möglichkeiten der Regelung im Falle der gemeinsamen Sorge nach Scheidung

Es gibt grundsätzlich drei verschiedene Kinderbetreuungsmodelle wie in der Praxis die Ausübung des gemeinsamen Sorgerechts ausgestaltet und wie die unterschiedlichen Anteile (quantitativ und qualitativ) austariert werden können.

12.5.1.1 Pendel- bzw. Wechselmodell

Beim Pendel- bzw. Wechselmodell (oder alternierender Sorge) wechseln die Kinder in regelmäßigen Abständen zwischen den Eltern,[1097] d.h. sie haben ein

[1097] AG Landstuhl in: FamRZ 1997, 102.

wechselndes Zuhause (meistens mit jeweils eigenem Kinderzimmer).[1098] Das Kind hat folglich buchstäblich zwei Elternhäuser, wobei derjenige Elternteil, bei dem das Kind lebt, in dieser Zeit dann die haupt- und eigenverantwortliche Betreuung inne hat.[1099] Je größer die Entfernung zwischen den Elternhäusern ist, desto länger sind die einzelnen Perioden.[1100] In räumlicher Nähe können die Eltern beispielsweise Halbwochen beantragen, bei größerer Entfernung können es sogar halbe Jahre sein, was dann allerdings ab dem Schulalter der Kinder zum Modell „Schulzeit/Ferienzeit" degeneriert.[1101] Über die Handhabung und Auswirkungen des in Deutschland nur sehr selten praktizierten Pendelmodells liegen kaum aktuelle wissenschaftliche Erkenntnisse vor.[1102] Grundsätzlich führt der regelmäßige Wechsel zwischen den Wohnungen der Eltern und die Betreuung durch beide Elternteile über gleiche Zeiträume für das Kind in positiver Hinsicht dazu, dass ein intensiver und zeitlich längerer Kontakt zu beiden Eltern aufrechterhalten werden kann. Beide Eltern bleiben durch die regelmäßig wechselnde Betreuung in der gelebten Verantwortung für ihr Kind. Dem steht allerdings auch die Belastung des Kindes durch den räumlichen Wechsel und das Einstellen auf den anderen Elternteil gegenüber.[1103] Es besteht daher die Gefahr, dass das Kind durch das ständige Wechseln der Haushalte orientierungslos wird.[1104] Daher wird in der rechtswissenschaftlichen Literatur überwiegend dem Residenzmodell der Vorzug gegeben, um mit dem Wechsel verbundene Belastungen für das Kind zu vermeiden.[1105]

12.5.1.2 Residenzmodell

Beim Residenzmodell hält sich das Kind bei einem Elternteil, der faktisch die Pflege und Erziehung übernimmt, ständig auf, wird jedoch vom anderen „mitbetreut". Der Umfang dieser Betreuung ist je nach den Umständen verschieden, in der Regel ist ihm ein großzügiges Umgangsrecht eingeräumt und er entscheidet bei allen wichtigen Fragen, die das Kind betreffen, mit.[1106] Dieses Modell steht

---

1098 OLG Zweibrücken in: FamRZ 2001, 639.

1099 AG Hannover in: FamRZ 2001, 846.

1100 Bastian, S. 114.

1101 Lüderitz, Rn. 908.

1102 Vgl. zur Praxis beim FamG Hamburg: Oelkers/Kasten/Oelkers in: FamRZ 1994, 1080, 1082, wonach in lediglich 11% der Fälle das Pendelmodell von den Eltern bei bestehender gemeinsamer Sorge gewählt worden ist.

1103 AG Hannover in: FamRZ 2001, 846.

1104 Wallerstein/Blakeslee, S. 310.

1105 Oelkers/Kasten in: FamRZ 1993, 18, 20; Coester in: Staudinger § 1671, Rn. 145; Motzer in: Schwab, Rn. 43.

1106 Bastian, S. 114.

praktisch im Vordergrund, d.h. es wird am häufigsten praktiziert.[1107] Denn nur so wird gewährleistet, dass das Kind einen festen Bezugspunkt behält und weiter in seinem sozialen Umfeld integriert bleibt.[1108] Einziger Nachteil des Residenzmodells ist, dass der Elternteil, bei dem das Kind wohnt, das Kind voraussichtlich besser kennen lernen wird als der andere und somit teilweise über geeignetere Entscheidungsgrundlagen verfügen. Trotzdem haben beide Elternteile gleichberechtigte formale Entscheidungsgewalt. Dieser geringe „Startvorteil" des einen Elternteils wird sich aber nicht negativ auswirken, wenn der Elternteil, bei dem das Kind nicht wohnt, genügend Vertrauen in die Einschätzung und Entscheidungsfähigkeit des anderen Elternteils hat.[1109]

12.5.1.3 Nestmodell

Schließlich ist auch noch das Nestmodell möglich. Hierbei werden drei Haushalte geführt, von denen einer den Kindern gewidmet ist. In diesen „Kinderhaushalt" ziehen die Elternteile abwechselnd ein.[1110] Gegen das Nestmodell spricht, dass es sich in vielen Fällen nicht langfristig durchführen lässt: Denn nach der Scheidung können private, vor allem aber auch berufliche Entwicklungen eintreten, die im Zeitpunkt der Scheidung noch nicht vorhersehbar waren. Dazu zählen beispielsweise Umzüge an vom sozialen Umfeld des Kindes weit entfernte Orte. Dies könnte aber die Entwicklung des Kindes im Hinblick auf die Kontinuität seiner Lebensverhältnisse beeinträchtigen. Das Nestmodell mag zwar für Kinder ideal sein, ist aber sehr kostenintensiv und von daher erscheint es als irreal und wird so gut wie nie praktiziert.[1111]

12.5.1.4 Mischformen

Ganz wesentlich für das Gelingen der gemeinsamen Sorge ist bei allen Modellen, die auch in Mischformen ausgeübt werden können, dass die Eltern miteinander und mit den Kindern die konkrete Ausgestaltung (dazu gehören auch die finanziellen Regelungen) so ausführlich wie möglich besprechen und planen, d.h. wie der Tagesablauf des Kindes aussieht, wo es seinen eigenen Platz in der Wohnung hat, wer das Kind wann wohin bringt, wie die Feriengestaltung aus-

[1107] Vgl. Gründel, Diss.: Im Jahr 1995 entschieden sich 90% der Eltern im Falle bestehender gemeinsamer Sorge für das Residenzmodell.

[1108] Oelkers/Kasten in: FamRZ 1993, 18, 20.

[1109] Oelkers/Kasten in: FamRZ 1993, 18, 20.

[1110] Lüderitz, Rn. 908.

[1111] Vgl. Oelkers/Kasten/Oelkers in: FamRZ 1994, 1080, 1082, wonach sich keiner für das Nestmodell entschieden hat.

sieht und vieles mehr. Bedingt durch die Entwicklung des Kindes, aber auch durch eine mögliche neue Partnerschaft oder durch berufliche Erfordernisse müssen Vereinbarungen neu gestaltet und Zeitpläne flexibel gehandhabt werden.

12.5.2 Darstellung durchgeführter deutscher und amerikanischer Studien

Über die Entwicklung von Kindern bei gemeinsamer Sorge ihrer Eltern liegen erst wenige Forschungsergebnisse vor. Bei einer deutschen Untersuchung[1112] über 111 Kinder, die knapp 11 Jahre alt waren und vor zwei oder drei Jahren die Scheidung ihrer Eltern erlebt hatten, wurde festgestellt, dass sowohl bei ca. 55% der 29 Kinder mit gemeinsamer elterlicher Sorge der Eltern als auch bei etwa 55% der 82 Kinder mit alleiniger Sorge Befindlichkeitsstörungen seitens der Eltern genannt wurden. Wie alle Daten dieser Untersuchung wurden allerdings auch die Daten über die Befindlichkeitsstörungen und Verhaltensauffälligkeiten der Kinder durch die Befragung der Elternteile erhoben. Die Reaktionen stellen Veränderungen der Kinder dar, welche die Eltern an ihnen im Verlauf des Trennungs- und Scheidungsprozesses wahrnahmen. Dies kann folglich bedeuten, dass möglicherweise Selektionen und Projektionen der Eltern in die Untersuchungsergebnisse eingeflossen sind. Insbesondere für den unmittelbaren Zeitraum nach der Trennung kann dies von besonderer Bedeutung sein, denn es können z.B. die vielfältigen seelischen Belastungen der Eltern und damit deren Fähigkeit, die Bedürfnisse und emotionalen Befindlichkeiten der Kinder realitäts angemessen einzuschätzen, erheblichen Einschränkungen unterlegen haben.[1113] Aufgrund der Untersuchungsergebnisse wurde festgestellt, dass die seelischen und körperlichen Belastungen der Eltern aus gemeinsamer elterlicher Sorge und alleiniger elterlicher Sorge nach der Trennung nahezu identisch waren. Beide Sorgerechtsformen können offensichtlich das Auftreten von Störungen nicht vermeiden.

Infolge der in der Literatur genannten Wiederversöhnungswünsche von Scheidungskindern[1114] und der Annahme, dass diese besonders intensiv bei Kindern aus der gemeinsamen elterlichen Sorge vorhanden sind,[1115] wurde in der Untersuchung von Balloff und Walter[1116] diesem Fragenkomplex besondere Aufmerksamkeit gewidmet. Um den Einfluss etwaiger familiärer Häufungen zu verringern, wurden nur die Erstgeborenen (69 Kinder) in die Auswertung dieser Fra-

---

[1112] Balloff/Walter in: Psychologie in Erziehung und Unterricht 1991, 81, 84.
[1113] Balloff/Walter in: Psychologie in Erzziehung und Unterricht 1991, 81, 89.
[1114] Abarbanel in: American Journal of Orthopsychiatry 1979, 320, 323.
[1115] Steinman in: American Journal of Orthopsychiatry 1981, 403, 413.
[1116] Balloff/Walter in: Psychologie in Erziehung und Unterricht 1991, 81, 91.

gen einbezogen. Der Zeitraum zwischen räumlicher Trennung der Eltern und Untersuchung betrug im Durchschnitt bei der gesamten Teilstichprobe 4,2 Jahre, bei den Kindern aus gemeinsamer elterlicher Sorge (15 Kinder) 4,8 und bei den Kindern aus der alleinigen elterlichen Sorge (48 Kinder) 4,1 Jahre. Dabei wurde ermittelt, dass 60% der 15 Kinder unter gemeinsamer Sorge im Vergleich zu 25% der 48 Kinder unter alleiniger Sorge zum Erhebungszeitpunkt noch Wiederversöhnungswünsche äußerten (vor allem bei intensiverem Kontakt zu beiden Elternteilen) und sich zu einem geringeren Prozentsatz (47% zu 77%) mit der Trennung der Eltern abgefunden hatten. Anhaltspunkte für geschlechtsspezifische Unterschiede fanden sich in den Ergebnissen nicht.[1117]

Bei einer amerikanischen Untersuchung[1118] über 133 Kinder, die vor etwa 14,4 Monaten die Trennung ihrer Eltern erlebt hatten und von denen sich ein Drittel in gemeinsamer Sorge befand, wurden keine Unterschiede hinsichtlich der Häufigkeit oder Art von Symptomen zwischen Kindern in alleiniger oder gemeinsamer Sorge gefunden. Bei gemeinsamer Sorge berichteten die Kinder jedoch häufiger über positive Erlebnisse innerhalb der letzten drei Monate und zeigten mehr Selbstachtung.

Auch Kline und Mitarbeiter,[1119] die 101 kalifornische Kinder, davon 35 in gemeinsamer Sorge, zwei Jahre nach der Trennung ihrer Eltern untersuchten, stellten keine nennenswerten Unterschiede fest: Sorge- und Umgangsrechtsregelungen erklären zusammen einen sehr kleinen und nichtsignifikanten Teil der Varianz bezüglich der kindlichen Anpassung, unabhängig davon, ob gleichzeitig andere Prädikatoren berücksichtigt wurden. Trotz des Zugangs zu beiden Elternteilen wiesen Kinder in gemeinsamer Sorge weder weniger Störungen noch eine bessere soziale und emotionale Anpassung nach der Scheidung als Kinder in alleiniger Sorge auf.

Des Weiteren fand Luepnitz[1120] bei seiner Studie über 43 Scheidungsfamilien (11 mit gemeinsamer Sorge) heraus, dass die gemeinsame elterliche Sorge nach Scheidung zwar zur Folge hat, dass das Kind zu beiden Elternteilen einen regulären Kontakt halten kann, was seine Zufriedenheit verstärkt. Als Nachteile werden in dieser Studie aber der unzureichende Schutz von in der Ehe missbrauchter Frauen, geringere Mobilität und Probleme bei der Bildung einer Stieffamilie aufgrund unklarer Grenzen aufgezählt.

[1117] Balloff/Walter in: Psychologie in Erziehung und Unterricht 1991, 81, 92.
[1118] Wolchik/Braver/Sandler in: Journal of Clinical Child Psychology 1985, 5, 10.
[1119] Kline/Tschann/Johnston/Wallerstein in: Developmental Psychology 1989, 430, 435.
[1120] Luepnitz in: Journal of Divorce 1986, 1, 12.

Wallerstein und Blakeslee[1121] berichteten aus zwei Forschungsprojekten, dass die 100 bzw. 25 Kinder in gemeinsamer Sorge zwei Jahre nach der Scheidung ihrer Eltern gleich viele Verhaltensauffälligkeiten und Anpassungsschwierigkeiten aufweisen wie Kinder bei alleiniger Sorge eines Elternteils. Erstere hatten jedoch mehr Kontakt zu ihren Vätern. Allerdings ließ sich der Kummer des Kindes infolge der Scheidung mit keiner Sorgerechtsform aus der Welt schafften. Die zentrale Sorge kleiner Kinder bleibt nach der Scheidung bei gemeinsamer wie alleiniger elterlicher Sorge dieselbe: Sie fürchten im Stich gelassen zu werden. Das Pendeln zwischen den beiden Elternhäusern kann die Angst der Kinder noch verstärken, dass Beziehungen zu Menschen und Bindungen an Orte keinen Bestand haben. Wie die Kinder mit der Scheidungssituation fertig werden, hat weniger mit einer bestimmten Form der elterlichen Sorge zu tun als damit, wie man sich in den beiden Elternhäusern um das Kind kümmert, wie die Eltern kooperieren, welche Konflikte zwischen ihnen bestehen und mit welchen Situationen sich das Kind jeweils noch außerhalb der „Elternhäuser" auseinandersetzen muss.[1122]

12.5.3 Zusammenfassung der dargestellten Studienergebnisse

In Bezug auf die Befunde der dargestellten Studien ist es nicht möglich, von einer eindeutig positiven Auswirkung des gemeinsamen Sorgerechts auf die psychische Anpassung der Kinder auszugehen. Die gemeinsame elterliche Sorge nach Scheidung ist folglich letztlich keine Lösung die alle Eltern oder alle Kinder befriedigen kann. Vielmehr ist es unabdingbar, das Familienklima, den Grad der elterlichen Kooperation und das Alter des Kindes in die Überlegungen mit einzubeziehen. Es muss daher im Falle einer Scheidung, wenn Kinder betroffen sind, eine Lösung im Sinne dieser bestimmten Familie gefunden werden. Es gibt verschiedene Ehen und Scheidungen, und deshalb sollte es nach einer Scheidung auch viele verschiedene Formen der Familie geben. Zusammenfassend lässt sich folglich feststellen, dass keine Sorgerechtsform als die „beste" oder „optimale" für Kinder nach Scheidung der Eltern bezeichnet werden kann. Kinder leiden bei beiden Sorgerechtsformen unter der Trennung, Scheidung und den Trennungsfolgen in einem vergleichbaren Ausmaß. Eine Lebensumstellung ist somit bei beiden Sorgerechtsformen erforderlich.

1121 Wallerstein/Blakeslee, S. 315.
1122 Wallerstein/Blakeslee, S. 316.

12.5.3.1 Vorzüge eines gemeinsamen Sorgerechts

Für die gemeinsame elterliche Sorge spricht, dass es zu keinem Kontaktabbruch zwischen Kind und getrennt lebenden Elternteil kommt. Auf diese Weise sollen dem Kind beide Elternteile und damit seine natürliche Familie erhalten bleiben, und zwar nicht nur als „Disneyland-Daddy“ oder „Zoo-Mommy“, d.h. als Besuchsvater oder seltener Besuchsmutter. Die Befürworter der gemeinsamen Sorge nach Scheidung erhoffen sich durch diese Regelung ein größeres Engagement des außerhalb lebenden Elternteils aufgrund dessen zunehmender Verantwortlichkeit, reduzierten kindlichen Stress wegen geringerer äußerer Veränderungen und eine bessere ökonomische Situation der Familie.[1123] Aufgrund der angenommenen größeren Involviertheit des außerhalb lebenden Elternteils bei der gemeinsamen Sorge wird eine günstigere kindliche Identitätsentwicklung als bei der alleinigen elterlichen Sorge, besonders was die Aneignung der Geschlechtsrollenidentität betrifft, angenommen. Ebenso wird eine Erweiterung der kindlichen Perspektive durch die Teilnahme der Kinder an verschiedenen Lebensformen vermutet.[1124] Einschränkend muss allerdings gesagt werden, dass hierfür nicht unbedingt das Rechtsinstitut der gemeinsamen elterlichen Sorge ausschlaggebend sein muss, sondern die trotz Trennung und Scheidung noch vorhandene oder wieder gewonnene Kooperationsbereitschaft und Kooperationsfähigkeit der Eltern.

Ferner wird ein gemeinsames Sorgerecht der modernen Doppelverdienerehe optimal gerecht, indem es der Frau gleichermaßen die Möglichkeit lässt einem Beruf nachzugehen und am sozialen Leben teilzunehmen, ohne dass sie sich als alleinsorgeberechtigter Elternteil überlastet fühlt. Dieses ist für die Frau umso bedeutsamer, als sie nicht das Gefühl haben muss, eine „Rabenmutter“ zu sein, weil sie nicht (dem traditionellen Rollenbild entsprechend) um das alleinige Sorgerecht für ihr Kind/ihre Kinder kämpft.

Des weiteren findet bei der gemeinsamen Sorge nach Scheidung kein Sorgerechtstreit zur Ermittlung des geeignetsten Elternteils statt. Hierdurch wird verhindert, dass die Partner sich gegenseitig vor Gericht schlecht machen und zu beweisen versuchen, aufgrund welcher charakterlichen Schwächen der andere jeweils zur Kindererziehung ungeeignet ist. Angenommen wird in diesem Zusammenhang, dass das gemeinsame Sorgerecht die Kooperationsbereitschaft zwischen den Eltern fördert.

[1123] Limbach, Gemeinsame Sorge geschiedener Eltern, S. 52.

[1124] Neugebauer in: Journal of Divorce 1989, 153, 168.

12.5.3.2 Nachteile eines gemeinsamen Sorgerecht

Die Argumente gegen ein gemeinsames Sorgerecht sind sehr vielfältig. Insbesondere wird vorgebracht, dass die Schwierigkeiten der Beziehung zwischen den geschiedenen Partnern sich nachhaltig auf die Ausübung der elterlichen Sorge auswirkt, da für das Gelingen eines gemeinsamen Sorgerechts die elterliche Kooperation von essentieller Bedeutung ist und insoweit von den Eltern zwangsweise regelrecht eine Verlängerung der gescheiterten Partnerschaft auch über die Scheidung hinaus verlangt wird. In der Regel tun sich die meisten Ex-Partner sehr schwer, in den die Kinder betreffenden Belangen zusammenzuarbeiten. Die Konflikte der Eltern werden oft über die Scheidung hinaus verlängert. Dieses gilt insbesondere für den Fall, dass ein neuer Partner auftaucht. Es erscheint überaus schwierig sich einerseits emotional voneinander zu lösen, die alten Verletzungen und negativen Gefühle dem anderen gegenüber zu verarbeiten und andererseits gleichzeitig mit diesem Menschen eine neue positive Beziehung auf der Elternebene aufzubauen. Eine Scheidung bedeutet auch für die sich trennenden Eltern fast immer eine Krise, sie leiden und müssen die Situation erst selbst verarbeiten. In dieser schwierigen Phase erscheint es somit beinahe unmöglich diese Gefühle beiseite zu schieben und ausschließlich im Interesse des Kindes zu handeln. Viele Eltern würden lieber nichts mehr mit dem ehemaligen Partner zu tun haben. In diesen Fällen kann aber die gemeinsame elterliche Sorge nach Scheidung nicht funktionieren. Denn gerade bei kleinen Kindern sind Absprachen und eine enge Kommunikation zwischen den Elternteilen nötig. Aber auch bei älteren Kindern sind viele Alltagsprobleme, wie z.B. Regelung der Schlafenszeiten und des Schlafensplatzes, d.h. allein oder im Bett des Elternteils, abzusprechen. Auch Einigkeit in Erziehungspraktiken, Regeln und der Austausch von Informationen sind von tragender Bedeutung für das Funktionieren dieser Sorgerechtsform. Folglich kann die gemeinsame elterliche Sorge nur dann eine sinnvolle Alternative zur alleinigen elterlichen Sorge darstellen, wenn die Eltern bereit und tatsächlich dazu in der Lage sind erfolgreich miteinander am Wohle des Kindes orientiert zu kooperieren und die häufig langandauernde strittige Paarebene von der Elternebene zu trennen.

Des Weiteren stellt das gemeinsame Sorgerecht nicht nur spezielle Anforderungen an die Eltern, sondern auch an die Kinder. Nicht alle Kinder sind so flexibel, dass sie zwischen zwei Elternhäusern hin und her pendeln und sich an zwei verschiedene Umgebungen gewöhnen können. Das Pendeln zwischen zwei Elternhäusern kann die Angst einiger Kinder noch verstärken, dass Beziehungen zu Menschen und Bindungen keinen Bestand haben. Die Persönlichkeit des Kindes trägt daher entscheidend dazu bei, ob und wie es mit der jeweiligen Situation fertig wird. Ist das Kind nicht flexibel, kann es im Falle der gemeinsamen elterlichen Sorge nach Scheidung Schaden nehmen oder in dem fortgesetzten Kampf der Eltern zwischen die Fronten geraten. Dann hat es das Gefühl gar kein Elternhaus mehr zu haben. Außerdem wurde bei Kindern, die nach der Scheidung bei beiden Eltern abwechselnd lebten, eine erhöhte Verletzlichkeit hinsichtlich einer neuen Partnerschaft eines Elternteils, wegen der damit als verändert empfundenen Beziehung zu dem jeweiligen Elternteil, festgestellt. Auch im täglichen Leben kann es bei mangelnder Kooperation der Eltern zu erheblichen Schwierigkeiten kommen: So musste beispielsweise ein Kind zwei unterschiedliche Schulen besuchen, je nachdem, ob es sich beim Vater oder bei der Mutter aufhielt.[1125] Allerdings wird dieses eher ein Ausnahmefall sein. Die tatsächliche Aufgestaltung der Aufenthaltsregelung für das Kind entspricht in der Regel der traditionellen Praxis: Das Kind hat seinen Hauptaufenthaltsort bei einem Elternteil (in den meisten Fällen ist dieses immer noch die Mutter) und besucht den anderen Elternteil lediglich regelmäßig und häufig. In diesem Zusammenhang ist vor allem von Seiten der Frauengruppen heftige Kritik gegen das gemeinsame Sorgerecht hervorgebracht worden, die sich weiterhin unangemessen benachteiligt fühlen. Sie argumentieren damit, dass der einzige Unterschied zu einem alleinigen Sorgerecht der Mutter folgender ist, dass die Mutter, obwohl das Kind regelmäßig nach wie vor bei ihr wohnt, die Rechtsmacht nun nicht mehr allein ausübt, sondern diese vielmehr mit dem Vater teilt. Sie ist daher auf seine Kooperation angewiesen und folglich in der (tatsächlichen alleinigen) Ausübung der elterlichen Sorge unzumutbar eingeschränkt. Es darf nicht übersehen werden, dass, über den Weg des gemeinsamen Sorgerechts, massiv Einfluss auf das Leben des geschiedenen Partners ausgeübt werden kann. Da hierbei nicht ein Elternteil allein über Fragen wie Schul- und Wohnortwechsel entscheiden kann, hat der andere Elternteil ein Druckmittel in der Hand. Er kann z.B. die Übersiedlung seines ehemaligen Partners in eine andere Stadt, in der er vielleicht bessere berufliche Möglichkeiten hätte oder unter Umständen mit einem neuen Partner zusammenleben will, verhindern, mit der Begründung, er stimme einem Wohnort- und Schulwechsel seines Kindes nicht zu. Dadurch werden Machtkämpfe zwischen den Eltern nicht verhindert, sondern Kinder zu Opfern und Werkzeugen ihrer Eltern gemacht.

12.5.4 Würdigung der Kindschaftsrechtsreform: Kritik an gesetzlicher Neuregelung

Aufgrund der oben genannten eminent wichtigen Voraussetzungen für das Funktionieren der gemeinsamen elterlichen Sorge nach Scheidung und den mög-

---

[1125] Diederichsen Diss, S. 42.

licherweise daraus resultierenden negativen Folgen, wenn die Eltern nicht kooperieren, kann es nicht überzeugen Eltern „in der Regel" das gemeinsame Sorgerecht zu belassen. Dadurch, dass eine automatische Prüfung der Sorgerechtsregelung auf die Kindeswohlverträglichkeit hin und deren Beurteilung unter dem Gesichtspunkt der im Kindeswohl besten Alternative nunmehr nicht statt findet, können Ehegatten mit minderjährigen Kindern geschieden werden, ohne dass irgendein Gericht mit der Sorgerechtsangelegenheit befasst war. Vielmehr hat der Gesetzgeber den sich trennenden Eltern ein Antragsverfahren zur Verfügung gestellt, in dessen Rahmen der Antragsteller die Alleinsorge verlangen kann. Obwohl der Gesetzgeber, jedenfalls gesetzestechnisch, die gemeinsame Sorge als Normalfall ausgestaltet hat, ist die Abweichung davon, nämlich die Begründung der Alleinsorge aufgrund der Zustimmung des anderen Elternteils zu einem entsprechenden Antrag möglich, ohne dass eine abwägende Betrachtung insbesondere auch im Hinblick auf das gemeinsame Sorgerecht stattfinden könnte. Angesichts des übereinstimmenden Elternwillens hat das Gericht (wenn nicht das Kind widerspricht) keinerlei Gestaltungsmöglichkeit. Solange die Schwelle der Kindeswohlgefährdung i.S.d. § 1666 BGB nicht überschritten ist, findet eine Kindeswohlprüfung nicht statt. Ohne den Antrag eines Elternteils bleibt es bei der gemeinsamen elterlichen Sorge. Beruhend auf elterlicher Entschlusslosigkeit, könnte die gemeinsame Sorge nach Scheidung nunmehr für Eltern gelten, die sich in keiner Weise über die Konsequenzen dieser Aufgabe im klaren sind. Die gemeinsame Sorge würde dann nicht mehr auf kontrollierter, kindeswohlverträglicher Einigung beruhen. Dabei hat der Gesetzgeber offensichtlich außer acht gelassen, dass die Gründe der Eltern keinen Antrag auf Zuweisung der Alleinsorge zu stellen nicht grundsätzlich auf ihrem wohlüberlegten Willen beruhen müssen. Das Belassen des gemeinsamen Sorgerecht als der ihres Erachtens (und insoweit von Gesetzgeber und den Gerichten zu respektierenden) besten Sorgerechtsform beruht in vielen Fällen gerade nicht auf gründlichen Überlegungen der Eltern, sondern ebenso oft eher auf Unkenntnis der rechtlichen Möglichkeiten,[1126] Furcht vor weiteren Konflikten, Angst vor der finanziellen Belastung mit Anwalts- und Verfahrenskosten, Angst vor der endgültigen Trennung vom Partner durch Auflösung auch des durch das Kind noch verbliebenden Bandes, u.ä. Der Gesetzgeber hat den Eltern damit in der für sie zweifellos schwierigen psychischen Lage der Trennung vom Partner das Kindeswohl vollumfänglich überantwortet, ein ebenso ehrenswerter wie voraussichtlich unrealistischer Ansatz.[1127] Die Reform räumt der Elternautonomie dort oberste Priorität ein, wo dies zu Lasten der Kinder geht, und verwehrt ihnen jeglichen Schutz in der durch die Scheidung ihrer Eltern entstehenden typischen Gefährdungssituation. Damit zieht sich der Staat aus seinem Wächteramt in nicht zu vertretender

[1126] Salgo in: FamRZ 1996, 449, 451.

[1127] Lossen in: FuR 1997, 100, 101; Salgo in: FamRZ 1996, 449, 450.

Weise zurück.[1128] Deregulierung wird hierbei als Devise gesehen, ein Aspekt, der mit den aufkommenden Vorstellungen in einem gedanklichen Zusammenhang steht, dass Scheidungen ganz oder teilweise auf die Standesämter oder Notariate verlagert werden können.[1129]

Fraglich erscheint aber, ob den Kindern, als Hauptleidtragende[1130] der Scheidung der Eltern, durch diese Maßnahmen des Gesetzgebers genügend Rechnung getragen worden ist. Die Zahl der Scheidungen ist in den siebziger Jahren stark angestiegen und bewegt sich seitdem auf unverändert hohem Niveau. Von 1960 bis 1970 hat sich die Scheidungsrate in den alten Bundesländern von 9% auf 17% und in der früheren DDR von 15% auf 21% erhöht. Von 1970 bis 1994 hat sich die Scheidungsquote in den alten Bundesländern mehr als verdoppelt, denn sie stieg von 17% auf 35%. In den neuen Ländern einschließlich Berlin-Ost war ein Anstieg von 21% auf 37% zu verzeichnen. Im Jahr 1994 waren von 51,1% der Ehescheidungen in den alten Bundesländern Kinder unter 18 Jahren betroffen, in den neuen Bundesländern einschließlich Berlin-Ost waren es sogar 70,1%.[1131]

Diese alarmierenden Zahlen machen eine kritische Würdigung der Reform unerlässlich. Natürlich werden die Eltern nach Trennung und Scheidung nicht von ihrer Verantwortung gegenüber ihrem Kind entbunden. Vielmehr haben sie die Pflicht, die regelmäßig mit der Scheidung für die Entwicklung des Kindes verbundene Schädigung nach Möglichkeit zu mildern und eine vernünftige, den Interessen des Kindes entsprechende Lösung für seine Pflege und Erziehung sowie seine weiteren persönlichen Beziehungen zu den nunmehr getrennten Eltern zu finden. In diesem Zusammenhang erscheint auf den ersten Blick die gemeinsame elterliche Sorge nach Trennung und Scheidung als optimale Sorgerechtsform, da somit weitestgehend eine Annäherung an die zuvor bestehende Kernfamilie geschaffen wird und weiterhin kein Elternteil sich in Bezug auf die Kindererziehung benachteiligt fühlt. Auch entwicklungstechnisch hat der Kontakt zu beiden Elternteilen für das Kind besondere Bedeutung, denn oftmals ist der durch Zuweisung des Alleinsorgerechts verursachte Verlust eines Elternteils der Entwicklung des Kindes abträglich. Der daraus resultierende Wunsch, dem Kind beide Elternteile zu erhalten, darf jedoch nicht zur vollständigen Hintanstellung aller anderen Kindeswohlgesichtspunkte führen. Das grundsätzlich wünschenswerte gemeinsame Sorgerecht nach Scheidung wegen völliger Ko-

---

[1128] Salgo in: FamRZ 1996, 449, 452; Ernst in: NJW 1999, 927, 928.
[1129] Schwab in: FamRZ 1998, 457, 458.
[1130] Vgl. Statistisches Bundesamt 2001, S. 77: Im Jahr 1999 waren 91.777 Kinder von der Scheidung ihrer Eltern betroffen; im Jahr 2001 bereits 153.000 Kinder.
[1131] Greßmann, Rn. 15.

operationsunfähigkeit der Eltern ist für das Kind sehr schädlich. Daher ist es unerlässlich, dass die Eltern Kraft und Bereitschaft aufbringen ihre alten, inneren Bilder durch eine realitätsbezogene erneute Kontaktaufnahme zu korrigieren, außerdem die Gründe der Trennung zu bearbeiten, eigene Anteile ausfindig zu machen, die nachehelichen Beziehung zum Wohl des Kindes neu bestimmen und Absprachen zugunsten der Kinder mit dem ehemaligen Ehepartner treffen. Dieses ist äußerst schwierig, denn den meisten Eltern wird wohl bei bzw. nach einer Trennung und Scheidung die nötige Kraft und Bereitschaft dazu fehlen. Eine Scheidung beinhaltet für die Ehegatten sehr oft eine Lebenskrise. Wünsche, Träume und Erwartungen platzen, Kränkungen und Verletzungen gehören zum Alltag und sie müssen ihr Leben neu ordnen und organisieren. In dieser schweren Zeit auch noch die objektiv beste Entscheidung für das Kind zu finden und zu treffen erscheint utopisch. Vor diesem Hintergrund bestehen erhebliche Zweifel, dass die gesetzliche Neuregelung der Bedeutung des Kindeswohls gerecht wird. So anerkennenswert die in der gesetzlichen Neuregelung zum Ausdruck kommende Achtung vor der Elternautonomie auch für den Fall der dauernden Trennung der Eltern ist, lässt die neue Rechtslage Eltern und Kinder jedoch gerade in den in der schwierigen Trennungsphase oftmals unvermeidlichen Konfliktsituationen im Stich.

Kategorische Behauptungen, nach denen die Auflösung der Ehe nicht die Auflösung der Familie zur Folge haben soll, stellen eine verkürzte, vereinfachte und vorschnelle Sicht dar, die den häufig katastrophalen Auswirkungen der Trennung und Scheidung nicht gerecht wird. Die systemtheoretische und systemische Sicht hat einerseits zur Folge, dass dem Vater im ehelichen und nachehelichen Beziehungsnetz nunmehr der gebührende Stellenwert beigemessen wird. Andererseits weist die gesamte systemische Sichtweise gefährliche Schwachstellen auf, denn sie vernachlässigt Individualität und Subjektivität. Wenn der Hauptblickwinkel auf das zu erhaltende nacheheliche Beziehungsnetz gelegt wird, können extrem gefährliche und das Wohl des Kindes gefährdende Verhaltensweisen der Erwachsenen nicht gesehen werden. Zu denken ist dabei im Extremfall an Kindesmisshandlung, sexuellen Missbrauch von Kindern, Gewalt gegen Frauen, Alkoholmissbrauch, Drogen- und Tablettenabhängigkeit, schwere seelische Erkrankungen, Kriminalität und Prostitution.

Die systemische Sichtweise vernachlässigt weiterhin die unerlässliche Hierarchie elterlicher Verantwortung zugunsten ihrer Kinder. Die Kinder haben in Krisenzeiten ihrer Eltern nicht die Aufgabe für deren seelisches Gleichgewicht zu sorgen, denn das ist die Aufgabe von Vater und Mutter. Die elterliche Verantwortung verliert sich aus dem Blickwinkel der Systemiker zugunsten eines nach Ausgleich strebenden Systems. Elterliche Verantwortung wird durch das angeblich von den Kindern ausgehende Loyalitätsbestreben ersetzt. Die Loyalitätswünsche der Kinder sollen ungebrochen, d.h. die Trennung überdauernd, dazu führen Vater und Mutter im Beziehungsnetz zu halten. Diese vielbeschriebenen Loyalitäten der Kinder führen immer mehr zu den unnachgiebigen Forderungen, dass die Kinder nach Trennung ihrer Eltern (fast um jeden Preis) Kontakte zum Vater und zur Mutter haben wollen und haben müssen.

Außerdem bagatellisiert, kaschiert, verdrängt und verleugnet die systemische Herangehensweise familiale und damit auch gesellschaftliche Widersprüche. Der unerbitterliche und patriarchalische Kampf der Männer um Vorherrschaft und Beibehaltung alter, überkommender Machtstrukturen wird zum „Spiel" umgedeutet, das die Familie beherrscht und an dessen Paradoxien die Ehe auseinandergeht. Das „Spiel" als „Schachzüge" zu entlarven wird zum wichtigen beratenden und therapeutischen Element der Familientherapeuten und der systemisch arbeitenden psychologischen Sachverständigen im Familienverfahren.[1132] Wenn also die Frau unter der strukturellen Gewalt in der Ehe und/oder unter den Gewalttätigkeiten ihres Mannes verzweifelt, leidet und trauert, ist sie nicht traurig, sondern sie „scheint" nur traurig zu sein.[1133]

Des Weiteren besteht die Gefahr, dass durch die systemische Betrachtungsweise tendenziell die Betrachtung gefühlsmäßiger Anteile zwischenmenschlicher Beziehungen vernachlässigt wird, mit der Folge eines damit einhergehenden drohenden Bedeutungsverlustes menschlicher Gefühle und Bindungen. Die ausschließlich systemische Sichtweise behindert die Wahrnehmung der außerordentlich differenzierten, bewussten und unbewussten Gefühle von Menschen in Trennungsgeschehen, die sich häufig in Rache, Hass, Aggressionen, Macht- und Statusfragen, Abwertungen und Verächtlichungen als Ausdruck verletzter Gefühle zeigen.[1134] Alle systemischen Betrachtungsweisen konzentrieren sich in erster Linie auf die Interaktionen und Kommunikation und nicht so sehr auf die gefühlsmäßigen Anteile und Befindlichkeiten zwischenmenschlicher Beziehungen, die wichtige Motive des Denkens und Handelns sind.[1135] Diese Konzentration auf Interaktionen und Kommunikation bleibt aber in ihrem Kern eine idealistische und zweckgerichtete Theorie, die im Sorgerechtsverfahren dazu führt unrealistische Wirklichkeitskonstruktionen herbeizuführen, wenn es etwa gilt, offensichtlich ideologisch erstrebenswerte Ziele, wie den angeblichen Zusammenhalt und

[1132] Balloff in: Psychologie Heute 1988, 44, 48.
[1133] Selvini Palazzoli/Boscolo/Cecchin/Prata, S. 33.
[1134] Balloff in: Psychologie Heute 1988, 44, 48.
[1135] Reiter-Theil in: Brunner, S. 33.

Fortbestand der Familie nach der Trennung, in einen theoretischen Begründungszusammenhang zu stellen.[1136]

Es muss daher unbedingt geprüft werden, ob diese Eltern der gemeinsamen Sorge nach Scheidung gewillt und gewachsen sind. Nicht ausschließlich bei Uneinigkeit der Eltern, sondern auch bei elterlicher Einigkeit muss eine Kontrolle der Entscheidung durch den Staat erfolgen, denn nur so ist das Wohl des Kindes gewahrt. Nur wenn die Eltern es eindeutig wünschen, das gemeinsame Sorgerecht nach Scheidung weiter zu praktizieren, ist darin eine wertvolle Alternative zum alleinigen Sorgerecht zu sehen, denn dann wird es ihnen gelingen ihre Konflikte, ihre Verletzungen und auch ihren Zorn und ihren Hass zu verarbeiten und auf der Elterneben kooperativ miteinander umzugehen. Fehlt die Freiwilligkeit der elterlichen Entscheidung zur gemeinsamen Sorge sind die Prognosen für die kindliche Entwicklung schlecht. Leider hält die gesetzliche Neuregelung durch das Kindschaftsrechtsreformgesetz die Scheidungswilligen noch nicht einmal zum Nachdenken darüber an, wie es mit ihrer gemeinsamen Verantwortung dem Kind gegenüber angesichts verschiedener Wohnsitze praktisch weitergehen soll. Falls die Eltern derartige Vorstellungen gar nicht entwickelt hätten gleiche die vom Gesetzgeber automatisch belassene elterliche Sorge "einer Fahrt ins Unbekannte".[1137] Der deutsche Gesetzgeber behandelt somit die Wahrnehmung des elterlichen Sorgerechts nach Trennung und Scheidung als reine Privatsache der Eltern. Dieses ist, angesichts der Erfahrungen mit dem gemeinsamen Sorgerecht[1138] und der psychischen Ausnahmesituation sich trennender Paare, ein Ansatz, der den Schutz des Kindes im Elternstreit nicht angemessen berücksichtigt und daher hintanstellt.

Zusammenfassend lässt sich daher festhalten, dass die gemeinsame elterliche Sorge weder eine gute noch eine schlechte Lösung ist, sondern ein juristisches Arrangement, das unter bestimmten Bedingungen gut funktionieren kann, aber nicht muss. Die meisten Fachleute sind sich zweifellos darüber im klaren, dass es von Vorteil ist, wenn die ehemaligen Partner nach der Scheidung eine kooperative ko-elterliche Beziehung zueinander unterhalten. Dieser Spagat wird, realistisch gesehen, allerdings nur einer sehr kleinen Minderheit gelingen. Für alle anderen kommt diese Sorgerechtsform daher nicht in Betracht.

[1136] Balloff in: Psychologie Heute 1988, 44, 49.

[1137] Salgo in: FamRZ 1996, 449, 451.

[1138] Die „Sogwirkung" nach Zulassung der gemeinsamen elterlichen Sorge ist völlig ausgeblieben. Bis Mitte der 80iger Jahre entschieden Familienrichter in nur weniger als 2% aller Sorgerechtsfälle auf gemeinsame elterliche Sorge. Seit dem 1. Juli 1998 ist die Zahl der Einelternfamilien etwas weiter angestiegen. Der Anteil der Einelternfamilien mit Kindern unter 18 Jahre lag im Jahr 1999 bei 20,9%, d.h. jede fünfte Familie in Deutschland ist eine Einelternfamilie.

13. Kapitel: Mediation als notwendige Alternative zur gegnerschaftlichen Streitentscheidung

Die gewonnenen Erfahrungen aus familientherapeutischer Arbeit mit in der Scheidungskrise befangenen Familien zeigen deutlich, dass der Elternstreit im Wesentlichen auf zwei Faktoren beruht: in der persönlichen Verstricktheit jedes Elternteils in den Paar-Konflikt und der mangelnden Informiertheit über die eigenständigen Bedürfnisse und Wünsche des Kindes.[1139] Feindschaften und Streit herrschen oft nur an der Oberfläche, dahinter stecken Verletztheit, Angst und Hilflosigkeit.[1140] Um diese zu lösenden Probleme näher zu identifizieren, Regeln für das Leben nach der Scheidung festzulegen, sowie das schrittweise Angehen der Probleme bis zum Abschluss einer Vereinbarung, welche für beide Parteien befriedigend ist, muss ein Dialog zwischen den Scheidenden zustande gebracht werden. Die Rolle des Staates muss sich daher bei diesem Prozess vom Schiedsrichter zum Berater und Unterstützer verändern. Diese Beratung bedeutet, seinem ursprünglichen konzeptionellen Grundsatz nach, Eltern in einem interdisziplinären zusammengesetzten Team (zum Beispiel Rechtsanwalt, Familientherapeut und Sozialarbeiter) Hilfe und Unterstützung anzubieten.[1141] Dieser Personenkreis soll im Trennungskonflikt „vermitteln", d.h. es soll ein auf die Trennung, Scheidung und Trennungs- und Scheidungsfolgen bezogener strukturierter und ziel orientierter Interventions- und Entscheidungsprozeß geschaffen werden, der zur einvernehmlichen und eigenverantwortlichen Konfliktminderung, zur Konfliktregelung beziehungsweise Konfliktlösung zwischen den Parteien führt.[1142] So besteht die Chance, dass die Eltern über faire und selbstverantwortliche Vertragsverhandlungen schrittweise auch innerlich eine Trennung voneinander vollziehen lernen.[1143]

Mediation ist ein Bedürfnis orientiertes Vorgehen zur Bearbeitung zwischenmenschlicher Konflikte. Anders als im traditionellen Streitverfahren wird die Verantwortung eigenständige Entscheidungen zu treffen bei den Eltern belassen, wobei der Mediator als sog. dritte und neutrale Partei den Eltern in diesem Prozess assistiert, indem er die Kommunikation fördert, Streifragen herausarbeitet und diese definiert um schließlich kontroverse Standpunkte gemeinsam mit den Eltern zu schlichten.[1144] Dabei muss er besonders darauf achten, dass er nicht in

[1139] Coester in: FuR 1991, 70, 72.
[1140] Balloff/Walter in: FuR 1991, 63, 67.
[1141] Balloff, Kinder vor Gericht, S. 21.
[1142] Proksch in: Krabbe, S. 176.
[1143] Dümmler, Diss., S. 401.
[1144] Gloor, Diss., S. 16.

Konkurrenz zu dem anderen Konfliktpartner gerät, sondern den Boden für eine Kooperation zwischen den beiden Konfliktparteien fördert.[1145] Dieses scheint ein Ansatz der Integration von digitalen (juristischen) und analogen (therapeutischen) Kommunikationen in Verbindung mit Ehescheidung zu sein, mit der sich bereits Watzlawick schon lange und wiederholt beschäftigte,[1146] „...die Endgültigkeit einer Ehescheidung (würde) viel eindrucksvoller empfunden (...), wenn man die gewöhnlich sehr trockene und banale Aushändigung des Scheidungsdekretes durch irgendeine Form von analogem Scheidungsritual ergänzte, und viele Menschen kämen schneller und etwas schmerzloser über das Zusammenbrechen einer Ehe hinweg, wenn die banale Unterzeichnung der Scheidungsdokumente in ein modernes Ritual eingekleidet werden könnte."

13.1 Mediation im Unterschied zum Gerichtsverfahren

Eine Ehe zu scheiden ist hierzulande den Gerichten übertragen. Nach deutschem Recht liegt die Zuständigkeit beim Familiengericht, das auch über die weiteren Konfliktpunkte zu entscheiden hat, die sich nach einer Trennung ergeben können. Die Struktur des Scheidungsverfahrens als System wird durch eine archetypische Konfliktfigur geprägt: der Richter entscheidet anhand gesetzlicher Normen.[1147] Im Mittelpunkt der richterlichen Rechtsfindung steht die Auslegung des Gesetzes. Die Anwälte kämpfen um die vom Richter zu erlassende Entscheidung und steuern die zugrunde liegende Dynamik des Verfahrens. Ihr Handwerkszeug ist die Subsumtion der Wirklichkeit unter das Gesetz, mit der zwingenden Folge, dass alle der eigenen Partei günstigen und alle der „gegnerischen" Partei ungünstigen Merkmale hervorgehoben werden.[1148] Diese Argumentationstechnik kann um so verletzenderen Charakter tragen, je persönlicher die gesetzlichen Merkmale sind, wie z.B. wenn darum gerungen wird, welcher Elternteil besser für die Kinder sorgen kann, womit gleichzeitig implizit bewiesen werden soll, wer der „bessere" Mensch ist. Dadurch wird der Rechtsstreit zwar zu Ende gebracht, die Parteien sind aber häufig weder mit dem Ergebnis noch mit dem Weg, wie es zustande gekommen ist, zufrieden. Das wirkt sich insbesondere zu Lasten der Kinder aus, die um so mehr leiden, je weniger die Eltern ihrer Verantwortung als bleibende Mutter oder bleibender Vater kooperativ nachkommen können.

[1145] Glenewinkel, Diss., S. 39.
[1146] Watzlawick, S. 69; Waltzlawick, u.a., S. 124.
[1147] Eschweiler in: Familiendynamik 1992, 373, 374.
[1148] Bastard/Cardia-Vonèche in: Familiendynamik 1992, 319, 330.

Der Unterschied des gerichtlichen Verfahrens zur Mediation prägt sich schon im Setting aus. Die Entscheidungen werden nicht delegiert, weder an das Recht (als Entscheidungsmaßstab), noch an Anwälte (als Fürsprecher oder Vertreter) oder an Richter (als entscheidende Instanz), sondern die Konfliktpartner bleiben selbst in der Verantwortung.[1149] Die Mediation ist ein Prozess der Kooperation im Hinblick auf die Lösung eines Konflikts, in welchem von den Konfliktparteien ein unparteilicher Dritter angerufen wird, damit er ihnen hilft eine gütliche und befriedigende Lösung zu finden.[1150] Dadurch soll das Scheidungstrauma der Beteiligten vermindert werden, denn Ziel ist es, einen Dialog zwischen den Parteien zustande zu bringen. Dieser Dialog betrifft allerdings weder die Gründe für die Zwietracht noch die Geschichte des Paares oder die gegenseitigen Anschuldigungen. Vielmehr handelt es sich um die Diskussion der konkreten Probleme bei der Reorganisation der Familie nach der Scheidung und der Gestaltung der Beziehungen zwischen ihren Mitgliedern. Folglich ist nicht die Vergangenheit entscheidend, sondern nur die Zukunft.

Konflikte in einer Mediation zu bearbeiten, bringt nicht nur eine Veränderung in der vormals strittigen Sache, sondern es ändert sich auch die Beziehung zwischen den Beteiligten. Änderungen der Beziehung in Trennungs- oder Scheidungsmediationen lassen sich oft so beschreiben, dass das (meist destruktive) Ausleben der Paarbeziehung abgeschwächt oder sogar beendet und demgegenüber die Wahrnehmung der Elternbeziehung verstärkt wird. Der Prozess der Scheidungsmediation soll die „Gewinner-Verlierer-Ebene“ ausschalten, es soll vielmehr eine Vereinbarung dabei herauskommen, die für beide Elternteile akzeptabel ist.[1151] Folglich soll eine positivere Vorstellung der Trennung in den Vordergrund rücken, indem es zur gütlichen Teilung des während der Ehe Erworbenen führt, sowie zur fortgesetzten Übernahme von Verantwortung für die Kinder und zur Festigung dafür geeigneter Beziehungen.[1152] Demzufolge stehen im Mittelpunkt ihrer Orientierung je nach Situation praktische und ökonomische Bedürfnisse, frühere Abmachungen, Elemente aus der Beziehungsgeschichte oder einfach der Wunsch trotz Trennung als Paar gemeinsam Verantwortung für die Kinder weiter zu tragen.[1153]

Weiterhin fehlt in der anwaltschaftlichen Verhandlung der vermittelnde und beide gleichermaßen unterstützende Dritte. Die Rolle des Mediators besteht darin es, den Parteien zu ermöglichen, ihre Forderungen und Erwartungen in einem

---

[1149] Duss-von Werth/Mähler/Mähler, S. 40.
[1150] Bestard/Cardia-Vonèche in: Familiendynamik 1992, 319, 320.
[1151] Haynes in: Krabbe, S. 133.
[1152] Bastard/Cardia-Vonèche in: Familiendynamik 1992, 319, 321.
[1153] Mähler/Mähler in: Familiendynamik 1992, 347, 352.

ruhigeren Klima offen zulegen, das sich von jeglicher Konfrontation unterscheidet. Die vermittelnde und neutrale Stelle des Mediators ist genau die Bedingung, welche den Dialog begünstigt. Er sorgt dafür, dass der Austausch zwischen den Partnern strukturiert bleibt, über das Macht-Gleichgewicht zwischen beiden und lenkt die Aufmerksamkeit auf die Bedürfnisse der Kinder.[1154] Mit Hilfe einer neutralen, unparteiischen dritten Person erarbeiten die Parteien eine konfliktregelnde Vereinbarung, welche den individuellen Bedürfnissen und Interessen gerecht wird.[1155] In seiner Funktion als Katalysator, Brücke und Impulsgeber kann der Mediator eher dazu beitragen, dass die Parteien ihre anfangs fixierten Standorte verlassen und in Bewegung geraten. Die Chance des gegenseitigen Verständnisses ist durch das Bemühen des unterstützenden Dritten, jede Partei in ihrer unterschiedlichen Wahrheit zu begreifen und in sich aufzunehmen, größer. Die Standpunkte der Parteien werden durch ihre Anwälte verstärkt, die innere Ambivalenz der Auffassungen polarisiert. Dabei ist die Gefahr, in dualen Positionen zu erstarren, sehr viel größer. Die Anwälte sind Juristen, ihre Argumentation ist von ihrer Sozialisation und ihrem Berufsverständnis her spezifisch juristisch, andere Entscheidungskriterien treten demgegenüber mehr zurück. Die Juridifizierung wird vor allen Dingen dadurch gefördert, dass der Anwalt in seiner Argumentation die zu Gunsten seiner Partei sprechenden Rechtsansprüche und –positionen nicht aus den Augen verlieren darf und durch andere Orientierungselemente, etwa auf der Beziehungsebene, nicht aufgeweicht sehen möchte.[1156] Ziel der Mediation ist demgegenüber die Erhaltung der gemeinsamen Elternverantwortung, auch bei Auflösung der Paarbeziehung. Im Mediationsverfahren ist die Möglichkeit, auf die für jede Partei im Tieferen liegenden persönlichen Interessen zurückzugreifen, erweitert. Die Interessen sind am Anfang den Parteien meist selbst nicht alle bewusst. Das Verfahren ist aber darauf angelegt, sich selbst zunehmend besser zu verstehen.[1157] Bei der Beratung soll es in erster Linie darum gehen der „Familie“ zu helfen, den Scheidungszyklus auf bestmögliche Weise zu durchlaufen. Dabei scheint auch die Einbeziehung der Kinder bei den Sitzungen im Hinblick auf die auch bei ihnen anstehenden Trennungsprozesse hilfreich.[1158] Mit Hilfe von Beratung und Unterstützung sollen auf der individuellen Ebene psychische Ausgeglichenheiten erreicht werden, auf der Paarebene soll ein relativ konfliktfreies Verhältnis gefunden werden, und auf der Elternebene sollen die für die Kinder fördernden Beziehungen aufrechterhalten bleiben.[1159] Die bestehenden gemeinsamen Interessen an einer Lösung sind dabei

[1154] Bastard/Cardia-Vonèche in: Familiendynamik 1992, 319, 321.
[1155] Mähler in: FamRZ 1989, 935, 936.
[1156] Mähler/Mähler in: Familiendynamik 1992, 347, 353.
[1157] Mähler/Mähler in: Familiendynamik 1992, 347, 353.
[1158] Dümmler, Diss., S. 401.
[1159] Textor, S. 97.

wichtiger als die Anwendung rechtlicher Normen. Nicht die rechtlich richtige Entscheidung ist das Ziel der Vermittlung, sondern die für beide Parteien annehmbare Konfliktlösung. Der Vermittlungserfolg hängt deshalb weitgehend davon ab, dass die Parteien die Überzeugung gewinnen können, der ihnen eigenverantwortlichen Einigung erwachsende Vorteil aus einer Lösung des Streits sei größer als die Durchsetzung ihrer vollen (rechtlichen) Ansprüche in einem streitigen Verfahren. Im Gegensatz zum gerichtlichen Verfahren ist bei der Vermittlung nicht eine vergangenheitsorientierte Sachverhaltsanalyse erheblich, sondern die zukunftsbezogene (Wieder-)Herstellung der durch den Streit unterbrochenen Kooperation und Kommunikation im gemeinsamen Interesse der Parteien.[1160] Es geht um Verständnis und manchmal um Versöhnung.[1161]

13.2 Private und öffentliche Familien-Mediation

Die Familien-Mediation wird verschieden institutionalisiert. Seitens jener Berufe, die sich mit der Familie beschäftigen, ist sie Ausdruck eines Experimentierens mit alternativen Praktiken zum gerichtlichen Verfahren im privaten Bereich. Seitens der Richter ergibt sie sich aus dem Bedürfnis heraus in den Gerichten selber über Stellen zu verfügen, welche den Konfliktpartnern die Möglichkeit anbieten ihren Streit außerhalb des gerichtlichen Verfahrens zu regeln.

Im privaten Bereich wird die Mediation vor allem von Psychologen, Familientherapeuten und Anwälten praktiziert. Diese Berufe entfernen sich allerdings von ihrer angestammten Disziplin. Die Mediationspraxis erfordert, ähnlich wie die Therapie, die Fähigkeit, zuzuhören und mit emotionalen Problemen umgehen zu können. Gleichzeitig unterscheidet sie sich aber davon, indem sie das Schwergewicht auf das Erarbeiten von Entscheidungen im Hinblick auf die konkrete Gestaltung der Zeit nach der Scheidung legt. Von der Tätigkeit der Anwälte übernimmt sie die Rolle der Information und der Beratung, welche nötig ist, um die zu treffenden Lösungen den Anforderungen des gerichtlichen Verfahrens anzupassen. Davon unterscheidet sie sich insofern, als der als Mediator tätige Anwalt nicht die Interessen der einen Partei gegenüber der anderen vertritt.[1162] Angesichts dieser beruflichen Verwurzelung wird Mediation im privaten Bereich meistens als globale Mediation verstanden, welche sich mit allen Aspekten der Scheidung beschäftigt. Sie braucht Zeit und eine große Verfügbarkeit von Seiten des Mediators. Es handelt sich um einen vom gerichtlichen Verfahren unabhängigen Entscheidungsprozeß. Als freiwilliges Unternehmen des Paares

[1160] Proksch in: Krabbe, S. 177.
[1161] Duss-von Werth/Mähler/Mähler, S. 41.
[1162] Hammerbacher, Diss., S. 78.

hat sie einen vollständig vertraulichen Charakter und die Partner sind frei darin, die erreichten Vereinbarungen innerhalb eines gerichtlichen Verfahrens zu verwenden.[1163]

Die öffentliche Familien-Mediation hat sich aus Initiativen und Forderungen von Richtern entwickelt. Sie hat ihren Ursprung in schon alten Erfahrungen der Rechtsprechung.[1164] Wenn sich die Gerichte veranlasst sehen Mediation zur Verfügung zu stellen, so geschieht das zunächst im Sinne einer Dienstleistung bei Prozessen welche durch heftige Konflikte und lange Dauer gekennzeichnet sind. In der Folge haben diese Angebote mindestens anfänglich eine beschränkte Aufgabe. Es geht um die Verminderung der Gegensätze im Hinblick auf das Sorgerecht und um Fragen des Umgangsrechts. Als im Gericht beheimatet liegen die Mediationsangebote in den Händen von dem Gericht verpflichteten Sozialarbeiter.[1165] Bei der öffentlichen Mediation kommt es schließlich vor, dass die von den Parteien gelieferten Informationen und erzielten Vereinbarungen im gerichtlichen Verfahren direkt benutzt werden. Man spricht dann von offener Mediation im Unterschied zu geschlossener, welche auf dem gleichen Grundsatz der Vertraulichkeit aufbaut wie die private Mediation.

13.3 Geschichtliche Grundlagen von Mediation

Vermittlung als Konfliktlösungstechnik bei Streitigkeiten hat eine lange Tradition und ist in unterschiedlichen Kulturen und sozialen Zusammenhängen zu finden. Im christlich-abendländischen Bereich finden sich im Neuen Testament mehrere Hinweise auf Vermittlung bzw. auf die einvernehmliche (laienhafte) Konfliktregelung statt gerichtlicher Auseinandersetzungen.[1166] Die historischen Grundlagen von Vermittlung sind jedoch nicht nur auf die westliche Kultur beschränkt. Auch im chinesischen, japanischen und lateinamerikanischen Kulturkreis haben Versöhnung und Vermittlung große Bedeutung.

[1163] Bastard/Cardia-Vonèche in: Familiendynamik 1992, 319, 326.

[1164] In diesem Zusammenhang muss vor allem das Beispiel des Family Conciliation Court of Los Angeles County erwähnt werden. 1939 ins Leben gerufen, hatte dieser zum Ziel Paare wieder zu versöhnen. Seit 1962 hat man sich auf persönliche Übereinkünfte im Scheidungsfall hin orientiert.

[1165] Durch die Verbindung mit der für die Scheidung zuständigen Rechtsprechung ist die öffentliche Mediation in jenen Ländern, in denen sie sich entfaltet hat, direkt dem Gerichtsverfahren zugeordnet. In einigen Fällen hat sie sogar obligatorischen Charakter, indem der Richter von den Partnern einen Mediationsversuch vor der Aufnahme eines Gerichtsverfahrens verlangt.

[1166] Vgl. Matthäus 5, 9; 1. Timotheus 2, 5; Korinther 6, 1-4.

Vermittlungsverfahren sind vor allem in den USA seit vielen Jahren ein unentbehrliches Instrumentarium zur Konfliktsteuerung auf den unterschiedlichsten Gebieten, wie in Umwelt-, Nachbarschafts-, Schuldner-, Politikkonflikten und anderen Bereichen, und nicht zuletzt bei elterlichen Streitigkeiten bei Trennung und Scheidung. Einzelne kalifornische Gerichte begannen 1973 bei Sorge- und Besuchsrechtsstreitigkeiten sog. „conciliation courts" einzuschalten. Der Erfolg, den diese neugeschaffenen Institutionen in den Folgejahren zu verzeichnen hatten, war beeindruckend. In ca. 55 bis 85 Prozent der Fälle konnte eine einvernehmliche Konfliktlösung erzielt werden. Für den Bereich des Staates Kalifornien besteht seit 1980 die gesetzliche Regelung, dass in Sorge- und Besuchsrechtsstreitigkeiten stets ein Vermittlungsverfahren durchlaufen werden muss, bevor eine richterliche Entscheidung ergehen kann. Nach Kalifornien haben heute mehr als die Hälfte der US-Bundesstaaten die Mediation entweder als fakultatives Element der Familienkonfliktlösung eingeführt oder gar den obligatorischen Gang zur Mediation vorgesehen.

Das erste private „Mediation Center" zur Regelung von Scheidungskonflikten wurde von O.J. Coogler, ein amerikanischer Anwalt, der Psychologie studiert hat und eine Ausbildung in Transaktionsanalyse und Gestalt-Therapie absolvierte, im Jahre 1974 in Atlanta (Georgia) gegründet. Beeinflusst von seiner eigenen, emotionsgeladenen Scheidung erarbeitete er eine Struktur zur einvernehmlichen, befriedenden Konfliktlösung in Trennungs- und Scheidungsverfahren. In seinem maßgeblichen Buch „Structured Mediation in Divorce Settlement" stellte er einen Rahmen für Mediation vor, in dem die Eheleute mit Hilfe einer dritten neutralen und unparteiischen Person durch Kommunikation und Kooperation zu einer konstruktiven Konfliktregelung kommen können. Coogler verarbeitete für seinen Vorschlag vor allem Erfahrungen aus dem Schlichtungsbereich des Arbeitskampfrechts, der in den Vereinigten Staaten von Amerika bereits seit 1913 von formalen Schlichtungsverfahren beherrscht war.[1167] Im Anschluss an Coogler kann man hinsichtlich der Techniken der Mediation und ihrer Verbreitung zahlreiche Entwicklungen verfolgen.[1168] Die Mediation wird sowohl freiberuflich wie in eigens dafür organisierten Zentren praktiziert, welche zum Teil auch Ausbildungsmöglichkeiten anbieten.[1169] Sobald die in Gang gekommenen Praktiken eine gewisse Bekanntheit erreicht hatten, wurden Berufsvereinigungen ins Leben gerufen, um Mediation zu definieren, die beruflichen Zulassungskriterien zu

[1167] Witte/Siebert/Kesten, S. 78.
[1168] Vgl. Kessler, Creative Conflict Resolution: Mediation; Vgl. Lohman, Comprehensive mediation: a new approach to the settlement of divorce disputes.
[1169] Zum Beispiel: The Northern California Mediation Center geleitet von Joan Kelly oder das Zentrum von John Haynes in New York.

bestimmen und die Berufsinteressen der Praktizierenden zu vertreten.[1170] Heute haben nahezu alle US-amerikanischen Staaten die Vermittlung in Kindschaftssachen als Pflicht- oder freiwillige Leistung eingeführt. In Kalifornien erfolgte die Einführung der Pflicht-Vermittlung als Konfliktbehandlungsmethode bereits am 27. März 1980.

Im Jahr 1996 hat das englische Unterhaus den Family Law Act 1996 verabschiedet. Dieser Family Law Act sieht für alle Ehescheidungen eine Trennungsfrist von mindestens 12 Monaten vor, die verlängert werden kann und 15 Monate beträgt, wenn aus der Ehe Kinder unter 16 Jahren hervorgegangen sind. Die Eheleute müssen zunächst an einem Informationsgespräch teilnehmen und können dann erst nach Ablauf von 3 Monaten (einzeln oder gemeinsam) ihre Ehe vor Gericht für gescheitert erklären. Darauf folgt eine weitere Überlegungsfrist von mindestens 9 Monaten, die der Mediation und dem Aushandeln von Scheidungsvereinbarungen dienen soll.

Auch in anderen europäischen Ländern hat sich die Mediation in demselben Zeitraum entwickelt. Vor allem auch Frankreich verfügt über ein gut etabliertes und geachtetes Netz von Mediatoren. Diese starke französische Mediationsszene hat naturgemäß auf die Romandie ausgestraht, wo sich die Mediation für die Schweiz als erstes entwickelte. 1988 fand ein erstes international besetztes Kolloquium in Genf statt, seit 1989 besteht eine „Group romand pour la mediation familiale". 1992 wurde der Schweizerische Verein für Familienmediation SVFM (heute Schweizerischer Verein für Mediation) in Lausanne gegründet. Dieser übernahm die wichtige Funktion, Ausbildungsstandards und Anerkennungselemente nach den strengen Standards des Europäischen Vereins zur Förderung der Familienmediatoren aufzustellen.

In der Bundesrepublik Deutschland wurde erstmals zu Beginn der achtziger Jahre von Mediation bei Trennung und Scheidung Notiz genommen. Der Weg der Entwicklung und Verbreitung erfolge zunächst auf der Ebene der Familiengerichtstage, bevor die breite Öffentlichkeit mit der Vermittlung in Berührung kam.[1171] Erfahrene amerikanische Mediatoren[1172] begannen ab 1989 in Deutschland Mediationsausbildungsseminare anzubeiten, wodurch sich die Mediation in Deutschland schnell ausbreitete. Ein bundesweiter Zusammenschluss der bisher selbständigen Arbeitskreise (Familiennotruf München, Deutsches Familienrechtsforum, TRIALOG, u.a.) erfolge im Jahr 1992 zur konstituierenden Sitzung der „Bundes-Arbeitsgemeinschaft für Familien-Mediation" (BAFM) in der E-

[1170] In den USA im besonderen: The Academy of Family Mediators.
[1171] Mähler/Mähler in: Breidenbach/Henssler, S. 121.
[1172] John Haynes, Gary Friedmann, Jack Himmelstein und andere.

vangelischen Akademie Bad Boll. In diesem Zusammenhang wurden die Richtlinien für Mediation in Familienkonflikten, die Satzung und die Ausbildungsordnung der Bundes-Arbeitsgemeinschaft für Familien-Mediation verabschiedet.[1173]

Fraglich erscheint allerdings, woran es lag, dass die Idee der Mediation in Deutschland erst 15 bis 20 Jahre später zündete als in den USA. Grund hierfür waren wohl in erster Linie die gesetzlichen Rahmenbedingungen. Auch in den USA musste erst das Schuldprinzip durch das Zerrüttungsprinzip abgelöst, die Scheidungsfolgen von den Scheidungsvoraussetzungen abgekoppelt werden, bevor die Bahn frei wurde, eigenständige Lösungen institutionell zu installieren.[1174] Die Unterscheidung beider Bereiche ist deshalb von besonderer Bedeutung, weil Folgesachen von den Parteien außergerichtlich selbst geregelt werden können, während die Scheidung zwingend nur durch den Richter ausgesprochen werden kann. Die Entscheidung des Bundesverfassungsgerichts vom 03.11.1982 zum gemeinsamen Sorgerecht öffnete weiterhin das Bewusstsein dafür, dass es bei der Entscheidung zum Sorgerecht nicht darauf ankommt, wem das Recht auf die Kinder zusteht, sondern wie die Eltern ihrer nach wie vor bestehenden Verantwortung nachkommen können, trotz Scheidung als Vater und Mutter für die Kinder zu sorgen. Im Zusammenhang hiermit stand die Erkenntnis, dass durch die juristische Scheidung die Familie nicht beendet wurde, sondern dass es im Interesse der Kinder um eine Neudefinition der Beziehungen geht und insofern um eine Reorganisation der Familie.[1175] Dieses wird durch Mediation unterstützt.

Der Begriff Mediation leitet sich aus der Entwicklung der „Alternative Dispute Resolution" in den USA her. Der Ursprung der Mediation ist jedoch im Lateinischen zu finden, wobei „Mediatio" bereits als Vermittlung oder vermittelndes Dazwischentreten übersetzt und aus dem Begriff „medius" (in der Mitte stehend) hergeleitet wurde.[1176] Die Entwicklung von Vermittlung als Alternative zum klassischen, gegnerschaftlichen Streitverfahren beruhte auf der grundlegenden Einsicht, dass die entstandenen juristischen Konflikte von persönlichen Beziehungskonflikten belastet bzw. beeinflusst werden und ihre Lösung nicht allein durch richterliche Entscheidung zu erreichen ist.[1177] Vor diesem Hintergrund begannen Anfang der siebziger Jahre Rechtsanwälte in den Vereinigten Staaten damit, vor allem für Scheidungs- und Scheidungsfolgeverfahren „nichtgegnerschaftliche Beratung" für beide Eheleute anzubieten. Grundlage der

---

[1173] Hammerbacher, Diss,. S. 30.
[1174] Duss-von Werdt/Mähler/Mähler, S. 19.
[1175] Napp-Peters in: Faltermeier/Fuchs, S. 13; Fthenakis/Kunze in: Faltermeier/Fuchs, S. 39.
[1176] Knauers, Herkunftswörterbuch, S. 312.
[1177] Proksch in: Krabbe, S. 174.

Scheidungsvermittlung ist die umfassende Information der Ehepartner über ihre eigenen Bedürfnisse und Interessen und über die des Partners sowie der Kinder; insoweit wird auch versucht Verständnis für die unterschiedlichen Positionen des anderen zu fördern.[1178]

13.4 Philosophie der Mediation

Für die Praxis der Mediation sind gewisse Grundannahmen von Bedeutung, welche die „philosophische Basis der Mediation" bilden. Dazu zählt die von Deutsch[1179] entwickelte Theorie zur Natur menschlicher Konflikte. Danach geht es nicht um die Frage, wie man Konflikte zwischen Menschen unterdrücken o-der verhindern kann, sondern wie sie produktiv gemacht werden können. Deutsch identifizierte typische Charakteristika von destruktiven und konstruktiven Konfliktmustern und entwickelte Ideen und Vorschläge einen destruktiven Konflikt in kooperative Umgangsformen umzuwandeln. Dabei wirkt sich die Zuhilfenahme einer neutralen dritten Person positiv aus.

Weiterhin basiert Mediation auf der Übertragung von Erkenntnissen aus der Kybernetik und der Systemtheorie auf menschliche Beziehungen, insbesondere auf das System der Familie. Neben der Psychoanalyse und der Verhaltenstherapie hatte sich die Familientherapie zu einer weiteren Hauptform der Psychotherapie entwickelt. Familientherapie löste das Bild vom Individuum als dem „Helden" ab, der gegen alle Schwierigkeiten allein ankämpft und seinen Weg sucht; das Individuum wurde nun als ein „Teil des größeren Ganzen" gesehen. Das systemische Menschen- und Familienbild nimmt die „Ökologie menschlicher Beziehungen" ins Blickfeld.

Auch im Falle der Krise einer Familie (wie etwa bei der Trennung der Eheleute) lebt die Familie als System fort, wenn auch jeder verändert. Daher spricht man auch von Ehescheidung und nicht von Familienscheidung. Mit der gewandelten Sicht von Ehescheidung als einer Familienkrise entstanden auch neue Konfliktlösungsmodelle.[1180] Erst durch diesen Blick auf das Familiensystem eröffnete sich die Frage, wie im Falle einer Scheidung die sich trennenden Ehepartner und Eltern Vereinbarungen für das weiterhin bestehende Familiensystem treffen können.[1181]

[1178] Proksch in: FamRZ 1989, 916, 920.
[1179] Vgl. Deutsch, The Resolution of Conflict.
[1180] Welter-Enderlin/Hildenbrand, S. 192.
[1181] Fthenakis/Niesel/Kunze, S. 189.

13.5 Kinder- und Jugendhilfegesetz (KJHG)

Unterstützt durch die rasante Zunahme der Scheidungszahlen, und die häufig geäußerte Unzufriedenheit mit dem kontradiktorischen Verfahren, konnte sich die Familienmediation als Rechtsinstitut etablieren. Dabei wurde die Entwicklung auch durch die Änderung des gesetzlichen Handlungsrahmens ergänzt. Hervorzuheben ist hier besonders das Kinder- und Jugendhilfegesetz. Durch das im Jahre 1990 verabschiedete und am 01.01.1991 in Kraft getretene Kinder- und Jugendhilfegesetz[1182] (als Achtes Buch des Sozialgesetzbuches: SGB VIII) wird der Auftrag von Beratungsstellen neu definiert. Das KJHG eröffnet für staatliche Intervention, Beratung und Jugendhilfe einen neuen Raum, der für die soziale Arbeit insgesamt unterschiedliche Verpflichtungen und neue Möglichkeiten mit sich bringt, vor allem auch was elterliche Selbstverantwortung und Kooperation bei Trennung und Scheidung und die Fortführung des gemeinsamen Sorgerechts angeht.[1183] Damit ist eine 20 Jahre dauernde, von intensiven Auseinandersetzungen geprägte Reformdiskussion um die Erneuerung des Jugendwohlfahrtsgesetzes (JWG)[1184] zu Ende gegangen.[1185] Während das Schwergewicht des JWG auf der (reaktiven) Eingriffs- und Wächterfunktion des Staates lag, stellt die Neuordnung des Kinder- und Jugendhilferechts die Förderungsfunktion der Jugendhilfe in den Vordergrund. Damit erweitert sich ihre Perspektive über das Kind oder den Jugendlichen hinaus auch auf die Unterstützung und Förderung der Eltern, denen die primäre Erziehungsverantwortung obliegt. Die einzelnen Personen sind nicht mehr Objekte staatlichen Handelns, sondern Leistungsberechtigte. Die Träger der öffentlichen Jugendhilfe sind in erster Linie Anbieter sozialer Dienstleistungen. Die Eingriffs- und Wächterfunktion der öffentlichen Jugendhilfe bleibt zum Schutz des Kindes erhalten, tritt jedoch aufgrund des präventiven Ansatzes deutlich in den Hintergrund.[1186]

[1182] Gesetz zur Neuordnung des Kinder- und Jugendhilferechts vom 26. Juni 1990, BGBl. I, S. 1163.

[1183] Bastian, S. 130.

[1184] 1922 verabschiedete der Reichstag in Berlin das „Reichsgesetz für Jugendwohlfahrt (RJWG), das am 1. April 1924 in Kraft trat. Seine Wirkung wurde durch die Verordnung vom 14. Feb. 1924 (der allgemeinen Finanznot entsprechend) stark eingeschränkt. Eigentlich erst durch eine Novelle von 1953 so richtig in Kraft gesetzt, wurde es in den Jahren 1961 und 977, auch sonst mehrfach ergänzt, verbessert und aktualisiert, entwickelte es sich zum „Gesetz für Jugendwohlfahrt" (JWG) und zum Teil des Sozialgesetzbuches (SGB).

[1185] Wiesner in: RdJB 1990, 112, 124.

[1186] Vorwort zu: Wiensner/Mörsberger/Oberloskamp/Struck, S. IX.

13.5.1 Förderung der Erziehung in der Familie

Der Abschnitt der §§ 16 bis 21 KJHG erhielt die Überschrift „Förderung der Erziehung in der Familie". Schwerpunkt ist dabei die Unterstützung und Förderung von Familien in besonderen Situationen und von Alleinerziehenden. Diese Unterstützung und Hilfestellung für Familien ist eine wesentliche Zielrichtung des KJHG.[1187] Mit der Betonung der Förderung von Familien in ihren spezifischen Lebenssituationen ist ein Perspektivenwechsel verknüpft: Nicht mehr die Behebung von Defiziten und Korrekturen der Erziehung in der Familie (Defizitorientierung) ist Ansatz- und Richtpunkt für die Tätigkeit der Jugendhilfe, sondern die Entwicklung von Fähigkeiten, Strategien und Ressourcen für eine eigenständige Lebensführung, der Aufbau von positiven und aktiven Gefühlen und Kompetenzen für die eigenverantwortliche Partizipation am gesellschaftlichen Leben (Ressourcenorientierung).[1188]

Von besonderer gesellschaftlicher Bedeutung ist die Beratung nach § 17 KJHG, der durch das Kindschaftsrechtsreformgesetz neu gefasst worden ist. Die Beratung von Müttern und Vätern in Fragen der Partnerschaft, Trennung und Scheidung nach Absatz 1, wie auch die Unterstützung der Eltern bei der Entwicklung eines einvernehmlichen Konzepts für die Wahrnehmung der elterlichen Sorge nach Absatz 2, 1. Halbsatz, wird nunmehr als (individuelle) Anspruchsleistung von Müttern und Vätern bzw. von Eltern ausgestaltet.[1189] Die Beratung umfasst psychosoziale und rechtliche Fragen, wobei die Beratung zur Rechtsdurchsetzung nicht im Vordergrund steht, sondern vielmehr die autonome Zukunftsgestaltung.[1190] Die Neuordnung der elterlichen Verantwortung durch das Kindschaftsrechtsreformgesetz ist geprägt von mehr Elternautonomie bei der Ausgestaltung der elterlichen Sorge. Im Interesse des Kindeswohls ist es sinnvoll, dass sich die Elternteile während des Trennungs- und Scheidungsprozesses darauf einigen, wie sie später die elterliche Sorge wahrnehmen können.[1191] Erziehungsberatungsstellen und andere Beratungsdienste und –einrichtungen sollen Kinder, Jugendliche, Eltern und andere Erziehungsberechtigte bei der Klärung und Bewältigung individueller und familienbezogener Probleme und der zugrundeliegenden Faktoren, bei der Lösung von Erziehungsfragen sowie bei der Trennung und Scheidung unterstützen. Dabei sollen Fachkräfte verschiedener Fachrichtungen zusammenwirken, die mit unterschiedlichen methodischen Ansätzen vertraut sind (§ 28 KJHG). Der Zweck der Vorschrift wird nur erreicht, wenn die

---

[1187] Coester in: FamRZ 1992, 617, 621.
[1188] Struck in: Wiesner/Mörsberger/Oberloskamp/Struck, Vorb. zu § 16, Rn. 2.
[1189] Münder, u.a., § 17, Rn. 1.
[1190] Hammerbacher, Diss., S. 30.
[1191] Junge/Lendermann, § 17, S. 57.

Jugendhilfe vor allem solche Beratungsangebote entwickelt und den Eltern anbietet, die sich bereits vor dem Eintritt irgendwelcher Krisen und Konflikte zum Aufbau und zum Erhalt einer partnerschaftlichen Familienbeziehung befähigt, sie darin bestärkt und unterstützt. Dem dienen insbesondere Mediation und interdisziplinär und mediativ angelegte Beratungsangebote, welche die Konfliktregelungsfähigkeit von Eltern und ihre Kommunikations- und Kooperationsfähigkeit fördern und unterstützen.[1192]

Die Vorschrift steht in engem Zusammenhang mit §§ 18, 28 KJHG. Wird die Beratung nach § 17 KJHG nicht in Anspruch genommen oder führt sie nicht zum Erfolg, so bietet § 18 KJHG Müttern wie Vätern sowie Kindern, Jugendlichen und jungen Volljährigen jeweils individuelle Rechtsansprüche auf Beratung und Unterstützung. Beratung nach § 28 KJHG kann Eltern bei der Klärung und Bewältigung individueller und familienbezogener Probleme sowie bei Trennung und Scheidung unterstützen, gegebenenfalls bei zeitgleicher Hilfe zur Erziehung für ihr Kind.[1193]

13.5.2 Mitwirkung des Jugendamtes in gerichtlichen Verfahren

Die Mitwirkung des Jugendamtes in Verfahren vor den Vormundschafts- und Familiengerichten ist in § 50 KJHG geregelt. Damit wird auch klargestellt, dass das Jugendamt nicht Hilfsorgan des Gerichts ist, sondern eine eigenständige Position gegenüber dem Gericht hat.[1194] Deshalb hat das Gericht auch keine Befugnis, Fachkräfte des Jugendamtes zu Verhandlungsterminen zu bestellen. Entsprechende Verfügungen des Gerichts sind als Bitte des Gerichts gegenüber dem Jugendamt zu werten, an der jeweiligen mündlichen Verhandlung teilzunehmen.[1195] Vor allem im Sorgerechtsverfahren wird deutlich, wie viele Professionen daran beteiligt sind, das Kindeswohl rechtlich, materiell, sozial und psychisch praktisch umzusetzen. Eine solche Umsetzung des Kindeswohls insgesamt ist als Teil sozialer Arbeit zu verstehen. Dies wiederum kann nur in der Zusammenarbeit (auch in der Auseinandersetzung) von Experten mit unterschiedlichen Berufsrollen und dementsprechend unterschiedlichem Selbstverständnis erfolgreich sein. Dabei ist gerade der Sozialarbeiter im Jugendamt aufgrund seiner differenzierten Kompetenz in besonderer Weise dazu befähigt auf die vielschichtig gelagerte Scheidungs- und Sorgerechtsproblematik angemessen einzugehen.[1196]

[1192] Münder, u.a., § 17, Rn. 5.
[1193] Struck in: Wiesner/Mörsberger/Oberloskamp/Struck, § 17, Rn. 3.
[1194] Lakies in: ZBlJugR 1991, 22, 31.
[1195] Münder, u.a., § 50, Rn. 4.
[1196] Bastian, S. 138.

Der Richter sieht häufig die um das Kind streitenden Parteien nur für die Zeit des Verfahrens im Gerichtssaal. Der Psychologe erfährt als Therapeut die Probleme seiner Klienten nur in der besonderen Situation seiner Praxis. Der Sozialarbeiter jedoch trifft bei seinen wiederholten Hausbesuchen, seiner kontinuierlichen Betreuung und Beratung auf Krisenfamilien in ihrer alltäglichen Gemengelage zwischen Berufstätigkeit, Haushalt und Kindererziehung.

Das Jugendamt hat die gesetzliche Aufgabe, das Gericht bei allen Maßnahmen im Bereich der elterlichen Sorge zu unterstützen, unterliegt aber auch der eigenen, fachlich zu begründenden Beurteilung der Aufgabenerfüllung, wie es seiner Mitwirkungspflicht inhaltlich und formal nachkommt.[1197] Der Gesetzgeber hat dem Jugendamt auch hier die selbständige und eigenverantwortliche Entscheidung überlassen, wie es seine Mitwirkungspflicht fachlich gestalten bzw. bewirken will.[1198] Demzufolge hat das Jugendamt auch keine Verpflichtung zur konkreten Entscheidungsfindung des Gerichts im Sinne einer Amtshilfepflicht (§§ 3 ff. SGB X), einer Amtsermittlungspflicht (§ 12 FGG) oder einer gutachterlich wertenden Sachverständigenleistung (§§ 402 ff. ZPO) beizutragen. Aus der Verpflichtung der Gerichte zur Anhörung des Jugendamtes folgt jedoch deren Pflicht dem Jugendamt als Fachbehörde die Möglichkeit zu geben sich fachlich in das Verfahren einzubringen. Eine gerichtliche Entscheidung, die ohne Anhörung des Jugendamtes ergeht, ist rechtsfehlerhaft. Sie kann vom Jugendamt mit einer Beschwerde nach § 20 Absatz 1 FGG angefochten werden.[1199]

§ 50 III KJHG regelt die „Verpflichtung“ des Jugendamtes, Kindern und Jugendlichen im Ernstfall auch dadurch zu helfen, dass es bei einer Gefährdung des Kindeswohls das zuständige Gericht anzurufen hat (Anrufungspflicht), wenn es dies für erforderlich hält, insbesondere weil die Leistungen der Jugendhilfe nicht mehr geeignet und ausreichend erscheinen, um die Gefährdung abzuwenden. Das Jugendamt muss also als Fachbehörde selber einschätzen, ob die Anrufung des Gerichts erforderlich ist, um ein Kind zu schützen.[1200] Es besteht folglich insoweit ein Beurteilungsspielraum des Jugendamtes, als das Jugendamt die Anrufung des Gerichts gegenüber anderen geeigneten Maßnahmen im Sinne des Verhältnismäßigkeitsgrundsatzes abzuwägen hat.[1201] Dabei ist das Jugendamt selbst nicht zu Eingriffen in das Elternrecht befugt, sondern nur das Gericht.[1202]

[1197] Münder, u.a., § 50, Rn. 7.
[1198] Mörsberger in: Wiesner/Mörsberger/Oberloskamp/Struck, § 50, Rn. 28.
[1199] Münder, u.a. § 50, Rn. 7.
[1200] Bauer/Schimke/Dohmel, S. 335.
[1201] Mörsberger in: Wiesner/Mörsberger/Oberloskamp/Struck, § 50, Rn. 75.
[1202] Münder, u.a., § 50, Rn. 13.

Kritisch zu bedenken ist, dass im KJHG die Bedürfnisse, Interessen und vor allem auch Rechte der Kinder viel zu wenig Berücksichtigung gefunden haben. Minderjährige werden im KJHG eher als Objekte und nicht mehr als eigenständige Subjekte behandelt. Es lässt sich daher feststellen, dass eigenständige Rechtspositionen den Kindern und Jugendlichen im KJHG nur unzureichend zugebilligt werden. Offensichtlich geht der Gesetzgeber nach wie vor davon aus, dass das Erziehungsrecht der Eltern einen unumstößlichen und nicht zu relativierenden Vorrang vor den Rechten des Kindes hat.

Korrespondierend zu § 50 KJHG wurden auch die §§ 49, 49a FGG geschaffen, welche die verfahrensrechtliche Position des Jugendamtes im gerichtlichen Entscheidungsprozeß normieren. Die §§ 49, 49a FGG regeln die Verpflichtung des Vormundschafts- und Familiengerichts zur Anhörung des Jugendamtes. Die Verpflichtung der Gerichte zur Anhörung bedeutet, dass sie dem Jugendamt Gelegenheit geben müssen in den maßgeblichen Verfahren sozialpädagogisch unterstützend mitwirken zu können.[1203] Das Jugendamt erlangt damit die Stellung eines echten Verfahrensbeteiligten im FGG-Verfahren. Die Entscheidungen, an denen es mitgewirkt hat, sind ihm bekannt zugeben (§ 49 III FGG) und es hat ein eigenes Beschwerderecht (§ 20 FGG).[1204]

13.6 Problem der Freiwilligkeit im Rahmen der Scheidungsmediation

Wie jede psychologische Intervention muss eine erfolgsversprechende und die Würde des Menschen beachtende Scheidungsmediation bestimmte, inzwischen in den Humanwissenschaften allgemein anerkannte Grundsätze einhalten. Daher erscheint die Frage der Freiwilligkeit bei der Inanspruchnahme der Scheidungsintervention äußerst problematisch.

Balloff[1205] spricht Bedenken gegen eine Zwangsberatung aus, zum einen wird durch eine obligatorische Beratung das für einen Erfolg wichtigste Element die Freiwilligkeit im Sinne eines dringenden Wunsches, für sich etwas zu verändern, genommen, zum anderen wird mit einer geforderten, flächendeckenden und bundesweiten Zwangsberatung allen Eltern, selbst den erziehungsfähigen und kompetenten, eine Beratungsbedürftigkeit suggeriert. So gesehen maßen sich Rechtswissenschaft, Psychologie und deren Berater Kompetenzen an, die den Eltern gerade durch das Beratungsangebot genommen werden, indem alle erst einmal für unfähig erklärt werden. Die Nichteinhaltung des Prinzips der

---

[1203] Münder, u.a., Anhang zu § 50, Rn. 2.

[1204] Oberloskamp in: Wiesner/Mörsberger/Oberloskamp/Struck, Anhang zu § 50, Rn. 23.

[1205] Balloff, S. 63.

Freiwilligkeit steht aber nicht nur der berechtigten Forderung nach wachsender Selbstbestimmung und Eigenverantwortung der Eltern entgegen.[1206] Sieht man Freiwilligkeit und Autonomie als die tragenden Pfeiler der Mediation, läuft die „Zwangsmediation" diesen Gedanken zuwider. Mit Zwang wird der Mediation der Boden unter den Füßen entzogen, d.h. unter Zwang kann keine einverständliche, selbstbestimmte, faire und stabile Vereinbarung entstehen. Ohne Vertrauen der Parteien zueinander und in den Mediator kann eine Mediation kaum gelingen. Gerade, weil die Parteien wegen ihrer Konflikte vielfach ein gestörtes Vertrauensverhältnis zueinander haben, kommt es auf die Herstellung von Vertrauen zum Mediator besonders an. Eine staatlich angeordnete Mediation könnte zu Zweifeln in die Neutralität des Mediators führen. Damit würde die Ausgangsposition der Mediation sehr belastet, weil der Mediator möglicherweise zuallererst um das Vertrauen der Parteien ringen müsste. Des Weiteren könnte eine Zwangsberatung den Widerstand der Klienten verstärken wodurch trennungsbedingte Konflikte sich zu verfestigen drohen. Eine Nichtbeachtung des Grundsatzes der Freiwilligkeit würde z.B. unweigerlich den Opportunismus der Betroffenen und die Angst vor einer bzw. bei einer Inanspruchnahme der Hilfsangebote fördern. Nach diesem Grundsatz müssen nicht nur der Beginn und der Verlauf freiwillig sein, sondern es muss den Eltern auch oder auch nur einem Familienteil jederzeit möglich sein, das in Anspruch genommene Hilfsangebot zu beenden. Die Dauer und den Zeitpunkt der Beendigung bestimmen somit die Betroffenen.[1207]

Diesen genannten Argumenten kann aber nicht zugestimmt werden. Will man das Verfahren der Trennungs- und Scheidungsmediation als Modell in der Bundesrepublik fest etablieren, müsste man sie durch gesetzliche Regelungen mit dem gerichtlichen Verfahren so verknüpfen, dass sich daraus eine Pflicht zur Auseinandersetzung mit Trennungs- und Scheidungsmediation bzw. zur Benutzung des Verfahrens ergibt. Natürlich wird durch eine Zwangsberatung die Autonomie des erwachsenen Menschen und Bürgers nicht gestärkt, dennoch kann nur und gerade eine obligatorische Beratung für alle Eltern die Sicherheit schaffen, dass allen Kindern geholfen wird. Es ist auch erziehungsfähigen Eltern zuzumuten sich beraten zu lassen, auch wenn sie kompetent genug sind, die Elternebene von der nunmehr gescheiterten Paarebene zu trennen. Eine Beratung auf rein freiwilliger Basis oder ein bloßer „Elterninformationsabend" käme nicht allen Kindern zu gute, da einige erziehungsunfähige und nicht kompetente Eltern diesen Veranstaltungen fern bleiben könnten. Gerade die Eltern, welche die Elternebene nicht von der Paarebene trennen können, wollen, infolge des Hasses und der tief sitzenden Kränkungen, nicht auf ihren ehemaligen Partner treffen,

---

1206 Proksch in: FamRZ 1989, 916, 920.

1207 Balloff/Walter in: FuR 1991, 63, 66.

so dass diese Veranstaltungen, sollten sie freiwillig sein, in jedem Fall gemieden werden.

Der erfahrene Mediator Peter J. Grilli empfahl in einer Rede vor dem Anwaltstag ein Modell, nach dem „Mediation von Gerichten in allen Fällen zwingend angeordnet werden kann".[1208] In den USA gibt es in der Tat nicht nur sehr verschiedene Formen der Mediation, sondern auch „Zwangsmediation"[1209] in dem Sinne, dass die Teilnahme an einer Mediation vom Gericht jederzeit verbindlich vorgeschrieben werden kann.[1210] Auf die Bundesrepublik Deutschland übertragen würde dies bedeuten, dass Verfahren nach §§ 621, 622 ZPO erst zulässig wären, wenn der Nachweis einer erfolgreichen oder gescheiterten Mediation beigebracht würde.

Für eine solche Regelung spricht, dass damit im großen Stil ein außergerichtliches Konfliktlösungsverfahren praktiziert würde, in dem viele Betroffene erleben, „dass konsensuelle Lösungen in manchen Fallgestaltungen eher Rechtsfrieden stiften können als eine gerichtliche Entscheidung."[1211] Durch das Mediationsverfahren suchen die Parteien mit Hilfe eines von ihnen ausgesuchten Dritten in einem vertraulichen, vom Dritten und den Parteien zu gestaltenden Verfahrensablauf, nach einer einverständlichen Lösung, die zugleich anschlussfähig in bezug auf das gerichtliche Verfahren ist. Außerdem wäre das Verfahren prozesskostenhilfefähig, was ein großer Vorteil gegenüber allen derzeitigen Verfahren wäre.[1212]

Differenziert betrachtet muss an dieser Stelle im Übrigen festgestellt werden, dass das, was einmal als Zwang empfunden worden ist nicht immer und unverändert so empfunden werden muss. Auch die Situation einer „Zwangsmediation" schließt einen Veränderungsprozess nicht völlig aus, was vor allem von den Umständen, insbesondere von dem Verhältnis der in dem Mediationsdreieck vereinten Beteiligten, abhängen wird. Unterstellt man die Möglichkeit einer solchen Veränderung, dann verliert der Widerspruch zwischen Zwangsmediation und dem Prinzip der Freiwilligkeit an Schärfe und Überzeugungskraft.[1213] Der Widerspruch bliebe unaufhebbar, was den Beginn der Mediation anbelangt. Er

[1208] Grilli in: AnwBl 1997, 533, 535.

[1209] So in den Staaten Maine, Kalifornien und Wisconsin.

[1210] Witte/Siebert/Kesten, S. 135.

[1211] So die BR-Begründung, zitiert nach Schwackenberg in: AnwBl. 1997, 524, 525.

[1212] Vgl. Begründung in: AnwBl 1997, 545, 551, sowie Schackenberg in: AnwBl 1997, 524, 527.

[1213] Gottwald in: BRAK-Mitteil. 1998, 60, 63: Gottwald unterscheidet zwischen dem (zulässigen) Zwang zur Anrufung des Verfahrens und dem (unzulässigen) Zwang innerhalb des Verfahrens.

würde gemindert bzw. kompensiert durch den weiteren Verlauf der Mediation. Die Schwierigkeit besteht darin, dass der Bürger allem Anschein nach alleine nicht einsehen will, dass eine Mediation gut für ihn und seine Situation ist, und muss deshalb zu seinem „Glück gezwungen" werden.[1214] Das vielfältige Angebot außergerichtlicher Streitschlichtung wurde bisher von der Bevölkerung nur sehr wenig angenommen.[1215] Dennoch könnten viele Betroffene überrascht sein, welche Möglichkeiten ihnen bei der Konfliktlösung zur Verfügung stehen. Mann und Frau könnten dadurch lernen, sich zu trennen ohne Kontaktabbruch, sich zu scheiden, ohne das elterliche Band zu zerschneiden, und eine neue nachfamiliale Beziehung zu entwickeln, die den Kindern Raum für ihre Entwicklung gibt. Entscheidend scheint der Schritt weg vom „Kampf ums Recht" hin zum „Streiten um Konsens". Mit „Streiten um Konsens" ist eine Formel gefunden, die nicht nur dieses Spannungsverhältnis, sondern auch die abstrakten Staatsziele Rechtsstaat und Demokratie über die Erfahrung der Bürger mit Leben zu erfüllen vermag.[1216] Je mehr die Bürger konkrete, eigene (insbesondere positive) Erfahrungen mit Demokratie und Rechtsstaatlichkeit verbinden, je eher werden sich diese Prinzipien in konkrete Anschauung verwandeln und „in den Köpfen und Herzen der Menschen verankert werden."[1217] Mediation erhöht die Chancen positive Erfahrungen mit regulierter Selbstregulierung machen zu können; d.h. in einer Konfliktsituation aus einem vielfältigen Angebot den Behandlungsweg wählen zu können, der dem Konflikt zu einer Lösung verhelfen kann, die nicht nur selbst (mit)gestaltet, sondern am Ende auch noch als fair akzeptiert wird.

13.7 Integration der Mediation in die juristische Ausbildung

Die Vielfalt der möglichen Mediationstypen hat in der Vergangenheit bei der berufsrechtlichen Einordnung häufig Schwierigkeiten bereitet. Des weiteren gibt es zur Zeit nur sehr wenig umfassend ausgebildete Mediatoren. Weder die Beteiligen selbst noch der zuständige Richter haben den nötigen Überblick über die vorhandenen Hilfsangebote. Auch kann eine Entscheidung nicht auf rein juristischem Wege gefällt werden, da die Richter in der Regel nicht über ausreichende psychologische Fähigkeiten verfügen. Mediation findet als Form der außergerichtlichen Konfliktbeteiligung in der juristischen Ausbildung in Deutschland keine entsprechende Eingliederung bei der Vermittlung des Lehrstoffes. Folglich beruht die praktische Tätigkeit der Juristen in der Konfliktbehandlung auf

---

[1214] Busse in: AnwBl 1997, 522, 523.

[1215] Beispielsweise im Jahr 1993 erledigten 3700 Schiedsmänner in Deutschland nur 1600 bürgerliche Rechtsstreitigkeiten, vgl. BT-Drucks. 13/6398 vom 04.12.1996, S. 18.

[1216] Duss-von Werth/Mähler/Mähler, S. 15/16.

[1217] Jentsch in: ZPR 1995, 9, 13; Lüke in: NJW 1995, 173, 175.

der während der Ausbildung erlangten Sichtweise des Streitstoffes. Jegliche Orientierung an alternativen Konfliktbehandlungssystemen ist der Juristenausbildung bisher fremd gewesen. Das Signal, dass der Gesetzgeber mit der Verabschiedung des neuen Kindschaftsrechts in Richtung auf eine außergerichtliche Konfliktbeteiligung gesetzt hat, kann nur dann richtig umgesetzt werden, wenn Aus- und Weiterbildungsmöglichkeiten in ausreichender Zahl angeboten und entsprechend genutzt werden.[1218] Demnach wird die universitäre Ausbildung langfristig nicht um eine Aufnahme der Mediation in die prüfungsrelevanten Fächer herumkommen. Dass das Erlernen dieser alternativen Konfliktbehandlungstechniken im Rahmen der universitären Ausbildung möglich ist, hat sich bereits am Beispiel der USA gezeigt. In den meisten Law Schools werden bereits entsprechende Ausbildungsprogramme im Fachbereich Mediation[1219] angeboten, und Mediation besitzt einen festen Platz in Forschung und Lehre.[1220] Jene Anwälte in den USA, die diesen Weg gehen und so den traditionellen juristischen, auf einem kontradiktorischen Modell beruhenden Bereich verlassen, ändern inzwischen ihre Methoden radikal, um sich einer auf Einverständnis abzielenden Praxis zu widmen.[1221] Inzwischen gibt es vereinzelt Fachbereiche der Rechtswissenschaft (z.B. Fernuniversität Hagen), die für Rechtsanwälte, Notare und Juristen mit erstem Staatsexamen das „Weiterbildende Studium Mediation" anbieten und somit die Teilnehmer zu Mediatoren ausbilden. Es reicht in den meisten Fällen eben nicht aus festzustellen wie die Rechtslage ist und welche Ansprüche (Positionen) den Parteien gegeneinander zustehen. Vielmehr ist entscheidend die Interessen der Parteien in Überschneidungsbereichen zu anderen Aspekten zu erforschen, wie beispielsweise psycho- oder soziologische Aspekte. Die ausschließliche Fokussierung auf den rein rechtlichen Bereich vernachlässigt die psychischen Aspekte des Mandanten, und ihm wird somit in der Regel mehr geschadet als genutzt. Soweit ein Mediator nicht nur eine Zusatzqualifikation in einem ihm bisher berufsfremden Bereich, sondern neben dem juristischen auch ein ebenso qualifiziertes psychologisches Ausbildungsniveau erlangt hat, kann er die Konfliktparteien ohne weitere Unterstützung umfassend betreuen.[1222] Ansonsten besteht noch die Möglichkeit einen Co-Mediator dazuzurufen, der dann in den jeweils berufsfremden Teilbereichen unterstützen kann. In diesem Fall wird dem Richter ein Mediator zur Seite und Hilfe gesetzt, der von ihm den

---

[1218] Diez/Krabbe in: Krabbe, S. 131.

[1219] In diesem Zusammenhang sei auf das Beispiel der Academy of Family Mediators (AFM) in den USA hingewiesen, die Minimalanforderungen für Ausbildung und Praxis des Mediators formuliert hat und die als Orientierung für die Praxis in Deutschland dienen könnte.

[1220] Breidenbach, S. 28.

[1221] Bastard/Cardia-Vonèche in: Familiendynamik 1992, 319, 331.

[1222] Mähler/Mähler in: Krabbe, S. 162.

Auftrag bekommt, ihn mit seinen Mitteln zu unterstützen.[1223] Die Tatsache, dass die vorgerichtliche Streitbeilegung ein lukratives Feld für die Tätigkeit von Rechtsanwälten ist, in dem hohe Zuwachsraten möglich sind, bestätigt die außergerichtliche Erledigungsquote von 50 bis 75%.[1224]

Von der Rechtsordnung eine umfassende Berücksichtigung aller persönlichen Merkmale bei der Gestaltung eines Konflikts zu verlangen, geht weit über das hinaus, was Gesetze zu leisten vermögen. Daher ist es sehr wichtig keinen standardisiertem Verfahren unterworfen zu sein, sondern eine umfassende Beratung und Betreuung in nicht nur juristischer Weise für die „Scheidungsfamilie" zu gewährleisten. Nur so können die Belange und Bedürfnisse aller Beteiligten, vor allem auch die der betroffenen Kinder, umfassend berücksichtigt werden. Die Vermittlungsverfahren stellen geeignete und wirksame Möglichkeiten dar, eine Regelung im Interesse der gemeinsamen Kinder zu erzielen. Dabei kann Mediation natürlich das gerichtliche Verfahren nicht ersetzen, sondern kann seine Berechtigung nur aus der Koexistenz zum traditionellen Verfahren ableiten.

13.8 Unerlässlichkeit der Betreuung der Kinder im Scheidungsverfahren

Durch die Trennungs- und Scheidungsberatung der Eltern können diese Vereinbarungen treffen, die den Bedürfnissen der Beteiligten gerecht werden sollen. Dabei ist aber zu bedenken, dass die Interessen der Eltern und die der Kinder keineswegs immer gleichgerichtet sind, besonders nicht in den schwierigen Situationen von Trennung und Scheidung. Begrüßenswert ist daher, dass das Kindschaftsrechtsreformgesetz mit der ausdrücklichen Zielsetzung gemacht und verabschiedet worden ist, die Rechte der Kinder zu verbessern und für die Förderung ihrer Interessen zu sorgen.[1225] Dabei soll das Bemühen deutlich werden auch die Kinderperspektive bereits frühzeitig zu berücksichtigen, was u.a. für die Erwachsenen bedeutet sich auf ein anderes Zeitempfinden einzustellen. Kinder erleben Zeit anders als Erwachsene, also müssen Regelungen und Vereinbarungen diesen Unterschied wenigstens mitbedenken.[1226] Kinder orientieren sich hauptsächlich an der Gegenwart, erst mit zunehmendem Alter wird der Zukunftsbezug wirksam. Außerdem ist die Kinderperspektive, je nach Alter und Entwicklungsstand des Kindes, unterschiedlich. Daher muss die Perspektive der

---

[1223] Hagner in: Familiendynamik 1984, 321, 335.

[1224] Schätzungen im familienrechtlichen Bereich: Bastine/Link/Lörch in: Familiendynamik 1992, 379, 382.

[1225] BT-Drucks. 13/8511, S. 65.

[1226] Plattner in: FamRZ 1993, 384, 385.

Kinder als Teil der konsensuellen Realität Raum in dem Mediationsprozess finden, damit Kinder nicht als Objekt wie Vermögen oder Hausrat verhandelt werden. Denn sollten die zerstrittenen Eltern keinen Blick für die Kinderperspektive haben, dann muss entweder der Mediator dafür sorgen, dass diese Perspektive eingeführt wird, oder die Kinder tun es (mit Hilfe des Mediators) selbst. Der Einwand, dass der Mediator dadurch seine durch Neutralität vorgegebene Rolle aufgibt, verkennt die Rolle der Kinder in der Trennungs- und Scheidungsmediation. Die Kinder sind zwar beteiligt und betroffen, aber keine Akteure. Gleichzeitig hat das gesamte Verfahren die Funktion dem Wohl der Kinder zu dienen. In diesem Kontext gehört es gerade zur Verfahrensherrschaft des Mediators die Bedürfnisse der Kinder zu vertreten, wenn die Eltern sie aus dem Blick verlieren.

13.9 Anhörungspflicht gem. § 613 Abs.1 Satz 2 ZPO

Dem Ziel folgend, dass Eltern ihre Kinder im Scheidungsverfahren nicht aus den Augen verlieren sollen, ist § 613 I 2 ZPO eingeführt worden, der besagt, dass Eltern im Scheidungsverfahren zu der Frage der elterlichen Sorge angehört werden. Durch diese Vorschrift soll sichergestellt werden, „dass die Eltern die künftige Gestaltung der elterlichen Sorge nicht aus vordergründigen Motiven des Scheidungsverfahrens ausklammern, sondern zur Wahrung des Kindeswohls eine bewusste Entscheidung für den Fortbestand der gemeinsamen Sorge oder für den Wunsch nach einer gerichtlichen Regelung treffen."

Wie weit diese Anhörung gehen wird, bleibt offensichtlich dem Richter überlassen. Angesichts seiner Aufgaben im Scheidungsverfahren ist aber kaum davon auszugehen, dass er die Eltern auf die ihnen bevorstehenden Schwierigkeiten vorbereitet. Eine Anhörung der Eltern von Seiten des Gerichts kann nicht ausreichen. Der Richter kann zwar in diesem Rahmen der Anhörung nach § 613 I 2 ZPO ansatzweise auf die Gefahren des gemeinsamen Sorgerechts eingehen, er hat aber in der Praxis weder die Zeit noch die nötige Ausbildung.

13.10 Verfahrenspfleger gem. § 50 FGG

In diesem Zusammenhang ist weiterhin der neue § 50 FGG von großem Interesse, der den lang gehegten Gedanken eines „Anwalt des Kindes" aufnimmt und konkret umzusetzen versucht. Gem. § 50 FGG wird bei erheblicher Interessenkollision des Kindes mit seinen gesetzlichen Vertretern[1227], bei Trennung von seiner Familie bzw. Entzug der gesamten Personensorge oder bei der Frage einer Herausnahme aus seiner Pflegefamilie, regelmäßig ein eigener Verfahrenspfleger zur Verfügung gestellt. Diese Regelung soll ermöglichen, dass das Gericht dem Kind immer dann, wenn bei einem schwerwiegenden Interessenkonflikt in einer für das weitere Schicksal des Kindes bedeutsamen Angelegenheit die selbständige Wahrnehmung seiner Interessen erforderlich ist, einen Verfahrenspfleger zur Seite stellt. Die Auswahl dieses Verfahrenspflegers liegt im Ermessen des Gerichts. Es kann sich dabei, entsprechend den Besonderheiten eines jeden Falls neben den Rechtsanwälten auch um Sozialpädagogen und Sozialarbeiter, Kinderpsychologen und gegebenenfalls sogar um engagierte Laien handeln. Erste Erfahrungen mit der Pflegerbestellung nach § 50 I FGG zeigen, dass sich Schwierigkeiten ergeben, das eigene Aufgabenfeld des Verfahrenspflegers zwischen denjenigen des Gerichts, des Jugendamtes und eines möglicherweise auch noch eingeschalteten Sachverständigen zu positionieren. Vom gesetzlichen Leitbild her handelt es sich um einen Interessenvertreter („Anwalt") des Kindes, der anders als die vorgenannten Mitwirkenden des Verfahrens zur Objektivität nicht verpflichtet ist.[1228] Dies bedeutet nicht, dass er sich nur zum Sprachrohr des (häufig wandelbaren und beeinflussbaren) Kindeswillen machen sollte. Bei richtigem Verständnis seiner Aufgabe hat der Pfleger auch die objektiven Kriterien des Kindeswohls ins Blickfeld zu nehmen.[1229]

Die Bedeutung dieses Verfahrenspflegers ist daher etwas zweifelhaft: Auch bei dem nunmehr eingeführten Antragsverfahren zur Übertragung der Alleinsorge handelt es sich um ein Verfahren der freiwilligen Gerichtsbarkeit, wobei der Richter die Möglichkeit und die Pflicht der Amtsermittlung hat (§ 12 FGG). Er kann dazu das Kind gem. § 50 b I FGG anhören und sich der Hilfe des Jugendamtes bedienen oder gem. § 48 a I, Nr. 6 FGG Sachverständigengutachten einholen. Über die Notwendigkeit der Pflegerbestellung entscheidet daher das Gericht auf Grund der Gegebenheiten des Einzelfalls. Nach den im Gesetzgebungsverfahren geäußerten Vorstellungen soll keineswegs in sämtlichen Sorge- und Umgangsverfahren ein Verfahrenspfleger bestellt werden. § 50 II Nr.1-3 FGG enthält einen Katalog von Fällen, in denen die Bestellung in der Regel erforderlich ist. Hauptanwendungsfall sind dabei Verfahren nach § 1671 bei erheblichen Interessengegensätzen zwischen Kind und den gesetzlichen Vertretern

---

[1227] Bereits im Jahr 1986 hat das BVerfG (E 72, 122-144) sich mit dieser Frage auseinandergesetzt und auf die Möglichkeit der Ergänzungspflegschaft (§ 1909 I, 1 BGB) hingewiesen, um für den Fall einer Interessenkollision zwischen Eltern und Kind ein Defizit in der Wahrnehmung der Kinderinteressen zu vermeiden.

[1228] BT-Drucksache 13/4899, 129, 130: „Person, die allein die Interessen des Kindes wahrnimmt."

[1229] Motzer in: FamRZ 1999, 1101, 1105.

(Nr.1). Das Bundesverfassungsgericht[1230] sieht die Bestellung eines Pflegers dann als notwendig an, wenn die Eltern durch ihr Verhalten zu erkennen gegeben haben, dass sie im Verfahren vornehmlich ihre eigenen Interessen durchsetzen wollen. Der Anspruch auf Gewährung rechtlichen Gehörs (Art. 103 I GG) soll die Bestellung des Pflegers in solchen Fällen erforderlich machen, wenn das Kind seine Verfahrensrechte im Hinblick auf Alter und Reife nicht selbst wahrnehmen kann.

Dieser Prozess der Entscheidungsfindung durch den Richter sollte gestärkt werden. Es ist nicht ersichtlich zu welchen weitergehenden Erkenntnissen ein Kindesanwalt gelangen könnte. Dagegen besteht die Gefahr, dass der Vortrag eines Kindesanwalts wegen (unzutreffend) vermuteter Objektivität unangemessene Beachtung erfährt und, dass demgegenüber die richterliche Sachverhaltsermittlung in den Hintergrund rückt. Ferner scheint es auch psychologisch untunlich im Sorgerechtsverfahren gleichsam eine dritte Partei zu kreieren. Des Weiteren ist die Bestellung eines Kindesanwalts mit zusätzlichen Verfahrenskosten für die Eltern verbunden, was wiederum Streitpotential in sich birgt. Ein funktionierendes Verfahren der freiwilligen Gerichtsbarkeit ist daher grundsätzlich geeigneter um allen Beteiligten gerecht zu werden und sollte daher gestärkt werden.

1230 BVerfG in: FamRZ 1999, 85.

14. Kapitel: Resümee

Der kontinuierliche Anstieg der Scheidungsrate, die Pluralisierung von Lebensformen neben der Ehe und ein gewandeltes Rollenverständnis mit entsprechenden Auswirkungen auf den Stellenwert von Partnerschaft und Familie haben die Entwicklung des elterlichen Sorgerechts nach Trennung und Scheidung maßgeblich beeinflusst. Frauen haben das Dilemma des Strebens nach Gleichberechtigung, insbesondere im beruflichen Umfeld, und der Wahrnehmung ihrer Rolle als Mutter zu bewältigen. Männer hingegen distanzieren sich angesichts zunehmender Berufstätigkeit der Frau von ihrer angestammten Rolle als Ernährer der Familie und nach der Scheidung als „Besuchsväter“ oder „Zahlväter“. Mit diesem Rollenverständnis der Eltern unlösbar verbunden ist die Bedeutung der Eltern-Kind-Beziehung, sowie die Beantwortung der Frage nach der im Kindeswohl liegenden Sorgerechtsausgestaltung.

Vorrangiger Gesichtspunkt jeglicher Sorgerechtsgestaltung, sei es gesetzlicher oder richterlicher Natur, muss das Kindeswohl sein. Die Trennung der Eltern bedeutet für das Kind immer eine psychische Katastrophe. In dieser einschneidenden psychischen Ausnahmesituation der Gestaltung der Lebensverhältnisse des Kindes kommt also insbesondere der Sorgerechtsregelung eine besondere Bedeutung zu.

In Deutschland wurde mit dem am 1. Juli 1998 in Kraft getretenen Kindschaftsrechtsreformgesetz eine Regelung des gemeinsamen Sorgerechts der Eltern nach Trennung und Scheidung eingeführt. Diese Neuregelung war erforderlich geworden, nachdem das Bundesverfassungsgericht mit seiner Entscheidung vom 3. November 1982 die grundsätzliche Zuweisung der elterlichen Sorge an nur einen Elternteil für verfassungswidrig erklärt hatte. Das gemeinsame Sorgerecht hat sich zu einer wertvollen Alternative zu dem Sorgerecht nur eines Elternteils entwickelt. Insbesondere vor dem Hintergrund der Erkenntnis, dass entwicklungsgeschichtlich der Kontakt zu beiden Elternteilen für das Kind eine besondere Bedeutung hat. Die Zuweisung des Alleinsorgerechts an einen Elternteil ist der Entwicklung des Kindes in vielen Fällen abträglich.

Der daraus resultierende Wunsch, dem Kind beide Elternteile zu erhalten, darf jedoch nicht dazu führen, alle anderen Gesichtspunkte zum Wohl des Kindes zu vernachlässigen. Daher kann im Ergebnis ein grundsätzlich wünschenswertes gemeinsames Sorgerecht der Eltern wegen völliger Kooperationsunfähigkeit und des daraus resultierenden Konfliktpotentials für das Kind abträglich sein. Bei diesen Sachverhalten erscheint die gesetzliche Neuregelung durch das Kindschaftsrechtsreformgesetz der Bedeutung des Kindeswohls nicht gerecht zu werden.

Nach der gesetzlichen Neuregelung sind Trennung und Scheidung der Eltern kein Anlass mehr für eine Sorgerechtsregelung; vielmehr verbleibt es bei dem durch die Ehe erworbenen gemeinsamen Sorgerecht. Jeder Elternteil kann jedoch einen Antrag stellen, dass ihm das Sorgerecht ganz oder teilweise zugewiesen wird. Ein solcher Antrag wird allerdings nur dann Erfolg haben, wenn die Aufhebung der gemeinsamen Sorge und die beantragte Alleinsorge im Kindeswohl liegen. Eine Definition des gemeinsamen Sorgerechts erhält die neue gesetzliche Regelung nicht. Einzige Vorgabe für die Ausgestaltung im Einzelfall ist die Zuweisung der Alleinentscheidungsbefugnis für alltägliche Angelegenheiten an den betreuenden Elternteil. Dagegen bleiben wesentliche Angelegenheiten der gemeinsamen Entscheidung der Eltern vorbehalten. Die in der gesetzlichen Neuregelung zum Ausdruck kommende Achtung vor der Elternautonomie auch für den Fall der dauernden Trennung der Eltern ist anerkennenswert. Jedoch lässt die neue Rechtslage Eltern und Kinder gerade in den oftmals unvermeidlichen Konfliktsituationen der schwierigen Trennungsphase allein. Das Kindschaftsrechtsreformgesetz geht von der Idealvorstellung eines vernünftigen Elternpaares aus, das nur zum Wohle des Kindes entscheidet. Es ist schwer nachzuvollziehen, woher der Gesetzgeber die Erwartung nimmt, dass Eltern ausgerechnet in einer Situation, in der diese feststellen, dass sie nicht zusammenleben können, alle Entscheidungen zum Wohle des Kindes gemeinsam treffen können oder wollen.

Es ist viel wahrscheinlicher, dass die Unbestimmtheit und Vielfalt der Umsetzungsmöglichkeiten des gemeinsamen Sorgerechts in vielen Partnerschaften das Konfliktpotential immer wieder aufflammen lässt. Der Antrag auf Übertragung der Alleinsorge kann zum Druckmittel werden und die Kinder ständigen Konflikten und der Unsicherheit aussetzen, hinsichtlich der Frage, bei wem sie eigentlich leben und wer in ihrem Leben entscheidungsbefugt ist. Der Kontakt des nicht betreuenden Elternteils wird allein durch Zuwachs der Rechtsmacht bei diesem Elternteil nicht verstärkt. Vielmehr wird gerade bei konfliktreichen Partnerschaften ein falsch verstandenes Mitsprachrecht Anlass für Auseinandersetzungen bieten und dem betreuenden Elternteil und damit auch dem Kind das Leben oft unnötig schwer machen. In der Regel wird der betreuenden Elternteil die Mutter sein. Sie muss nach der Scheidung mit dem zusätzlichen Erschwernis leben, dass sie jede wichtige Entscheidung mit dem Vater abzustimmen hat. Dieses kann nicht überzeugen. Solange in der Praxis alles beim Alten bleibt und es für Väter nicht genauso selbstverständlich wird, sich um die tägliche Versorgung der Kinder zu kümmern, kann eine gemeinsame Sorge der Eltern nach Scheidung nicht optimal für alle Beteiligten sein.

In den Vereinigten Staaten von Amerika ging man einen anderen Weg. Die amerikanische Gesetzgebung ist entsprechenden weitgehenden Forderungen aus der Frauenbewegung und von Väterinitiativen nicht gefolgt, sondern hat zum Schutze der Kinder gesetzliche Vorgaben für den Zuspruch der gemeinsamen Sorge gemacht. Immer ist eine richterliche Entscheidung über das Sorgerecht gefordert.

Der deutsche Gesetzgeber hat dies mit der Kindschaftsrechtsreform nicht getan. Vielmehr handelt es sich bei der Wahrnehmung des Sorgerechts nach Trennung und Scheidung um eine reine Privatangelegenheit der Eltern, ohne dass dem Staat nennbare Eingriffsmöglichkeiten zustehen. Der Elternwille steht allein unter dem Vorbehalt der konkreten Kindeswohlgefährdung gem. § 1666 BGB. Eine Regelung des Sorgerechts angesichts der Scheidung ist nach neuem Recht nicht mehr erforderlich. Um die Mindestanforderungen an den Verfassungsgrundsatz nach Art. 6 GG zu wahren, hat die Antragsschrift im Scheidungsverfahren gem. § 622 ZPO Angaben zu gemeinschaftlichen minderjährigen Kindern zu enthalten. Diese Regelung kann nicht überzeugen. Die durch das Kindschaftsrechtsreformgesetz gesetzlich geregelte und sogar normtechnisch zum Regelfall erhobene gemeinsame elterliche Sorge nach Scheidung der Eltern ist keine sachgerechte Konkretisierung des Kindeswohls. Ein gemeinsames Sorgerecht der Eltern nach Scheidung kann kein Patentrezept hierzu sein. Es ist eine Illusion zu glauben, die Scheidungsfolgen bei Kindern könnten durch ein gemeinsames Sorgerecht vermieden werden.

Ein gemeinsames Sorgerecht in der einen oder anderen Ausgestaltung kann daher allenfalls eine weitere Alternative für die Konkretisierung des Kindeswohls sein. Es ist demnach in gesteigertem Maße eine sorgsame Sachverhaltsaufklärung gefordert, um im Einzelfall über die für die Sorgerechtsentscheidung relevanten Kriterien möglichst umfassende Informationen zu erlangen. Außerjuristische Disziplinen und klare gesetzliche Vorgaben können hierzu einen wichtigen Beitrag leisten. Da der Jurist, aufgrund seiner gerichtszentrierten Ausbildung, nicht auf die außergerichtliche Konfliktvermittlung vorbereitet wurde, um gerade in Familiensachen für eine sachgerechte Entscheidung die Psyche der Beteiligten hinreichend berücksichtigen zu können, ist die Beteiligung außergerichtlicher Institutionen von besonderer Bedeutung.

In Deutschland ist die Beteiligung des Jugendamtes vor Entscheidungen über das Sorgerecht zu hören. Wenn ein Sorgerechtsverfahren allerdings auf der

Grundlage der gesetzlichen Neuregelung durch das Kindschaftsrechtsreformgesetz bei Beibehaltung der gemeinsamen Sorge nicht durchgeführt wird, verliert die obligatorische Beteiligung des Jugendamtes gerade in diesen wichtigen Fällen völlig an praktischer Bedeutung. Vielmehr ist in diesen Fällen die Wahrnehmung des Beratungsangebots allein von der Bereitwilligkeit der Eltern abhängig. Oft sind den Eltern die Anforderungen an ein gemeinsames Sorgerecht nach Scheidung, ihr Konfliktpotential oder auch die psychische Situation ihres Kindes aber gar nicht bewusst oder sie schätzen die Situation falsch ein. Von daher werden diese Eltern auch keine außergerichtliche Hilfe in Anspruch nehmen, obwohl es für das Kind vorteilhaft wäre.

Die einfühlende Hilfe durch außergerichtliche Instanzen dient gerade in Problemfällen der Entwicklung eines Sorgerechtskonzepts zum Wohl des Kindes. Diese kann bei entfremdeten, schwer kooperationsfähigen Paaren zum Erfolg führen eine geeignete Sorgerechtsform zu finden, was sonst gerade in diesen Fällen nicht mehr gewährleistet ist. Dabei kann die Familienmediation optimal genutzt werden, um über den rein rechtlichen Streitgegenstand hinaus Vereinbarungen zu treffen, die tief liegenden Konfliktursachen zu erkennen und zu beherrschen und damit eine zukunftorientierte Kooperation zugunsten der Konfliktparteien selbst und der gemeinsamen Kinder zu erzielen.

Allein durch die privatautonome Kooperation der Beteiligten können Selbstheilungskräfte aktiviert werden, ohne die eine sinnvolle Gestaltung der Zukunft für das Kind nicht möglich ist. Entscheidend und von überragender Bedeutung ist dabei die konstitutive Mitwirkung der Eltern im jeweiligen Einzelfall. Dem Wohl des Kindes kann immer nur eine dauerhafte und einvernehmliche Lösung wirklich dienen, die von allen Beteiligten mitgetragen wird.

15. Literaturverzeichnis

Abarbanel, Alice, Shared Parenting after Separation and Divorce, in: American Journal of Orthopsychiatry 1979,320, 329

Ahrens, Stephan, Lehrbuch der psychotherapeutischen Medizin, Hamburg, 1996 (zit: Bearb. in: Ahrens)

Alfermann, Dorothee, Geschlechterrollen und geschlechtstypisches Verhalten, Stuttgart, Berlin, Köln, 1996 (zit: Alfermann)

Amato, Paul R., Children's adjustment to divorce : Theories, Hypotheses and empirical support, in: Journal of Marriage and the Family 1993, 23, 38

Amato, Paul R. / Keith, Bruce, Parental Divorce and the Well-Being of Children: A Meta-Analysis, in: Psychological Bulletin 1991, 26, 46

Amato, Paul R. / Keith, Bruce, Parental Divorce and adult well-being: A Meta-Analysis, in: Journal of Marriage and the Family 1991, 43, 58

Arnold, Egon, Die neue Rechtslage im Familienrecht, in: MDR 1953, 326, 335

Arntzen, Friedrich, Elterliche Sorge und persönlicher Umgang mit Kindern aus gerichtspsychologischer Sicht, Bochum, 1980 (zit: Arntzen)

Balloff, Rainer, Wo bleibt das Kind nach der Scheidung? in: Psychologie Heute 1988 (15), 44, 51

Balloff, Rainer, Alleinerziehung und gemeinsame elterliche Sorge, Berlin, 1989 (zit: Balloff)

Balloff, Rainer, Alleinerziehende Eltern, in: ZBlJugR 1991, 256, 264

Balloff, Rainer, Kinder vor Gericht. Opfer, Täter, Zeugen, München, 1992 (zit: Balloff, Kinder vor Gericht)

Balloff, Rainer / Walter, Eginhard, Gemeinsame elterliche Sorge als Regelfall? in: FamRZ 1990, 445, 454

Balloff, Rainer / Walter, Eginhard, Reaktionen der Kinder auf die Scheidung der Eltern bei alleiniger oder gemeinsamer elterlicher Sorge, in: Psychologie in Erziehung und Unterricht 1991, 81, 95

Balloff, Rainer / Walter, Eginhard, Konzeptionelle Gedanken zur Trennungs- und Scheidungsintervention, in: FuR 1991, 63, 69

Barrett, Brian Fergus, Dissertation. Begutachtung der Beziehungsproblematik des Kindes in der Scheidungssituation. Eine retrospektive Auswertung von 150 Gutachten zum elterlichen Sorge- und Umgangsrecht, Freiburg im Breisgau, 1999 (zit: Barrett, Diss.)

Bastard, Benoit / Cardia-Vonèche, Laura, Die unaufhaltsame Verbreitung der Familien-Mediation, in: Familiendynamik 1992, 319, 346

Bastian, Günther / Roth-Stielow, Klaus / Schmeiduch, Dietmar, 1. EheRG. Das neue Ehe- und Scheidungsrecht, Kommentar, 1. Auflage, Stuttgart, Berlin, Köln, Mainz, 1978 (zit: Bearb in: Bastian/Roth-Stielow/Schmeiduch)

Bastian, Hildegard, Geschiedene Kinder. Über das gemeinsame Sorgerecht nach der Scheidung: Voraussetzungen und Hilfen, Münster, Hamburg, 1985 (zit: Bastian)

Bastine, Reiner / Link, Gabriele / Lörch, Bernd, Scheidungsmediation: Möglichkeiten und Grenzen, in: Familiendynamik 1992, 379, 394

Bauer, Jost / Schimke, Hans-Jürgen / Dohmel, Wolfgang, Recht und Familie. Rechtsgrundlage der Sozialisation, Neuwied, 1995 (zit: Bauer/Schimke/Dohmel)

Beal, Edward / Hochman, Gloria, Wenn Scheidungskinder erwachsen sind. Psychische Spätfolgen der Trennung, Frankfurt am Main, 1994, (zit: Beal/Hochman)

Beck, D. / Lempp, R. Die Bedeutung nicht normaler Familienverhältnisse für die Entstehung und Art psychoreaktiver Störungen, in: Zeitschrift für Psychotherapie und medizinische Psychologie 1969, 1, 11

Beck, Ulrich, Risikogesellschaft, Frankfurt am Main, 1988 (zit: Beck)

Beck, Ulrich / Beck-Gernsheim, Elisabeth, Das ganz normale Chaos der Liebe, Frankfurt am Main, 1990 (zit: Beck/Beck-Gernsheim)

Beck, Ulrich / Beck-Gernsheim, Elisabeth, Riskante Freiheiten. Individualisierung in modernen Gesellschaften, Frankfurt a. M., 1994 (zit: Bearb. in: Beck/Beck-Gernsheim, Riskante Freiheiten)

Beck-Gernsheim, Elisabeth, Vom „Dasein für andere" zum Anspruch auf ein Stück „eigenes Leben", in: Soziale Welt 34, 1983, 307, 340

Beck-Gernsheim, Elisabeth, Was kommt nach der Familie? Einblicke in neue Lebensformen, 2. Auflage, München, 2000 (zit: Beck-Gernsheim)

Becker-Toussaint / Hildegard, Wimmer, Brigitte, Scheidung und Scheidungsfolgen aus Sicht der Frau, Wiesbaden, 1989 (zit: Bearb. in: Becker-Toussaint/Wimmer)

Beitzke, Günther ,Familienrecht: ein Studienbuch, 4. Auflage, München, 1947 (zit: Beitzke)

Beitzke, Günther / Hübner, Konrad, Die Gleichberechtigung von Mann und Frau, Göttingen, 1950 (zit: Beitzke/Hübner)

Beitzke, Günther / Lüderitz, Alexander, Familienrecht, 27. Auflage, Köln, 1998 (zit: Beitzke/Lüderitz)

Belchaus, Günter, Elterliches Sorgerecht. Kommentar zum Gesetz zur Neuregelung des Rechts der elterlichen Sorge, Bonn-Bad Godesberg, 1979 (zit: Belchaus)

Benard, Cheryl / Schlaffer, Edit, Viel erlebt und nichts begriffen. Die Männer und die Frauenbewegung, Reinbek bei Hamburg, 1986 (zit: Benard/Schlaffer, Viel erlebt und nichts begriffen)

Benard, Cheryl / Schlaffer, Edit, Sagt uns, wo die Väter sind. Von Arbeitssucht und Fahnenflucht des zweiten Elternteils, Reinbek bei Hamburg, 1993 (zit: Benard/Schlaffer)

Berger, Johannes, Die Moderne –Kontinuitäten und Zäsuren, Bielefeld, 1986 (zit: Bearb. in: Berger)

Bergmann, Margarethe / Gutdeutsch, Werner, Zur Anordnung der Kindesanhörung im Scheidungsverfahren ohne Sorgerechtsantrag, in: FamRZ 1999, 422, 426

Bernhardt, Hanspeter / Haase, Wolfgang / Kloster-Harz, Doris / Tauche, Almut, Wir bleiben Eltern trotz Scheidung. Das gemeinsame Sorgerecht als Chance, 1995 (zit: Bernhard/Haase/Kloster-Harz/Tauche)

Bertram, Hans / Borrmann-Müller, Renate, Individualisierung und Pluralisierung familialer Lebensformen, in: Aus Politik und Zeitgeschichte 1988, B13, 14, 23

Blasius, Dirk, Ehescheidung in Deutschland im 19. und 20. Jahrhundert, Frankfurt, 1992 (zit: Blasius)

Bock-Rosenthal, Erika / Haase, Christa / Streeck, Sylvia, Wenn Frauen Karriere machen, Frankfurt am Main, New York, 1978 (zit: Bock-Rosenthal/Haase/Streeck)

Boehmer, Gustav, Die Teilreform des Familienrechts durch das Gleichberechtigungsgesetz vom 18. Juni 1957 und das Familienrechtsänderungsgesetz vom 11. August 1961, Tübingen, 1962 (zit: Boehmer)

Böttger, Sonja / Rust, Gisela, Alleinerziehende Frauen in Hamburg, Hamburg, 1985 (zit: Böttger/Rust)

Bojanovsky, Jörg J., Psychische Probleme bei Geschiedenen, Stuttgart, 1983 (zit: Bojanovsky)

Bopp, Annette / Nolte-Schefold, Sigrid, Stiefkinder-Rabeneltern, Rabenkinder-Stiefeltern, Leben in einer Patchworkfamilie: Probleme erkennen, Perspektiven gewinnen, Reinbek bei Hamburg, 1999 (zit: Bopp/Nolte-Schefold)

Born, Winfried, Gemeinsames Sorgerecht: Ende der „modernen Zeiten"? in: FamRZ 2000, 396, 399

Born, Claudia / Vollmer, Christine, Familienfreundliche Gestaltung des Arbeitslebens, Schriftenreihe des Bundesministers für Jugend, Familie und Gesundheit, Band 135, Bremen, Dortmund, 1982 (zit: Born/Vollmer)

Bosch, F. W., Gleichberechtigung im Bereich der elterlichen Gewalt, in: SJZ 1950, 625, 646

Bosch, F. W., Den Strafantrag des gesetzlichen Vertreters eines ehelichen Kindes müssen beide Eltern stellen, in: FamRZ 1956, 89

Bosinski, Hartmut / Kirchhof, Paul / Nave-Herz, Rosemarie / Robbers, Gerhard / Rotter, Hans, Eingetragene Lebenspartnerschaft, Rechtssicherheit für homosexuelle Paare – Angriff auf Ehe und Familie? Regensburg, 2001 (zit: Bearb. in: Bosinski, u.a.)

Bowlby, John, Mutterliebe und kindliche Entwicklung, München, Basel, 1985 (zit: Bowlby, Mutterliebe und kindliche Entwicklung)

Bowlby, John, Bindung. Eine Analyse der Mutter-Kind-Bindung, 3. Auflage, Frankfurt a.M., 1986 (zit: Bowlby, Bindung. Eine Analyse der Mutter-Kind-Bindung)

Bowlby, John / Ainsworth, Mary D. Salter, Frühe Bindung und kindliche Entwicklung, 4. Auflage, München, 2001 (zit: Bowlby/Ainsworth, Frühe Bindung und kindliche Entwicklung)

Breidenbach, Stephan, Mediation. Struktur, Chancen und Risiken im Konflikt, Köln. 1995 (zit: Breidenbach)

Breidenbach, Stephan / Henssler, Martin, Mediation für Juristen, Köln, 1997 (zit: Bearb. in: Breidenbach/Henssler)

Bronfenbrenner, Urie, Die Ökologie der menschlichen Entwicklung. Natürliche und geplante Experimente, Frankfurt am Main, 1989 (zit: Bronfenbrenner)

Bruch, Carol S., Parental Alienation Syndrome und Parental Alienation : Wie man sich in Sorgerechtsfällen irren kann, in: FamRZ 2002, 1304, 1315

Brunner, Ewald Johannes, Interaktionen in der Familie, Tübingen, 1984 (zit: Bearb. in: Brunner)

Brunner, Heinrich, Deutsche Rechtsgeschichte, 1. Band, 3. Auflage, Berlin, 1961 (zit: Brunner)

Bruns, Rudolf, „Elterliche Sorge" Klarstellungen, in: FamRZ 1979, 279, 282

Bruns, Manfred / Kemper, Rainer, LPartG, Gesetz zur Beendigung der Diskriminierung gleichgeschlechtlicher Gemeinschaften: Lebenspartnerschaften, 1. Auflage, 2001 (zit: Bruns/Kemper)

Buchhofer, Bernd, Die soziale Lage der Ein-Eltern-Familie, Hamburg, 1980 (zit: Buchhofer)

Bürge, Alfons, Römisches Privatrecht, Rechtsdenken und gesellschaftliche Verankerung, Darmstadt, 1999 (zit: Bürge)

Büttner, Helmut, Änderungen im Familienverfahrensrecht durch das Kindschaftsrechtsreformgesetz, in: FamRZ 1998, 585, 594

Busch, Gabriele / Hess-Diebäcker, Doris / Stein-Hilbers, Marlene, Den Männern die Hälfte der Familie den Frauen mehr Chancen im Beruf, Weinheim, 1988 (zit: Busch/Hess-Diebäcker/Stein-Hilbers)

Busse, Felix, Die obligatorische Streitschlichtung –Eine Herausforderung für die Anwaltschaft, in: AnwBl 1997, 522, 524

Chesler, Phylli,s, Mothers on trial. Auszugsweise übersetzt in: Frauen und Schule), Hamburg, London, 1986 (zit: Bearb. in: Chesler)

Coester, Michael, Das Kindeswohl als Rechtsbegriff, Augsburg, 1982 (zit: Coester)

Coester, Michael, Neue Aspekte zur gemeinsamen elterlichen Verantwortung nach Trennung und Scheidung, in: FuR 1991, 70, 74.

Coester, Michael Sorgerecht bei Elternscheidung und KJHG, in: FamRZ 1992, 617, 625

Coester, Michael, Elternrecht des nichtehelichen Vaters und Adoption, in: FamRZ 1995, 1245, 1251

Coester, Michael, Elternautonomie und Staatsverantwortung bei der Pflege und Erziehung von Kindern, in: FamRZ 1996, 1181, 1187

Cotroneo, Margaret / Krasner, Barbara R., Familie und Rechtsprechung – Die Überschneidung zweier Systeme in familienbezogenen Gerichtsgutachten, in: Familiendynamik 1979, 355, 361

Deutsch, Morton, The Resolution of Conflict, New Haven, 1973 (zit: Deutsch)

Deutsch, Morton, Konfliktregelung. Konstruktive und destruktive Prozesse, München, Basel, 1976 (zit: Deutsch, Konfliktregelung)

Deutsches Jugendinstitut, Wie geht`s der Familie? Handbuch zur Situation der Familien heute, München, Kösel, 1988 (zit.: Bearb. in: Deutsches Jugendinstitut)

Dickmies, Franz, Die gemeinsame Sorge –ein engagiertes Plädoyer. Die Bewältigung der Scheidungskrise, Hilfe durch Gerichte und Jugendämter? in: ZBlJugR 1989, 57, 60

Dieckmann, Albrecht, Betrachtungen zum Recht der elterlichen Sorge -vornehmlich für Kinder aus gescheiterter Ehe, in: AcP 178, 298, 336

Diederichsen, Eva, Dissertation. Gemeinsames Sorgerecht der Eltern nach Scheidung – sachgerechte Konkretisierung des Kindeswohls? Eine rechtsvergleichende Darstellung der Rechtslage in den Vereinigten Staaten von Amerika und in Deutschland, Regensburg, 1999 (zit: Diederichsen Diss)

Diederichsen, Uwe, Zur Reform des Eltern-Kind-Verhältnisses, in: FamRZ 1978, 461, 474

Diederichsen, Uwe, Die Neuregelung des Rechts der elterlichen Sorge, in: NJW 1980, 1, 11

Diederichsen, Uwe, Die Reform des Kindschafts- und Beistandschaftsrechts, in: NJW 1998, 1977, 1991

Diederichsen, Uwe, Festschrift für Walter Rolland zum 70. Geburtstag. Der Weg der gemeinsamen elterlichen Sorge in die Eindimensionalität, Köln, 1999 (zit: Diederichsen, Festschrift für Rolland)

Diefenbach, Heike, Intergenerationale Scheidungstransmission in Deutschland: Relevanz für Erklärungsansätze, in: Zeitschrift für Rechtssoziologie 1997, 88, 105

Diekmann, Andreas / Engelhardt, Henriette, Die soziale Vererbung des Scheidungsrisikos. Eine empirische Untersuchung der Transmissionshypothese mit dem deutschen Familiensurvey, in: Zeitschrift für Soziologie 1995, 215, 228

Dittmann, Karl, Sonderfragen zur Regelung der elterlichen Gewalt während und nach der Ehescheidung unter Berücksichtigung des neuen Ehescheidungsrechts, in: ZBlJugR 1977, 187, 199

Döcker, Andreas, Kinder alleinerziehender Mütter und Väter -Eine kinder- und jugendpsychiatrische Untersuchung ihrer Verhaltensauffälligkeiten unterbesonderer Berücksichtigung der sozialen Situation, Stuttgart, 1987 (zit: Döcker)
Döcker, Andreas / Knöbl, Helmut, Kinder alleinerziehender Mütter und Väter -eine kinder- und jugendpsychiatrische Untersuchung, in: Praxis der Kinderpsychologie und Kinderpsychiatrie 1987, 62, 66
Dölle, Hans, Die Gleichberechtigung von Mann und Frau im Familienrecht, in: JZ 1953, 353, 362
Dolto, Francoise, Scheidung. Wie ein Kind sie erlebt: Francoise Dolto im Gespräch mit Ines Angelino, Stuttgart, 1993 (zit: Dolto)
Dopffel, Peter, Die Gleichberechtigung von Mann und Frau im Familienrecht der Bundesrepublik Deutschland, in: ZfRV 1978, 1, 17
Dornes, Martin, Die emotionale Welt des Kindes, Frankfurt am Main, 2000 (zit: Dornes)
Dudley, J. R., Increasing our understanding of divorced fathers who have infrequent contact with their children, in: Family Relations 1991, 279, 285
Dümmler, Franzis Daniela, Dissertation. Wandel und Qualität von Familienbeziehungen bei Scheidung und Wiederheirat aus kindlicher Perspektive. Schwerpunkt: Kindliche Bewältigungsformen von Scheidung, Augsburg, 1996 (zit: Dümmler, Diss.)
Dulckeit, Gerhard / Schwarz, Fritz / Waldstein, Wolfgang, Römische Rechtsgeschichte, 6. Auflage, Salzburg, 1975 (zit: Dulckeit/Schwarz/Waldstein)
Duss-von Werth, Josef / Mähler, Gisela / Mähler, Hans-Georg, Mediation: Die andere Scheidung. Ein interdisziplinärer Überblick, Stuttgart, 1995 (zit: Bearb. in: Duss-von Werth/Mähler/Mähler)

Eid, Volker / Vaskovics, Laszlo, Wandel der Familie –Zukunft der Familie, Bamberg, 1981 (zit: Eid/Vaskovics)
Ell, Ernst, Anmerkungen aus psychologischer Sicht zur Regelung der Personensorge, in: ZBlJugR 1980, 319, 325
Ell, Ernst, Wie ist das mit der „Hauptbezugsperson"? in: ZBlJugR 1982, 76, 82
Emnid, Politische Umfrage: Lage, Dauer, Tatsachen, Entwicklungen, Erwartungen und Verteilung der Arbeitszeit (Forschungsbericht im Auftrag des Bundesministers für Arbeit und Sozialordnung), Bonn, 1981 (zit: Emnid 1981)
Erikson, Erik H., Kindheit und Gesellschaft, 13. Auflage, Stuttgart, 1999 (zit: Erikson)
Erler, Michael, Die Dynamik der modernen Familie. Empirische Untersuchung zum Wandel der Familienformen in Deutschland, Frankfurt am Main, 1995 (zit: Erler)
Erman, BGB-Kommentar, Band II, §§ 854 - 2385, 10. Auflage, 2000. (zit: Bearb. in: Erman-Komm.)
Ernst, Cécile / Luckner, Nikolaus von, Stellt die Frühkindheit die Weichen? Eine Kritik an der Lehre von der schicksalshaften Bedeutung erster Erlebnisse, Zürich, 1984 (zit: Ernst/von Luckner)
Ernst, Rüdiger, Mitteilungen: Interdisziplinäres Symposium zum Thema „Scheidungskinder", in: NJW 1999, 927, 928
Eschweiler, Peter, Familiengerichtliches Verfahren, in: Familiendynamik 1992, 373, 374
Esser, Josef, Interpretation und Rechtsneubildung im Familienrecht, in: JZ 1953, 521, 526
Evangelische Aktionsgemeinschaft für Familienfragen, Familienpolitisches Programm, 1991
Evans-von Krebek, Franziska-S., Gemeinsame elterliche Gewalt über das Kind nach der Scheidung? in: FamRZ 1975, 20, 24

Fabricius-Brand, Margarete, Wenn aus Ehen Akten werden. Scheidungs-Protokolle, Frankfurt am Main, New York, 1989 zit: Bearb. in: Fabricius-Brand)

Faltermeier, Josef / Fuchs, P., Trennungs- und Scheidungsberatung durch die Jugendhilfe, Frankfurt, 1992 (zit: Bearb. in: Faltermeier/Fuchs)

Familienrechtsreformkommentar, bearbeitet von Dieter Bäumel, u.s.w. Bielefeld, 1998 (zit: Bearb. in: FamRefK)

Fassel, Diane, Ich war noch ein Kind als meine Eltern sich trennten. Spätfolgen der elterlichen Scheidung überwinden, München, 1994 (zit: Fassel)

Fehmel, Hans-Werner, Gemeinsames elterliches Sorgerecht nach der Scheidung? in: FamRZ 1979, 380, 381

Fehmel, Hans-Werner, Ist das Verbot des gemeinsamen elterlichen Sorgerechts nach der Scheidung (§ 1671 IV, 1 BGB) verfassungswidrig? in: FamRZ 1980, 758, 761

Fehr, Hans, Die Rechtsstellung der Frau und der Kinder in den Weistümern, Jena, 1912 (zit: Fehr)

Figdor, Helmut, Kinder aus geschiedenen Ehen: Zwischen Trauma und Hoffnung. Eine psychoanalytische Studie. Aus der Reihe: Psychoanalytische Pädagogik Band 6, 4. Auflage, Wien, 1994 (zit: Figdor)

Filipp, Sigrun-Heide, Kritische Lebensereignisse, 3. Auflage, Weinheim, 1995 (zit: Filipp)

Finger, Peter, Gemeinsame elterliche Sorge nach der Ehescheidung –eine Umfrage bei hessischen Familiengerichten, in: DRiZ 1985, 91, 97

Finger, Peter, Zur gemeinsamen elterlichen Sorge nach der Ehescheidung –eine Nachfrage bei den hessischen Familiengerichten, in: DRiZ 1988, 12, 17

Finke, D., Probleme des Familienrechts nach dem Inkrafttreten des Grundsatzes der Gleichberechtigung am 1.4.1953,in: BB 1953, 271, 273

Finke, D., Das Rechtsverhältnis zwischen beiden Eltern und Kindern unter dem Grundsatz der Gleichberechtigung von Mann und Frau, in: NJW 1953, 606, 614

Firsching, Karl, „Das eheliche Kind“ in der Rechtsprechung der letzten Jahre, in: FamRZ 1956, 136, 139

Fischer, Wera, Das Parental Alienation Syndrome (PAS) und die Interessenvertretung des Kindes, in: NDV 1998, 306, 310

Flügge, Sibylla, Ambivalenzen im Kampf um das Sorgerecht - Die Geschichte der elterlichen Ambivalenzen im Kampf um das Sorgerecht - Die Geschichte der elterlichen Gewalt und die aktuelle Diskussion um die gemeinsame Sorge. Gewalt und die aktuelle Diskussion um die gemeinsame Sorge, in: STREIT 1991, 4, 15

Framo, James L., Scheidung der Eltern –Zerreißprobe für die Kinder, in : Familiendynamik 1980, 204, 227

Freund, C., Langfristige Effekte der Ehescheidung der Eltern während der Adoleszenz ihrer Töchter, Regensburg, 1996 (zit: Freund)

Friedl, Ilja, Stieffamilien. Ein Literaturbericht zu Eigenart, Problemen und Beratungsansätzen, München, 1988 (zit: Friedl)

Fthenakis, Wassilios E., Väter, Band 1: Zur Psychologie der Vater-Kind-Beziehung. München, 1984 (zit: Fthenakis, Bd. 1)

Fthenakis, Wassilios E.,Väter, Band 2: Zur Vater-Kind-Beziehung in Verschiedenen Familienstrukturen, München, 1984 (zit. Fthenakis, Bd. 2)

Fthenakis, Wassilios E., Zum Stellenwert der Bindungen des Kindes als sorgerechtsrelevantes Kriterium gem. § 1671 BGB,in: FamRZ 1985, 662, 672

Fthenakis, Wassilios E., Interventionsansätze während und nach der Scheidung –Eine systemtheoretische Betrachtung, in: Archiv für Wissenschaft und Praxis der sozialen Arbeit 1/1986, 174, 201

Fthenakis, Wassilios E., Buchbesprechung: Luthin, Horst: Gemeinsames Sorgerecht nach Scheidung, in: FamRZ 1988, 578, 580

Fthenakis, Wassilios E / Niesel, Renate / Kunze, Hans-Rainer, Ehescheidung. Konsequenzen für Eltern und Kinder, München, Wien, Baltimore, 1982 (zit: Fthenakis/Niesel/Kunze)

Fthenakis, Wassilios E. / Kunze, Hans-Rainer / Niesel, Renate, Das gemeinsame Sorgerecht der Eltern, in: Psychologie Heute 1982, 54, 60

Furstenberg, Frank F. / Cherlin, Andrew J., Geteilte Familien (Divided Families). Harvard University Press, Cambridge, Mass. & London, England, 1991 (zit: Furstenberg/ Cherlin)

Furstenberg, F.F. / Nord, C.W. / Peterson, J.L. / Zill, N., The life course of children of divorce. Marital disruption and parental conflict, in: American Sociological Review 1983, 656, 668

Gaier, Otto R., Der Riss geht durch die Kinder. Trennung, Scheidung und wie man Kindern helfen kann, München, 1987 (zit: Gaier)

Gately, D.W. / Schwebel, A.I., The challenge modell of children`s adjustment to parental divorce: Explaining favorabel post-divorce outcomes in children, in: Journal of Family Psychology 1991, 60, 81

Gerhardt, Peter / Heintschel-Heinegg, Bernd v. / Klein, Michael, Handbuch des Fachanwalts für Familienrecht, 3. Auflage, München, Straubing, Regensburg, 2001 (zit: Gerhardt/Heintschel-Heinegg/Klein)

Gern, Christiane, Dissertation. Geschlechterrollen: Stabilität oder Wandel? Eine empirische Analyse anhand von Heiratsinseraten, Hamburg, 1990 (zit. Gern, Diss.)

Gernhuber, Joachim / Coester-Waltjens, Dagmar,Lehrbuch des Familienrechts, 4. Auflage, Tübingen, München, 1993 (zit: Bearb. in: Gernhuber/Coester-Waltjens)

Glenewinkel, Werner, Dissertation. Mediation als außergerichtliches Konfliktlösungsmodell. Am Beispiel der Trennungs- und Scheidungssituation in der Bundesrepublik Deutschland, Göttingen, 1999 (zit: Glenewinkel, Diss.)

Gloor, Prisca, Dissertation. Mediation. Ein Vermittlungsverfahren für familiäre Konflikte, Zürich, 1993 (zit: Gloor, Diss.)

Goldbrunner, Hans, Trauer und Beziehung: systemische und gesellschaftliche Dimensionen der Verarbeitung von Verlusterlebnissen, Mainz, 1996 (zit: Goldbrunner)

Goldstein, Joseph / Freud, Anna / Solnit, Albert J. / Goldstein, Sonja, Das Wohl des Kindes. Grenzen professionellen Handelns, Frankfurt am Main, 1988 (zit: Goldstein/Freud/Solnit/Goldstein)

Goldstein, Sonja / Solnit, Albert J., Wenn Eltern sich trennen, was wird aus den Kindern? New Haven, London, 1989 (zit: Goldstein/Solnit)

Gottwald, Walther, Alternativen in der Rechtspflege, in: BRAK-Mitteilungen 1998, 60, 66

Greenglass, Ester R., Geschlechterrolle als Schicksal. Soziale und psychologische Aspekte weiblichen und männlichen Rollenverhaltens, Burgdorf/Bern, 1986 (zit: Greenglas)

Greßmann, Michael, Neues Kindschaftsrecht, Bonn, 1997 (zit: Greßmann)

Greven-Aschoff, Barbara ,Die bürgerliche Frauenbewegung in Deutschland 1894-1933, Göttingen, 1981 (zit: Greven-Aschoff)

Grilli, Peter J., Vom Anwalt zum Schlichter. Ein amerikanischer Mediator berichtet, in: AnwBl 1997, 533, 535

Grosse, Martin Christian, Dissertation. Freie römische Ehe und nichteheliche Lebensgemeinschaft, Berlin, 1990 (zit: Grosse, Diss.)

Gründel, Matthias, Dissertation. Gemeinsames Sorgerecht - Erfahrungen geschiedener Eltern, Göttingen, 1993 (zit: Gründel, Diss.)

Grziwotz, Herbert, Nichteheliche Lebensgemeinschaft, 3. Auflage, Regen, 1998 (zit: Grziwotz)

Gutschmidt, Gunhild, Kind und Beruf. Alltag alleinerziehender Mütter, 3. Auflage, Weinheim, München, 1991 (zit: Gutschmidt)

Haasen, Uwe, Nach Verwirklichung des Gleichberechtigungsgrundsatzes steht die gesetzliche Vertretung des ehelichen Kindes beiden Eltern gemeinschaftlich zu, in: FamRZ 1956, 89, 90

Hagemann, Joachim, Dissertation. Sorgerecht und Scheidungskinder in der Kinder- und Jugendpsychiatrie, Tübingen, 1983 (zit: Hagemann, Diss.)

Hagemeyer, A., Denkschrift über die Anpassung des geltenden Familienrechts an den Grundsatz der Gleichberechtigung von Mann und Frau (Art. 3 II GG) erforderlichen Gesetzesänderungen, III. Teil, Köln, 1952 (zit: Hagemeyer, Denkschrift III)

Hagner, Karl Wilhelm, Zur Rolle des Familiengutachters und seinem Verhältnis zum Familienrichter im streitigen Sorgerechtsverfahren – Elemente einer systemischen Betrachtungs- und Vorgehensweise, in: Familiendynamik 1984, 321, 338

Hahn, Jochen / Lomberg, Berthold / Offe, Heinz, Scheidung und Kindeswohl: Beratung und Betreuung durch scheidungsbegleitende Berufe, 2. Auflage, Heidelberg, 1994 (zit: Bearb. in: Hahn/Lomberg/Offe)

Hammerbacher, Paul-Titus, Dissertation. Chancen und Risiken der Familienmediation am Beispiel des neuen Kindschaftsrechts, Stuttgart, 2000 (zit: Hammerbacher, Diss.)

Hansen, Kirsten-Pia, Das Recht der elterlichen Sorge nach Trennung und Scheidung, Neuwied, Kriftel, Berlin, 1993 (zit: Hansen)

Happe, Günter, Die Bedeutung des Verfahrensrechts im Sorgerechtsgesetz für die Jugendhilfe, in: ZBlJugR 1980, 542, 553

Hausmaninger, Herbert / Selb, Walter, Römisches Privatrecht, 5. Auflage, Wien, 1989 (zit: Hausmaninger/Selb)

Hausmann, Rainer / Hohlich, Gerhard, Das Recht der nichtehelichen Lebensgemeinschaft, Handbuch, Konstanz, Freiburg, 1998 (zit: Hausmann/Hohlich)

Heiliger, Anita, Alleinerziehende Mütter. Ohne Partner glücklich, in: Psychologie Heute 1985 (Nr. 12), 10, 11

Heiliger, Anita, Alleinerziehen als Befreiung. Mutter-Kind-Familien als positive Sozialisationsform und als gesellschaftliche Chance, München, 1991 (zit: Heiliger)

Held, Thomas, Soziologie der elterlichen Machtverhältnisse, Darmstadt, Neuwied, 1978 (zit: Held)

Henninger, Roland, Dissertation. Gleichberechtigung von Mann und Frau im Wandel (unter besonderer Berücksichtigung der bundesgerichtlichen Rechtsprechung), Gurmels, 1984 (zit: Henninger, Diss.)

Henrich, Dieter, Familienrecht, 5. Auflage, Regensburg, 1995 (zit: Henrich)

Herbert Quandt-Stiftung, Sinclair-Haus Gespräche, Band 14. Die stille Revolution – Geschlechterrollen verändern sich, Bad Homburg v.d. Höhe, 2000 (zit: Bearb. in: Herbert Quandt-Stiftung)

Hetherington, Eileen Mavis, Effects of father absence on personality development in adolescent daughters, in: Development Psychology 1972, 313, 326

Hetherington, Eileen Mavis, Coping with family transitions: Winners, Losers and Survivors, in: Child development 1989, 1-14

Hetherington, Eileen Mavis, Scheidung aus der Perspektive des Kindes, in: Report Psychologie 1980, 16, 23

Hetherington, Eileen Mavis / Cox, Martha / Cox, Roger, Divorced fathers, in: Family Coordinator 25, 417, 428

Hetherington, Eileen Mavis / Cox, Martha / Cox, Roger, Long-term Effects of Divorce and Remarriage on the Adjustment of Children, in: Journal of American Academy of Child Psychiatry 1985, S. 518, 530

Hoefnagels, Gerardus Petrus, Zusammen heiraten, zusammen scheiden. Konfliktbewältigung. Neue Beratungsmethoden im Scheidungsverfahren, Neuwied, Kriftel, Berlin, 1994 (zit: Hoefnagels)

Hoffmann, Edgar / Stephan, Walter, Ehegesetz nebst Durchführungsverordnungen, Kommentar, 3. Auflage, Berlin, Karlsruhe, 1967 (zit: Hoffmann/Stephan)

Hoffmann-Nowotny, Hans-Joachim, Ehe und Familie in der modernen Gesellschaft, in: Aus Politik und Zeitgeschichte 1988, B 13, 3, 13

Hofmann-Hausner, Norbert / Bastine, Reiner, Psychische Scheidungsfolgen für Kinder. Die Einflüsse von elterlicher Scheidung, interparentalem Konflikt und Nach-Scheidungssituation, in: Zeitschrift für Klinische Psychologie 1995, 285, 299

Holzhauer, Heinz, Verwandtschaftliches Elternstellung, verfassungsmäßgies Elternrecht und elterliche Sorge, in: FamRZ 1982, 109, 118

Honsell, Heinrich, Römisches Recht, Salzburg, 1987 (zit: Honsell)

Huinink, Johannes, Warum noch Familie? Zur Attraktivität von Partnerschaft und Elternschaft in unserer Gesellschaft, Frankfurt a.M., New York, 1995 (zit: Huinink)

Hujer, Reinhard / Schneider, Hilmar / Zapf, Wolfgang, Herausforderungen an den Wohlfahrtsstaat im strukturellen Wandel, Frankfurt a.M., 1992 (zit: Bearb. in: Hujer/Schneider/Zapf)

Hullen, Gert, Scheidungskinder –oder: Die Transmission des Scheidungsrisikos, in: Zeitschrift für Bevölkerungswissenschaft 1998, 19, 38

Hunter, Regina, Produktive Scheidungsbewältigung im Kindes- und Jugendalter. Resultate einer Befragung von jungen Frauen und Theorien, Schaffhausen, 1999 (zit: Hunter)

Hurrelmann, Klaus, Human Development and Health, Berlin, 1989 (zit: Hurrelmann)

Hurrelmann, Klaus / Ulrich, Dieter, Handbuch der Sozialisationsforschung, 5. Auflage, Weinheim, Basel, 1998 (zit: Bearb. in: Hurrelmann/Ulrich)

Isaacs, M.B. / Leon, G.H. Social networks, divorce, and adjustment: A tale of three generations, in: Journal of Divorce 1986, 1, 16

Jentsch, Hans-Joachim, Der Rechtsstaat –von vielen ersehnt, von wenigen angenommen, in: ZRP 1995, 9, 13

Johannsen, Kurt H / Henrich, Dieter, Eherecht. Scheidung, Trennung, Folgen. Kommentar, Karlsruhe, Regensburg, 1987 (zit: Bearb. in: Johannsen/Henrich)

Jopt, Uwe-J., Nach der Scheidung: Der Kampf ums Kind, in: Psychologie Heute 1986, 43, 45
Jopt, Uwe-J., Nacheheliche Elternschaft und Kinderwohl -Plädoyer für das gemeinsame Sorgerecht als anzustrebender Regelfall, in: FamRZ 1987, 875, 885
Jopt, Uwe-J., Staatliches Wächteramt und Kinderwohl - Zum unseligen Verhältnis zwischen Sorgerecht und Umgangsrecht, in: ZBlJugR 1990, 285, 294
Jopt, Uwe-J., Im Namen des Kindes. Plädoyer für die Abschaffung des alleinigen Sorgerechts, Hamburg, 1992 (zit: Jopt)
Jopt, Uwe-J., Anmerkungen zum Referentenentwurf zur Reform des Kindschaftsrechts aus psychologischer Sicht, in: ZBlJugR 1996, 203, 211
Junge, Hubertus / Lendermann, Heiner B., Das Kinder- und Jugendhilfegesetz (KJHG), einführende Erläuterungen, Bonn, Freiburg, 1990 (zit: Junge/Lendermann)

Kaltenborn, Karl-Franz, Das gemeinsame elterliche Sorgerecht nach der Scheidung im Spiegel ausländischer Erfahrungen, in: FamRZ 1983, 964, 971
Kaltenborn, Karl-Franz, Die personalen Beziehungen des Scheidungskindes als sorgerechtsrelevantes Entscheidungskriterium, in: FamRZ 1987, 990, 1000
Kalter, N. / Rembar, J., The significance of a child`s age at the time of parental divorce, in: American Journal of Orthopsychiatry 1981, 85, 100
Kalter, N. / Kloner, A. / Schreier, S. / Okla, K., Predictors of childrens postdivorce adjustment, in: American Journal of Orthopsychiatry 1989, 605, 617
Kamnitzer, Bernhard / Bohnenberg, Heinrich, Gleichberechtigungsgesetz und Bürgerliches Gesetzbuch. Gemeinverständliche Erläuterung des Gleichberechtigungsgesetzes, 1958 (zit: Kamnitzer/Bohnenberg)
Kaser, Max, Das römische Privatrecht, Erster Abschnitt. 2. Auflage, Hamburg, 1971 (zit: Kaser)
Kaser, Max, Römisches Privatrecht, Ein Studienbuch. 15. Auflage, Hamburg, 1988 (zit: Kaser, Römisches Privatrecht)
Kaufmann, Franz-Xaver, Zukunft der Familie. Stabilität, Stabilitätsrisiken und Wandel der familialen Lebensformen sowie ihre gesellschaftlichen und politischen Bedingungen, München, 1990 (zit: Kaufmann 1990)
Kaufmann, Franz-Xaver, Zukunft der Familie im vereinten Deutschland: gesellschaftliche und politische Bedingungen, München, 1995 (zit: Kaufmann)
Keidel, Theodor, Art. 3 II GG und der Richter (Rechtspfleger) der freiwilligen Gerichtsbarkeit, in: FamRZ 1955, 121, 125
Kessler, S., Creative Conflict Resolution: Mediation. Fountain Valley CA (National Institute for Professional Training), 1978 (zit: Kessler)
Klenner, Wolfgang, Rituale der Umgangsvereitelung bei getrenntlebenden oder geschiedenen Eltern, in: FamRZ 1995, 1529, 1535
Kline, Marsha / Johnston, Janet R. / Tschann, Jeanne M., The long shadow of marital conflict: A model of children`s postdivorce adjustment, in: Journal of Marriage and the Family 1991, 297, 309
Kline, Marsha / Tschann, Jeanne M. / Johnston, Janet R. / Wallerstein, Judith S., Children`s Adjustment in Joint and Sole Physical Custody Families, in: Developmental Psychology 1989, 430, 438
Kloehn, Ekkehard, Die neue Familie. Zeitgemäße Formen menschlichen Zusammenlebens, 1987 (zit: Kloehn)

Klußmann, Rudolf / Stötzel, Berthold, Das Kind im Rechtsstreit der Erwachsenen: Wegweiser für Eltern und Richter, Jugendämter und Gutachter, 2. Auflage, Siegen, 1994 (zit: Klußmann/Stötzel)

Klußmann, Rudolf, Der verfassungsgemäße Ausschluss des gemeinsamen Sorgerechts geschiedener Eltern (§ 1671 IV, 1 BGB), in: FamRZ 1982, 118, 122

Knauers, Ursula, Herkunftswörterbuch, Etymologie und Geschichte von 10.000 interessanten Wörtern, Stuttgart, 1989 (zit: Knauers, Herkunftswörterbuch)

Knöpfel, Gottfried, Zum gemeinsamen Sorgerecht der Eltern nach Scheidung, in: NJW 1983, 905, 909

Kodjoe, Ursula / Koeppel, Peter, The Parental Alienation Syndrome (PAS), in: DAV 1998, 9, 28

Köcher, R., Die deutsche Familie der Nachkriegszeit, in: Psychosozial 1988, 117, 126

Körner, Franz, Dissertation. Die elterliche Gewalt im Zeichen der Gleichberechtigung der Frau, München,1959 (zit: Körner)

Krabbe, Heiner, Scheidung ohne Richter. Neue Lösungen für Trennungskonflikte, Reinbek bei Hamburg, 1991 (zit: Bearb. in: Krabbe)

Krähenbühl, Verena, Stieffamilien: Struktur, Entwicklung, Therapie, 4. Auflage, Freiburg im Breisgau, 1995 (zit: Krähenbühl)

Kreft, Dieter, Das Recht der elterlichen Sorge, Berlin, 1983 (zit: Kreft)

Kropholler, Jan, Gleichberechtigung durch Richterrecht. Erfahrungen im Familienrecht – Perspektiven im Internationalen Privatrecht, Bielefeld, 1975 (zit: Kropholler)

Kropholler, Jan, Gemeinsame elterliche Sorge nach der Ehescheidung im deutschen und ausländischen Recht, in: JR 1984, 89, 97

Kropholler, Jan, Übereinstimmender Elternvorschlag und Sorgerecht, in: NJW 1984, 271, 276

Krüger, Hildegard, Zur Auslegung des Grundsatzes der Gleichberechtigung, in: DRiZ 1953, 82, 84

Kunkel, Gabriele, Dissertation. Die Beziehungsdynamik im Familienrechtskonflikt. Untersuchungen der Streitmuster bei strittiger elterlicher Sorge- und Umgangsregelung, Tübingen, 1997 (zit: Kunkel)

Kurdek, L.A. / Blisk, D. / Siesky, A.E., Correlates of children`s long-term adjustment to their parents´ divorce, in: Developmental Psychology 1981, 565, 579

Kurdek, L.A. / Siesky, A.E., Children`s perceptions of their parents´ divorce, in: Journal of Divorce 1980, 339, 379

Kurdek, L.A. / Siesky, A.E., Effects of divorce on children, in: Journal of Divorce 1980, 85, 99

Lakies, Thomas, Das neue Kinder- und Jugendhilferecht – Ein Überblick, in: ZBlJugR 1991, 22, 35

Laufs, Adolf, Rechtsentwicklungen in Deutschland, 5. Auflage, Heidelberg, 1996 (zit: Laufs)

Lehmkuhl, Gerd / Lehmkuhl, Ulrike, Scheidung – Trennung – Kindeswohl. Diagnostische, therapeutische und juristische Aspekte, Weinheim, 1997 (zit: Bearb. in: Lehmkuhl/Lehmkuhl)

Lehmkuhl, Ulrike, Wie erleben Kinder und Jugendliche und deren Eltern die akute Trennungsphase? in: Familiendynamik 1988, 127, 142

Lehmkuhl, Ulrike, Scheidungsproblematik in der Adoleszenz, in: Zeitschrift für Kinder- und Jugendpsychiatrie 1990, 192, 197

Leinhofer, Gerhard, Glückliche Kinder –trotz Trennung der Eltern - Chancen des Neubeginns für Eltern und Kinder, Landsberg am Lech, 1987 (zit: Leinhofer)

Lempp, Reinhart, Die Ehescheidung und das Kind. Ein Ratgeber für Eltern, München, 1976 (zit: Lempp)

Lempp, Reinhart, Die Bindungen des Kindes und ihre Bedeutung für das Wohl des Kindes gem. § 1671 BGB, in: FamRZ 1984, 741, 744

Lewis, M., Child and Adolescent Psychiatry, 2. Auflage, Baltimore, 1989 (zit: Bearb. in: Lewis)

Liebs, Detlef, Römisches Recht. Ein Studienbuch. 4. Auflage, Göttingen, 1993 (zit: Liebs)

Limbach, Jutta, Gemeinsame Sorge geschiedener Eltern, Vortrag vom 12. März 1987, Berlin, 1988 (zit: Limbach, Gemeinsame Sorge geschiedener Eltern)

Limbach, Jutta, Die gemeinsame Sorge geschiedener Eltern in der Rechtspraxis. Eine Rechtstatsachenstudie, Köln, 1989 (zit: Limbach)

Lipp, Martin, Das elterliche Sorgerecht für das nichteheliche Kind nach dem Kindschaftsrechtsreformgesetz, in: FamRZ 1998, 65, 76

Lipp, Martin / Wagenitz, Thomas, Das neue Kindschaftsrecht, Kommentar, Gießen, Bonn, 1998 (zit: Lipp/Wagenitz)

Loccumer Protokolle 8/1983, Scheidung ′83 –Eine Zwischenbilanz zum Ersten Eherechtsreformgesetz, Rehburg.Loccum, 1983 (zit: Bearb. in: Loccumer Protokolle 8/1983)

Lohman, M., Comprehensive mediation: a new approach to the settlement of divorce disputes, Falls Church VA (Mimeo), 1981 (zit: Lohman)

Loidl, Josef, Scheidung. Ursachen und Hintergründe. Ein Beitrag zur Familiensoziologie mit einer Studie über Scheidungsgründe aus der Sicht von Rechtsanwälten, Wien, Köln, Graz, Böhlau, 1985 (zit: Loidl)

Lossen, Helga, Kindeswohl und Verbundverfahren im Kindschaftsrechtsreformgesetz (KindRG), in: FuR 1997, 100, 103

Lüderitz, Alexander, Familienrecht, 27.Auflage, Köln, 1998 (zit: Lüderitz)

Lüderitz, Alexander / Lenzen, Gerhard, Übertragung der elterlichen Gewalt an beide Elternteile nach Scheidung? in: FamRZ 1971, 625, 628

Luepnitz, D.A., A comparason of maternal, paternal and joint custody: Understanding the varieties of post-divorce family-life, in: Journal of Divorce 1986, 1, 12

Lüke, Gerhard, Zur Krise des Rechtsstaats, in: NJW 1995, 173, 175

Lüscher, Kurt / Schultheis, Franz / Wehrspann, Michael, Die „postmoderne" Familie. Familiale Strategien und Familienpolitik in einer Übergangszeit, Konstanz, 1988 (zit: Bearb. in: Lüscher/Schultheis/Wehrspaun)

Luhmann, Niklas, Liebe als Passion: zur Codierung von Intimität, 4. Auflage, Frankfurt am Main, 1988 (zit: Luhmann)

Luthin, Horst, Gemeinsames Sorgerecht nach der Scheidung. Altenberge, 1987 (zit: Luthin)

Luxburg, Harro Graf von, Das neue Kindschaftsrecht, München, 1998 (zit: Luxburg)

Maccoby, Eleanor / Mnookin, Robert, Die Schwierigkeiten der Sorgerechtsregelung, in: FamRZ 1995, 1, 16

Mähler, Hans-Georg, Mediation –Seminare in der Bundesrepublik, in: FamRZ 1989, 935, 936

Mähler, Gisela / Mähler, Hans-Georg, Trennungs- und Scheidungsmediation in der Praxis, in: Familiendynamik 1992, 347, 372

Magnus, Ulrich / Dietrich, Silvia, Gemeinsame elterliche Sorge nach Scheidung - eine Erhebung beim Familiengericht Hamburg-Mitte, in: FamRZ 1986, 416, 420

Maltry, Renate, Reform des Kindschaftsrechts: Gemeinsame elterliche Sorge nach Trennung und Scheidung? in: STREIT 1997, 3, 6

Maßfeller, Franz, Das Neue Familienrecht. Gesetzentwurf über die Gleichberechtigung von Mann und Frau auf dem Gebiete des bürgerlichen Rechts und über die Wiederherstellung der Rechtseinheit auf dem Gebiete des Familienrechts, Frankfurt am Main, Berlin, 1952 (zit: Maßfeller)

Maßfeller, Franz / Reinicke, D., Das Gleichberechtigungsgesetz mit Erläuterungen , Berlin, Köln, 1958 (zit: Maßfeller/Reinicke)

Menne, Klaus / Schilling, Herbert / Weber, Matthias, Kinder im Scheidungskonflikt. Weinheim, München, 1993 (Bearb. in: Menne/Schilling/Weber)

Meyer, Sibylle / Schulze, Eva, Nichteheliche Lebensgemeinschaften - Alternativen zur Ehe? in: Kölner Zeitschrift für Soziologie und Sozialpsychologie 1983, 735, 754

Meyer, Sibylle / Schulze, Eva, Balancen des Glücks. Neue Lebensformen: Paare ohne Trauschein, Alleinerziehende und Singles, München, 1989 (zit: Meyer/Schulze)

Michalski, Lutz, Gemeinsames Sorgerecht geschiedener Eltern, in: FamRZ 1992, 128, 137

Mitchell, Allan, Children in the middle: Living through divorce, London, 1985 (zit: Mitchell)

Monahan, T. P., The Trend in Broken Homes Among Deliquent Children, in: Marriage and Family Living 1957, 362, 365

Motzer, Stefan, Die gerichtliche Praxis der Sorgerechtsentscheidung seit der Neufassung von § 1671 BGB, in: FamRZ 1999, 1101, 1106

Müller, Walter / Willms, Angelika / Handl, Johann, Strukturwandel der Frauenarbeit 1880-1980, Frankfurt am Main, 1983 (zit: Bearb. in: Müller/Willms/Handl)

Müller-Freienfels, Wolfram, Ehe und Recht, Tübingen, 1962 (zit: Müller-Freienfels)

Münchener Kommentar, Bürgerliches Gesetzbuch, Familienrecht II, Band 8: §§ 1589 - 1921, SGB VIII, 4. Auflage, München, 2002 (zit: Bearb. in: Münch.-Komm.)

Münder, J. / Jordan, E. / Kreft, D. / Lakies, Th. / Lauer, H. / Proksch, R. / Schäfer, K., Frankfurter Lehr- und Praxis-Kommentar zum KJHG/SGB VIII, 3. Auflage, Berlin, u.a., 1998 (zit: Münder, u.a.)

Mühlens, Elisabeth / Kirchmaier, Karl-Heinz / Greßmann, Michael / Knittel, Bernhard, Kindschaftsrecht. Kommentierte Darstellung der Familienrechtsreform, 2. Auflage, München, 1998 (zit: Mühlens/Kirchmaier/Greßmann/Knittel)

Muscheler, Karlheinz, Das Recht der eingetragenen Lebenspartnerschaft Begründung, Rechtsfolgen, Aufhebung, Faktische Partnerschaft, Bochum, 2001 (zit: Muscheler)

Napp-Peters, Anneke, Ein-Elternteil-Familien. Soziale Randgruppe oder neues familiäres Selbstverständnis? 2. Auflage, Hamburg, 1987 (zit: Napp-Peters)

Napp-Peters, Anneke, Scheidungsfamilien. Interaktionsmuster und kindliche Entwicklung. Aus Tagebüchern und Interviews mit Vätern und Müttern nach Scheidung, Frankfurt, 1988 (zit: Napp-Peters, Scheidungsfamilien)

Napp-Peters, Anneke, Familien nach der Scheidung, München, 1995 (zit: Napp-Peters, Familien nach der Scheidung)

Nauck, Bernhard Schneider, Norbert, F. / Tölke, Angelika, Familie und Lebensverlauf im gesellschaftlichen Umbruch, Chemnitz, Bamberg, München, 1994 (zit: Bearb. in: Nauck/Schneider/Tölke)

Nave-Herz, Rosemarie, Wandel und Kontinuität der Familie in der Bundesrepublik Deutschland, Oldenburg, 1987 (zit: Nave-Herz)

Nave-Herz, Rosemarie, Familie heute. Wandel der Familienstrukturen und Folgen für die Erziehung, Oldenburg, 1994 (zit: Nave-Herz, Familie heute)

Nave-Herz, Rosemarie, Kinder mit nicht-sorgeberechtigten Vätern, in: FuR 1995, 102, 106

Nave-Herz, Rosemarie / Daum-Jaballah, Marita / Hauser, Sylvia / Matthias, Heike / Scheller, Gitta, Scheidungsursachen im Wandel –Eine zeitgeschichtliche Analyse des Anstiegs der Ehescheidungen in der Bundesrepublik Deutschland, Oldenburg, Hannover, 1990 (zit: Nave-Herz, u.a.)

Nave-Herz, Rosemarie / Markefka, Manfred, Handbuch der Familien- und Jugendforschung, Band 1: Familienforschung, Neuwied, Frankfurt, 1989 (zit: Bearb. in: Nave-Herz/Markefka)

Nave-Herz, Rosemarie / Krüger, Dorothea, Ein-Eltern-Familien. Eine empirische Studie zur Lebenssituation und Lebensplanung alleinerziehener Mütter und Väter, Bielefeld, 1992 (zit: Nave-Herz/Krüger)

Neddenriep-Hanke, Friedemann, Dissertation. Das Jugendamt und das Kindwohlprinzip als sein Leitbild im Verfahren zur familiengerichtlichen Entscheidung über das Umgangsrecht nach der Ehescheidung im Sinne des § 1634 II BGB. Kiel, 1988 (zit: Neddenriep-Hanke, Diss.)

Neubauer, Erika, Alleinerziehende Mütter und Väter – Eine Analyse der Gesamtsituation, Bonn, 1998 (zit: Neubauer)

Neugebauer, R., Divorce, custody and visitation: The child´s point of view, in: Journal of divorce 1989, 153, 168

Nichols, William C., Sibling subsystem therapy in family system reorganisation, in: Journal of divorce 1986, 13, 31

Niemeyer, Frank, Nichteheliche Lebensgemeinschaften und Ehepaare –Formen der Partnerschaft gestern und heute, in: Wirtschaft und Statistik 7, 504, 517

Niemeyer, Gisela, Zur Reform des Kindschaftsrechts: Sorgerecht allein oder zu zweit? in: FuR 1995, 221, 223

Niepel, Gabriele, Alleinerziehende –Abschied von einem Klischee, Bielefeld, 1994 (zit: Niepel)

Niggemann, Heinz, Emanzipation zwischen Sozialismus und Feminismus, Wuppertal, 1981 (zit: Niggemann)

Nye, F. I., Child adjustment in broken and in unhappy unbroken homes, in: Marriage and Family Living 1957, 356, 361

Oelkers, Harald, Zehn Jahre gemeinsame elterliche Sorge nach Scheidung, in: FamRZ 1993, 18, 21

Oelkers, Harald, Anmerkung zum BGH-Beschluß vom 29.9.1999, in: MDR 2000, 32, 33

Oelkers, Harald / Kasten, Hartwig / Oelkers, Anja, Das gemeinsame Sorgerecht nach Scheidung in der Praxis des Amtsgerichts Hamburg-Familiengericht, in: FamRZ 1994, 1080, 1083

Oggenfuss, Felix, Jugendliche aus Scheidungsfamilien, in: Familiendynamik 1984, 71, 83

Oppawski, Jolene, Scheidungskinder/ Schwerpunkte: Aus Sicht der Kinder, München, 1987 (zit: Oppawski)

Ostner, Ilona, Beruf und Hausarbeit. Die Arbeit der Frau in unserer Gesellschaft, 3. Auflage, Frankfurt am Main, New York, 1982 (zit: Ostner)

Palandt, BGB-Kommentar, 40. Auflage, München, 1980 (zit: Bearb. in: Palandt, 40. Aufl.)
Palandt, BGB-Kommentar, 63. Auflage, München, 2003 (zit: Bearb. in: Palandt)
Paul, Norman L., Die Scheidung als äußerer und innerer Prozess, in: Familiendynamik 1980, 229, 241
Peseschkian, Nossrat , Psychosomatik und positive Psychotherapie. Transkulturelle und interdisziplinärer Ansatz am Beispiel von 40 Krankheitsbildern, Frankfurt am Main, 1993 (zit: Peseschkian)
Peuckert, Rüdiger, Familienformen im sozialen Wandel, 3. Auflage, Opladen, 1999 (zit: Peuckert)
Pfeil, Elisabeth, Die 23jährigen. Eine Generationsuntersuchung am Geburtenjahrgang 1941, Tübingen, 1968 (zit: Pfeil)
Plattner, Ilse E., Entsprechen deutsche Sorge- und Umgangsrechtsentscheidungen dem Zeitempfinden des Kindes? in: FamRZ 1993, 384, 386
Pohl, Katharina, Wende oder Einstellungswandel? Heiratsabsichten und Kinderwunsch 18 bis 28-jähriger deutscher Frauen 1978 und 1983, in: Zeitschrift für Bevölkerungswissenschaft 1985, 89, 110
Proksch, Roland, Scheidungsfolgenvermittlung (Divorce Mediation) – ein Instrument integrierter familiengerichtlicher Hilfe, in: FamRZ 1989, 916, 924
Pross, Helge, Über die Bildungschancen von Mädchen in der Bundesrepublik, 5. Auflage, Frankfurt am Main, 1976 (zit: Pross)

Rauchfleisch, Udo, Alternative Lebensformen, Göttingen, 1997 (zit: Rauchfleisch)
Reich, Günter / Bauers, Bärbel, in: Praxis der Kinderpsychologie und Kinderpsychiatrie 1988, 346, 355
Reinicke, Dietrich / Schwarzhaupt, Elisabeth, Die Gleichberechtigung von Mann und Frau nach dem Gesetz vom 18. Juni 1957, Stuttgart, 1957 (zit: Reinicke/Schwarzhaupt)
Remschmidt, Helmut, Kinderpsychiatrie und Familienrecht, Marburg, 1984 (zit: Bearb. in: Remschmidt)
Richter, Horst-Eberhard, Eltern, Kind und Neurose. Die Rolle des Kindes in der Familie, Gießen, 1962 (zit. Richter/Eltern, Kind und Neurose)
Richter, Horst-Eberhard, Patient Familie, Struktur und Therapie von Konflikten in Ehe und Familie, 1970 (zit: Richter/Patient Familie)
Richter, Horst-Eberhard / Strotzka, Hans / Willi, Jürg, Familie und seelische Krankheit: eine neue Perspektive der psychologischen Medizin und Sozialtherapie, Reinbek bei Hamburg, 1976 (zit: Richter/Strotzka/Willi)
Riehl-Emde, Astrid, Ehescheidung und ihre Folgen, in: Familiendynamik 1992, 415, 432
Rocho-Bender, Maria, Frauen nach der Trennung, Münster, 1990 (zit: Rocho-Bender)
Rolland, Walter, Das neue Ehe- und Familienrecht 1. EheRG, Kommentar zum 1. Eherechtsreformgesetz, 2. Auflage, Neuwied, Darmstadt, 1982 (zit: Rolland)
Rollin, Marion, „Schlaf Jimmy". Die Wunden der Kinder nach der Trennung der Eltern heilt die Zeit nicht. Eine Langzeitstudie über die Folgen der Scheidung, in: Die Zeit, Nr. 30, vom 21.07.1989
Rosenbaum, Heidi, Familie als Gegenstruktur zur Gesellschaft: Kritik grundlegender theoretischer Ansätze der westdeutschen Familiensoziologie, 2. Auflage, Stuttgart, 1978 (zit: Rosenbaum, Familie als Gegenstruktur zur Gesellschaft)

Rosenbaum, Heidi, Formen der Familie. Untersuchungen zum Zusammenhang von Familienverhältnissen, Sozialstruktur und sozialem Wandel in der Deutschen Gesellschaft des 19. Jahrhunderts, Göttingen, 1981 (zit: Rosenbaum)

Rotmann, Michael, Über die Bedeutung des Vaters in der „Wiederannäherungsphase", in: Psyche 32, 1105, 1147

Rüdel, Max, Die Reform des Familienrechts, in: JR 1952, 49, 54

Rupp, Marina, Nichteheliche oder eheähnliche Gemeinschaften? in: Zeitschrift für Frauenforschung 1996, 36, 55

Salgo, Ludwig, Zur gemeinsamen elterlichen Sorge nach Scheidung als Regelfall – ein Zwischenruf, in: FamRZ 1996, 449, 453

Salzgeber, Joseph, Der psychologische Sachverständige im Familiengerichtsverfahren: rechtliche, ethische und fachpsychologische Rahmenbedingungen sachverständigen Handelns bei familiengerichtlichen Fragestellungen zu Sorge- und Umgangsregelungen, 2. Auflage, München, 1992 (zit: Salzgeber)

Sander, Elisabeth, Überlegungen zur Analyse fördernder und belastender Bedingungen in der Entwicklung von Scheidungskindern, in: Zeitschrift für Entwicklungspsychologie und Pädagogische Psychologie 1988, 77, 95

Sander, Elisabeth, Trennung und Scheidung. Die Perspektive betroffener Eltern, Koblenz, 1999 (zit: Sander)

Sasse, Birgit, Ganz normale Mütter –Lesbische Frauen und ihre Kinder, Frankfurt am Main, 1995 (zit: Sasse)

Schäfers, Bernhard, Sozialstruktur und Wandel der Bundesrepublik Deutschland: ein Studienbuch zu ihrer Soziologie und Sozialgeschichte, 2. Auflage, München, 1979 (zit: Schäfers)

Schaub, Heinz Alex / Schaub-Harmsen, Freda, Einelternfamilien. Erfahrungsbericht einer dreijährigen psychosozialen Arbeit, in: Familiendynamik 1984, 19, 32

Schaub, Heinz Alex / Schaub-Harmsen, Freda, Einelternfamilien aus der Sicht der betroffenen Kinder – Versuch einer familienorientierten Gruppenarbeit, in: Familiendynamik 1986, 143, 150

Schenk, Herrad, Freie Liebe – wilde Ehe: über die allmähliche Auflösung der Ehe durch die Liebe, 2. Auflage, München, 1988 (zit: Schenk)

Schimke, Hans-Jürgen, Das neue Kindschaftsrecht. Einführung mit den wichtigsten Gesetzestexten. 2. Aufl., Laer, 1998 (zit: Schimke)

Schleiffer, Roland, Elternverluste –Eine explorative Datenanalyse zur Klinik und Familiendynamik, Bonn, 1988 (zit: Schleiffer)

Schlösser, Anne-Marie / Höhfeld, Kurt, Trennungen, Göttingen, Berlin, 1999 (Bearb. in: Schlösser/Höhfeld)

Schmidt-Denter, U. / Beelmann, W., Familiäre Beziehungen nach Trennung und Scheidung: Veränderungsprozesse bei Müttern, Vätern und Kindern (Forschungsbericht), Köln, 1995 (zit: Schmidt-Denter/Beelmann)

Schmidt-Denter, U. / Beelmann, W. / Trappen, J., Empirische Forschungsergebnisse als Grundlage für die Beratung von Scheidungsfamilien: Das Kölner Längsschnittprojekt, in: Zeitschrift für Familienforschung 1991, 40,51

Schmidt-Denter, U. / Beelmann, W. / Trappen, J., Innerfamiliäre Entwicklungen nach Trennung und Scheidung. Ergebnisse der Kölner Längsschnittstudie, in: Report Psychologie 1995, 20, 27

Schmidt-Räntsch, Günther, Gemeinsame elterliche Sorge geschiedener Eltern –keine gesetzgeberischen Maßnahmen, in: FamRZ 1983, 17, 19

Schmitz, Heike, Familiäre Strukturen sechs Jahre nach einer elterlichen Trennung. Theorie und Forschung, Band 635, Psychologie, Band 198, Köln, 1999 (zit: Schmitz)

Schneider, Norbert F. / Rosenkranz, Doris / Limmer, Ruth, Nichtkonventionelle Lebensformen. Entstehung, Entwicklung, Konsequenzen, Opladen, 1998 (zit: Schneider/Rosenkranz/Limmer)

Schöningh, Insa / Aslanidis, Monika / Faubel-Diekmann, Silke, Alleinerziehende Frauen zwischen Lebenskrise und neuem Selbstverständnis, 1990 (zit: Schöningh/Aslanidis/Faubel-Diekmann)

Schreiber, Christiane, Die nichteheliche Lebensgemeinschaft. Ein Handbuch für die Praxis, 2. Auflage, St. Wendel, 2000 (zit: Schreiber)

Schröder, Ursula, Umgangsrecht und falschverstandenes Wohlverhaltensgebot. Auswirkungen auf Trennungskinder und Entstehen des sog. PA-Syndroms, in: FamRZ 2000, 592, 596

Schwab, Dieter, Familienrecht, 10. Auflage, Regensburg, 1998 (zit: Schwab)

Schwab, Dieter, Das Recht der Ehescheidung nach dem 1. EheRG: Die Scheidungsgründe in: FamRZ 1976, 491, 507

Schwab, Dieter, in: Festschrift für Hans Friedhelm Gaul zum 70. Geburtstag am 19. November 1997, Wandlungen der „Gemeinsamen elterlichen Sorge." (zit: Schwab in: Festschrift für Gaul)

Schwab, Dieter, 20 Jahre „Erstes Ehereformgesetz", in: JuS 1997, 587, 592

Schwab, Dieter, Elterliche Sorge bei Trennung und Scheidung der Eltern. Die Neuregelung des Kindschaftsrechtsreformgesetzes, in: FamRZ 1998, 457, 472

Schwab, Dieter, Handbuch des Scheidungsrechts, 4. Auflage, Regensburg, 1999 (zit: Bearb. in: Schwab)

Schwab, Dieter / Wagenitz, Thomas, Einführung in das neue Kindschaftsrecht, in: FamRZ 1997, 1377, 1383

Schwab, Dieter / Borth, Helmut, Handbuch des Scheidungsrechts, 4. Auflage, München, 2000 (zit: Bearb. in: Schwab/Borth)

Schwackenberg, Wolfgang, Einführung einer obligatorischen Streitschlichtung, in: AnwBl 1997, 524, 527

Schweitzer, Jochen / Weber, Gunthard, Scheidung als Familienkrise und klinisches Problem – Ein Überblick über die neuere nordamerikanische Literatur, in: Praxis der Kinderpsychologie und Kinderpsychiatrie 1985, 44, 49

Schwörer, J., Die elterliche Gewalt nach Scheidung der Ehe und bei Getrenntleben der Eltern (§§ 1671, 1672 BGB n.F.), in: FamRZ 1958, 433, 444

Schwörer, J., Anmerkungen zum LG Tübingen, in: FamRZ 1960, 121, 123

Scott, Elisabeth / Derdeyn, Andre, Rethinking Joint Custody, in: Ohio State Journal 1984, 455, 462

Seidenspinner, Gerlinde / Burger, Angelika, Mädchen '82: Eine repräsentative Untersuchung über die Lebenssituation und das Lebensgefühl 15- bis 19-jähriger Mädchen in der Bundesrepublik, durchgeführt vom Deutschen Jugendinstitut München im Auftrag der Zeitschrift Brigitte, Hamburg, 1982 (zit: Seidenspinner/Burger)

Selvini Palazzolo, M. / Boscolo, L. / Cecchin, G. / Prata, G., Paradoxen und Gegenparadoxen. Ein neues Therapiemodell für die Familie mit schizophrener Störung, 2. Auflage, Mailand, 1978 (zit: Selvini Palazzolo/Boscolo/Cecchin/Prata)

Siebert, Wolfgang, Elterliche Gewalt und Gleichberechtigung, in: NJW 1955, 1, 6
Simitis, Spiros / Rosenkötter, Lutz / Vogel, Rudolf / Boost-Muss, Barbara / Frommann, Matthias / Hopp, Jürgen / Koch, Hartmut / Zenz, Gisela, Kindeswohl. Eine interdisziplinäre Untersuchung über seine Verwirklichung in der vormundschaftsgerichtlichen Praxis, Frankfurt am Main, 1979 (zit: Simitis, u.a.)
Sluka, Jasna, Das gemeinsame Sorgerecht –Ein Modell für die Zukunft? Eschborn bei Frankfurt am Main, 1996 (zit: Sluka)
Smetana, J. G. / Yau, J. / Restrepo, A. / Braeges, J.L., Adolescent-parent conflict in married and divorced families, in: Developmental Psychology 1991, 1000, 1010
Söllner, Alfred, Einführung in die römische Rechtsgeschichte, 2. Auflage, Gießen, 1980 (zit: Söllner)
Spangenberg, Brigitte / Spangenberg, Ernst, Geschwisterbindung und Kindeswohl, in: FamRZ 2002, 1007, 1010
Spitz, René A., Vom Säugling zum Kleinkind. Zur Naturgeschichte der Mutter-Kind-Bindung im 1. Lebensjahr, 9. Auflage, Stuttgart, 1989 (zit: Spitz)
Statistisches Bundesamt, Statistisches Jahrbuch 2001 für die Bundesrepublik Deutschland, Wiesbaden, 2001
Staudinger, Kommentar zum Bürgerlichen Gesetzbuch mit Einführungsgesetz und Nebengesetzen, 4. Buch, Familienrecht §§ 1638 - 1683, 13. Auflage, Berlin, 2000 (zit: Bearb. in: Staudinger)
Steffen, Gerhard, Lebensqualität und Persönlichkeitsentwicklung nach Ehescheidung, Sorgerechts- und Verkehrsregelung, in: ZBlJugR 1979, 129, 152
Steinman, Susan, The Experience of Children in an Joint-Custody Arrangement: A Report of a Study, in: American Journal of Orthopsychiatry 1981, 403, 414
Stierlin, Helm, Von der Psychoanalyse zur Familientherapie, Stuttgart, 1979 (zit: Stierlin)
Stierlin, Helm, Delegation und Familie/ Beiträge zum Heidelberger familiendynamischen Konzept, Frankfurt am Main, 1982 (zit: Stierlin/Delegation und Familie)
Stierlin, Helm / Rücker-Embden, Ingeborg / Wetzel, Norbert / Wirsching, Michael, Das erste Familiengespräch, 2. Auflage, Heidelberg, 1979 (zit: Stierlin/Rücker-Embden/Wetzel/Wirsching)
Stott, Dennis, Children in the Womb: The Effects of Stress, New Society, S. 329-331, 19. Mai 1977
Strätz, Hans-Wolfgang, Elterliche Personensorge und Kindeswohl, vornehmlich in der zerbrochenen Familie, in: FamRZ 1975, 541, 550
Strauß, Walter, Der Entwurf des Familienrechtsgesetzes, in: JZ 1952, 449, 461
Strümpel, Burkhard / Prenzel, Wolfgang / Scholz, Joachim / Hoff, Andreas, Teilzeitarbeitende Männer und Hausmänner. Motive und Konsequenzen einer eingeschränkten Erwerbstätigkeit von Männern, 2. Auflage, Berlin, 1989 (zit: Strümpel/Prenzel/Scholz/Hoff)
Suess, Gerhard / Schwabe-Höllein, Marianne / Scheuerer, Hermann, Das Kindeswohl bei Sorgerechtsentscheidungen, Kriterien aus entwicklungspsychologischer Sicht, in: Praxis der Kinderpsychologie und Kinderpsychiatrie 1987, 22, 27
Swientek, Christine, Alleinerziehende –Familien wie andere auch? Zur Lebenssituation von Ein-Eltern-Familien, Bielefeld, 1984
Symposium des Justizministers Baden-Württemberg, Tagungsbericht: Hat sich das erste Eherechtsreformgesetz bewährt? Triberg, 1981 (zit: Bearb. in: Symposium des Justizministers)

Textor, Martin R., Scheidungszyklus und Scheidungsberatung. Göttingen, 1991 (zit: Textor)
Tschiporikov, Borislav, Dissertation. Die Gleichberechtigung von Mann und Frau im Familienrecht der europäischen sozialistischen Staaten und der Bundesrepublik Deutschland, Göttingen, 1961 (zit: Tschiporikov, Diss.)

Vaskovics, Laszlo A. / Rupp, Marina, Partnerschaftskarrieren. Entwicklungspfade nichtehelicher Lebensgemeinschaften, Opladen, 1995 (zit: Vaskovics/Rupp)
Vaskovics, Laszlo A. / Rupp, Marina / Hofmann, Barbara, Lebensverläufe in der Moderne: Nichteheliche Lebensgemeinschaften. Eine soziologische Längsschnittstudie, Opladen, 1997 (zit: Vaskovics/Rupp/Hofmann)
Verny, Thomas / Kelly, John, Das Seelenleben des Ungeborenen. Wie Mütter und Väter schon vor der Geburt Persönlichkeit und Glück ihres Kindes fördern können, 1981 (zit: Verny/Kelly)
Visher, Emily B. / Visher, John S., Stiefeltern, Stiefkinder und ihre Familien: Probleme und Chancen, 2. Auflage, Weinheim, 1995 (zit: Visher/Visher)
Voll, R. / Allehoff, W.H. / Poustka, F. / Schmidt, M.H., Widrige familiäre und soziale Bedingungen und psychiatrische Auffälligkeiten bei Achtjährigen, in: Zeitschrift für Kinder- und Jugendpsychiatrie 1982, 100, 109

Wacke, Andreas, "Elterliche Sorge" im Wandel der Jahrtausende. Zum Sorgerecht der geschiedenen Mutter nach Römischem Recht, in: FamRZ 1980, 205, 210
Wagenitz, Thomas / Barth, Thomas, Die Änderung der Familie als Aufgabe für den Gesetzgeber, in: FamRZ 1996, 577, 587
Wallerstein, Judith / Blakeslee, Sandra, Gewinner und Verlierer. Frauen, Männer, Kinder nach Scheidung, München, 1989 (zit: Wallerstein/Blakeslee)
Wallerstein, Judith / Blakeslee, Sandra, Second Chances: Men, Women and Children a Decade after Divorce, New York, 1990 (zit: Wallerstein/Blakeslee, Second Chances)
Wallerstein, Judith / Kelly, Joan B., The effects of parental divorce: The experiences of the preschool child, in: American Journal of the Academy of Child Psychiatry 1975, 600, 616
Wallerstein, Judith / Kelly, Joan B., The effects of Parental Divorce: Experiences of the Child in Early Latency, in: American Journal of Orthopsychiatry 46, 20, 32
Wallerstein, Judith / Kelly, Joan B., Surviving the break up: How children and parents cope with divorce, New York, 1980 (zit: Wallerstein/Kelly)
Wallner, Ernst Maxim / Pohler-Funke, Margret, Soziologie der Familie, Heidelberg, 1977 (zit: Wallner/Pohler-Funke)
Walper, Sabine / Schwarz, Beate, Was wird aus den Kindern? Chancen und Risiken für die Entwicklung von Kindern aus Trennungs- und Stieffamilien, Weinheim, München, 1999 (zit: Walper/Schwarz)
Walter, Eginhard, Alleinerziehung und gemeinsame elterliche Sorge nach Trennung und Scheidung. Eine empirische und theoretische Vergleichsstudie (Teil B), Berlin, 1989 (zit: Walter)
Watzlawick, Paul, Die Möglichkeit des Andersseins: zur Technik der therapeutischen Kommunikation, 2. Auflage, Bern, 1982 (zit: Watzlawick)
Watzlawick, Paul / Beavin, Janet H. / Jackson, Don D., Menschliche Kommunikation: Formen, Störungen, Paradoxien, Bern, 1990 (zit: Watzlawick, u.a.)

Weber, Ursula, Gemeinsame elterliche Gewalt über das Kind nach der Scheidung? in: FamRZ 1975, 401, 402
Weiss, Robert S., Trennung vom Ehepartner, New York, 1975 (zit: Weiss)
Welter-Enderlin, Rosmarie / Hildenbrand, Bruno, Systemische Therapie als Begegnung, 2. Auflage, Stuttgart, 1996 (zit: Welter-Enderlin/Hildenbrand)
Wendl-Kempmann, Gertrud / Wendl, Philipp, Partnerkrisen und Scheidung. Ursachen, Auswirkungen und Verarbeitung aus psychoanalytischer und richterlicher Sicht, München, 1986 (zit: Wendl-Kempmann/Wendl)
Wichmann, Klaus, Die Reform des Kindschaftsrechts in der Diskussion., in: FuR 1996, 161, 171
Wiesner, Reinhard, Der mühsame Weg zu einem neuen Jugendhilfegesetz, in: RdJB 1990, 112, 124
Wiesner, Reinhard / Mörsberger, Thomas / Oberloskamp, Helga / Struck, Jutta,, SGB VIII, Kinder- und Jugendhilfe, 2. Auflage, München, 2000. (zit: Bearb. in: Wiesner/Mörsberger/Oberloskamp/Struck)
Willi, Jürg, Die Zweierbeziehung, 1990 (zit: Willi, Die Zweierbeziehung)
Willi, Jürg, Therapie der Zweierbeziehung, 1995 (zit: Willi, Therapie der Zweierbeziehung)
Willi, Jürg, Was hält Paare zusammen? Der Prozess des Zusammenlebens in psychoökologischer Sicht, 1999 (zit: Willi, Was hält Paare zusammen?)
Willutzki, Siegfried, Die Novellierung des deutschen Kindschaftsrechts. Entwicklung und Perspektiven, in: Rpfleger 1997, 336, 340
Winnicott, Donald W., Reifungsprozesse und fördernde Umwelt, London, 1965 (zit: Winnicott)
Witte, Erich H. / Sibbert, Jan / Kesten, Isolde, Trennungs- und Scheidungsberatung. Grundlagen – Konzepte – Angebote, Hamburg, 1991 (zit: Witte/Sibbert/Kesten)
Wolchik, S.A. / Braver, S.L. / Sandler, I.N., Maternal versus joint custody: Children's post-separation experiences and adjustment, in: Journal of Clinical Child Psychology 1985, 5, 10

Zenz, Gisela / Salgo, Ludwig, Zur Diskriminierung der Frau im Recht der Eltern-Kind-Beziehung, Bonn, 1983 (zit: Zenz/Salgo)
Ziegler, Albert, Das natürliche Entscheidungsrecht des Mannes in Ehe und Familie. Ein Beitrag zur Frage der Gleichberechtigung von Mann und Frau, Freiburg/Schweiz, 1958 (zit: Ziegler)
Zimmermann, Stefan, Das neue Kindschaftsrecht, in: DNotZ 1998, 404, 437
Zitscher, Harriet Christiane, Elterlicher Status in Richterrecht und Gesetzesrecht. Über Rechtsfindung in Deutschland und England –Rechtsetzung und richterliche Methode seit 1800, Hamburg, 1996 (zit: Zitscher)